YINGKE® 盈科

盈科全国业务指导委员会系列丛书

# 合规致远

## 趋势、价值与实务

盈科律师事务所／编
陈　斌／著

法律出版社 LAW PRESS · CHINA
北京

**图书在版编目(CIP)数据**

合规致远：趋势、价值与实务 / 盈科律师事务所编；
陈斌著. -- 北京：法律出版社，2023
ISBN 978-7-5197-7394-6

Ⅰ. ①合… Ⅱ. ①盈… ②陈… Ⅲ. ①企业法-研究
-中国 Ⅳ. ①D922.291.914

中国版本图书馆 CIP 数据核字(2022)第 238115 号

**合规致远**
——趋势、价值与实务
**HEGUI ZHIYUAN**
—QUSHI, JIAZHI YU SHIWU

盈科律师事务所 编
陈 斌 著

策划编辑 朱海波
责任编辑 朱海波
装帧设计 汪奇峰 臧晓飞

**出版发行** 法律出版社
**编辑统筹** 法律应用出版分社
**责任校对** 邢艳萍
**责任印制** 刘晓伟
**经　　销** 新华书店

**开本** 710 毫米×1000 毫米 1/16
**印张** 22.25 **字数** 360 千
**版本** 2023 年 1 月第 1 版
**印次** 2023 年 1 月第 1 次印刷
**印刷** 天津嘉恒印务有限公司

地址：北京市丰台区莲花池西里 7 号(100073)
网址：www.lawpress.com.cn
投稿邮箱：info@lawpress.com.cn
举报盗版邮箱：jbwq@lawpress.com.cn
销售电话：010-83938349
客服电话：010-83938350
咨询电话：010-63939796


**书号**：ISBN 978-7-5197-7394-6
**定价**：80.00 元
凡购买本社图书，如有印装错误，我社负责退换。电话：010-83938349

本书编著者

陈 斌

# 序　　言

## ——探索中国合规之路

自20世纪90年代,企业合规制度在世界范围内得以确立,建立企业合规机制已成为公司治理的重要组成部分,许多国家在刑事立法中引入了合规概念。自21世纪初,我国合规管理体系建设开始于金融行业,之后逐步推广到中央企业及境外投资经营企业,2018年随着相关部委发布了三部具有战略意义的合规指引,这一年被称为我国的“合规元年”,对刑事合规的探索也在一步步地走向深入。如何建设企业合规管理体系,如何制定有效的合规计划来换取刑事不起诉或宽大处理,如何打造专项合规计划来避免因受到相关处罚、引发法律责任而造成的经济或声誉损失,对于上述问题由我领衔的盈科合规团队进行了深入探索与实践,并学习借鉴了境外先进企业合规管理制度、境内企业合规专家和知名律所的理论与实践经验,在此基础上初步形成了现在这部有关企业合规的初稿。

本书共三篇十一章,大体分为三个部分:一是论述了境内外合规监管制度的发展历程,提供了企业合规管理体系的建设策略及海外主要的合规管理制度;二是通过介绍海外经典刑事合规案例,将理论与实践相结合,分析了我国刑事合规实践和发展趋势,以及开展刑事合规实务和成果;三是针对环境保护、安全生产、市场交易、知识产权、财务税收、数据安全六大领域,围绕合规创造价值为企业提供了切实可行的合规方案。基于以上内容,本书可以帮助企业、律师乃至司法界认识企业合规对于公司治理的重要价值,获取合规管理的实务操作方法,并能从全球的角度拓展视野,认清企业合规管理和刑事合规激励机制的发展趋势,探索出一条具有中国特色的合规之路。

我在编写本书时得到了多人相助。盈科律师事务所梅向荣主任和马培梅女士激发了我的写作灵感,并给予了很大支持;团队曾一鑫律师以极大的热情投入到合规业务研究和资料整理之中,并奉献了独到见解;在金杜律师事务所工作期间向同事学习和自身积累的合规理论与实践经验,对我帮助甚大;北京大学陈瑞华教授等合规专家的理论著作和文章,给了我很大启迪;法律出版社编辑为本书出版付出了辛勤努力。对于上述朋友、同事、专家以及我的家人给予本书编写的支持和帮助,我在此表达最真诚的感谢!

在写这篇序言的时候,我的内心深感惶恐和荣幸。由于能力和精力有限,本书疏漏、不妥之处在所难免,惶恐之余望各位读者批评指正;能将本书奉献给致力于探索和研究中国合规之路的各位读者朋友,我又感到荣幸之至,期待本书能帮助所有读者把握合规时代、拓展合规视野,在探索中国特色的合规路上不断产生新的灵感。

# 合规致远

孟晚舟事件发生后的2019年5月27日，境外某知名报社记者在采访华为创始人任正非先生时偶然发现，办公桌上放着一本黑色封面的中文版书籍《美国陷阱》，副标题是：如何通过非经济手段瓦解他国商业巨头。

《美国陷阱》是一个真实的故事，作者皮耶鲁齐曾是法国商业巨头阿尔斯通公司市场和销售总监，也是电力和轨道交通设备领域的全球专家，2013年赴美出差，在纽约肯尼迪机场被美国联邦调查局逮捕，美国司法部以其卷入阿尔斯通公司腐败案，特别是在一个印度尼西亚项目中涉嫌参与商业贿赂为由起诉判刑，直至2018年阿尔斯通被罚7.72亿美元，并同意被主要竞争对手美国通用电气公司收购其电力业务，皮耶鲁齐才得以被释放。皮耶鲁齐回到法国，将自己的经历出版成书，他在书中依据事实和法律进行了详细分析，《美国陷阱》就是利用《反海外腐败法》作为经济战的武器，削弱或低价收购竞争对手。"2013年阿尔斯通已被美国司法部调查3年多，但当时阿尔斯通首席执行官决定不与美国政府合作，美国人已失去耐心，决定逮捕我，以此向阿尔斯通首席执行官传递一个明确信号：如果你继续不配合，你将是下一个进监狱的人。"皮耶鲁齐指出，恰恰在自己被捕后，阿尔斯通开始与美国司法部全面合作，为了自保，首席执行官背着法国政府及阿尔斯通管理层的大部分人，通过秘密协商将包括电力在内的公司3/4业务卖给美国通用电气公司。

此案中皮耶鲁齐被抓捕和起诉，是基于美国著名的FCPA，即《反海外腐败法》的授权，这部1977年颁布的法律赋予了美国执法机构"长臂管辖"的权力，企业只要跨境经营，都在美国的管辖之内。皮耶鲁齐个人入狱对于阿尔斯通公司来说只是一个警示信号,如何通过建立合规管理体系来避免涉及法人及法定代表人责任才是企业考虑的大事。《美国陷阱》带给我们的启示是为了避免国际组织、外国政府的处罚,中国企业必须在最短的时间内建立起合规管理体系,既要符合中国标准,也要符合国际标准,才能最大限度地降低违规带来的巨大风险。

那么,与建立合规管理体系相比,针对具体风险的专项防范措施是不是更有效?毫无疑问,“头痛医头、脚痛医脚”是很有效,特别是对于刑事涉案企业可以“量身定制”“有的放矢”,找准涉案问题,“因罪施救”“因案明规”,可以快速解决“一时”问题;但解决了“一时”问题后,更要考虑“一世”问题。解决了具体领域中出现的问题,能避免经营损失,享受司法红利,可以称作“合规创造价值”;而建立合规管理体系,使企业基业长青,这才是企业追求的终极目标——“合规致远”。

# 目录
CONTENTS

## 第一篇 Part 1 进入合规的时代


**第一章 合规起源和监管制度发展之路** / 003

第一节 合规起源 / 003

第二节 美国合规监管制度发展之路 / 004

第三节 欧洲和国际组织合规监管制度发展之路 / 006

第四节 我国合规监管制度发展之路 / 008

**第二章 企业合规“大势已至”** / 011

第一节 五家央企合规体系建设的成功“试水” / 011

一、试点中央企业的合规建设情况 / 011

二、试点中央企业的合规建设特点 / 023

第二节 《中央企业合规管理办法》诠释 / 024

一、合规内涵 / 025

二、组织和职责 / 027

三、制度建设 / 029

四、运行机制 / 030

五、合规文化 / 033

六、信息化建设 / 033

七、监督问责 / 035

第三节 《合规管理体系—要求及使用指南》诠释 / 035

一、标准制定背景和意义 / 035

二、标准的主要内容 / 036

第四节 企业合规管理体系的建设策略 / 040

一、组织架构 / 040

二、合规管理制度 / 048
三、运行机制 / 054
四、保障机制 / 064
五、合规管理重点 / 074
六、合规管理难点 / 077
七、合规界别与融合 / 078

**第三章 挑动中企“出海神经”的合规** / 085
第一节 美国的长臂管辖 / 086
一、美国域外涉华执法活动 / 088
二、美国《反海外腐败法》 / 094
三、美国出口管制和制裁 / 099
第二节 “一带一路”沿线反商业贿赂的应对策略 / 104
一、“一带一路”沿线反商业贿赂的法律风险 / 105
二、“一带一路”中国企业跨国商业贿赂风险防控合规重点 / 108

## 第二篇 Part 2 刑事合规新视野

**第一章 风暴后的解体与再造** / 113
第一节 谁杀死了安达信? / 113
第二节 涅槃重生的西门子 / 116
第三节 合规——企业的免死金牌? / 117

**第二章 合规春风吹入华** / 122
第一节 摸着石头过河 / 124
一、第三方机制的启动 / 125
二、第三方机制名录库范围 / 127
三、智慧平台的智慧建设 / 129
四、第三方机制的费用支付 / 131
五、“走出去”企业的事前合规 / 132

六、合规的正当性依据 / 138
七、涉案企业合规的建设、评估和审查 / 151
第二节 专项合规也有七寸 / 160
一、专项合规计划的基本要求 / 160
二、专项合规计划的具体制定 / 163
第三节 合规有效是谁说了算? / 175
一、公司合规程序评价 / 176
二、内部控制审计 / 185
第四节 合规之路道阻且长 / 195
一、第三方机制专业人员选定标准 / 195
二、第三方机制的监督评估 / 196
三、检察机关在合规考察中的角色 / 197
四、企业未通过合规考察的处理 / 199
五、合规考察期限内有其他未被掌握的犯罪的处理 / 200
第五节 合规之果 / 203
一、最高人民检察院公布的第一批四则典型案例 / 203
二、最高人民检察院公布的第二批六则典型案例 / 204
三、最高人民检察院公布的第三批五则典型案例 / 207
四、江苏省人民检察院发布的涉及合规的典型案例 / 209

## 第三篇 Part 3 合规创造价值

**第一章 环境保护领域的合规管理** / 213
第一节 环境保护领域的风险识别 / 213
一、大气污染物排放常见违法行为与法律责任 / 213
二、水污染物排放常见违法行为与法律责任 / 214
三、土壤污染物防治常见违法行为与法律责任 / 217
四、噪声污染防治常见违法行为与法律责任 / 219
五、工业固体废物管理常见违法行为与法律责任 / 220
六、危险废物管理常见违法行为与法律责任 / 221
第二节 环境保护领域合规典型案例 / 224

第三节 环境保护领域的合规建设 / 226
一、合规尽职调查 / 226
二、建立企业环境风险库 / 227
三、构建全面防控排查体系 / 228
四、完善责任管理体系 / 229

**第二章 安全生产领域的合规管理** / 230
第一节 安全生产领域的风险识别 / 230
一、矿山企业常见违法行为与法律责任 / 230
二、金属冶炼企业常见违法行为与法律责任 / 233
三、运输企业常见违法行为与法律责任 / 236
四、建设施工企业常见违法行为与法律责任 / 237
五、粉尘涉爆企业常见违法行为与法律责任 / 242
六、危险物品的生产、经营、储存企业常见违法行为与法律责任 / 245
七、食品企业常见违法行为与法律责任 / 252
八、医药企业常见违法行为与法律责任 / 256
第二节 安全生产领域的合规建设 / 259
一、企业安全生产面临的新形势 / 260
二、企业安全生产合规制度建立的意义 / 260
三、如何构建企业安全生产合规制度 / 261

**第三章 市场交易领域的合规管理** / 264
第一节 市场交易领域的风险识别 / 264
一、不正当竞争行为的认定与法律责任 / 264
二、垄断经营行为的认定与法律责任 / 267
三、商业贿赂行为的认定与法律责任 / 268
第二节 市场交易领域的合规建设 / 270
一、美国《反海外腐败法》(FCPA)借鉴 / 270
二、中国香港《防止贿赂条例》借鉴 / 270
三、中国内地执法数据分析 / 271
四、应对措施 / 271

**第四章 知识产权领域的合规管理** / 273
第一节 知识产权领域的风险识别 / 274
一、商标权领域的违法行为认定与法律责任 / 274
二、专利权领域的违法行为认定与法律责任 / 277
三、著作权领域的违法行为认定与法律责任 / 278
第二节 知识产权领域合规典型案例 / 280
第三节 知识产权领域的合规建设 / 281
一、做好平时的“留痕”工作 / 281
二、建立素材库 / 281
三、进行“风险评估”并划分风险等级 / 282
四、强化人员培训 / 282
五、鼓励独创性 / 282
六、利用存证技术保护自主创作 / 282

**第五章 财务税收领域的合规管理** / 283
第一节 财务税收领域的风险识别 / 283
一、财务税收领常见的风险 / 283
二、法律责任 / 289
第二节 财务税收领域合规典型案例 / 291
第三节 财务税收领域的合规建设 / 295
一、税务合规管理机制 / 296
二、税务合规管理专项 / 298

**第六章 数据安全领域的合规管理** / 301
第一节 数据安全领域的风险识别 / 301
一、个人信息领域的违法行为认定与法律责任 / 301
二、数据安全领域的违法行为认定与法律责任 / 303
三、网络安全领域的违法行为认定与法律责任 / 304
第二节 数据安全领域合规典型案例 / 310
第三节 数据安全领域的合规建设 / 311
一、合规尽职调查 / 312
二、建立企业信息数据风险库 / 313

三、构建全面防控排查体系 / 313
四、完善责任管理体系 / 314

**附　录** / 315

一、企业合规法律汇总 / 317
二、企业合规具体操作流程 / 328
三、企业合规具体操作文书模板 / 331

第一篇

# 进入合规的时代

2021 年 4 月，国家市场监督管理总局依法对阿里巴巴在中国境内网络零售平台服务市场实施"二选一"垄断行为，处以其 2019 年中国境内 4557.12 亿元销售额 4% 的罚款，计人民币 182.28 亿元①，同时要求其"围绕严格落实平台企业主体责任、加强内控合规管理、维护公平竞争、保护平台内商家和消费者合法权益等方面进行全面整改，并连续三年向市场监管总局提交自查合规报告"。2021 年 7 月，国家市场监督管理总局通报了 22 起违法实施经营者集中的案件，涉及滴滴、腾讯、美团等 5 家互联网公司。滴滴累计被罚人民币 400 万元，阿里被罚人民币 300 万元，腾讯被罚人民币 250 万元，苏宁易购和美团分别被罚人民币 100 万元和 50 万元。2022 年 7 月 21 日，国家互联网信息办公室依据《网络安全法》《数据安全法》《个人信息保护法》《行政处罚法》等法律法规，对滴滴全球股份有限公司处人民币 80.26 亿元罚款，对滴滴全球股份有限公司董事长兼 CEO 程维、总裁柳青各处人民币 100 万元的罚款②。

2016 年德国大众汽车集团因柴油机排放造假被美国监管部门处罚 147.33 亿美元，并承诺回购在美国出售的 47.5 万辆涉及排放造假的柴油车③；2019 年美国 Facebook 因违反消费者隐私保护规定被美国联邦贸易委员会（FTC）处罚 50 亿美元④；2020 年美国司法部（DOJ）和证券交易委员会（SEC）对公司提起了 18 起执法活动，其中空客因商业贿赂被 DOJ 处罚 5.82 亿美元，在全球范围内被处罚超 39 亿美元；高盛因商业贿赂被 DOJ 和 SEC 处罚超 29 亿美元，在全球范围内被处罚超 50 亿美元。监管机构除持续调查外，还要求公司承诺加强和改进合规体系建设⑤。

2017 年中兴通讯因违反美国出口管制被美国商务部等政府部门处罚 8.9 亿美元，并签署为期七年的购买美国出口管制任何商品的拒绝令，2018 年根据新的和解协议，中兴通讯需支付罚款和保证金 14 亿美元⑥；2021 年格力公司因销售存在安全隐患的除湿机被 DOJ 处罚 9100 万美元，并同意向因格力除湿机而引起火灾和任何未获赔偿的受害者提供赔偿⑦。随着中美贸易纠纷的逐渐升级，众多"走出去"的中国企业将面临更高的合规监管风险。

显而易见，建立科学、有效的企业合规管理体系以防范合规风险，已成为全球企业发展的共识，企业合规研究成为企业发展的重要课题，企业发展进入了一个合规的时代。

---

① 国际在线：《市场监管总局对阿里巴巴垄断行为作出行政处罚》，载百度网 2021 年 4 月 10 日，https://baijiahao.baidu.com/s?id=1696626197581767773&wfr=spider&for=pc。

② 新华网：《滴滴被罚 80.26 亿元》，载百度网 2022 年 7 月 21 日，https://baijiahao.baidu.com/s?id=1738946507481685977&wfr=spider&for=pc。

③ 《大众美国造假事件简介》，载 MBA 智库·百科 2016 年 10 月 27 日，https://wiki.mbalib.com/wiki/大众尾气排放造假#_note-0。

④ 投资家网：《刚刚因侵犯隐私被罚 50 亿美元 FB 再遭 FTC 反垄断调查》，载百度网 2019 年 7 月 25 日，https://baijiahao.baidu.com/s?id=1639981194743801193&wfr=spider&for=pc。

⑤ 光曦国际合规管理：《年度巨献：FCPA 的疯狂年——美国〈海外反腐败法〉2020 年度执法回顾和分析》，载知乎网 2021 年 3 月 21 日，https://zhuanlan.zhihu.com/p/353782202。

⑥ 界面新闻：《中兴通讯收到美法院判决：五年合规观察期结束，不附加任何处罚》，载百度网 2022 年 3 月 23 日，https://baijiahao.baidu.com/s?id=1728068598678773197&wfr=spider&for=pc。

⑦ 氢财经：《隐瞒除湿机安全隐患　格力美国被罚 9100 万美元》，载百度网 2021 年 11 月 3 日，https://baijiahao.baidu.com/s?id=1715384023305977166&wfr=spider&for=pc。

# 第一章　合规起源和监管制度发展之路

## 第一节　合规起源

合规一词是由英文“compliance”翻译而来的,《元照英美法词典》将合规译为“服从、遵守、顺从”等意思,而合规字面解释为符合规范要求。

合规管理最早起源于美国银行业,20 世纪 30 年代的金融危机导致的大萧条首次让人们认识到合规管理与风险控制的重要性。严重的合规风险已威胁到企业的生存,合规管理不仅是应对外部监管的需要,更是银行自身业务发展的需要。美国银行业在此后的监管中开始使用“合规”一词,合规也逐渐出现在美国商业监管之中,部分行业协会及商业企业通过制定合规指南来加强内部控制、规范员工行为和企业经营。这一时期企业合规理念开始出现,合规管理也开始应用,但多为企业自发进行的合规管理。

20 世纪 60 年代,随着通用电气、西屋电气等公司的垄断事件爆发,在这次垄断事件中,这些公司通过划分市场、操纵价格和控制招标等方式形成垄断地位,事发之后上述公司接受了美国刑事反垄断部门的调查,最终相关企业和员工与检察机关达成认罪协议并被法院判处数百万美元的罚金,多名公司高管被判处有期徒刑。对于上述公司违规行为的企业和企业家的毁灭性打击震惊了美国社会,企业合规管理的重要性引起了政府和企业的高度重视,这一时期企业合规的概念与流程的最大特点是政府介入了企业合规管理,对企业合规管理的发展起到了重要的推动作用。

## 第二节 美国合规监管制度发展之路

20 世纪 70 年代“水门事件”中牵涉了多个企业的各种违规和舞弊事件，为严惩日益严重的美国公司海外贿赂行为，1977 年美国颁布了《反海外腐败法》。该法由反贿赂条款和会计条款组成：反贿赂条款的行贿对象是外国官员、国企雇员、公立医院医生等，包括利用中介、代理实施贿赂行为。会计条款由账簿和记录条款、内部控制条款组成，前者要求对公司日常经营中的资产交易和处置做准确的记录，后者要求内控制度确保每一项交易、资产流动都能获得事前的授权把控。《反海外腐败法》旨在严惩进行海外贿赂的美国公司，同时对外国公司在美国的贿赂行为，或外国公司在美国分支机构的海外贿赂行为同样具有法律约束力，美国联邦司法部对上述行为拥有刑事管辖权，美国证券交易委员会对上述行为具有民事管辖权。

在此之后，美国对海外贿赂行为和垄断行为的查处与惩罚日趋严格，美国公司开始普遍重视合规化经营，企业合规管理从行业化指南和个别公司的规定转变为美国企业普遍的治理方式。此外，继美国司法部门后，行政部门也开始加强合规监管，企业合规也开始分为刑事合规与行政合规两个种类。

1991 年美国联邦量刑委员会制定了《组织量刑指南》，并将其编入《联邦量刑指南》第八章，以此作为联邦检察机关决定是否提起公诉，决定是否与违法企业达成暂缓起诉或不起诉协议，以及法院对构成犯罪的企业进行量刑，行政机关是否降低处罚幅度的依据。[①] 该指南首次将企业合规管理体系标准化，明确了有效的企业合规管理体系的官方最低标准：一是建立合理预防犯罪行为发生的合规政策和标准；二是制定公司治理层监督企业的合规政策和标准；三是禁止向那些可能有犯罪倾向的个人授予重大自主决定权；四是通过培训向员工宣传企业合规的政策和标准；五是建立有效合规的合理监督措施，如利用检测、审计系统发现犯罪行为，建立违规举报制度；六是建立惩戒机制；七是在犯罪行为发生后，采取必要措施应对，预防类似行为再次发生。

---

① 参见陈瑞华：《企业合规基本理论》，法律出版社 2020 年版，第 309 页。

21 世纪初,包括安然、世通、雷曼兄弟等在内的多个美国巨头公司被卷入一系列欺诈案件,而安达信会计师事务所因在欺诈事件中销毁安然公司的相关会计和审计材料,被政府处罚而濒临绝境,失去了证券审计资格与大量客户,该事件造成了美国经济的严重动荡。对此,美国于 2002 年通过了《萨班斯—奥克斯利法案》,该法案将美国上市公司的管理方法从简单信息披露转变为实质监管,其要求上市公司建立内部控制体系,并由公司高级管理层负责内部控制体系的运行、评估与披露。[①] 此后,美国上市公司会计监管委员会据此设定企业内部控制体系基本标准,其要求公司高级管理层承担以下责任:一是记录与所有财务报表会计科目和披露事项认定有关的内控设计;二是测试涵盖内部控制的全部要素的内控体系;三是执行适当程序以获得充分的证据对内控体系有效性进行评估,并保留相关记录;四是公司管理层进行内部控制体系评估时,可取得内部审计师、公司其他人员和第三方的协助,但不可直接委派给外部审计师或其他任何第三方;五是遇有一个或多个严重不合格的情况时,公司管理层就应认定内控体系的失性;六是公司管理层报告应披露所有严重不合格的情况。

2008 年,德国西门子公司因涉嫌违反美国《反海外腐败法》,而遭遇了美国司法部和证券交易委员会的双重执法调查,西门子公司最终承认违反《反海外腐败法》的会计条款,并通过重整企业合规架构获得了美国刑事执法部门与行政执法部门的宽大处理,该事件说明了美国已经形成了较为完善的刑法和行政监管激励机制。除了刑事执法部门外,美国联邦行政部门也可以从行政监管的角度对企业提出建立合规体系的标准。例如,证券交易委员会可以从反海外腐败执法方面确立合规体系的基本标准,商务部与美国财政部海外资产控制办公室(OFAC)可以从制裁违反出口管制行为的角度确立合规指引,设立企业合规体系的标准。

2017 年美国司法刑事局发布《企业合规体系评价指南》,用来帮助检察官在办案中更好地判断在犯罪发生时,企业的合规管理是否有效;[②]2019 年 4 月 30 日美国司法部发布《公司合规程序评价》,该文件未对评估企业合规程序的政策

---

① 参见风控君:《美股上市 SOX 执行指南之〈一文读懂 SOX404 的前世今生〉》,载知乎网 2022 年 7 月 19 日,https://zhuanlan.zhihu.com/p/378072678。

② 参见光曦国际合规管理:《美国司法部更新〈企业合规项目有效性评价指南〉》,载知乎网 2021 年 5 月 5 日,https://zhuanlan.zhihu.com/p/369839738。

进行重大修改,主要是为了更好地协调 2017 版《企业合规体系评价指南》和其他司法部指引及准则,以及为检察官在办案时和企业在更新其合规程序时提供更多的参考;①同年 OFAC 发布《合规承诺框架》,建议受美国管辖的主体以及任何与美国有关联性业务的外国主体(包括与美国主体开展业务,或使用美国原产产品或服务),建立行之有效的制裁合规体系,该规定为企业在美国建立并完善出口管制和制裁合规体系提供了重要的参考依据。此外,OFAC 发布《经济制裁执法指南》,把具有行之有效的合规管理体系,作为企业违规行为非恶劣、可以从轻处罚以及可以作为行政和解协议中合规承诺的判断因素。②

## 第三节 欧洲和国际组织合规监管制度发展之路

在美国合规制度的引领下,企业合规理念为一些西方国家和国际组织所采纳,并通过立法得以确立。例如,1997 年加拿大出台《合规体系建设指南》;1999 年澳大利亚出台《合规体系标准 AS3806》;2005 年国际商会反腐败、打击敲诈和贿赂委员会出台《国际商会行为准则和建议》;同年巴塞尔银行监管委员会发布《合规与银行内部合规部门》,③率先提出在金融行业建立合规管理体系,对金融企业合规部门的构建作出了基本规定,成为商业银行开展合规管理的重要依据;2009 年经济合作与发展组织出台《关于进一步打击外国公职人员在国际商业交易中的贿赂行为的建议》。

2010 年世界银行发布《世界银行集团诚信合规指南》,以规制参与投竞标企业的腐败、欺诈、串通等不合规行为,该指引明确规定世界银行对于严重违规企业进行制裁,对于违规相对较轻的企业则有机会通过建立诚信合规体系以解除制裁。世界银行鼓励因涉嫌欺诈或贿赂行为而被制裁的企业,主动采取合规整改措施,即有机会免于或提前解除世界银行的制裁。④ 附条件的免于取消资格

---

① 参见律族:《美国司法部近日更新〈企业合规体系评价指引〉》,载搜狐网 2020 年 6 月 10 日,https://www.sohu.com/a/400945994_120656261。

② 参见腾讯新闻:《OFAC 财政部双双出手美国合规监管加强》,载腾讯网 2021 年 11 月 25 日,https://new.qq.com/rain/a/20211115A0341A00。

③ 参见郭青红:《企业合规管理体系实务指南》,人民法院出版社 2019 年版,第 306 ~ 315 页。

④ 参见郭青红:《企业合规管理体系实务指南》,人民法院出版社 2019 年版,第 52 页。

就是企业在规定时间内采取改进措施、建立有效合规体系或满足其他条件时免于取消资格和列入制裁"黑名单";附解除条件的取消资格就是被制裁企业在最低制裁期限(通常2~3年)里被取消资格,如果采取改进措施、建立有效合规体系或满足其他条件,该企业在期限届满后解除制裁。被制裁企业按照《世界银行集团诚信合规指南》和世界银行指派的诚信合规官的要求完成整改,在规定期限内提交申请书(描述对之前不当行为的整改和补救过程,以及建立和完善合规管理制度的情况),合规官对整改落实情况予以审查,必要时要求提交第三方出具的评估报告。如果审查通过,免于列入制裁"黑名单"或将其移出;如果审查不通过,继续留在"黑名单"(不多于1年),完成整改后重新提交解除制裁申请。

2010年经济合作与发展组织(OECD)发布《内控、道德与合规,最佳实践指南》,为成员国的公司建立内部控制、道德与合规项目或方法,预防和调查海外腐败提供了实践指南,并得到了众多机构、实体普遍认可。

2010年英国通过了《反贿赂法》,该法规定了行贿罪和受贿罪的构成要件,增设了"商业组织预防贿赂失职罪"和"行贿外国公职人员罪"。[①] 其中"商业组织预防贿赂失职罪"规定了企业因疏于制定内部预防贿赂制度而导致行贿行为发生所要承担的刑事责任,即只要一个企业的相关人员为了获取或保留该企业的商业优势而向他人行贿,该企业即构成该罪,除非该企业能够证明其已经制定了"充分程序"以预防行贿行为的发生。该法为企业确立了严格刑事责任,也设立了无罪抗辩事由;严格刑事责任是指只要一个企业的相关人员实施了行贿行为,那么检察机关不需要承担证明责任,就可以直接推定该企业构成行贿罪,而无罪抗辩事由是指该企业应承担证明责任,证明其已经制定了预防商业贿赂行为的"充分程序",就可以推翻原有的责任推定,说服司法机关作出其不构成行贿犯罪的判决。《反贿赂法指南》确立了"充分程序"的六项原则,即相称程序、高层承诺、风险评估、尽职调查、有效沟通、监控和评估原则,将合规体系的构成作为无罪抗辩的重要事由。

2014年国际标准化组织发布了《合规管理体系指南》,对合规基本标准作出指引。

---

① 参见陈瑞华:《企业合规基本理论》,法律出版社2020年版,第317页。

2016 年法国通过了《萨宾第二法案》,该法案第 17 条第 1 款规定,满足以下标准的企业应当建立合规制度:(1)用工人数达到 500,或隶属总部设在法国且总用工人数达到 500 的公司集团;(2)单独报表或合并报表中的营业收入达到 1 亿欧元。如果符合上述标准的企业未能建立合规制度,企业董事长、常务董事、经理等高管需承担法律责任。第 2 款规定,应建立以下合规制度:制定行为准则,预防可能构成贿赂以及其他构成非法交易的行为;建立内部预警系统,充分收集员工提供的有关违法行为线索或者信息;进行风险评估,根据企业所属的行业类别和运营区域,来对企业的贿赂风险加以识别和分级,并定期更新风险评估分级标准;制定会计控制程序,以确保会计账簿和记录不被用来掩盖贿赂行为;建立培训体系,以帮助那些最接近贿赂风险的高管和员工预防并发现腐败行为;建立惩处机制,以惩戒那些违反行为准则的员工;建立内控评价制度,以审查合规制度的有效性。①

2021 年国际标准化组织修订发布适用于全球任何类型、规模、性质和行业的组织的《合规管理体系—要求及使用指南》。

## 第四节 我国合规监管制度发展之路

我国企业合规管理起步相对较晚,合规管理制度开始于金融行业,之后逐步推广到中央企业及境外投资经营企业。21 世纪以来,金融机构的经营活动日益综合化和国际化,业务和产品日趋复杂,不合规事件频发,建立合规管理体系逐渐成为银行业的风险管控核心方案,合规管理在我国金融行业率先开展起来。2006 年 10 月中国银行业监督管理委员会(以下简称银监会)颁布《商业银行合规风险管理指引》,首次使用了合规的概念,为商业银行合规风险管理提出了指引;2007 年中国保险监督管理委员会(以下简称保监会)发布《保险公司合规管理指引》;2008 年中国证券监督管理委员会(以下简称证监会)发布《证券公司合规管理试行规定》。

随着国际合作的增多、全球合规监管的加强,中国企业的不合规在国际上暴

---

① 参见陈瑞华:《企业合规基本理论》,法律出版社 2020 年版,第 322 ~ 323 页。

露出重大问题，例如，工商银行马德里支行涉嫌洗钱6名高管被逮捕；华锐风电因被指控侵犯商业秘密罪和电信诈骗罪，被处以1500万美元罚款；湖南建工因在招投标中提供虚假文件被世界银行制裁；中兴通讯遭受美国商务部的制裁；等等，迫使我国企业在加快“走出去”的进程中开始重视合规管理的重要性，政府也从中央企业开始加强企业合规体系建设。

2014年，继ISO颁布《合规管理体系指南》(ISO 19600:2014)后，同年12月国务院国资委将“加强企业合规管理体系建设”列入中央企业新五年规划当中。2016年4月国务院国资委颁布《关于在部分中央企业开展合规管理体系建设试点工作的通知》，选择中国石油、中国移动、东方电气集团、招商局集团、中国中铁5家中央企业开展企业合规改革试点工作。

2016年12月，中国标准化研究院牵头组建《合规管理体系指南》国家标准工作组，使用翻译法等同采用国际标准《合规管理体系指南》(ISO 19600:2014)，在合规管理体系建设的方法和基本要求方面与国际社会保持统一。2018年7月1日，我国标准《合规管理体系指南》(GB/T 35770—2017)正式实施。

2017年7月1日，保监会修改并印发《保险公司合规管理办法》，同年6月证监会发布《证券公司和证券投资基金管理公司合规管理办法》，同年12月国家发展改革委、商务部、人民银行、外交部、全国工商联五部门联合发布了《民营企业境外投资经营行为规范》。

2018年，国务院国资委在借鉴5家合规改革试点的中央企业经验的基础上，发布了《中央企业合规管理指引(试行)》，同年5月中国国际贸易促进委员会发起设立全国企业合规委员会，2006年10月银监会修改并印发《商业银行合规风险管理指引》，同年12月国家发展改革委会同外交部、商务部、人民银行、国资委、外汇局、全国工商联发布了《企业境外经营合规管理指引》，对我国企业在境外经营的合规管理提出了全面具体的要求。

2020年3月，企业刑事合规由最高人民检察院在上海浦东新区和金山区检察院、广东省深圳市南山区和宝安区检察院、江苏省张家港市检察院、山东省郯城县检察院等6家检察院开展改革试点工作，探索督促涉案企业合规管理；2021年4月，试点进一步扩大至北京、辽宁、上海、江苏、浙江、福建、山东、湖北、湖南、广东等10个省市，推进企业合规改革试点纵深发展。2021年6月3日，最高人民检察院、司法部、财政部、生态环境部、国务院国有资产监督管理委员会、国家税务总局、国家市场监督管理总局、中华全国工商业联合会、中国国际贸易促进委员会联合发布《关于建立涉案企业合规第三方监督评估机制的指导意见(试行)》。

2021 年 3 月,十三届全国人大四次会议表决通过“十四五规划”,其中明确提出引导“走出去”企业“加强合规管理”,并“推动民营企业守法合规经营”。

2022 年 4 月 1 日,国务院国资委就《中央企业合规管理办法》(征求意见稿),向社会公开征求意见。

2022 年 4 月 19 日,最高人民检察院、司法部、财政部、生态环境部、国务院国有资产监督管理委员会、国家税务总局、国家市场监督管理总局、中华全国工商业联合会、中国国际贸易促进委员会联合发布《涉案企业合规建设、评估和审查办法(试行)》。

2022 年 9 月 14 日,国务院国资委颁布《中央企业合规管理办法》,办法自 2022 年 10 月 1 日起施行。

# 第二章　企业合规“大势已至”

近年来，随着中国经济的快速发展、中国企业的不断壮大，尤其是 2013 年国家提出“一带一路”的合作倡议后，越来越多的中国企业走出国门，参与到全球市场竞争当中。全球不同国家、地区有不同的市场环境和竞争规则，而一些中国企业因为沿用在国内的习惯和做法，导致行为不合规而遭受制裁或处罚；而利用对竞争对手国家的龙头企业的违规处罚或制裁，以达到削弱竞争对手国家实力和竞争力的目的，已经成为大国博弈的重要手段，作为“一带一路”建设的主要力量的中央企业，已成为一些大国重点关注的对象。中兴事件只是其中一个比较典型的案例，而同样是中国通讯行业的“领头羊”华为也一直受到美国一些监管机构的调查。这些案例告诉我们，打铁先要自身硬，只有通过建立合规管理体系和合规文化，遵守交易地的法律法规和国际、区域性组织的规定，才能抵御风险，提升全球市场的竞争力。

2018 年 11 月，国务院国资委在总结 5 家中央企业开展企业合规改革试点工作经验的基础上，印发《中央企合规管理指引（试行）》（以下简称《合规管理指引》），要求中央企业应当按照全面覆盖、强化责任、协同联动、客观独立的原则，加快建立健全合规管理体系，为企业开展合规体系建设和相关工作提供了政策指导。

## 第一节　五家央企合规体系建设的成功“试水”

### 一、试点中央企业的合规建设情况

#### （一）中国石油天然气集团有限公司

中国石油天然气集团公司（以下简称中石油）是超大型的跨国企业集团，下设数家全资、控股、参股公司，主要业务包括国内外石油天然气勘探开发、炼油化工、油气销售、管道运输、国际贸易、工程技术服务、工程建设、装备制造、金融服务、新能源开发等，中石油发行的美国存托证券、H股及A股于2000年4月6日、4月7日及2007年11月5日分别在纽约证券交易所、香港联合交易所及上海证券交易所挂牌上市。2014年中石油开始安排部署合规管理，2016年被国资委选为央企合规管理试点单位，通过几年的实施推进，确立了合规管理的战略定位和合规高于经济利益的价值导向，初步建立了分工负责、齐抓共管的组织架构和预防为主、惩防并举的制度机制，逐步强化了管业务必须管合规的合规管理责任，全员合规意识普遍增强，合规文化氛围更加浓厚。

1. 合规管理体系①

中石油采用的是构建大合规的管理格局，将合规管理纳入公司战略，对违规行为“零容忍”，在经营活动中严格遵守法律法规，将合规管理作为公司开展业务的前提，并将其融入生产和经营管理全过程。坚持预防为主，加强过程控制，明确总部和所属企业主要负责人是合规管理第一责任人，努力建设覆盖全员、全过程、全方位以及制度完善、程序科学、执行到位的合规管理体系，包括风险防控机制、合规培训机制以及合规履职评价机制。中石油坚持诚实守信、依法合规的价值观，制定的《诚信合规手册》明确规定了全体员工对外交往、职业操守、内部关系处理、维护公司利益、承担社会责任等方面的基本要求、行为准则和禁止性事项，全体员工就遵守手册与集团签订书面承诺。

2016年，中石油推进合规管理信息平台应用，组织员工通过平台参加培训和测试，加强员工合规档案管理和维护，进一步明确合规登记报告人员范围，加强交易环节监督，做好涉及利益冲突事项登记报告；开展对供应商、承包商的合规审查评价，将合规审查纳入选择供应商环节，评估合规风险，做好合资合作、收购兼并等重大项目交易对象的合规尽职调查，将合规要求纳入合同条款，对供应商存在违法违规行为的，取消准入资格。

2. 内部控制与风险管理体系

公司持续完善内控体系，确保内控体系设计持续有效。加强重大风险评估

---

① 参见中国石油：《中国石油2016可持续发展报告》，载一点资讯2017年4月1日，http://mb.yidianzixun.com/article/0G0OJHPs? s = mb&appid = mibrowser。

报告和管控,完善风险事件管理,强化专项风险管控,确保风险得到有效控制。持续优化简化业务流程,制定科学的流程管理标准。

突出重点强化管理层测试,增加测试深度,深挖管理漏洞,查找体制机制问题,着力揭示并规避重大风险,进一步提升测试整体质量和效果,确保体系运行有效。持续提高内控整改力度,完善上下联动机制,对于重复发生及超期未整改的例外事项,在系统内予以通报,进一步加大警示和考核力度,督促落实整改,提高管控水平。

3. 惩治和预防腐败工作体系①

公司要求员工不以工作和职务之便缔结私人商业合约、为亲友提供便利和谋取利益。依据国家相关法规,制定了《管理人员违纪违规行为处分规定》《合规管理办法》《物资供应商管理办法》等制度规定,规范员工和公司行为。公司坚持有腐必惩、有贪必肃,始终保持惩治腐败高压态势,全面推进公司反腐倡廉建设。开展廉洁风险排查,强化反腐倡廉制度建设,廉洁风险防范机制逐步健全;抓早抓小、层层设防,实现预警提醒、监督检查常态化;推进重大投资项目专项审计监察、重点业务领域在线实时监督,促进部门监管责任落实。

同时,公司根据关于商业贿赂、勒索和欺诈的法律法规,结合公司情况制定相关管理规定和实施细则。反对垄断,不滥用市场支配地位,反对任何形式的不正当竞争,遵守贸易管制,坚决不从事、不参与或协助任何形式的洗钱活动,真诚、守信、合法地开展对外交易活动。

(二)中国移动通信集团有限公司②

中国移动目前是全球网络规模最大、客户数量最多、盈利能力和品牌价值领先、市值排名位居前列的电信运营企业,主要经营移动语音、数据、宽带、IP 电话和多媒体业务,并具有计算机互联网国际联网单位经营权和国际出入口经营权。中国移动通过实施合规管理"六步法",即完善制度、优化流程、制定指南、防控风险、开展培训、搭建平台六个方面,在反垄断、反不正当竞争、消费者权益保护、信息安全、招标采购、工程建设、合作伙伴、劳动用工八个重点领域形成较为完备的

---

① 中国石油:《中石油 2017 企业社会责任报告》,载 https://pdf.dfcfw.com/pdf/H2_AN201803221108510256_1.pdf,中国石油 2018 年 3 月发布。

② 参见叶小忠主编:《中国企业法务观察》(第四辑),法律出版社 2018 年版,第 21~24 页。

合规管理工作机制;通过树立标杆、以点带面、整合成果、全面推广,实现全集团重点专项领域合规监管体系建设不断深化,提升依法治企能力和合规管理能力,有效保障公司依法治理、合规经营、规范管理。

1. 完善制度——管理制度规范化

将合规管理以制度形式固化,并转化为公司经营管理遵循的行为准则和规范。制定重点专项领域的合规管理制度,内容主要包括总体目标、工作机制、合规审查、合规培训、监督检查等。明确法律部门是重点专项领域合规工作牵头部门,界别法律部门与业务部门、其他监督部门的职责,保证管理制度的实用性和规范性。修订完善重点专项领域的相关业务制度,将合规审查、合规检查等要求写入业务制度。根据合规管理工作推进情况和公司实际,在专项领域合规管理办法的基础上拓展提升,制定或完善公司层面的合规管理办法,落实合规管理职责。开展规章制度合规性扫描,查找制度缺陷,填补制度空白,进行制度更新,将合规管理要求纳入制度流程,并转化为公司经营管理遵循的行为准则和规范。

2. 优化流程——实现业务流程标准化

在公司生产经营重要的八个专项领域中,将合规审查嵌入业务流程,将合规要求融入业务内容,实现合规管理与经营活动的有机融合。完善更新重点领域的相关业务流程,将合规审查、合规检查等环节嵌入业务宣传、营销策划、产品推广、售后服务、招标采购、合同审查、劳动用工等业务流程,做好合规风险把控,降低违规风险,实现合规要求与经营活动的有机融合。注重合规管理在业务流程中的实际效果,督导检查合规要求的执行情况。将合规管理纳入下属单位经营业绩考核体系。

3. 制定指南——实现合规指引专业化

合规指南是合规管理要求和规范的重要载体,以业务需求为导向,梳理整合相关法律法规要求,作为重点业务岗位、关键业务人员合规管理要求的执行标准和参考依据。针对重点专项领域,按照相关法律法规、监管政策、规章制度要求制定发布市场竞争、信息安全、反商业贿赂、行政执法配合等系列合规指南。组织合规指南的宣贯实施,各单位逐级落实,加大向下推进力度,将指南要求覆盖到地市公司和分公司,通过印制发放培训考试、网络学习嵌入流程等方式,确保深入一线、融入岗位、发挥实效。

4. 防控风险——实现风险防控精细化

根据公司生产经营实际，区分重点领域、关键环节，动态更新风险防控清单，制定风险控制措施，防范公司在重点专项领域的合规风险，实现重点领域合规要求标准化。根据国家颁布的法律法规，梳理更新重点专项领域涉及的法律法规、监管要求、公司制度。结合法律风险管理工作，完成重点专项领域合规风险行为识别、分析，梳理重点专项领域合规风险。分析研判公司外部环境变化和转型发展战略，梳理营销活动、固网经营、互联网经营、采购招标、工程建设、基站运维、信息安全、劳动用工、安全生产九大领域的重大法律风险点，提出合规风险防范建议。加强重点专项领域合规风险管控，合规管理要求作为营销方案审核、采购支撑和合同审查等法律工作的重要内容和关键标准，使其成为业务流程中的必经环节。

5. 合规培训——实现文化普及常态化

通过多层次、多维度、多领域的合规培训，推动形成领导带头、全员参与的合规文化体系，营造依法合规、崇尚合规、践行合规、捍卫合规的文化氛围。发布合规倡议，公司领导班子集体签署，提出公司的合规精神和理念，表明公司合规态度和立场。抓住“关键少数人”，将重点专项领域合规培训纳入高层学法范畴，通过领导干部合规带动全员合规，领导干部人均年度学法不少于40小时。普及全员合规文化，通过制作视频、宣传展板、网上课堂、楼宇电视等多种形式，将重点专项领域合规要求宣贯到每个员工，组织全员参与的合规培训，使其在日常生产经营中做到诚实守信、公平竞争。强化重点领域、关键环节的合规要求，对市场营销、信息安全管理等岗位和人员开展专题合规宣教。强化合规知识学习，组织全集团合规管理骨干人员进行市场竞争领域专项合规培训，促进合规管理人员素质能力提升。

6. 搭建平台——实现合规管理信息化

建立电子化合规信息平台，实现合规管理的闭环管理，减少人为操作给流程带来的不确定性。通过平台固化合规要求重塑业务流程，实现合规管理体系化、合规执行流程化、合规检查系统化、合规评价科学化的目的。建立信息安全等专项合规管理信息平台，固化合规管理制度流程。合规管理信息平台包括制度管理、执行管理、检查管理、整改管理、风险评价、合规报告等功能模块。在现有法律信息化管理平台的基础上增设合规管理模块，将合规审查、合规检查、违规问责、合规风险等内容,逐步推进合规管理信息化平台建设。在相关业务信息平台中,增加合规审查、合规检查等节点,将流程进行固化,有效降低违规风险。

(三)中国东方电气集团有限公司①

东方电气是全球最大的发电设备制造和电站工程总承包企业集团之一,业务涉及发电、装备制造、工程与贸易、金融、物流等,大型装备产品和服务出口到80多个国家和地区,创造了中国发电设备出口历史上若干个第一,连续24年入选ENR全球250家最大国际工程承包商之列。东方电气的合规管理体系建设工作围绕"目标明晰、组织有力、系统推进"的总要求,以合规管理工作"五大建设",即风险评估、制度流程、管理协调、效果评价、合规文化为抓手,在集团合规管理体系建设和试点专项领域作了积极探索,对适合重大装备制造业的合规管理工作进行了有益尝试。

在试点工作中,东方电气根据集团多产业板块和母子公司架构的特点,遵循"总部搭建、专项试点、逐步推进"的原则,结合资源统筹和职能整合,由集团总部牵头搭建,探索形成"统一平台、重点推进"的体系模式,为集团公司和各子企业合规管理体系、信息的统筹对接提供支撑。同时,为了保障合规管理体系有效运转,推进合规管理制度化、流程化和规范化,东方电气制定了《中国东方电气集团有限公司诚信合规准则》,起草了《中国东方电气集团有限公司合规管理办法》。《中国东方电气集团有限公司诚信合规准则》作为东方电气集团合规管理制度体系的纲领性制度,以手册方式印发给全集团每位员工学习和贯彻执行。

与此同时,东方电气选择了东方汽轮机和财务公司作为重大装备制造和非银行金融机构开展合规管理试点工作。2家试点企业坚持以问题为导向,查找合规风险隐患,梳理合规风险分布,制定风险防范措施,通过完善制度和流程再造,推进合规管理工作。东方汽轮机以"供应商合规管理"和"利益冲突管理"两个专项为重点,探索出适合重大装备制造业的、可推广借鉴的经验和做法。

东方电气在总结试点工作的基础上继续推进合规管理体系建设,持续推进法治央企建设,为集团深化改革、脱困振兴、二次创业提供更加坚实的法治支撑和保障。

---

① 参见中国东方电气集团:《诚信合规社会责任报告(2022年)》,载中国东方电气集团,https://www.dongfang.com/ywbt/cxhg.htm。

1. 合规理念

东方电气始终遵循以合规发展、客户增值、员工成长、环境友好为价值驱动力,坚持诚信公平、合规经营的价值观,将诚信合规理念融入各项经营管理和业务发展活动中,守法合规,践行中央企业社会责任和使命。合规作为东方电气经营发展重要组成部分,公司不断完善合规管理体系,提高合规管理体系运行效率和有效性,切实防范风险。

2. 合规管理体系

东方电气的合规管理体系包括以下八个部分的内容,分别是制度体系、组织架构、合规风险管理、合规报告、合规审计、合规举报、合规考核和合规文化。

(1)制度体系

作为东方电气合规管理制度体系核心的《中国东方电气集团有限公司诚信合规准则》,包含了公司和员工处理内部事务与对外交易交往的全部基本行为规范和规则。其既是公司每一位员工必须遵守的合规基本准则,也是对外展示公司诚信合规理念的重要载体。

《中国东方电气集团有限公司合规管理办法》通过组织机构和流程设计,建立合规管理机制,开展合规风险监测、合规检查、合规考核以及合规培训与合规文化建设等,预防、识别、评估、报告和应对合规风险的行为。在制定基本合规政策的基础上,陆续完善合规管理制度框架体系,通过建立专项领域、专项业务环节合规规范和指引,对特定主体或特定合规风险领域制定具体的合规要求和规范,对重要的合规问题进行补充规定,如商业伙伴合规管理、举报与内部调查等,与内部经营管理流程相契合。

(2)组织架构

东方电气建立了以“董事会—战略、投资及风险管理委员会—公司管理层—总法律顾问”为架构的合规管理顶层设计。同时,以法务审计部为归口管理部门,以纪检监察部为专项部门,以公司各部门和所属企业为直接责任部门,构建起完善的合规组织框架。

(3)合规风险管理

有效的合规管理建立在及时准确的合规风险识别、评估和管控上,将合规风险识别、评估和管理纳入集团公司统一管理,有助于尽可能全面地发现集团内部重要程度和发生频率高的合规风险。组织公司各部门和所属企业定期开展合规风险识别和评估，识别部门和企业潜在的合规风险，并根据识别评估的结果，采取必要的措施管控合规风险或开展预防性合规工作。持续关注法律法规和外部监管规定的变化和业务、经营情况变化，持续风险识别、评估和应对经营管理过程中可能出现的合规风险，进行合规持续管理，并通过合规监督检查方式，检查和监督各部门及所属企业遵循法律法规及准则情况和公司合规管理实际运行的有效性及违规事件整改情况。

(4)合规报告

为确保及时、有效地了解合规管理体系运行效果，获取不合规管理信息，以采取预防、纠正和补救措施，通过对合规报告流程和报告路径的设计，定期汇总收集各部门和所属企业的年度合规管理情况，分析不合规问题及产生的原因，并对经营管理活动中发生的因违反法律法规或准则，而使公司已受到或将面临遭受法律制裁、监管处罚、财务损失或声誉损失的合规风险事件进行实时报告。

(5)合规审计

公司合规体系需要不断完善，不仅是适应变化中的合规环境以及企业自身业务发展的变化，还要通过操作层面的效果审计评价，发现和纠正贯彻执行中可能出现的问题，不断地改进和优化。通过对公司合规管理体系审计、反馈、改进的过程，发现并报告公司在合规管理体系建设与实施中存在的问题，提出改进建议，促进完善相关合规管理体系，不断提升公司风险防范能力和合规管理水平。

(6)合规举报

发现公司和员工任何不当和违法行为，可向指定处理投诉举报的部门提出投诉举报。所有投诉举报人信息都会受到保护，绝不容忍任何针对投诉举报人的打击报复行为。所有投诉举报都会认真对待，调查核实后必要时会采取相应的措施。

(7)合规考核

为明确合规职责，考核合规履职情况，公司将部门合规管理评价纳入绩效考核，并将员工参加合规培训和合规履职情况纳入当年绩效考核。

(8)合规文化

公司倡导和培育良好的合规文化，努力培育全员的合规意识，并将合规文化建设作为企业文化建设的重要组成部分。全员宣贯合规文化，树立合规价值观，通过不定期组织全面培训与专业培训、自我学习与有效测试相结合方式，强调合规理念,引导全体员工从“要我合规”转变为“我要合规”,将合规风险防患于未然。

(四)招商局集团有限公司

招商局集团是一家业务多元的大型综合企业集团,业务主要集中在综合交通(包括交通基础产业、航运业、综合物流业务)、特色金融(包括银行、证券、基金、保险、不良资产管理、融资租赁)、城市与园区综合开发三大核心产业,并逐渐实现由三大主业向实业经营、金融服务、投资与资本运营三大平台转变。按照国资委的总体部署,紧紧围绕建设具有全球竞争力的世界一流企业的战略目标,2016 年 6 月集团审议通过《招商局集团有限公司合规管理体系建设试点工作方案》,从合规管理组织体系建设、制度体系建设、合规风险管控机制建设和合规文化建设“四大支柱”着手,持续扩大和深化合规试点工作,以点带面,逐步实现集团合规管理体系建设全覆盖,建立与企业经营范围、组织结构及业务规模相适应的合规管理体系。①

1. 逐步实现合规体系建设全覆盖

招商局集团合规试点的覆盖面从 2016 年的集团总部和招商蛇口、招商港口、招商证券及招商海通等 4 家子企业,扩大到 2017 年的总部和 8 家子企业,再扩大到 2018 年的总部和 14 家子企业,到 2019 年实现集团合规管理体系建设全覆盖。

2. 构建合规管理组织体系

招商局集团利用现有的组织架构,完善合规管理的组织体系。在治理层(董事会)增加合规管理职能,解决合规管理的顶层设计问题;在管理层,设立主要领导担任组长的合规工作领导小组,成立由企业法律工作机构牵头、各部门联合参与的合规工作小组;在执行层,明确合规工作机构,配备专兼职合规工作人员。

招商局集团的合规管理组织体系分为三个层级。第一层级是治理层,即董事会,招商局集团及其下属试点企业在董事会增加了合规管理职能,董事会主要负责批准合规管理体系建设规划、指导体系建设、评估体系运行情况、指导重大

---

① 参见招商局集团:《招商局集团合规手册》,载招商局集团官网 2022 年 2 月 4 日,https://www.cmhk.com/main/a/2020/b04/a39654_40714.shtml。

违规事件处理、审议年度合规工作报告和年度合规工作方案。第二层级是管理层,包括合规工作领导小组和合规工作小组。合规工作领导小组,即集团管理层的风险管理委员会,由集团董事长担任主任,总经理担任常务副主任,分管法律合规工作的副总经理兼总法律顾问担任执行副主任,成员由集团各部门负责人组成;合规工作小组由集团各部门组成,法律合规部牵头,由总法律顾问担任组长,组员由风险管理部负责人、办公厅、人力资源部、财务部、战略发展部、资本运营部、监察部、综合交通部/海外业务部、金融事业部、区域发展部及综合物流事业部等职能部门领导及各部门合规工作人员,各下属试点企业指定人员及外部专业机构组成,负责统筹安排董事会和合规工作领导小组布置的工作。第三层级是执行层,法律合规部为日常合规工作机构,各部门合规工作分管领导和合规专员参与执行,合规专员包括法律合规部的专职合规人员和其他部门的兼职合规人员。

合规管理组织体系采用逐级汇报的形式。法律合规部向管理层风险管理委员会的执行副主任汇报,执行副主任向管理层风险管理委员会汇报,风险管理委员会向董事会汇报。

3. 完善合规管理制度体系

在规章制度体系建设方面,招商局集团制定了规章制度建设的制度性文件和规章制度年度更新标准化流程。通过法律事务管理信息系统创建“规章制度管理”模块,实现了规章制度及时更新和信息化管理。

在合规管理专项制度建设方面,招商局集团制定了《招商局集团合规管理办法(试行)》和相关配套规定,如合规手册、合规风险识别机制方案、合规检查领域和对象的定性定量标准、合规检查操作指引、海外业务法律合规工作指引,以及反垄断、礼品和捐赠、商业合作伙伴、合规人事管理、员工违规处理等专项合规管理办法。

4. 关注重点领域合规风险管控

在合规体系建设过程中,集团注重有的放矢,集中有限资源重点管控合规风险重点领域。通过识别合规风险,聚焦重点合规风险领域;通过开展专项合规检查和评估,实现对重点合规领域关键事项的管控和闭环管理;通过及时研究和发布合规风险预警,防范重大合规风险发生;通过加强合理风险和违规排查,避免违规问责风险。

招商局集团在确定集团、二级公司合规风险重点领域和项目时，采取后顾式和前瞻式两种做法。“后顾式”是指通过收集和研究集团有关工作报告、纠纷案件分析报告、内部审计报告、内控报告、全面风险管理报告以及各部门的有关工作报告等过去的工作成果，总结、提炼主要风险领域和风险点；“前瞻式”是指法律合规部门在日常工作中通过专项合规研究、市场监管动态、境内外重大合规风险事件，评估相关业务的合规风险，进行风险预警和提示。“后顾式”从已有业务潜在风险角度出发，防微杜渐，“前瞻式”以外部动态合规风险为风向标，防患于未然，打造合规风险防控的“双保险”。

招商局集团作为国际化经营企业，海外业务投资金额大、回收期长，潜在合规风险较大。在规章制度建设方面，主要通过两个专门制度建立海外业务法律合规风险管控框架：《招商局集团海外业务管理暂行规定》明确了海外业务法律合规风险管控的核心要求，《招商局集团海外项目法律合规工作指引》解决了海外项目法律合规工作基本的知识性和可操作性问题。在专项合规检查方面，针对集团海外业务重大项目和关键事项开展专项合规检查，2017 年对集团海外重大项目规章制度执行情况、合同审查制度执行情况和海外产权管理情况进行了专项合规检查，2018 年继续开展海外投资项目的合规检查。在日常合规风险排查方面，对海外业务所面临的合规风险进行梳理和研究，及时发出风险提示进行预警，避免出现合规风险事件。通过推进海外业务重点国家（地区）和重点领域的合规管理，以点带面，发现问题，完善机制，逐步实现海外业务合规管理的全覆盖，防控海外业务的法律合规风险。

5. 持续开展合规文化建设

招商局集团通过丰富多彩、生动活泼的方式开展合规文化宣传，宣传“合规从高层做起、全员主动合规和合规创造价值”等核心合规理念，营造合规体系建设的氛围，增强全员合规意识，培育合规文化，为合规工作的开展创造有利环境。

为提升合规宣传广度和效果，招商局集团利用新媒体创新合规宣传形式，制作和推广合规文化宣传系列片，每年一季。2016 年制作了动画片《合规驶得万年船》，2017 年制作了“穿越篇”“考试篇”“情景篇”等宣传片，2018 年制作了游戏篇《合规护航 2018 大闯关》，通过微信在集团内外广泛传播，普及合规知识，宣传合规文化。下属各试点合规企业也开展了形式丰富多样的合规文化宣传活动。比如，开办“合规营”，进行合规集训；在公司内刊及微信公众号中开辟合规宣传专栏，发布最新监管信息和最新合规执法案例评述；拍摄核心合规理念情景剧；制作合规宣传海报和物料，投入广泛宣传；将合规题目纳入公司知识竞赛题库等。接地气、多渠道、高频度、全覆盖的合规文化建设活动提高了广大员工对合规管理的接受度和了解度，提升了全员合规意识，帮助员工在日常经营活动中自觉主动践行合规，逐步实现从“要我合规”到“我要合规”的飞跃。

（五）中国中铁股份有限公司

中国中铁股份有限公司（以下简称中国中铁）是集勘察设计、施工安装、工业制造、房地产开发、资源矿产、金融投资和其他业务为一体的特大型企业集团，为最大建筑工程承包商之一。2016 年 7 月，中国中铁印发《中国中铁股份有限公司合规管理体系建设实施方案》，同时按照国资委的要求，总公司向国资委报送了《中国铁路工程总公司开展合规管理体系建设试点工作的实施方案》。按照方案要求，中国中铁开展了以体系融合为主线、以规章制度为抓手、以合规审核为重点、以“法治中铁”为目标的“大合规”管理体系建设实践。建立了全员参与、全过程监控、全领域覆盖的合规管理体系；实现了全系统法律合规机构的统一更名；推动了合规人才队伍建设；明确了法律合规审核的“四同”要求，即“针对同一事项，适用同一流程，法律合规同步审核，出具同一份意见”；探索了合作方“黑白名单”制度；初步建立了合规信息库；制定《合规管理制度（试行）》。

1. 践行“大合规”理念，化解管理体系庞杂之困①

中国中铁摒弃过去体系建设做加法的老做法，引入体系融合做减法的新思路。中国中铁构建“大合规”管理体系，以优化整合既有管理系统和资源、杜绝重复建设和管理资源的浪费为前提。合规管理以规则为核心，通过规章制度综合管理，形成一套符合所有体系要求的规章制度体系，铸造了一把企业多体系同时运行互不兼容的“金钥匙”。

中国中铁倡导的“大合规”管理体系，是以体系融合为主线，以规章制度管理为抓手，以合规审核为重点，以依法治企为目标的管理体系。中国中铁合规相关管理体系的融合分为两个阶段：第一阶段的目标是在维持合规相关管理体系并行的情况下，厘清管理界面和接口，避免相互交叉和冲突，实现资源的集约和

---

① 参见中证网：《中国中铁：推动合规管理全面覆盖、全程贯穿》，载中证网 2021 年 5 月 13 日，https://cs.com.cn/ssgs/gsxw/202105/t20210513_6166330.html。

共享;第二阶段的目标是进行体系的整合,逐步实现合规相关管理体系一体化。

2.“三位一体”合规部门管理模式①

中国中铁建立了合规综合、专项、参与管理三个系统组成的“三位一体”管理体系。合规综合管理部门负责以规章制度综合管理为抓手,建立、推动并持续完善合规管理体系;合规专项管理部门负责合规审核、合规检查、违规查处、合规评价、合规考核等专项管理工作;合规参与管理部门负责各自业务相关的合规管理工作。

## 二、试点中央企业的合规建设特点

上述5家中央企业的合规建设虽然各有特色,但主要还都是围绕着组织架构、制度体系、风险控制机制和合规文化等四个方面来推进合规管理体系建设。

在组织架构上,5家试点企业总体上都形成了治理层、管理层和执行层的架构体系。治理层由董事会负责企业合规的顶层设计;管理层则包括总经理、合规管理委员会和总法律顾问,管理企业具体的合规工作;执行层主要由法务部门牵头,协同企业其他部门负责日常合规管理工作。

在制度体系上,合规管理制度主要分为三类,分别是纲领性制度、规范性制度和指引性制度。纲领性制度是合规基本行为准则,如《中国石油天然气集团公司诚信合规手册》和《中国东方电气集团有限公司诚信合规准则》;规范性制度是合规管理的基本制度,5家央企均制定了《合规管理办法》或《合规手册》;指引性制度则是对企业运营过程中某些重点领域、业务环节制定的合规规范和指引,如招商局集团制定了《海外业务法律合规工作指引》,中国移动则对市场竞争、反商业贿赂、行政执法配合、信息安全、工程建设、招标采购、劳动用工、网络安全、冲突矿物、出口管制等多项内容分别制定了相应的《合规指南》。

在风险控制机制上,主要分为风险识别、评估和应对处置三个方面,来发现和解决企业重大和发生频率较高的合规风险。中石油和中国移动在合规管理信息化建设方面进行了强化,通过信息化手段优化管理流程,加强对经营管理合规情况的实时在线监控和风险分析,实现信息集成与共享。

---

① 参见中国中铁股份有限公司:《合规政策》,载中国中铁股份有限公司官网2021年7月29日,http://www.crec.cn/web/10089501/10173237/10173240/10173603/index.html。

在合规文化上，5 家央企在强调合规培训的同时，在宣传手段上也屡屡创新，如招商局集团利用新媒体制作和推广合规文化宣传系列片，拍摄合规情景剧；中国移动组织合规护航微视频大赛等。合规文化建设活动，有助于提高员工对合规管理的了解和接受程度，提升全员合规意识，以帮助员工在日常经营活动中自觉主动践行合规。

在合规建设过程中，5 家央企首先在集团内部选择了试点的下属单位及重点合规领域。例如，在试点单位上，招商局集团选择了招商蛇口、招商港口、招商证券和交通公司 4 家下属企业进行合规试点；东方电气分别选取了东方汽轮机有限公司和集团财务公司，作为重装备制造商和非银行金融机构开展合规管理试点工作。

上述试点央企的合规管理体系建设，在布局上统筹兼顾，既有对集团总部的顶层设计，也有针对性的子公司试点，从而有效提高了合规体系建设的效率和科学性；在内容上则是实现了对合规工作多层次的建设、管理、监督和宣贯。5 家央企卓有成效的试点工作，为国资委 2018 年发布的《合规管理指引》提供了实践基础和经验，使其对中央企业的合规管理工作作出了更加科学、综合、系统的规定。

## 第二节 《中央企业合规管理办法》诠释

2016 年 4 月，国务院国资委发布《关于在部分中央企业开展合规管理体系建设试点工作的通知》，将中石油、中国移动、东方电气、招商局集团、中国中铁 5 家企业列为试点单位，该 5 家央企的合规管理体系建设试点工作为《合规管理指引》的制定和颁布实施积累经验。2018 年 5 月，国资委就《合规管理指引》征求意见稿向有关中央企业广泛征求意见，2018 年 11 月 2 日，《合规管理指引》正式发布。2022 年 4 月 1 日，为深入贯彻习近平法治思想，落实全面依法治国战略部署，进一步推动中央企业切实加强合规管理，不断提升依法合规经营管理水平，有力保障深化改革、高质量发展，国资委发布了《中央企业合规管理办法》征求意见稿。2022 年 9 月，《中央企业合规管理办法》（以下简称《合规管理办法》）正式出台，《合规管理办法》第 42 条规定本办法自 2022 年 10 月 1 日起施行。

《合规管理办法》共八章 42 条,以下将《合规管理办法》的内容划分为七个部分进行解读:

## 一、合规内涵

(一)“合规规范”

《合规管理办法》第 3 条将“合规”定义为“企业经营管理行为和员工履职行为符合国家法律法规、监管规定、行业准则和国际条约、规则,以及公司章程、相关规章制度等要求”,与 2018 年《合规管理指引》表述相比,合规概念增加了对员工履职行为的合规要求,除此之外,仍然沿用“大合规”的范畴,即合规的依据既包括了外部法律法规又包含了企业内部规章制度。

《合规管理办法》第 3 条将“合规风险”定义为“企业及其员工在经营管理过程中因违规行为引发法律责任、造成经济或者声誉损失以及其他负面影响的可能性”。与 2018 年《合规管理指引》表述相比,《合规管理办法》用“违规行为”代替了“不合规行为”的表述,将合规风险的来源明确化。

合规规范是企业合规义务的来源,是识别合规风险的重要基础。在建立合规管理体系的过程中,根据企业的各项业务及流程明确合规规范要求,识别企业的合规义务并进而识别合规风险是合规管理运行机制下的工作重点。

(二)“合规管理”

《合规管理办法》第 3 条将“合规管理”定义为“企业以有效防控合规风险为目的,以提升依法合规经营管理水平为导向,以企业经营管理行为和员工履职行为为对象,开展的包括建立合规制度、完善运行机制、培育合规文化、强化监督问责等有组织、有计划的管理活动”,明确了合规管理的对象为企业经营管理行为以及员工履职行为。与 2018 年《合规管理指引》表述相比,主要加入了“提升依法合规经营管理水平为导向”的表述,并将管理活动的内容明晰化。

(三)“党的领导”原则

《合规管理办法》第 5 条规定了中央企业合规管理工作应当依循的原则。

“坚持党的领导”原则要求“充分发挥企业党委(党组)领导作用,落实全面依法治国战略部署有关要求,把党的领导贯穿合规管理全过程”。党的领导作为统领原则,涵盖了《合规管理办法》的方方面面。

(四)“全面覆盖”原则

“坚持全面覆盖”原则要求“将合规要求嵌入经营管理各领域各环节,贯穿决策、执行、监督全过程,落实到各部门、各单位和全体员工,实现多方联动、上下贯通”。企业应当在生产管理各环节、在企业发展的全领域都坚持遵守合规的要求。企业的管理以及员工的履职行为要符合企业所有部门法领域的法律和规范,包括但不限于反腐败、反洗钱、反商业贿赂、反垄断与反不正当竞争、进出口管制、环保安全生产、产品质量安全、知识产权保护、劳动用工、财务税收、网络安全和数据信息保护等。

“落实到各部门、各单位”要求企业的不同部门,内部的不同单位应全面合规,如产品研发、生产、采购(进口)、市场开拓和销售(出口)、重大工程项目等不同业务部门的合规。同时,不同部门、不同单位还应遵守其适用的不同国家和地区的管辖法律和法规,包括企业住所地、企业开展经营所在境外国家和地区的合规规范,以及具有域外法律效力的外国合规规范等,也包括地方性的法律法规等合规规范。

“落实全体员工”要求制定适用于全员的行为规范,结合奖惩制度及培训等合规文化宣贯方法,使合规要求落实到全体员工。

“实现多方联动、上下贯通”要求企业完善决策、监督、执行制度以各领域各环节的依法合规。企业应当丰富内部决策机制,企业的决策机构应当在重大决策出台前广泛收集信息、兼听兼看,确保决策内容的合法合规合理。企业应当完善企业内部监督制度,通过各部门定期对制度落实情况进行监督检查,并对违规行为严格督促整改、开展责任追究,确保企业经营各个流程全面符合合规要求。企业应当健全各项制度的实施机制,提高各项制度在实际经营中的执行力,确保各项制度得到有效落实。

(五)“权责清晰”原则

“坚持权责清晰”原则要求“按照‘管业务必须管合规’要求,明确业务及职能部门、合规管理部门和监督部门职责,严格落实员工合规责任,对违规行为严肃问责”。业务部门承担着合规管理主体责任,合规风险防控应当从业务部门开始,发挥第一道防线的作用。合规管理部门牵头负责企业内部的合规管理工作,配合提升企业的合规管理水平。监督部门严格依照法律法规和企业内部规定等对企业合规管理落实情况进行监督,并对违规行为开展责任追究。三个部门各司其职,各自配合,确保合规管理工作职责落到实处,合规管理效能得到提升。

(六)“务实高效”原则

“务实高效”原则要求“建立健全符合企业实际的合规管理体系,突出对重点领域、关键环节和重要人员的管理,充分利用大数据等信息化手段,切实提高管理效能”。务实要求企业从实际出发,实事求是、有的放矢地开展合规管理体系的建设。无论是企业首席合规官的设置还是对职能机构的规定,无一不是务实原则的体现。高效要求企业在进行合规管理时突出重点,抓住主要矛盾,同时在管理的手段上充分利用信息化手段,提升管理水平和能力。

《合规管理办法》确立的“党的领导、全面覆盖、权责清晰、务实高效”原则替代了《合规管理指引》的“全面覆盖、强化责任、协同联动、客观独立”原则,重点强调了党的领导作用以及合规权责分离和高效信息化建设,使合规体系建设更加精准有效。

## 二、组织和职责

(一)合规管理组织架构

《合规管理办法》构建了九个层级的合规管理组织架构,包括党委(党组)、董事会、经理层、第一责任人、合规委员会、首席合规官、业务及职能部门、合规管理部门、监督部门。

(二)合规管理职责内容

《合规管理办法》第7条强调了党委(党组)的作用,要求党委(党组)发挥把方向、管大局、促落实的领导作用,在职责范围内积极推动合规要求在本企业得到严格遵循和落实,不断提升依法合规经营管理水平。中央企业应当在党的领导下严格遵守党内法规制度,按照规定履行相关职责,推动相关党内法规制度有效贯彻落实。

《合规管理办法》第8条采取列举的方式明确了董事会的职责,董事会应当充分发挥定战略、作决策、防风险的职能,主要履行以下职责:审议批准合规管理基本制度、体系建设方案和年度报告等;研究决定合规管理重大事项;推动完善合规管理体系并对其有效性进行评价;决定合规管理部门设置及职责。

《合规管理办法》第 9 条同样采取列举的方式明确了经理层的职责,经理层应当切实发挥谋经营、抓落实、强管理作用,主要履行以下职责:拟订合规管理体系建设方案,经董事会批准后组织实施;拟订合规管理基本制度,批准年度计划等,组织制定合规管理具体制度;组织应对重大合规风险事件;指导监督各部门和所属单位合规管理工作。

《合规管理办法》第 10 条明确了第一责任人的职责,该条明确规定企业主要负责人作为推进法治建设的第一责任人,应当切实履行依法合规经营重要组织者、推动者和实践者的职责,积极推进合规管理各项工作。

《合规管理办法》第 11 条要求中央企业设立合规委员会,可以与企业法治建设领导机构等合署办公,统筹协调合规管理工作,定期召开会议,研究解决重点难点问题。合署办公就是企业在务实高效原则指导下的具体规定,企业可以结合自身实际灵活决定合规委员会的职责及工作内容。

《合规管理办法》第 12 条明确了首席合规官由总法律顾问兼任,对企业主要负责人负责。并且根据务实高效原则的要求,首席合规官不新增领导岗位和职数,并由中央企业结合实际设立。首席合规官领导合规管理部门组织开展相关工作,指导所属单位加强合规管理。

《合规管理办法》第 13 条强调了中央企业业务及职能部门承担合规管理的主体责任。主要履行以下职责:建立健全本部门业务合规管理制度和流程,开展合规风险识别评估,编制风险清单和应对预案;定期梳理重点岗位合规风险,将合规要求纳入岗位职责;负责本部门经营管理行为的合规审查;及时报告合规风险,组织或者配合开展应对处置;组织或者配合开展违规问题调查和整改。业务及职能部门作为“第一道防线”,应当设置合规管理员,并由业务骨干担任,接受合规管理部门业务指导和培训。由业务骨干担任合规管理员是行之有效的防范合规风险的做法。一方面,业务骨干对业务中的风险点十分熟悉,在接受合规管理部门的指导和培训之后能够在短时间内高效地识别和防范风险;另一方面,由业务骨干担任同时也精简了编制,避免企业内部职数冗杂的情况发生,是人尽其材、提高合规管理效能的体现。

《合规管理办法》第 14 条明确了合规管理部门的职责。合规管理部门牵头负责本企业合规管理工作,发挥“第二道防线”的作用,主要履行以下职责:组织起草合规管理基本制度、具体制度、年度计划和工作报告等；负责规章制度、经济合同、重大决策合规审查；组织开展合规风险识别、预警和应对处置，根据董事会授权开展合规管理体系有效性评价；受理职责范围内的违规举报，提出分类处置意见，组织或者参与对违规行为的调查；组织或者协助业务及职能部门开展合规培训，受理合规咨询，推进合规管理信息化建设。

同时，该条还要求中央企业应当配备与经营规模、业务范围、风险水平相适应的专职合规管理人员，加强业务培训，不断提升合规管理队伍专业化水平。

《合规管理办法》第 15 条明确了纪检监察机构和审计、巡视巡察、监督追责等监督部门的职责。明确监督部门依据有关规定，在职权范围内对合规要求落实情况进行监督，对违规行为进行调查，按照规定开展责任追究，切实发挥“第三道防线”的作用。

## 三、制度建设

《合规管理办法》第 16 条要求中央企业建立健全合规管理制度，中央企业应当全面梳理企业外部合规管理的法律规范以及企业内部合规管理的制度文件，并根据适用范围、效力层级等，构建分级分类的合规管理制度体系。该制度体系以基本制度、重点领域合规指南、操作手册等为主体，体现出分级分类的要求。

### （一）基本制度

《合规管理办法》第 17 条规定中央企业应当制定合规管理基本制度，明确总体目标、机构职责、运行机制、考核评价、监督问责等内容。

### （二）专项合规管理制度

《合规管理办法》第 18 条要求中央企业应当针对反垄断、反商业贿赂、生态环保、安全生产、劳动用工、税务管理、数据保护等重点领域，以及合规风险较高的业务，制定合规管理具体制度或者专项指南。专项合规管理制度在合规管理基本制度的基础上，针对合规风险较高的业务领域，强化了重点领域的合规风险防范。

企业应当从自身实际出发，确定制定合规管理具体制度或者专项指南的范围。一般在实践中，合规管理的重点领域需要结合本企业所处行业和主营业务，在明确合规义务的基础上,通过合规风险领域和风险点的识别及评估进行确定,确保合规管理工作有的放矢。企业应当将现有规章制度和流程进行全面梳理和修改,使之符合合规管理要求,同时加强合规管理基本制度和专项合规管理制度建设,制定企业《合规管理办法》《合规工作计划》《合规工作指引》《合规手册》《诚信合规行为手册》等制度。

该条还要求中央企业针对涉外业务重要领域,根据所在国家(地区)法律法规等,结合实际制定专项合规管理制度。涉外业务较多的中央企业应当结合所在国家法律法规的合规要求以及实际需要,制定相应的涉外业务合规管理办法。

对于涉外业务较多的中央企业要充分了解投资所在国法律法规及相关国际规则,在开展涉外经营活动前提前做好风险防控。由于一些国际组织或国家奉行长臂管辖原则[如欧盟《通用数据管理条例》(GDPR)以及美国《反海外反腐败法》(FCPA)等],即使企业的违规行为并不发生在欧盟或美国境内,也可能受到重罚。同时,企业还应重视开展项目的合规论证和尽职调查,加强对境外机构的管控,关注业务的合规风险,完善处理及应对机制。

(三)制度修订完善

《合规管理办法》第19条明确中央企业应当根据法律法规、监管政策等变化情况,及时对规章制度进行修订完善,对执行落实情况进行检查。除了及时更新之外,该条还要求中央企业应对规章制度的落实情况进行检查。规章制度能否落地实施,落实情况如何,是《合规管理办法》关注的重点所在。《合规管理办法》不仅着眼于合规管理体系如何建设,更关心合规管理制度是否真的被落地实施。

## 四、运行机制

(一)合规风险识别评估预警机制

《合规管理办法》第20条要求中央企业建立合规风险识别评估预警机制,全面梳理经营管理活动中的合规风险,建立并定期更新合规风险数据库,对风险发生的可能性、影响程度、潜在后果等进行分析,对典型性、普遍性或者可能产生严重后果的风险及时预警。

(二)合规审查前置机制

《合规管理办法》第21条要求中央企业将合规审查作为必经程序嵌入经营

管理流程。并要求重大决策事项的合规审查意见应当由首席合规官签字，对决策事项的合规性提出明确意见。该项举措将合规审查责任落实到了首席合规官个人。在首席合规官提出明确意见之后，业务及职能部门、合规管理部门依据职责权限完善审查标准、流程、重点等，定期对审查情况开展后评估。如此规定避免了业务及职能部门以及合规管理部门因职责内容不清、权限不明而出现职能重复或者互相推诿的情况，提高了合规管理的效率和水平。

业务及职能部门可以加强对本领域日常经营管理行为的审核把关，合规管理部门可以牵头组织开展合规风险识别、预警和应对处置，根据董事会授权开展合规管理体系有效性评价。各部门根据首席合规官的意见及时调整工作内容，不断提升工作质量。

（三）合规风险报告机制

《合规管理办法》第 22 条规定了中央企业合规风险报告机制。中央企业发生合规风险，相关业务及职能部门应当及时采取应对措施，并按照规定向合规管理部门报告。如果中央企业发生重大合规风险事件，则应当按照相关规定及时向国资委报告。

在报告之外，中央企业因违规行为引发重大法律纠纷案件、重大行政处罚、刑事案件，或者被国际组织制裁等重大合规风险事件，造成或者可能造成企业重大资产损失或者严重不良影响的，应当由首席合规官牵头，合规管理部门统筹协调，相关部门协同配合，及时采取措施妥善应对。这要求企业完善合规风险应对机制，针对发现的风险制定预案，采取有效措施及时处置，最大限度化解风险、降低损失。因此，中央企业应当定期完善应急预案，强化日常演练，不断提升重大合规风险应对处置能力。

（四）违规问题整改机制

《合规管理办法》第 23 条要求中央企业建立违规问题整改机制，通过健全规章制度、优化业务流程等，堵塞管理漏洞，提升依法合规经营管理水平。对于潜在的合规风险及合法合规性审查中暴露的问题应该及时整改，因此，建立违规问题整改机制有其必要性。

（五）违规举报机制

《合规管理办法》第 24 条要求中央企业健全合规举报制度，设立违规举报平台,对外公布举报电话、邮箱和信箱。相关部门按照职责权限受理违规举报,并就举报问题进行调查和处理,对造成资产损失或者严重不良后果的,移交责任追究部门;对涉嫌违纪违法的,按照规定移交相关纪检监察等相关部门或者机构。中央企业进行调查的部门和相关人员应当对举报人的身份和举报事项严格保密,任何单位和个人不得采取任何形式对举报人进行打击报复。对举报属实的举报人可以给予适当奖励,中央企业应当鼓励员工对违规行为进行曝光,对查处违规行为提供重要线索或者作出重大贡献的员工可以进行适当奖励。

与2018年《合规管理指引》表述相比,《合规管理办法》明确了举报途径,要求企业设立举报平台,对外公布举报电话、邮箱和信箱,通过畅通举报信息渠道,增强了对违规者的威慑力。

(六)违规行为追责问责机制

《合规管理办法》的第25条要求完善违规行为追责问责机制,明确责任范围,细化问责标准,针对问题和线索及时开展调查,按照有关规定严肃追究违规人员责任。责任只有具体落实到个人才能切实发挥追责所欲达到的惩罚和威慑的效果。中央企业应当建立所属单位经营管理和员工履职违规行为记录制度,将违规行为性质、发生次数、危害程度等作为考核评价、职级评定等工作的重要依据。将违规记录作为对员工考核评价和职级评定的依据,能够从意识上提高员工对合规行为的重视程度。

(七)协同运作机制

《合规管理办法》第26条再次强调了中央企业应当结合实际建立健全合规管理与法务管理、内部控制、风险管理等协同运作机制,加强统筹协调,避免交叉重复,提高管理效能。这一条也构成了对《合规管理办法》第5条、第11条的回应。

(八)有效性评价机制

《合规管理办法》第27条特别指出中央企业应当定期开展合规管理体系有效性评价,针对重点业务合规管理情况适时开展专项评价,强化评价结果运用。合规管理体系的有效性与否关乎合规管理制度是“纸面合规”还是最终被落到实处,对中央企业而言具有重要意义。

(九)合规考核评价机制

《合规管理办法》第28条规定中央企业应当将合规管理作为法治建设重要

内容,纳入对所属单位的考核评价。由此可见,合规纳入考核既是对员工考核评价、职级评定的要求,又是对单位考核评价的要求。无论是企业还是履职员工,都应树立合规理念,遵守合规管理,实施合规行为。

## 五、合规文化

### (一)领导法治专题学习

《合规管理办法》第29条明确将合规管理纳入党委(党组)法治专题学习,推动企业领导人员强化合规意识,带头依法依规开展经营管理活动。企业高层带头以身作则,才能从上至下在整个中央企业中营造出合规管理的氛围,促进合规理念的传播。

### (二)常态化合规培训机制

《合规管理办法》第30条明确中央企业应当建立常态化合规培训机制,制定年度培训计划,将合规管理作为管理人员、重点岗位人员和新入职人员培训必修内容。提升员工合规意识,加强合规培训应当由合规管理部门担此重任。

### (三)合规宣传教育

《合规管理办法》第31条明确中央企业应当加强合规宣传教育,及时发布合规手册,组织签订合规承诺,强化全员守法诚信、合规经营意识。将合规管理作为法治宣传教育重要内容,通过制定合规手册、签订合规承诺、开展合规宣誓等方式将合规理念传达给全体员工,强化全员守法诚信、合规经营意识。

### (四)全员合规

《合规管理办法》第32条明确中央企业应当引导全体员工自觉践行合规理念,遵守合规要求,接受合规培训,对自身行为合规性负责,培育具有企业特色的合规文化。该条规定旨在把合规意识真真落实到每个人。全体员工应当熟悉并遵守与本岗位职责相关的法律法规、企业内部制度和合规义务,依法合规履行岗位职责,确保自身行为的合法合规性并承担相应的责任。

## 六、信息化建设

### (一)合规管理信息化系统

《合规管理办法》第33条要求中央企业应当加强合规管理信息化建设,结合实际将合规制度、典型案例、合规培训、违规行为记录等纳入信息系统。中央企业可以根据实际需要,结合重点业务领域拓展信息系统内容,不断提升合规管理信息化水平。

企业在建立合规管理信息系统前,首先,需要确定系统的组成内容,并对各个组成部分的重要程度进行排序,对于重要组成部分应当采取更为严格的程序上的限制,确保信息的安全;其次,企业如果选择以外包的方式建立信合规管理信息系统,需要对外包服务合同进行严格审查,防止关键信息泄露;最后,对于该系统的每个组成部分应当如何管理、谁有查阅权限等具体措施应当草拟实施细则,将操作细化。

(二)合规嵌入业务流程

《合规管理办法》第34条要求中央企业应当定期梳理业务流程,查找合规风险点,运用信息化手段将合规要求和防控措施嵌入流程,针对关键节点加强合规审查,强化过程管控。企业不仅需要全面梳理业务流程,还要定期进行,查找经营管理合规风险点,并明确相关条件和责任主体。可以参照控制矩阵对流程进行严格把控。例如:

**表1-2-1 控制矩阵**

| 流程 | 控制目标 | 流程主要风险 | 关键控制点 | 流程描述 | 归口管理部门 |
|---|---|---|---|---|---|
| 信息系统管理流程 | 确保数据被妥善地保存和管理 | 对数据库中数据的直接访问、操作没有被有效管理和控制 | 在系统设计时,要求应用系统中的任何用户不能对数据直接操作,涉密的数据必须经过加密后从系统导出,并在验收中由验收小组进行审查 | 信息系统主管部门负责本单位的信息安全等级保护工作,应按照国家、行业、公司相关文件要求,确定本单位各信息系统的安全等级,并采用相应技术手段保证信息系统运行安全有序。<br>在系统设计时,要求应用系统中的任何用户不能对数据直接操作,涉密的数据必须经过加密后方可从系统中导出,并在验收中由验收小组对此审查。<br>最终用户不允许有直接访问数据库的权限。数据库管理员每季度对直接访问数据库的情况进行检查,查看是否存在有未经授权的直接访问数据库的情况存在。发现异常后报告信息中心负责人,并且记录、保存相关文档,存期2年以上 | 信息化小组 |

(三)加强信息联通共享

《合规管理办法》第35条要求中央企业应当加强合规管理信息系统与财务、投资、采购等其他信息系统的互联互通,实现数据共用共享。企业加快推动合规管理信息系统与本企业其他信息系统的互联互通,实现基本的数据共通共享,能够最大限度地发挥信息化建设帮助防控风险的作用。因此,应加大信息系统推广应用力度,首先实现企业内部全覆盖。

(四)实时动态监测

《合规管理办法》第36条明确中央企业应当利用大数据等技术,加强对重点领域、关键节点的实时动态监测,实现合规风险即时预警、快速处置。充分利用大数据、云计算等技术助力实时动态监测的开展,实现合规风险即时预警,对违规行为主动截停的作用。

### 七、监督问责

《合规管理办法》第37条明确中央企业违反本办法规定,因合规管理不到位引发违规行为的,国资委可以约谈相关企业并责成整改;造成损失或者不良影响的,国资委根据相关规定开展责任追究。该条是针对违规行为已经发生且知道违规行为的产生是因合规管理不到位所致的责任追究的规定。

《合规管理办法》第38条明确中央企业应当对在履职过程中因故意或者重大过失应当发现而未发现违规问题,或者发现违规问题存在失职渎职行为,给企业造成损失或者不良影响的单位和人员开展责任追究。该条未明确违规行为是否发生,但是对于因存在故意或者重大过失未发现违规问题进行了相关的规定。

## 第三节　《合规管理体系—要求及使用指南》诠释

### 一、标准制定背景和意义

近年来,全球贸易关系愈加复杂,世界大多数国家建立了严格的合规监管制度,监管机构加强了立法深度和执法力度,引导和督促企业更加主动地实施合规经营;联合国、经济合作与发展组织、世界银行集团、非洲开发银行集团、亚洲太平洋经济合作组织、国际商会等国际性组织相继制定全球性契约、指南和指引等,对在全球推进企业合规管理形成国际共识,在相关贸易活动中对不合规行为实施联合惩戒。

为了满足全球化合规的快速发展和迫切需求,提升各类组织合规管理能力,促进国际贸易、交流与合作,ISO 于 2018 年 11 月启动了 ISO 37301《合规管理体系—要求及使用指南》的制定工作,基于最新的合规管理实践,修订并代替 ISO 19600:2014《合规管理体系指南》。[①] ISO 37301 的制定对于各类组织的合规管理能力建设、政府监管活动、国际贸易交流、沟通合作改善等具有重要的意义,其作用主要表现在以下几个方面。

(一)作为各类组织的合规管理体系是否达标的依据:各类组织通过严格实施 ISO 37301,建立并运行合规管理体系,证实组织的行为以及行为结果合规,达到了合规要求。

(二)作为认证机构开展认证的依据:认证机构在认证活动中,可以将 ISO 37301 纳入其认证技术规范,作为组织符合合规管理体系要求的认证依据。

(三)作为政府机构监管的依据:政府机构可以依据 ISO 37301 提供的建议做法和指南,评价组织的合规管理体系运行情况和结果,来匹配相应的监管手段和措施,实施精准监管。

(四)作为司法机关对违规企业量刑与合规验收的依据:司法机关可以依据 ISO 37301 提供的建议做法和指南,评估和审查涉案企业合规管理体系运行的有效性,作为依法作出批准或者不批准逮捕、起诉或者不起诉以及是否变更强制措施等决定,提出量刑建议或者检察建议、检察意见的重要参考,以及制定合规指引、督促企业合规整改和第三方合规监管验收的依据。

## 二、标准的主要内容

ISO 37301 规定了组织建立、运行、维护和改进合规管理体系的要求,并提供了使用指南,适用于全球任何类型、规模、性质和行业的组织,合规管理体系通用要素主要有以下几个方面。

---

① 参见郭青红:《企业合规管理体系实务指南》,人民法院出版社 2019 年版,第 345 ~ 377 页。

（一）组织环境：组织所处的环境构成了组织赖以生存的基础。这些环境既涉及法律法规、监管要求、行业准则、良好实践、道德标准，又涉及组织自行制定或公开声明遵守的各类规则。因此，建立合规管理体系首先要对组织所处的环境予以识别和分析。ISO 37301 从以下方面规定了识别和分析组织环境的要求。

1. 确定与组织宗旨相关的，并影响组织合规管理体系预期结果能力的内部和外部因素，包括但不限于：涉及组织活动和运行的战略、性质、规模、复杂性和可持续性的商业模式，与第三方业务关系的性质和范围，法律和监管环境，经济状况，社会、文化、环境背景，内部结构、方针、过程、程序、资源和技术，自身的合规文化。

2. 理解有关方面的需求和期望，确定与合规管理系统有关的利害关系方、这些利害关系方的有关要求、这些要求中的哪些将通过合规管理系统解决。

3. 识别与组织的活动、产品、服务有关的合规义务，评估合规风险。

4. 确定反映组织价值、战略的合规管理体系的边界和适用性以建立其范围。

（二）领导作用：领导是合规管理的根本，对于整个组织树立合规意识、建立高效的合规管理体系具有至关重要的作用。ISO 37301 从以下方面对组织的理事机构、最高管理者等如何发挥领导作用作出了规定。

1. 理事机构和最高管理者要表现对合规管理体系的领导和承诺，确保建立合规政策和合规目标并与组织的战略方向兼容，确保将合规管理系统要求集成到组织的业务流程中，确保合规管理系统所需的资源可用，传达有效的合规管理和遵守合规管理系统要求的重要性，确保合规管理系统达到预期结果，领导和支持人员提升合规管理系统的有效性，促进持续改进，支持其他相关管理者以展示其职责范围内的领导能力；

2. 在组织内的各个层面上建立、维护和促进合规文化，理事机构、高层管理人员和管理层应表现出对整个组织所需的合规行为准则积极、可见、一致和持续的承诺，最高管理者应鼓励建立和支持合规行为，防止而不是容忍损害合规的行为；

3. 确保执行合规治理原则，直接将合规职能移交给理事机构，保证合规职能的独立性，以及合规职能的适当职责和权限；

4. 理事机构和最高管理者应制定合规政策，以适合组织的目标，提供设定合规目标的框架，满足适用要求和对合规管理系统持续改进的承诺；

5. 理事机构和最高管理者应确保在组织内分配和传达有关角色的职责和权限,应分配确保合规管理系统符合 ISO 37301 的要求和向理事机构和最高管理者汇报合规管理系统的绩效的职责和权限,合规职能部门应负责合规管理系统的运行,管理层和所有人员应负责和遵守其范围内的合规职责和义务。

(三)规划:规划是预测潜在的情形和后果,对于确保合规管理体系能实现预期效果,防范并减少不希望的影响,实现持续改进具有重要作用。ISO 37301 从以下方面规定了策划合规管理体系的要求。

1. 在规划合规管理系统时,应确定需要解决的风险,确保合规管理系统可以达到预期效果,防止和减少不良影响,实现持续改进;

2. 在相关职能和级别上建立合规目标和实现目标的计划,合规目标应与合规政策保持一致、可衡量的、考虑适用的要求、被监视、沟通、适当更新、作为文档信息可用;实现目标的计划应确定将要做什么、需要什么资源、谁来负责、何时完成、如何评估结果;

3. 确定需要更改合规管理系统时,应以计划的方式进行更改,计划内容包括变更的目的及其潜在后果,合规管理系统的设计和运营及其有效性,是否有足够的资源,职责和权限的分配和重新分配。

(四)支持:支持是合规管理的重要保障,对于合规管理体系在各个层面得到认可并保障合规行为实施具有重要的支持作用。ISO 37301 从以下方面规定了支持措施。

1. 确定并提供建立、实施、维护和持续改进合规管理系统所需的资源,如财务资源、工作环境与基础设施等;

2. 应制定、建立、实施和维护流程,要求雇用的人员遵守组织的合规义务、政策、流程和程序,雇用合理期内员工将收到遵从政策的副本或对其进行访问并获得有关该政策的培训机会,对违反合规要求人员应采取适当的纪律处分;

3. 应从雇用开始之时起,按组织确定的计划定期对有关人员进行培训,培训应为适合人员的角色以及人员所面临的合规风险,并评估其有效性和定期审查,确保实施程序针对已识别的合规风险、合规意识的培训,以及对代表其行事并可能给组织带来合规风险的第三方培训;

4. 确定与合规管理系统有关的内部和外部沟通,包括关于将传达什么、何时沟通、与谁沟通、如何沟通;

5. 创建、更新和控制 ISO 37301 要求的文件资料和组织确定为达标管理系统的有效性所必需的文件化信息，创建、更新文档信息应确保适当的标识和描述、格式和媒体、审查和批准其适用性和适当性，控制文件化信息应确保其是可用的并适合的需要的地方和时间使用、其得到了充分保护（如避免了机密性、使用不当或完整性的损失）。

（五）运行：运行是立足于执行层面，策划、实施和控制满足合规义务和战略层面规划的措施相关的流程，以确保组织运行合规管理体系。ISO 37301 从以下方面对运行作出了规定。

1. 通过建立过程标准和根据标准实施过程控制，来计划、实施和控制满足要求所需的过程，以及实施规划确定的措施；

2. 实施控制措施以管理其合规义务和相关的合规风险，这些控制措施应予以维护、定期检查和测试以确保其持续有效性，并保留记录；

3. 建立、实施和维护一个过程，以鼓励和报告（在合理的理由下认为该信息是真实的）企图、怀疑或实际违反合规政策或义务的情况，包括在整个组织中可见并可以访问、保密地处理报告、接受匿名举报、保护举报人免受报复、使人员能够接受建议；

4. 制定、建立、实施和维护过程，以评估、调查和结清关于可疑和实际违规事件的报告，确保公平公正的决策，并保留有关调查的信息。

（六）绩效评价：绩效评价是对合规管理体系建立并运行后的绩效、体系有效性评价，对于查找可能存在的问题、后续改进合规管理体系等具有重要意义。ISO 37301 从以下方面对如何开展合规管理体系绩效评价作出了规定。

1. 监视合规管理系统，以确保实现合规目标，确定需要监视和测量的内容、为确保有效结果而进行的监视、测量、分析和评估方法、何时进行监视和测量、监视和测量的结果应进行分析和评估，并保留合规活动的准确、最新信息；

2. 应按计划的时间间隔进行内部审核，建立、实施和维护审核，审核计划包括频率、方法、职责、计划要求和报告，并考虑相关过程的重要性和以前审核的结果；

3. 理事机构和最高管理者应按计划时间间隔审查合规管理系统，以确保其持续的适用性、充分性和有效性，管理评审结果应包括与持续改进以及对合规管理系统进行任何更改的需要有关的决策，并保留书面信息作为管理评审的证据。

（七）改进：改进是对合规管理体系运行中发生不合格、不合规情况作出反应、评价是否需要采取措施，消除不合格、不合规的根本原因，以避免再次发生或在其他地方发生，并持续改进，以确保合规管理体系的动态持续有效。ISO 37301 从以下方面对改进作出了规定。

1. 应不断提高合规管理体系的适用性、充分性和有效性；

2. 对发生的不合格、不合规采取控制或纠正措施。

## 第四节　企业合规管理体系的建设策略

### 一、组织架构

（一）合规组织及其职责

企业合规组织是企业实施合规管理以及建设企业合规管理体系的组织载体。建立独立、高效、协调合作的企业合规组织，是企业合规管理体系的重要组成部分，是企业有效进行合规管理、依法治企的组织保障。

2005 年 4 月 29 日，巴塞尔银行监管委员会发布的《合规与银行内部合规部门》最早提出建立合规管理部门以及较完善的企业合规组织架构，包括董事会、高级管理层、合规负责人与合规部门，并对其合规管理职责作出了具体规定。该文件还首先提出了企业合规管理与内审相分离原则，其在原则 8 第 45 条中提出："本原则表明，合规部门应与审计部门分离，以确保合规部门的各项工作受到独立的审查。因此，重要的是，在银行内部对于两个部门之间如何划分风险评估和测试活动应有清晰的认识，并用文件形式（如银行的合规政策或诸如备忘录等相关文件）予以规定。当然，审计部门应该将与合规有关的任何审计调查结果随时告知合规负责人。"①

2022 年 9 月 14 日，国务院国资委《中央企业合规管理办法》对中央企业建立合规管理体系的组织体系及组织体系下各级具体管理职责作出了具体要求，概括而言，合规管理组织架构如下（见图 1－2－1）：

① 郭青红：《企业合规管理体系实务指南》，人民法院出版社 2019 年版，第 69 页。

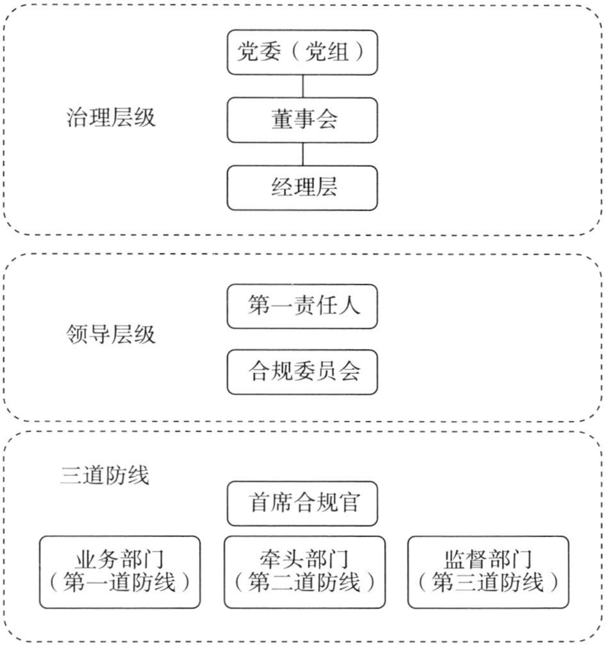


**图 1－2－1　合规管理组织架构**

在前述组织架构下,《合规管理办法》提出的各层级组织机构的合规管理职责见表 1－2－2。

**表 1－2－2　各层级组织机构的合规管理职责**

| 层级 | 组织机构 | 合规管理职责 |
|---|---|---|
| 治理层级 | 党委（党组） | 中央企业党委(党组)发挥把方向、管大局、促落实的领导作用,推动合规要求在本企业得到严格遵循和落实,不断提升依法合规经营管理水平。<br>中央企业应当严格遵守党内法规制度,企业党建工作机构在党委(党组)领导下,按照有关规定履行相应职责,推动相关党内法规制度有效贯彻落实 |
| | 董事会 | 1. 审议批准合规管理基本制度、体系建设方案和年度报告等<br>2. 研究决定合规管理重大事项<br>3. 推动完善合规管理体系并对其有效性进行评价<br>4. 决定合规管理部门设置及职责 |

续表

| 层级 | 组织机构 | 合规管理职责 |
|---|---|---|
| 治理层级 | 经理层 | 1. 拟订合规管理体系建设方案,经董事会批准后组织实施<br>2. 拟订合规管理基本制度,批准年度计划等,组织制定合规管理具体制度<br>3. 组织应对重大合规风险事件<br>4. 指导监督各部门和所属单位合规管理工作 |
| 领导层级 | 第一责任人 | 由企业主要负责人作为推进法治建设的第一责任人,主要职责包括:<br>1. 依法合规经营管理重要组织者、推动者和实践者的职责<br>2. 积极推进合规管理各项工作 |
| | 合规委员会 | 1. 与法治建设领导机构等合署办公,统筹协调合规管理工作<br>2. 定期召开会议,研究解决重点难点问题 |
| 执行层级 | 首席合规官 | 由总法律顾问兼任并对主要负责人负责,主要职责包括:<br>领导合规管理部门组织开展相关工作,指导所属单位加强合规管理 |
| | 业务及职能部门 | 业务及职能部门承担合规管理主体责任,主要履行以下职责:<br>1. 建立健全本部门业务合规管理制度和流程,开展合规风险识别评估,编制风险清单和应对预案<br>2. 定期梳理重点岗位合规风险,将合规要求纳入岗位职责<br>3. 负责本部门经营管理行为的合规审查<br>4. 及时报告合规风险,组织或者配合开展应对处置<br>5. 组织或者配合开展违规问题调查和整改<br>中央企业应当在业务及职能部门设置合规管理员,由业务骨干担任,接受合规管理部门业务指导和培训 |
| | 合规管理部门 | 合规管理部门牵头负责本企业合规管理工作,主要履行以下职责:<br>1. 组织起草合规管理基本制度、具体制度、年度计划和工作报告等<br>2. 负责规章制度、经济合同、重大决策合规审查<br>3. 组织开展合规风险识别、预警和应对处置,根据董事会授权开展合规管理体系有效性评价<br>4. 受理职责范围内的违规举报,提出分类处置意见,组织或者参与对违规行为的调查<br>5. 组织或者协助业务及职能部门开展合规培训,受理合规咨询,推进合规管理信息化建设<br>中央企业应当配备与经营规模、业务范围、风险水平相适应的专职合规管理人员,加强业务培训,提升专业化水平 |
| | 监督部门 | 纪检监察机构和审计、巡视巡察、监督追责等部门依据有关规定,在职权范围内对合规要求落实情况进行监督,对违规行为进行调查,按照规定开展责任追究 |

对于合规管理组织体系的相关要求,国际标准 ISO 19600:2014(2021 年 4 月 13 日被 ISO 37301:2021《合规管理体系—要求及使用指南》修订和替代)和国家标准 GB/T 35770—2017《合规管理体系指南》(以下统称标准)给出了相似的指引,具体见表 1-2-3。

**表 1-2-3 合规管理组织体系的相关要求**

| NO | 标准列举的证明方式 | 具体举措和职责 |
|---|---|---|
| a | 确立和坚持组织的核心价值观 | 确定并要求各级管理层、员工执行企业合规管理的核心原则、价值观 |
| b | 确保确立组织的合规方针和合规目标,并与该组织的价值观、目标和战略方向保持一致 | 通过制度企业合规管理的基础、设定合规管理的目标等,并确保该等制度、流程、目标与企业的合规管理的核心原则、价值观以及企业的战略发展方向相符合 |
| c | 确保制定并实施合规方针、程序和过程,以实现合规目标 | 制定具体的管理流程、采取具体的管控措施等方式,来确保所制定的合规管理的制度得以在生产经营的各项流程中得以有效落实 |
| d | 确保合规管理体系所需资源的可用、分配和指派 | 在各自的权责范围内作出相关的决定、授权,来保障合规管理体系的建设、运行和维护有充分的人力资源、资金支持等所需的资源 |
| e | 确保合规管理体系要求融入组织的业务流程 | 结合企业的具体业务流程,制定和采取相关的合规管理措施,使得合规管理落实到具体的业务流程中 |
| f | 传达有效合规管理体系的重要性和符合合规管理体系要求的重要性 | 通过参与宣讲、培训、工作指示和安排等以及其他切实的行动和行为示范向各级管理人员、员工传达企业对合规经营及员工行为合规的要求,以及企业对于合规的重视程度 |
| g | 指导和支持人员提升合规管理体系的有效性 | 通过有效合理的工作部署、指示、提供对合规管理人员合规工作的培训,制定合规管理工作的具体工作指引等各种方式,指引和支持各级合规管理人员不断提升合规管理水平,提升合规管理体系 |
| h | 支持其他相关管理者,使他们在自己担责的领域中展现出合规领导力 | 应给予各级合规管理人员相应的权限,明确各级合规管理人员的权责 |

续表

| NO | 标准列举的证明方式 | 具体举措和职责 |
|---|---|---|
| i | 确保运行指标和合规义务保持一致 | 在明确企业各项合规义务的基础上，确定企业合规管理的阶段性目标，并且该等目标应该和企业应履行的合规义务保持一致 |
| j | 确立并维护问责机制，包括对合规事件和不合规事件及时报告 | 建立违规报告、问责机制，如对不同级别的违规事件的报告和响应机制、举报、调查和责任追究机制等 |
| k | 确保合规管理体系实现它的预期成果 | 在设定合规管理的阶段性目标后，通过制定具体的实施方案，跟进和监督各项具体工作的落实情况 |
| l | 推进持续改进 | 定期组织和开展对合规管理体系的管理评审，确定合规管理体系运行过程中的待改进项，确定改进措施和实施方案，并监督各项改进措施的执行情况 |

（二）合规组织中的领导作用

ISO 37301 合规管理体系通用要素（二）中明确组织的理事机构、最高管理者发挥领导作用是合规管理的根本，对于整个组织树立合规意识、建立高效的合规管理体系具有至关重要的作用。而在标准中以单独的章节“领导”强调了治理机构和管理者的积极参与、监督和以身作则对建立有效合规管理体系的重要作用。

而在国内外不同组织颁布的涉及不同领域的合规管理体系指引，如《美国反海外腐败法信息指引》《亚太经合组织有效和自愿的公司合规项目基本要素》《世界银行道德合规指引》，以及 OECD 的《内控、道德与合规最佳实践指南》都将高级管理层的支持与承诺列为有效的合规管理体系中一个重要的考量因素。

在合规管理体系的建立中，为何最高管理层的重视和承诺显得尤为重要呢？主要是以下几个原因：

1. 企业意志一般表现为决策机构，如股东会、董事会或者对公司具有决策权的董事、高管等人员的意志和行为，最高管理层对合规的重视和承诺实际上就是企业自身对于合规管理体系建立的重视。

2. 合规管理体系的建立、健全是一个长期和不断完善的过程，这就需要企业不断地投入财力、人力、物力等资源，而这些资源的投入需要企业的最高管理层审核批准。

3. 企业的最高管理层对企业的各级管理人员与员工的意识和行为有着重大影响作用，其对合规的重视并以身作则，能够非常直接地影响企业其他管理人员、员工及合作伙伴，对企业合规文化的培育会起到重要的作用。

（三）合规部门的独立性①

合规部门缺乏独立性可能给企业造成巨大的合规风险，因为企业追求经营业绩和发展是企业的最终目标，盲目追求经营业绩而忽略合规管理，在短期内或许实现了经营业绩增长的目标，却可能埋下巨大的合规隐患，出现的一些国内外影响重大的合规事件无不证明，企业在发展过程中未坚守合规底线给企业带来了重大的负面影响。合规部门在履行职责的过程中不能保持独立性，可能导致其无法客观中立地判断，导致企业合规管理的“防线失守”。

实践中，要保障合规部门开展工作的独立性，应当包含四个相关要素。第一，合规部门应在企业内部享有正式地位；第二，应由一名集团合规官或合规负责人全面负责协调企业的合规风险管理；第三，在合规部门员工，特别是合规负责人的职位安排上，应避免他们的合规职责与其所承担的任何其他职责之间产生可能的利益冲突；第四，合规部门员工为履行职责，应能够获取必需的信息并能接触到相关人员。

当然，独立性并不意味着合规部门不能与其他业务部门的管理层和员工共同工作。实际上，合规部门与其他业务部门之间相互合作的工作关系能有助于早期识别和管理合规风险。但是无论合规部门与其他业务部门之间的关系如何紧密，下述各要素都应被视为有助于确保合规部门有效性的保障措施，实施这些保障措施的方式在一定程度上取决于各个合规部门的具体员工。

1. 地位

合规部门应该在企业内部享有正式的地位，以使其具有适当的地位、授权及独立性，这应该在企业的合规政策或其他正式文件中予以规定，并将该文件传达给企业所有员工。

以下与合规部门有关的事项应在该文件中予以规定：合规部门的功能和职

① 参见郭青红：《企业合规管理体系实务指南》，人民法院出版社 2019 年版，第 309～312 页。

责;确保合规部门独立性[1]的各项措施;合规部门与其他风险管理部门和内部审计部门的关系;在合规职责由不同部门员工履行的情况下,这些职责如何在部门间进行分配;合规部门为履行其职责而获取必要信息的权利,以及在提供这些信息方面企业员工有给予合作的相应责任;合规部门对可能违反合规政策的事件进行调查,以及在适当的情况下委托外部专家进行调查的权利;合规部门向高级管理层,必要时,向董事会或董事会下设的委员会自由陈述或披露其调查结果的权利;合规部门向高级管理层正式报告的义务;合规部门直接与董事会或董事会下设的委员会沟通的权利。

2. 合规负责人[2]

每家企业应该有一名执行官或高级管理层成员全面负责协调企业合规风险的识别和管理,以及监督其他合规部门员工的工作,该职位的称谓为合规负责人。

履行合规职责的员工与合规负责人之间报告路线的性质或其他职能关系,将取决于该企业合规部门的组织形式。各营运业务部或各地附属机构的合规部门员工应该有一条向营运业务部管理层或当地管理层报告的路线;如果合规部门员工位于各个独立的支持部门(如法律部、财务控制部或风险管理部),则没有必要为其另设一条向合规负责人报告的路线。但是,这些部门应该与合规负责人密切合作,以确保合规负责人能够有效地履行其职责。

合规负责人可由高级管理层成员担任,也可由其他人员担任。如果合规负责人为高级管理层成员,其不应直接负责企业业务;如果合规负责人不是高级管理层成员,其应有一条向不直接负责业务的高级管理层成员直接报告的路线。

3. 利益冲突

如果合规负责人和承担合规职责的其他员工的职位安排会使他们的合规职责与其他职责之间产生现实或潜在的冲突,他们的独立性就可能被削弱。但是对于规模较小的企业合规部门员工仅履行合规职责也许并不可行,在此情况下,合规部门员工可能需从事合规以外的工作,前提是尽量避免潜在的利益冲突。如果合规部门员工的薪酬与其履行合规职责的业务条线的盈亏状况相挂钩,他

---

① 参见郭青红:《企业合规管理体系实务指南》,人民法院出版社 2019 年版,第 309 页。
② 参见郭青红:《企业合规管理体系实务指南》,人民法院出版社 2019 年版,第 310 页。

们的独立性就有可能被削弱,但是可以将合规部门员工的薪酬与整个企业的盈亏状况相挂钩。

4. 信息获取和人员配备

合规部门应该享有与企业任何员工进行沟通,并获取便于其履职责所需的任何记录或档案材料的自主权。合规部门应该能够自主地对企业内部所有可能存在合规风险的部门履行风险管理的职责。合规部门应该有权对可能违反合规政策的事件进行调查,并在适当情况下请求企业内部专业人员(如法律或内部审计人员)的协助,或外聘专业人士履行该职责。

对于调查所发现的任何异常情况或可能的违规行为,合规部门应有权随时向高级管理层报告。虽然合规部门通常的报告路线应该是向高级管理层报告,但在必要情况下,还应有权绕开通常的报告路线,直接向董事会或董事会下设的委员会报告。此外,董事会或董事会下设的委员会每年至少一次与合规负责人进行面谈,这将有助于董事会或董事会下设的委员会评估企业有效管理合规风险的程度。

合规部门应该配备能有效履行职责的资源。为合规部门提供的资源应该是充分和适当的,以确保企业内部合规风险的有效管理,特别是合规部门员工应该具备必要的资质、经验、专业水准和个人素质,以使他们能够履行特定职责。合规部门员工应该能正确理解合规法律、规则和准则及其对企业经营的实际影响,合规部门员工的专业技能,尤其是在把握合规法律、规则和准则的最新发展方面的技能,应通过定期和系统地教育和培训得到维持。

5. 职责

合规部门的职责应该是协助高级管理层有效管理企业面临的合规风险。如果其中的某些职责是由不同部门的员工履行,那么每个部门的职责应该界定清楚。

当然,合规职责未必都由“合规部门”或“合规部”承担,合规职责可能也由不同部门的员工履行。例如,有些企业分设法律部门和合规部门:法律部门负责就合规法律、规则和准则向管理层提出建议,并为员工制定指引;而合规部门则负责监测合规政策和程序的遵守情况,并向管理层报告。有些企业合规部门的部分职责可能由操作风险小组承担,或是由更为综合的风险管理小组承担;如果这些部门之间存在职责分工,那么每个部门的职责都应该界定清楚,在各部门之间以及各部门与合规负责人之间应存在一种适当的合作机制(如相关意见和信息的提供和交流等),这些机制应该能确保合规负责人能够有效地履行职责。

## 二、合规管理制度

### (一)管理制度层级

《合规管理办法》的第三章“制度建设”第16条对企业建立健全合规制度体系进行了原则性的规定,其要求“中央企业应当建立健全合规管理制度,根据适用范围、效力层级等,构建分级分类的合规管理制度体系”;推荐性国家标准GB/T 35770—2017《合规管理体系指南》中,对于合规管理制度体系层级没有直接给予明确的指引,但在4.2.2部分“制定”中明确提到企业需要制定合规方针,在6.5部分“文件化信息”中提到企业需要对合规管理体系实施相关的文件化信息控制。制度文件包括组织的合规方针,合规管理体系的目标、指标、结构和内容,合规职责和角色分配,相关合规义务登记,根据合规风险评估过程进行的合规风险登记及确定的优先处理顺序,登记的不合规和近乎不合规,年度合规计划,人事记录和培训记录。

根据以上原则性要求,企业的合规管理制度体系可分为四个层级:合规行为准则、合规管理基本制度、重点领域合规管理制度、合规操作流程或工具文件。

1. 合规行为准则

合规行为准则是企业合规管理制度体系中的纲领性文件,是全员应当普遍遵守合规行为规范,也是企业合规管理中最基本的制度以及其他具体的合规管理制度、流程或工具文件制定的基础和依据。通常,企业会在合规行为准则中确定企业的合规目标与合规原则,介绍企业的合规管理基本组织体系和制度体系构成情况,规定对企业自身、员工、商业合作伙伴等的合规基本要求,如《合规手册》《商业行为准则》《合规行为规范》等。

合规行为准则一般由合规管理组织体系中的最高管理层进行制定、审批,如由企业合规委员会负责制定、董事会进行审批。为了确保合规行为准则能够实现“全员普遍遵守”这一目标,企业通常会采用多种方式,保证企业每位员工以及尽可能多的相关方能够及时获得合规行为准则的最新文本。例如,在企业官方网站公布合规行为准则文本,在企业宣传栏处放置相关宣传手册,要求每位员工领取并学习合规行为准则,将了解并遵守合规行为准则的内容写入公司制度、员工劳动合同中,并在企业举办的商业活动及会议中向合作伙伴发放关于合规行为准则的宣传产品。

**【案例分享】**[①]:

2015年4月20日,A能源行业集团集团(以下简称A集团)编制印发《A集团公司诚信合规手册》(以下简称《诚信合规手册》),以向全集团员工提供行为指南,指导员工以规范的行为和更高的道德标准履行职责。

《诚信合规手册》提出的合规基本要求包括守法合规、忠诚公司、诚信做事、爱岗敬业,对外交往、职业操守、处理内部关系、维护公司利益、承担社会责任等方面进行了规定。《诚信合规手册》列明了对企业和员工的合规基本要求、行为准则和禁止性事项,是企业和员工应当遵循的基本行为规范,也是公司对外展示诚实守信、依法合规价值理念的重要载体。

印发《诚信合规手册》时,A集团要求全集团各单位和每位员工都要严格遵守和执行《诚信合规手册》各项规定,不允许有任何变通和例外。集团各单位要做好《诚信合规手册》宣传贯彻落实工作、合规管理相关部门要加强对《诚信合规手册》执行情况的监督检查,并组织做好员工承诺书签订工作,使每位员工承诺其会遵守执行《诚信合规手册》,确保《诚信合规手册》各项要求落实到位。

2.合规管理基本制度

《合规管理办法》第二章规定,合规管理部门牵头负责研究起草合规管理基本制度、具体制度、年度计划和工作报告等。企业合规管理的具体制度,即合规管理体系主要构成要素的具体规范和要求,主要包括:

(1)合规组织制度

合规组织制度规定企业负责合规管理的组织及其职责,有关企业合规管理的国际标准、指南以及我国国家标准、办法和指引规定的合规组织包括党委(党组)、董事会、管理层,第一负责人、合规委员会、首席合规官、业务及职能部门、合规管理部门,以及监督部门。

---

① 中国石油:《员工发展》,载中国石油,http://www.cnpc.com.cn/cnpc/whdt/201504/003053b79964e42a4ec2713c360393df.shtml。

(2)合规运行制度(见表1-2-4)

**表1-2-4 合规运行制度**

| 类型 | 内容 |
| --- | --- |
| 合规风险管理制度 | 合规风险的识别、评估、应对,监测预警、监督检查、沟通协调、持续改进、指标体系、评估模型等,合规风险管理的组织、职责分工与协调合作,合规风险管理计划与报告等 |
| 合规审查制度 | 合规审查的组织、对象和范围、依据的合规规范、职责权限、计划和程序、合规审查意见及其处置等 |
| 违规举报、调查、处置、奖惩管理办法 | 违规举报办法、违规调查程序、违规处置办法、合规奖惩办法、反打击报复办法以及纪检监察与合规管理的分工协作等 |
| 合规管理评估制度 | 合规评审的组织及职责分工、计划、对象和范围、报告和整改等 |

(3)合规保障制度(见表1-2-5)

**表1-2-5 合规保障制度**

| 类型 | 内容 |
| --- | --- |
| 合规考核评价制度 | 合规考核评价的指标、计划、组织、程序、结果处置等 |
| 合规管理信息化制度 | 合规管理信息化的管理模块、输入和输出流程、日常监测、信息安全和保护等 |
| 合规宣传与培训制度 | 合规宣传与培训的目标、组织、计划、实施、考核等 |
| 合规管理计划与合规报告制度 | 合规管理计划、报告的责任部门和报告对象,需要制定和提交合规计划与合规报告的情形,合规计划与合规报告的形式,合规计划与报告的受理、审批和处置等 |

3.重点领域合规管理制度

(1)重点领域合规管理制度

《合规管理办法》第18条要求中央企业在合规管理基本制度的基础上,针对合规风险较高的业务领域制定专项合规管理指南,强化重点领域合规风险防范。针对重点领域制定的专项合规管理制度可以包括以下几个方面。

①市场交易合规管理制度:严格履行决策批准程序,建立健全自律征信体系,突出反商业贿赂、反垄断、反不正当竞争合规,规范资产交易、招投标等活动;

②安全环保合规管理制度:严格执行国家安全生产、环境保护法律法规,完善企业生产规范和安全环保制度,加强监督检查,及时发现并整改违规问题;

③产品质量合规管理制度:完善质量体系,加强过程控制,严把各环节质量关,提供优质产品和服务;

④劳动用工合规管理制度:严格遵守劳动法律法规,健全完善劳动合同管理制度,规范对聘用人员的合规尽职调查,规范劳动合同签订、履行、变更和解除等;

⑤财务税收合规管理制度:健全完善财务内部控制体系,严格执行财务事项操作和审批流程,严守财经纪律,强化依法纳税意识,严格遵守税收法律政策;

⑥知识产权合规管理制度:及时申请注册知识产权成果,规范实施许可和转让,加强对商业秘密和商标的保护,依法规范使用他人知识产权,防止侵权行为;

⑦商业伙伴合规管理制度:对重要商业伙伴开展合规调查,通过签订合规协议、要求作出合规承诺等方式促进商业伙伴行为合规;

⑧其他需要重点关注的领域合规管理制度,如网络安全与信息保护合规管理制度、国际贸易管制合规管理制度、诚信合规管理办法等。

(2)诚信合规管理制度①

诚信合规管理制度突出诚信合规管理的程序和内容,属于诚信领域的专项合规管理制度。

①《企业境外经营合规管理指引》第14条要求企业境外经营应在合规行为准则的基础上,针对特定主题或特定风险领域制定具体的合规管理办法,包括但不限于礼品及招待、赞助及捐赠、利益冲突管理、举报管理和内部调查、人力资源管理、税务管理、商业伙伴合规管理等内容。企业还应针对特定行业或地区的合规要求、结合企业自身的特点和发展需要,制定相应的合规风险管理办法。例如,金融业及有关行业的反洗钱及反恐怖融资政策,银行、通信、医疗等行业的数据和隐私保护政策等。

②《世界银行集团诚信合规指南》的诚信合规管理包括禁止不当行为、领导与员工职责、合规计划与合规风险评估、(诚信合规)内部政策、商业伙伴政策、内部控制、培训与沟通、激励、报告、不当行为的补救、集体行动。

---

① 参见郭青红:《企业合规管理体系实务指南》,人民法院出版社2019年版,第121~122页。

③OECD 发布的《内控、道德与合规，最佳实践指南》有关诚信合规管理内容包括领导对合规的重视；公司制定明确的合规政策；符合公司合规政策是公司每一个人的责任；合规工作向董事会内控委员会直接汇报，有专职的企业高管对合规工作负责，确保独立性、权威性、资源充足；有针对性地制定合规措施；对外部第三方伙伴的管理；确保严格财务记录和内控管理；对公司全系统包括子公司的有效合规宣传培训；鼓励全体员工对合规工作的积极支持；对违规行为的纪律处分；鼓励员工举报违规行为，表达对某些实践的担忧；定期评价合规体系的执行情况。

④美国李尔公司制定的《商业行为与道德规范》包含的具体诚信合规准则为遵守法律法规，报告关切和反报复，利益冲突，礼品与招待和政治捐献内幕交易，竞争和反垄断，出口和禁止交易，机密和专有信息，公司资产的保护和合理使用，准确的业务和财务记录，环境、健康和安全，可持续性，多样性，平等机会和尊重，规范的豁免，合规计划监控，承诺做正确的事。

⑤中国石油天然气集团公司制定的《诚信合规手册》包含的具体诚信合规准则为公司与员工营造和谐劳动关系，避免利益冲突、反对利益输送保持良好工作氛围；质量和健康安全环保，不断改进和提升质量，关注员工安全和健康，落实安全生产责任，保护生态和环境，严格管理承包商、供应商，妥善处理质量和健康安全环保事件；对外交易，坚持公平公正诚实信用原则，禁止商业贿赂，禁止垄断行为，禁止不正当竞争，遵守贸易管制，反洗钱；政府与社区，加强与政府的沟通，支持社会公益事业，尊重地方风俗习惯；财务、资产与信息，正确使用和保护公司资产，保证财务信息真实准确，保护知识产权，保护公司信息安全，依法对外披露信息。

4. 合规操作流程或工具文件

操作流程或工具文件是帮助企业员工实现合规要求，以及帮助企业监督、评价员工对合规要求的落实情况、合规制度的合理性提供依据和支持的制度。根据作用的不同，操作流程和工具文件可以是对应某项合规管理规定的流程图、审批样表和表格，也可以是定期的调查问卷、反馈表、调查文件等。

例如，一家企业在其《合规手册》中制定了礼品与招待的原则性要求，“不会通过礼品和招待来试图获得任何竞争优势和好处，或者影响合作双方决策的客观性和公正性。在馈赠或者接受礼品、参与招待活动的时候，须严格遵守相关的规定和程序，确保自己的行为符合所在国家及地区的法律法规、符合公司的规定，并且符合礼品与招待接收方的规定”；同时，可以单独制定《礼品与招待政策》，包括礼品的购买、赠送、接收以及招待的提供、接收等审批、登记的样表、表格和审批流程指引文件。

（二）外规内化

在制定涉及公司运营、管理制度时，企业应当在满足法律法规强制性要求的基础上，充分考虑制定时的背景、企业的管理需求、发展需求、合作伙伴的要求等，使制度能够切实帮助企业优化管理效果、提高运营效益，真正做到“外规内化”。

对于制定合规管理制度时企业应该从哪些方面考虑制度的制定需求、内容、适用性等，《合规管理办法》第19条“制度建设”中作了原则性规定，而《合规管理体系指南》在4.2.2“制定”部分中明确提出企业制定合规方针时需要考虑以下几点：

（1）国际、区域或本地的特定义务；

（2）组织的战略、目标和价值观；

（3）组织的结构和治理框架；

（4）与不合规有关的风险性质和等级；

（5）其他内部方针、标准和准则。

依照《合规管理体系指南》的上述规定，企业在制定合规管理制度时应该考虑的因素主要分为三个方面：企业所处的国家、地区的环境情况，企业自身情况以及合规风险情况。

1. 考虑企业所处的国家、地区环境

首先，企业应该了解所处国家、地区的合规要求。在全球经济一体化的时代背景下，许多企业的生产经营活动可能会涉及不同国家、地区的社会经济、文化、政治、法律监管，所以要因地制宜地制定、调整制度内容，确保合规管理制度具有可操作性。同时，还必须考虑所在行业的市场监管情况及客户需求，满足特定行业的特殊要求。

2. 考虑企业自身现状

考虑企业自身情况，即《合规管理体系指南》中所提到的企业的发展战略、目标和价值观、企业的结构和治理框架以及其他内部方针、标准和准则，因为制度的实施离不开企业内部各职能部门,特别是业务部门的支持。同时,制定合规管理制度必须遵循成本效益原则,考虑制度运行成本是否与企业的现状相匹配,与现有的制度和原则是否冲突。例如,一家新兴企业如果本身规模较小,那么一套世界五百强企业的人力资源合规管理流程即使再完美,也很难直接适用于该企业;其只能在考虑自身现状的前提下,对其他企业的制度进行提炼或简化才能符合其目前发展阶段的内部管理需求。

为了更好地使制度与企业现状相融合,企业在制定合规制度时,可以先对现有的业务流程及管理制度进行梳理、分类,再将拟制定的制度与现有的制度进行比对,找到制度之间的交叉点,进行融合和不断更新。

3. 合规风险情况

企业在制定合规管理制度时,要充分考虑合规风险的性质、等级,根据已经识别的合规风险进行有针对的预防和管控。

在制定合规制度前,企业可以先进行全面的合规风险识别,了解企业目前的合规管理现状、合规管理的需求点;然后对合规风险进行评估,了解不同风险发生的可能性、对企业影响的大小。针对较高风险的环节,如招投标、采购、合同签订、捐赠活动等,投入更多的成本,制定更为严格的管控流程;针对基本无合规风险的环节或风险影响程度较小的业务活动,则适当控制合规管理的投入成本,简化审批监管流程。根据企业合规风险性质和等级制定出的具有"点对点"管理效果的制度,能够给企业带来更好的管理效果,并且能够有效控制合规管理制度的执行成本。

## 三、运行机制

### (一)合规风险识别预警

《合规管理办法》的第20条第1款对中央企业开展合规风险识别提出了基本要求,其明确指出中央企业应该"建立合规风险识别评估预警机制,全面梳理经营管理活动中的合规风险,建立并定期更新合规风险数据库,对风险发生的可能性、影响程度、潜在后果等进行分析,对典型性、普遍性或者可能产生严重后果的风险及时预警"。

根据中国国际贸易促进委员会商业行业分会组织起草的《〈合规风险识别评价与控制指引〉团体标准》(以下简称《〈合规风险指引〉团体标准》)第3.4条

解释,风险识别指查找、辨别、列举和描述组织运转过程中可能发生的风险源或相应的风险事件或者潜在风险因素的过程。在识别合规风险时,应把与合规义务不一致的、导致不合规效果的因素描述出来,同时可以对具有典型意义的合规风险源进行列举。《〈合规风险指引〉团体标准》为企业提出了三种识别合规风险的方法。

1. 通过风险实证识别风险

使用该方法识别合规风险时,企业通常会收集与待进行合规风险识别领域相关的企业内外部违规案例、经过核实的举报事项、争议纠纷案件、行政处罚事项等,对相关信息中涉及的违规事项、产生影响进行归类,并与企业的生产经营活动、销售产品、提供服务及运营管理联系起来,分析违规的原因、推断并确认将可能发生的违规情形。由于分析是基于已经发生的事件,有明确的事实依据,因此该方法可以准确地提示企业具体哪些风险源会引发合规风险、会引发什么样后果的合规风险以及会涉及哪些岗位的人员,对企业具有极其重要的参考价值。

2. 通过对合规义务的归纳识别风险

该方法是指先确定企业需要遵守的合规义务,从而反推出企业可能面临的合规风险。归纳合规义务是进行合规风险识别的基础,也是制定合规风险应对方案的重要依据。《〈合规风险指引〉团体标准》第5点将合规义务分为两类:实质性合规义务及控制性合规义务。

实质性合规义务指法律法规、公司规章制度对企业的行动指令和要求,企业需要将法律法规和公司规章制度中的要求转化为对企业行动的限制或企业必须完成的义务,并紧密结合企业的实际业务流程,将要求内化为可以实际操作的步骤和流程;控制性合规义务是指企业为了管理某个合规风险,制定内控流程产生的义务。企业应当不断关注法律法规、公司规章制度和内控流程,以便及时了解这些规定对企业的具体合规义务要求,确保准确识别相应的合规风险。

3. 基于岗位权力识别合规风险

企业不同岗位被赋予不同的业务执行权力,是引发企业合规风险的重要因素。如何对岗位权力相关的合规风险进行识别,《〈合规风险指引〉团体标准》第7.2条提供了一个工具模型——“八项权力模型”,将企业容易产生违规风险的权力不正当使用情况归纳为了八个领域和岗位，包括审核权、市场客服与销售权、人事权、采购权、放行权、计量权、财务资金权、拥有关键信息权。《〈合规风险指引〉团体标准》第7.2.3条描述了存在于组织"八项权力"包括以下具体内容：

审核权：如决策、审批、审核权等具有行政审核性质的核准工作，或者本人能够直接影响和改变权力的行使；

市场客服与销售权：如向客户介绍产品、服务功能、价格优惠条件，以及签订销售合同、售后服务、维修等业务活动以及围绕客户在采购、决策等商务信息所实施的公关或影响活动；

人事权：如雇用、招聘、任免、考核、人员奖励与处罚等；

采购权：如确定供应商、分包商、采购方式、采购标准和签订合同、合同变更等与采购有关的活动；

放行权：如质量检测、安全管理、仓储管理、品控管理、技术审核、专业认证、监督等复核性质的活动；

计量权：如货物计数、采购结算、物料领用、消耗品计量等计数计量相关业务；

财务资金权：如收款、付款、费用开支、报销、后勤账务、福利津贴等经手钱财的业务；

拥有关键信息权：如拥有或知晓关键商业信息，或在行使前述七个方面权力时掌握的保密信息（商业秘密、工作策略、战略、人事安排等）。

《〈合规风险指引〉团体标准》第7.2.3条指出，引致合规风险的主要风险源是权力的不正当使用，组织内部的不合规、违规，进而发展为贪污、腐败、犯罪等问题，绝大多数出现在拥有"八项权力"中一项或者一项以上的业务领域和岗位。在组织生产经营岗位上的人员，存在一个不合规、违规铁三角定律：权力+不良动机+业务机会=合规风险发生，其导致了组织人员在岗位履职过程中的违规行为。企业可以列表说明每个部门岗位及对应的职责，来识别岗位对应的合规风险；通过制定岗位权责清单，企业可以了解各岗位属于"八项权力模型"中的哪类权力，并且准确识别该岗位可能产生的各个工作流程对应的合规风险。因此，如果企业能够有效识别每个岗位职责内容中的权力、对应权力可能发生违规行为的机会，就能有效识别大部分合规风险。

使用该方法识别合规风险,应当首先梳理出需要识别合规风险的流程。流程应该具有特定的目标和步骤、组织、活动、控制记录、工作标准和工作方法,即“1+6基本要素”:目标指完成流程可实现的管理目标,步骤指工作步骤,组织指每个步骤对应的岗位责任主体,活动指每个步骤的工作任务,控制记录指每个工作步骤应当形成的规范化记录,工作标准指每个步骤工作任务应达到的标准,工作方法指每个工作任务的具体操作方法;在“1+6基本要素”基础上,形成某一流程的完整流程图。通过梳理出的流程图结合“八项权力模型”,企业可以识别流程运行各环节的具体权力内容,从而识别出具有产生合规风险机会的环节,确定流程中的合规风险点。

综合以上三种方法,企业可以从不同角度识别出较为全面、完整的合规风险。企业可以根据识别出的合规风险,收集并制作本企业的合规风险库,保存合规风险的相关信息,为企业后续的合规风险评估、应对工作做好准备。同时,企业应对合规风险库进行定期更新,以确认是否与企业现状相符合,分析企业控制措施变化对合规风险产生的影响,以及密切关注相关法律法规、规章制度的更新情况并对应更新合规风险。

(二)合规风险分析评估

合规风险分析评估是企业制定合规风险应对方案、分配合规管理资源的依据。《〈合规风险指引〉团体标准》第3.9条将合规风险评价定义为:对已经识别的风险从风险源频率、风险发生严重程度以及风险发生的可能性等维度进行评估以确认合规风险的风险敞口。合规风险敞口,是指风险发生后果的严重性以及后果发生的可能性的综合量值,该数值直接决定合规风险的性质、等级排序。

(1)合规风险可能性分析

合规风险发生可能性是指合规风险发生的概率。对合规风险发生可能性的量化分析,可以从以下五个方面进行,每个方面可以进一步细化为若干评分标准,以下示例影响程度分3个等级,分别赋予1~3分,表示发生可能性依次加强,得分越高意味风险发生的可能性越大。格式见表1-2-6。

表 1－2－6　合规风险可能性分析

| 分析方面 | 得分 | | |
|---|---|---|---|
| | 3 | 2 | 1 |
| 合规规范的科学程度 | 很不科学,需要重新制定 | 较科学,需要修改、补充 | 科学 |
| 合规规范的执行程度 | 很难得到执行 | 执行程度一般 | 严格执行 |
| 合规管理人员素养 | 不了解相关合规规范 | 了解主要合规规范 | 了解所有合规规范 |
| 外部监管执行力度 | 无相关监管规定 | 有相关监管规定,但监管力度弱 | 有严格监管规定,监管部门监管严格到位 |
| 违规行为一年内发生的次数 | 超过 3 次 | 2 次 | 无 |

(2)合规风险影响程度分析

合规风险影响程度,是指合规风险会对公司的经营管理和业务发展所产生影响的大小。对合规风险影响程度进行分析时,可以考虑以下因素:后果的类型,包括财产类和非财产类(如商誉损失、企业形象损失)的损失;后果的严重程度,包括财产损失金额的大小、非财产损失的影响范围、利益相关者的反应等。

对合规风险影响程度的量化分析,可以从以下三个方面进行,每个方面可以进一步细化为若干评分标准,以下将影响程度分为 3 个等级,分别赋予 1～3 分,得分越高意味风险影响程度越大。格式见表 1－2－7。

表 1－2－7　合规风险影响程度分析

| 分析方面 | 得分 | | | |
|---|---|---|---|---|
| | 3 | 2 | 1 | 0 |
| 财产损失大小 | 金额很大 | 金额一般 | 金额很小 | 无 |
| 非财产损失影响范围 | 很广(如全国范围甚至有国际影响) | 中等(本地区范围) | 较小(企业内部) | 无 |
| 利益相关者的反应 | 很大 | 中等 | 较小 | 无 |

根据对合规风险可能性及其影响程度分析、编制合规风险分析表。格式见

表1-2-8。

**表1-2-8　合规风险分析**

| 基础信息区 | | | | | 发生的可能性 | | | | 影响程度 | | | |
|---|---|---|---|---|---|---|---|---|---|---|---|---|
| 风险代码 | 分险名称 | 风险描述 | 产生原因 | 风险等级 | 高3 | 中2 | 低1 | 无0 | 大3 | 中2 | 小1 | 无0 |
| | | | | | | | | | | | | |
| | | | | | | | | | | | | |

(三)合规风险应对处置

《合规管理办法》第22条针对企业应对合规风险明确“相关业务及职能部门应当及时采取应对措施,并按照规定向合规管理部门报告。中央企业因违规行为引发重大法律纠纷案件、重大行政处罚、刑事案件,或者被国际组织制裁等重大合规风险事件,造成或者可能造成企业重大资产损失或者严重不良影响的,应当由首席合规官牵头,合规管理部门统筹协调,相关部门协同配合,及时采取措施妥善应对”。针对识别出的具体合规风险,企业应该制定具体的应对处置计划,对于重大合规风险应当由企业合规管理体系中较高管理级别人员负责。合规风险应对处置具体包括制定合规风险应对措施,制定和实施合规风险应对计划。

企业除了应对处置具体合规风险外,还应在日常管理体系中预防和控制合规风险。《〈合规风险指引〉团体标准》第3.11条明确指出,风险控制是在一定环境下,企业为了提高合规风险管理效率、充分有效地获得和使用各种资源,以达到既定管理目标,而在组织内部实施的各种制约和调节的组织、计划、程序和方法。风险控制的方法包括风险规避、风险转移、风险管控、风险接受等,企业需要根据合规风险识别、评估的情况,对应提高内部管控能力,从而达到有效控制和应对风险的目的。《〈合规风险指引〉团体标准》将如何有效进行风险内部控制分为了三个部分:制定内部控制措施、内部控制措施执行评价、内部控制缺点的认定和改进。

(1)制定内部控制措施

《〈合规风险指引〉团体标准》第9.1.1条提到,企业的内部控制措施需要从合规风险管控的制度出发提出控制要求及标准,通过针对流程中的内部控制措施进行有效设计和执行来落实。

企业内部控制措施由总体控制和具体控制构成。总体控制目标反映合规方面的共性要求，旨在就制度程序、决策授权、岗位职责分离等方面对企业进行宏观、抽象控制；具体控制目标则针对具体业务面临的合规风险进行控制，具体业务概括起来包括组织架构、发展战略、人力资源、社会责任、组织文化、资金活动、采购业务、资产管理、销售业务、研究与开发、工程项目、担保业务、业务外包、财务报告、全面预算、合同管理、内部信息传递、信息系统十八个方面。

无论是内部控制的总体控制还是具体控制，内部控制标准实施主要依靠各项内控措施来保障，一般常见的合规内部控制措施包括：

1. 不相容职责分离控制：全面系统地分析、梳理业务流程中所涉及的不相容职务，实施分离措施，形成各司其职、各负其责、相互制约的工作机制。例如，资金支付的审批与执行，工程项目的招标与验收付款等岗位职责相互分离。

2. 授权审批控制：应根据常规授权和特别授权的规定，明确各岗位办理业务和事项的权限范围、审批流程和相应责任。应当编制授权表，明确各项常规授权和特别授权，在涉及重大业务和事项时，采取集体决策审批或联签制度，任何个人不得单独进行决策或者擅自改变集体决策。例如，涉及企业股份制改革、战略投资扩张等重大事项时必须召开股东大会对议案投票。

3. 会计系统控制：应严格执行国家统一的会计准则制度，加强会计基础工作，明确会计凭证、会计账簿和财务会计报告的处理程序，保证会计资料真实完整。财务部门应依法合理设置合计人员架构，配置专业会计技术人员负责会计相关工作。

4. 财产保护制度：应建立财产日常管理制度和定期清查制度，采取财产记录、实物保管、定期盘点、账实核对等措施，确保财产安全。

5. 预算控制：实施全面预算管理制度，明确各责任单位在预算管理中的职责权限，规范预算的编制、审定、下达和执行程序，强化预算约束。

6. 运营分析控制：应建立运营情况分析制度，科学设置考核指标体系，对内部各责任单位和全体员工的业绩进行定期考核和客观评价，将考评结果作为确定员工薪酬以及职务晋升、评优、降级、调岗、辞退等依据。

(2) 内部控制措施执行评价

制定合规内部控制措施后，企业应该对具体措施和涉及业务的流程、运行情况进行全面评价，保证合规内部控制措施的有效性和适当性。《〈合规风险指引〉团体标准》第9.3条给予了企业如何进行内部控制措施评价的方法，主要通过以下几个方面进行评价：

内部环境评价：以企业组织架构、发展战略、人力资源、企业文化、社会责任等为依据，对企业内部控制措施是否符合合规管理需求作出认定和评价。

内部控制制度评价：对企业的风险识别、风险评价、风险分析、风险应对策略等流程和具体措施进行认定和评价，确定合规风险管理程序的有效性。

控制活动评价：对内部控制活动的设计和实际运行情况进行认定和评价，判断是否存在运行缺陷和控制不足等状况。

信息与沟通评价：结合企业内部控制制度，对信息收集、处理和传递的及时性、内控机制的健全性、财务报告的真实性、信息系统的安全性，以及利用信息系统实施内部控制的有效性等进行认定和评价。

内部控制监督机制评价：重点关注监事会、审计委员会、内部审计机构等是否在内部控制设计和运行中有效发挥监督作用。

以上各种评价方式，都应该将评价结果形成书面的工作底稿，记录评价的方式、内容、现状以及评价的结果，为后续改进内部控制措施提供依据。

(3)内部控制缺点的认定和改进

按照内部控制缺陷本质的不同，可以把内部控制缺陷分为设计缺陷和运行缺陷。设计缺陷是指缺少在合规风险管理过程中为实现合规目标的必须控制，或者现存的内控并不合理及未能满足控制目标。例如，未建立出纳和会计的岗位分离制度。运行缺陷是指设计合理及有效的内部控制，但在实际运作过程中没有被正确地执行。例如，采购人员未严格按照采购询价制度中的供应商名单制度进行采购询价。

按照内部控制缺陷对企业影响程度的不同，可以把内部控制缺陷分为重大缺陷、重要缺陷和一般缺陷。重大缺陷是指严重影响内部控制措施的整体有效性，重要缺陷是指导致企业无法及时发现或防范风险的缺陷，一般缺陷是指其他内部控制措施中的不完善之处。企业应当针对不同的合规内部控制措施缺陷制定不同的整改方法，补充或修改原有的控制制度或者更新原有的控制制度。

(四)违规举报、调查与问责

合规风险识别、评估和控制程序，是企业主动预防和控制合规风险的有效方法，但是仅通过正面预防无法确保企业能够完全堵塞所有合规风险管理漏洞，完整的合规管理体系离不开违规举报、调查与问责机制。企业需要通过“多双眼睛”“朝阳群众”帮助其发现无法通过主动途径识别的合规风险，通过惩戒措施对违规者予以警示。

1. 违规举报

(1)鼓励举报

《合规管理办法》第 24 条指出，企业应当“应当设立违规举报平台，公布举报电话、邮箱或者信箱，相关部门按照职责权限受理违规举报，并就举报问题进行调查和处理，对造成资产损失或者严重不良后果的，移交责任追究部门；对涉嫌违纪违法的，按照规定移交纪检监察等相关部门或者机构。中央企业应当对举报人的身份和举报事项严格保密，对举报属实的举报人可以给予适当奖励。任何单位和个人不得以任何形式对举报人进行打击报复”。

ISO 19600《合规管理体系指南》第 4.3.4 条 f) 款要求企业制定和实施信息管理过程，如通过热线、举报系统和其他机制进行的投诉或反馈。

原银监会《商业银行合规风险管理指引》第 17 条规定，商业银行应建立诚信举报制度，鼓励员工举报违法、违反职业操守或可疑行为，并充分保护举报人。

国家发展改革委等七部委《企业境外经营合规管理指引》第 20 条第 1 款规定，企业应根据自身特点和实际情况建立和完善合规信息举报体系。员工、客户和第三方均有权进行举报和投诉，企业应充分保护举报人。

(2)举报渠道

我国国有企业通常由纪检监察部门统一受理违规举报，设置违规举报热线电话，公开接受违规举报的部门、人员、电话、电子邮箱；有些国有企业还设置举报信箱，方便员工等投递举报信件。

跨国企业集团大多也为违规举报提供了多种渠道，包括设立违规举报热线电话，有些甚至委托第三方咨询机构专门负责接听举报电话，并提供不同语种的接听服务，公开接受违规举报的部门、人员、电话、电子邮箱等。

(3)反打击报复

担心打击报复是员工不愿举报或者不愿实名举报的主要原因，大多举报者选择匿名举报，这主要是出于保护自己的需要，但给企业后续调查带来困难。因此，企业鼓励违规实名举报，就需要对举报者提供有力保护，严厉惩处报复行为。

有关企业合规管理的国际标准、指南以及我国国家标准、办法和指引在鼓励员工进行违规举报的同时,都要求企业充分保护举报人。

(4)收集、处理流程

为了保证举报的保密性,企业应该指定举报信息的收集岗位,除该岗位以外的其他任何人员,均无法在举报信息进行有效处理前,接触到相关举报内容和举报人。收集到举报信息后,企业应该制定明确的处理流程,对信息进行分析和分类,确定下一步工作步骤。例如,举报信息的接受部门应该对举报信息进行初步核实,排除虚假举报的情况,然后对举报信息进行评估,根据举报违规行为的性质及违规程度,交由专门的调查部门或人员开展举报信息调查工作。

2. 违规调查

收到举报信息并进行初步核实后,企业就需要对举报信息进行调查制订调查方案。调查方案主要具备以下内容,举报信息、被调查对象基本情况、调查目的和方向、调查人员、调查程序。

企业可以根据具体的调查需要增加调查方案的内容,并根据调查项目的进展和情况变化定期对调查方案进行更新。调查实施过程中,有三个关键因素会直接影响到调查的质量和结果的准确性、有效性,即调查人员选择、调查措施和调查报告。

(1)调查人员选择

调查工作应当由专门调查部门及其人员负责调查工作;当企业没有专门的调查部门或者调查事项涉及专业领域需要其他业务部门配合时,则企业选择的调查人员应具备中立性、受过调查技巧培训、了解相关法律法规和规章制度等条件。在无法确保调查人员满足前述条件时,企业可以委托第三方专业机构协助或独立开展调查。

(2)调查措施

外围调查,从公司外部的第三方(供应商、客户、离职员工)收集违规线索和证据;内部调查,从公司内部收集违规线索和证据;访谈被调查对象、被举报人或举报人,访谈调查人员前应该事先掌握被访谈对象的基本情况,访谈时应该尽量让被访谈对象多说话多表达,从而获取更多的信息。

(3)调查报告

该报告应当包括违规信息、线索的来源以及违规线索的分类处置情况;调查小组的组成;调查内容、过程和方法;调查取得证据情况,以及证据所能证明的事实;调查结果,以及问责(处置)措施建议。

3. 违规问责

设置科学的违规问责机制,能够准确地对违规者作出与其违规行为性质、后果相匹配的措施,达到惩戒违规者、教育其他员工的作用。建立违规问责机制应当关注以下三个方面:

处置的有效性:企业可以将处置措施与违规者的切身利益相关联,如工资奖金、福利待遇、职位晋升等,保证处置的有效性;

处置的公平性:企业应当制定明确的处置标准和依据,不因员工职位、工作年限、所在部门的不同而有所差别;

处置的准确性:在作出处置决定时,要有充分的证据证明违规行为,并且经过严格的审核流程,避免处置决定的错误或不恰当。

大部分企业在现有的内部管理制度中,已经制定了纪律处分制度,如警告、降薪、降职、调岗、罚款、解除劳动合同等,国有企业通常还有纪检监察的相关制度规定。因此,合规管理中企业可以将现有的制度与违规追责所需要的内容相结合,更新完善现有的制度,保证企业内部追责制度的标准统一、审核流程严格。

## 四、保障机制

### (一)合规审查与报告

1. 合规审查机制

(1)审查主体及方法

《合规管理办法》第13条要求业务及职能部门承担合规管理主体责任,建立健全本部门业务合规管理制度和流程,开展合规风险识别评估,编制风险清单和应对预案;定期梳理重点岗位合规风险,将合规要求纳入岗位职责;负责本部门经营管理行为的合规审查;及时报告合规风险,组织或者配合开展应对处置;组织或者配合开展违规问题调查和整改。

中央企业应当在业务及职能部门设置合规管理员,由业务骨干担任,接受合规管理部门业务指导和培训。

《合规管理办法》第14条要求合规管理部门牵头负责本企业合规管理工作,组织起草合规管理基本制度、具体制度、年度计划和工作报告等;负责规章制度、经济合同、重大决策合规审查;组织开展合规风险识别、预警和应对处置,根据董事会授权开展合规管理体系有效性评价;受理职责范围内的违规举报,提出分类处置意见,组织或者参与对违规行为的调查;组织或者协助业务及职能部门开展合规培训,受理合规咨询,推进合规管理信息化建设。

中央企业应当配备与经营规模、业务范围、风险水平相适应的专职合规管理人员,加强业务培训,提升专业化水平。

《合规管理办法》第15条要求纪检监察机构和审计、巡视巡察、监督追责等部门依据有关规定,在职权范围内对合规要求落实情况进行监督,对违规行为进行调查,按照规定开展责任追究。

(2)审查内容

《合规管理办法》第21条要求企业“将合规审查作为必经程序嵌入经营管理流程,重大决策事项的合规审查意见应当由首席合规官签字,对决策事项的合规性提出明确意见。业务及职能部门、合规管理部门依据职责权限完善审查标准、流程、重点等,定期对审查情况开展后评估”。

企业应当强化对规章制度、改革方案等重要文件的合规审查,由于企业内部规章制度是合规审查依据,因此,要重点审查其是否符合外部的合规规范,确保内部规章制度符合法律法规、监管规定等要求。

合规管理部门应当严格审查规章制度、经济合同、重大决策的合规性。必要时可以对业务及职能部门审核结果进行复审。对于重大决策事项应当覆盖重大决策的权限、程序、内容等方面,对不合规的内容及时提出修改建议,确保决策合规。对于重要合同的签订、变更、解除,尤其是签订非标准合同文本时,应当由合规管理部门进行合规审查,根据合规审查意见再作出决定。对于重大项目运营中选择合作方时,要事先进行合规尽职调查,经合规管理部门审查后再进行决策。

2.合规报告机制

《合规管理办法》第22条要求“中央企业发生合规风险,相关业务及职能部门应当及时采取应对措施,并按照规定向合规管理部门报告。中央企业因违规行为引发重大法律纠纷案件、重大行政处罚、刑事案件,或者被国际组织制裁等重大合规风险事件,造成或者可能造成企业重大资产损失或者严重不良影响的,应当由首席合规官牵头,合规管理部门统筹协调,相关部门协同配合,及时采取措施妥善应对。

中央企业发生重大合规风险事件,应当按照相关规定及时向国资委报告合规报告,包括风险事件报告(专项)合规报告和年度合规报告。

专项合规报告是指在发生较大合规风险事件时,由合规管理部门牵头和相关部门向首席合规官报告,重大合规风险事件应当向国资委和有关部门报告。企业可以在制度中明确重大合规风险事件的定义、报告的流程和内容,报告的内容一般包括合规风险事件的简要情况、发生原因和性质、可能产生的后果以及对合规风险事件已采取或拟采取的处理措施等。

年度合规报告由合规管理部门起草,经董事会审议通过后及时报送国资委。企业可以在制度中明确年度合规报告的内容,报告的内容一般包括企业合规管理的组织架构,主要合规制度,首席合规官履行合规管理职责情况,合规风险的识别、评估和应对措施,对违法违规行为的调查及处理情况,重大合规风险事件的应对情况,合规文化建设情况等。

(二)绩效考核与持续改进

《合规管理办法》第 25 条第 2 款要求"中央企业应当建立所属单位经营管理和员工履职违规行为记录制度,将违规行为性质、发生次数、危害程度等作为考核评价、职级评定等工作的重要依据"。

首先,企业应明确考核评价的对象和主体,考核对象包括高级管理人员、业务部门及其负责人、各部门员工、合规部门及合规部门负责人、子公司或下属企业及其负责人等。

其次,关于考核指标,应当设定一套可量化的合规绩效评价指标,并将合规绩效考核纳入整体绩效考核制度。各业务部门负责拟定评价本部门员工的合规职责履行情况的考核指标,经合规管理部门审核后,纳入员工绩效考核。员工合规履职考核结果应作为员工考核、干部任用、评先选优、薪酬待遇等的重要依据。企业合规管理部门拟定评价各部门及子企业的合规职责履行情况的考核指标,并纳入年度综合考核。

再次,关于考核的实施,应当制定从收集合规管理绩效信息到对合规管理绩效分析、评价,再到考核评价报告及沟通,最后对考核评价结果执行全流程的制度指引。

合规管理绩效信息一般包括以往年度出现的违规事项、本年度出现的违规事项、监管部门政策的变化、优秀合规实践案例。

合规管理绩效分析、评价:对合规管理绩效信息进行分析、评价时,应当考虑系统影响性和反复发生的问题,因为这些可能给企业带来重大的合规风险。

考核评价报告:考核依据,包括相关的合规义务、合规管理制度和流程、绩效指标等;考核主体;考核对象;考核期限;考核评价方法和流程;考核评价结果;针对重大不合规和新出现的违规问题,提出应对整改建议;报告优秀合规实践案例,提出激励措施建议。

考核评价沟通:考核评价结果应与考核评价对象进行充分沟通,听取其意见,允许其申辩。企业合规管理考核评价的总体情况和结果,还应在企业内公示,让全体员工知晓企业合规管理运行的现状、需要整改的问题等。

考核评价结果执行:根据考核结果对员工进行奖惩,如评优评选、调岗、调薪、免除职位或解除劳动合同,促使合规管理成为各级管理层和员工的行为指引和驱动力。

最后,关于持续改进,应当将绩效管理的分析、评价作为合规绩效改进的依据,持续改进整个考核评价流程及具体内容。

(三)合规文化

1. 领导专题学习和法治宣传教育

《合规管理办法》第29条明确“中央企业应当将合规管理纳入党委(党组)法治专题学习,推动企业领导人员强化合规意识,带头依法依规开展经营管理活动”,第31条明确“中央企业应当加强合规宣传教育,及时发布合规手册,组织签订合规承诺,强化全员守法诚信、合规经营意识”,第32条明确“中央企业应当引导全体员工自觉践行合规理念,遵守合规要求,接受合规培训,对自身行为合规性负责,培育具有企业特色的合规文化”。

企业应当将合规文化作为企业文化建设的重要内容,将诚信合规作为企业的核心价值观。通过制定发放合规手册、签订合规承诺书、进行合规培训和设立奖惩机制等方式,培育合规文化。领导是合规管理的根本,对于整个组织树立合规意识、建立高效的合规管理体系具有至关重要的作用。企业党委(党组)应当定期学法,提升合规意识,带头依法依规开展经营管理活动;企业的决策层和管理层应当从自身做起,切实遵守有关廉洁、合规的就职承诺,为全体员工做好表率作用,促进在企业日常经营管理中培育合规文化,形成人人合规的合规氛围。

全体员工均应树立诚实、守信的合规观念,自觉维护诚实守信的合规文化氛围,不断增强合规意识和行为自觉,实现全员“主动合规”。

2. 合规培训

《合规管理办法》第30条要求“建立常态化合规培训机制,制定年度培训计划,将合规管理作为管理人员、重点岗位人员和新入职人员培训必修内容”。了解并掌握合规目标及要求是合规文化培育的基础,也是企业合规管理建设运行的前提,而合规培训是使企业全体员工了解并掌握合规要求及目标的重要手段。

(1)培训主体与对象

合规培训工作一般由合规管理部门组织,但涉及具体业务领域的培训活动需要各业部门进行,包括财务部门、审计部门配合开展。必要时,企业也可以聘请专业机构、专业人士提供有针对性的合规培训。

合规培训应当全面覆盖所有人员,包括高级管理人员、具有合规管理职责的人员及其他员工,根据企业自身确定的重要领域、重点人员、重点环节开展有针对性的培训。对于有合规要求的合作伙伴,还可以向业务伙伴提供合规培训。

(2)培训内容

视企业的具体需求,合规培训的内容可能涉及以下几个方面。

一是企业应当自上至下,从管理者到全体员工,根据相关规定,传达企业的合规价值观、合规规则、合规要求等合规理念:

合规从领导做起,遵循ISO 19600《合规管理体系指南》第6.3.2.3条、证监委《证券公司和证券投资基金管理公司合规管理办法》第4条、原银监会《商业银行合规风险管理指引》第6条、国家发展改革委等七部委《企业境外经营合规管理指引》第29条的相关要求;

全员主动合规,遵循原银监会《商业银行合规风险管理指引》第6条、原保监会《保险公司合规管理办法》第4条、证监委《证券公司和证券投资基金管理公司合规管理办法》第4条的相关要求;

合规创造价值,遵循原银监会《商业银行合规风险管理指引》第6条、原保监会《保险公司合规管理办法》第4条、证监委《证券公司和证券投资基金管理公司合作理办法》第4条的相关要求;

合规是企业生存的基础,遵循证监委《证券公司和证券投资基金管理公司合规管理办法》第4条的相关要求。

二是在企业建立合规管理组织、配套运行机制及合规制度体系后，组织员工进行合规培训，解读本企业的合规管理制度，包括诚信合规承诺函、员工手册、诚信合规行为手册、合规手册等合规文件，以及合规管理部门的具体职责、合规运行机制等管理信息，确保全体员工及合规管理部门人员都熟悉理解。

三是合规管理部门及人员需要了解本企业合规义务的更新变化，履行合规职责，审计、财务等部门承担配合合规管理部门的相关职责，业务部门负责人承担日常合规管理职责。为了保证实现上述合规管理职责，企业应当有针对性地进行合规管理相关内容的培训。

(3)培训的实施

合规管理部门及各培训组织部门应当制定合规培训计划，根据不同的合规培训需求，确定合规培训项目及内容。合规培训的实施过程中，应重视对合规培训的效果评估，并将合规培训纳入绩效考核。企业应当保存员工参加合规培训的次数、成绩等记录，在进行综合评价后作为绩效考核的重要指标，与评优评先、调岗、调薪、免除职位或解除劳动合同挂钩。

合规管理部门及各培训组织部门培训后应当完整保留合规培训记录资料，包括员工合规培训签到记录、培训课件、考核考评资料等。合规培训记录是企业开展合规管理、履行合规义务的重要证明，在企业人员涉及违规行为时，企业可以以此作为划分企业责任与个人责任的有效抗辩，从而减轻、免除企业被追究法律责任，实现企业与个人的风险隔离。

在5家试点央企建设合规管理体系的实践中，均十分重视合规文化的培育。中国石油的领导率先作出合规承诺，倡导守法合规、诚信做事的合规价值观以及“诚信合规是公司发展的基石，是公司有质量有效益可持续发展的坚实保障”“公司的卓越声誉和持续发展更加有赖于诚信合规”“诚信合规优先于经济利益”“管业务必须管合规”“全面诚信合规涵盖经营管理各领域、业务活动各环节、全体员工各岗位”等合规理念，大力开展合规宣传培训工作并动员员工签署遵守诚信合规手册的承诺书。东方电气集团积极利用微信公众号、视频会议、平面媒体等多种方式进行合规宣传。通过不定期组织全面培训与专业培训、自我学习与有效测试相结合的方式，引导全体员工从“要我合规”转变为“我要合规”。

此外，西门子股份有限公司践行领导承诺，管理层明确立场、以身作则，全员参与的合规文化培育方式。西门子高级管理人员承诺确保其职责范围内的业务决策和行动始终符合相关法律规定和西门子的价值观与准则;以管理层职责为核心,倡导诚信文化和只有清廉业务才是西门子业务的合规理念。公司通过一整套的约束性规章制度,包括《商业行为准则》《内部合规调查行为准则》《商业伙伴合规准则》《供应商和率三方中间人行为准则》《保持商业诚信手册》《西门子内部合规标准》《全球合规通行》等,要求员工遵纪守法,诚信守德,并为员工提供全面培训和咨询,使员工的各项行为能够得到清晰准确的指引。

从实践看来,合规文化的培育是合规管理的起点,而当企业形成了全员诚信合规的合规文化后,也就标志着企业合规管理制度体系建设和实施取得了成效,所以企业合规文化的形成也是合规管理达到预期目标的终点站。

(四)信息化建设

1. 信息化建设的地位

为深入贯彻习近平法治思想,落实全面依法治国战略部署,进一步推动中央企业切实加强合规管理,着力打造法治央企,不断提升依法合规经营管理水平,有力保障深化改革、高质量发展,2022 年 9 月 14 日,国务院国资委颁布了《中央企业合规管理办法》。近年来,受新冠肺炎疫情在内的多方面因素的影响,我国企业发展面临的不确定性和不稳定性因素增加,在日趋复杂的环境和日益严峻的形势之下,加快推进企业合规管理体系的建设,一举成为企业发展的突破口,而在企业合规管理体系的建设过程中,信息化建设的地位逐渐凸显。

《中央企业合规管理办法》释放了新的信号。在《中央企业合规管理办法》中,信息化建设作为单独的一章被专门列出,虽然形式上占据的篇幅不多——从第 33 条到第 36 条,仅有 4 条;但内容上却包罗万象、面面俱到。从功能设置到嵌入流程,从互联互通到动态监测,无不囊括其中。

2. 信息化建设的作用

企业合规管理体系建设既是一项复杂纷繁的系统性工程,又是一个不断更新迭代着的动态过程。“防范法律风险,实现高质量发展”是企业进行合规管理体系建设的宗旨,也贯穿着企业经营的始终。合规管理体系建设是一套组合拳,信息化建设只是其中的一个动作,但缺少这个动作,整套拳法就会不连贯和不完整。环顾合规管理体系建立的过程,其实也是企业从“要我合规”到“我要合规”的过程。培育合规文化之所以重要,是因为它能让企业及其员工从内心深处产生对规则的敬畏意识,在潜移默化的影响中牢固树立“我要合规”的理念。合规文化如此地重要,以至于一旦合规文化建设沦为纸上谈兵,基本上就预示着企业合规体系建设的失败。与之相对应,信息化建设的重要性程度也不容小觑。一方面,信息化建设作为系统之间联系沟通的桥梁,既连接了企业内部的不同系统,又串起了不同企业间的系统;另一方面,信息化建设还肩负着让企业不敢违规、不能违规的重任。

在云计算、大数据、人工智能等科学技术飞速发展的今天,进行信息化建设大有作为。作为管理信息系统的组成部分,企业合规管理信息系统借助技术层面的优势,将帮助企业达到制度层面达不到的合规效果。

首先,信息化建设的自动化、数字化、智能化的特点,提高了企业合规管理的能力和水平,让企业合规建设迈上了新台阶。

第一,信息化建设的自动化能够帮助企业提高合规管理的效率和质量,节约管理成本。

第二,信息化建设的数字化能够提高企业合规管理工作过程的透明度,提升企业自我管控能力。

第三,信息化建设的智能化能够增强企业合规管理的主动性,强化企业各层级合规组织之间纵向和横向的协调与联系。

其次,信息化建设的规范化、专业化、体系化的特点,丰富了企业合规建设的内容和标准,使企业合规建设进入了新时代。

第一,信息化建设的规范化促使企业合规管理制度更加权责分明、流程清晰,将责任落到了实处,有效避免了相互推诿的情况发生。

第二,信息化建设的专业化使得企业合规风险评估有迹可循,客观的技术方法将协助企业日常监测和预警合规风险,将风险扼杀在萌芽状态。

第三,信息化建设的体系化理顺了企业内部制度间的关系,协调了各部门间的分工,最大化地发挥了企业整体的优势。

最后,信息化建设的联动化、及时化、客观化的特点,夯实了企业合规建设的根基和底座,使企业合规建设拥有了新视野。

第一,信息化建设的联动化实现了企业管理系统间的相互衔接、协调融合和互通共享,有效避免了矛盾重复的情况发生。

第二,信息化建设的及时化融合了动态监测、即时预警和主动截停的功能,阻断了违法违规风险的入侵,维护了企业信息系统的安全。

第三,信息化建设的客观化坚守着各项标准和要素解释的底线,封堵了随意解释和主观解释的可能,捍卫着合规管理体系的理性。

3. 信息化建设的内容

信息化建设内容繁多,笔者决定以企业组织架构为经,以合规管理体系为纬,将其划分为三个功能模块展开具体论述。

(1)合规事件管理

在信息化建设中,“一事一档案”制度是合规事件管理的目标所在。“一事一档案”制度看似简单,但实际操作起来却不乏难度。首先需要明确能够纳入信息化的事件是何种类型的事件,即判断合规事件的标准是什么?

“万事皆可合规”,在调侃之余也道出了目前企业合规的现状。若不加以任何限制,仅凭事件作为划分标准,那么,被纳入合规信息化建设系统的事件将无穷无尽。因此,满足何种标准的事件算作合规事件,如何确定判断的标准,是亟须解决的问题。对此,笔者认为可以从企业内部事件和外部事件两个角度出发,对合规事件进行界定。企业内部事件指的是仅发生在企业内部的,不涉及本企业以外其他主体的事件;企业外部事件是指本企业与其他企业在经营交往过程中发生的事件,涉及本企业及本企业之外其他主体的事件。

以企业内部事件为例,可以将是否与“企业内部合规管理规范文件”有关,作为判断该事件是否属于合规事件的标准;对纳入合规事件范畴内的事件,再以“好”或者“坏”的性质上的评价,进一步将合规事件划分为好事件和坏事件进行归档管理。所谓好事件,如合规文化培训活动的举办、合规讲座的开展、企业员工合规考核的情况等,都应当记录在企业的档案之中;所谓坏事件,如企业实施的违反行业规范的行为、企业受到行政处罚的情况、企业实施的违法违规行为等,也应一并记录在案。

以企业外部事件为例,同样可以适用上述是否与“企业内部合规管理规范文件”有关,作为判断外部事件是否属于合规事件范围的标准。举例而言,本企业与其他企业的重大交易活动以及与其他企业建立商业合作联系,订立合同等事件都应归档管理。

(2)合规人员管理

《合规管理办法》第32条规定了全员合规,即中央企业应当引导全体员工自觉践行合规理念,遵守合规要求,接受合规培训,对自身行为合规性负责,培育具有企业特色的合规文化。全体员工应当熟悉并遵守与本岗位职责相关的法律法规、企业内部制度和合规义务,依法合规履行岗位职责,对自身行为的合法合规性承担责任。

信息化建设为落实全员合规责任提供了可能。将合规人员录入系统进行管理,通过信息化技术对不同人员的合规管理职责、合规职责履行情况、违规操作行为等予以记录,能够及时掌握企业员工的合规行为动向,一旦有履职不当的行为发生,企业可以在第一时间作出反应,将员工责任与企业责任进行切割,维护企业的利益。

同时,就规范的角度而言,对合规人员的信息管理应当贯穿员工入职、在职及离职整个过程,尽量避免遗漏重要信息,对各项相关信息坚持应录尽录,也能达到保护企业免于陷入劳动用工纠纷的困境。

(3)合规制度管理

如同合规事件管理一样,合规制度管理也有着丰富的内容,并且合规事件管理和合规制度管理有着众多共同之处。举例而言,企业内部的各项规章制度中可能有与合规管理相关的内容,本企业与其他企业进行商务合作时也可能涉及合规管理相关的内容。就此而言,合规制度管理可以参考合规事件管理的标准和方式,实现合规制度的高效管理。

具体来说,可以从企业内部制度和外部制度两个方面着手,将公司各项规章制度纳入信息化建设。企业内部制度指的是仅发生在企业内部的,不涉及本企业以外其他主体的制度,包括但不限于公司章程、人员管理制度、组织管理架构等;企业外部制度是指涉及本企业与其他企业之间的制度,涉及本企业与其他企业商务交往过程中的一些制度。

在确定了合规制度管理的范围之后,接下来一系列问题就迎刃而解。比如,合规制度管理的流程问题。无论是企业内部制度还是企业外部制度,纳入合规信息化管理系统时都有共同的步骤和流程。第一,确认纳入信息化系统进行管理的合规制度的范围;第二,整理并发布合规管理制度;第三,跟踪记录合规制度的执行情况;第四,及时收集对合规制度执行情况的意见和建议;第五,对收集到的意见和建议进行可行性和合理性研究;第六,根据研究结果对合规制度进行修改和补充。

此外,还要注意合规制度监督审查的问题。借助信息化建设,可以实现合规制度发布、修改和更新全过程留痕的效果。一方面,信息化建设简化了修改、更新的流程提高了效率,一定程度上满足了制度及时性的要求。合规制度审查主要针对规章制度的合规性,既包括了不同规章制度之间的审查(如企业内部制度和企业外部制度之间的协调统一),又包括同一体系下规章制度的审查。另一方面,在收集意见和建议环节,通过信息化建设可以避免合规制度管理流于表面和形式,将合规制度彻底落到实处。具体来说,企业员工可以通过信息化系统实名提出修改意见和建议,相关的负责部门必须在一定期限内对上述意见或建议进行书面审查并回复,通过信息化的手段,提高了企业合规管理的水平和能力。

总而言之,企业进行信息化建设有利于实现企业合规管理信息系统与企业管理的其他信息系统相互衔接,协调融合,互通共享,提高企业合规管理的水平和能力,促进企业合规的发展。

## 五、合规管理重点

### (一)合规管理中的重点领域

1. 确定合规管理工作的重点领域

《合规管理办法》第 18 条要求企业应当"针对反垄断、反商业贿赂、生态环保、安全生产、劳动用工、税务管理、数据保护等重点领域,以及合规风险较高的业务,制定合规管理具体制度或者专项指南。中央企业应当针对涉外业务重要领域,根据所在国家(地区)法律法规等,结合实际制定专项合规管理制度"。企业在全面推进合规管理时,应划定合规管理工作的重点,着重研究此类领域的相关规定,识别此类领域的合规义务,制定专项合规管理指南,有针对性地防范风险。

首先,在开展合规管理工作时,应当根据本企业的实际情况,明确对合规管理工作会产生重大影响的内部因素及外部因素。内部因素需要考虑企业的主要业务流程、需要遵守的内部监管要求以及本企业的商业道德文化等;外部因素则包括企业所面临的监管及执法环境、同行已有的风险事件、行业惯例、社会道德标准、经济发展状况等,尤其是在法律法规或政策发生重大变化或者执法部门开展专项整治行动等情况下,企业应当及时作出相应的调整,使得合规管理工作能够适应新的外部形势和内部需求。

其次,企业还需要将关联方的合规要求纳入考虑的范围。关联方既包括与企业有业务关系的客户、供应商,也包括监管部门、执法部门、行业协会等对企业有监管职责的机构或组织。企业应当充分了解上述关联方对于企业的合规要求与期望,并且着重关注关联方对于合规工作的重点要求。例如,企业的某重要商业合作伙伴对供应商有反腐败方面的高要求,那么企业应当相应地将反腐败作为合规管理工作的重点之一。

最后,在确定了重点领域的范围后,企业应当从法律法规、行政许可、行政授权、法院判例、行业规范等多个方面梳理合规要求,识别应履行的合规义务,并据此制定本企业的合规管理指南,为具体开展合规管理工作提供依据。

2. 合规管理中的重点领域概述

企业在进行合规管理时,应当着重关注以下领域。

(1)市场交易:企业应当完善交易管理制度,严格履行决策批准程序,建立健全自律诚信体系,突出反商业贿赂、反垄断、反不正当竞争,规范资产交易、招投标等活动;

(2)安全环保:企业应当严格执行国家安全生产、环境保护法律法规,完善企业生产规范和安全环保制度,加强监督检查,及时发现并整改违规问题;

(3)产品质量:企业应当完善质量体系,加强过程控制,严把各环节质量关,提供优质产品和服务;

(4)劳动用工:企业应当严格遵守劳动法律法规,健全完善劳动合同管理制度,规范劳动合同签订、履行、变更和解除,切实维护劳动者合法权益;

(5)财务税收:企业应当健全完善财务内部控制体系,严格执行财务事项操作和审批流程,严守财经纪律,强化依法纳税意识,严格遵守税收法律政策;

(6)知识产权:企业应当及时申请注册知识产权成果,规范实施许可和转让,加强对商业秘密和商标的保护,依法规范使用他人知识产权,防止侵权行为;

(7)商业伙伴:企业应当对重要商业伙伴开展合规调查,通过签订合规协议、要求作出合规承诺等方式促进商业伙伴行为合规;

(8)其他需要重点关注的领域:企业应当根据前文所述确定重点领域的方法,确认是否存在其他需要重点关注的领域,并根据风险内外部变化及时进行调整。

### (二)合规管理中的重点环节和重点人员

1. 合规管理重点环节

合规管理体系对于整个体系里的重点环节,如果未能进行有效的管控,将会对整个体系产生很大的负面影响。所以,企业在开展合规管理工作的过程中,应当针对以下重点环节加强管理。

(1)制度制定环节:规章制度是合规管理的依据,企业应当首先加强对规章制度的合规审查,确保符合法律法规、监管规定等要求;

(2)经营决策环节:企业应当严格落实"重大事项决策、重要干部任免、重要项目安排、大额资金的使用,必须经集体讨论作出决定"决策制度,细化各层级决策事项和权限,保障决策合法合规;

(3)生产运营环节:加强对重点生产运营流程的监督检查,确保生产经营过程中照章办事、按章操作;

(4)其他需要重点关注的环节:除上述重点环节以外,企业应当根据自身的情况和实际的需求,确定其他需要重点予以关注的环节。

2. 合规管理重点人员

企业在开展合规管理时,应当建立专业化、高素质的合规管理队伍,根据业务规模、合规风险水平等因素配备专业的合规管理人员,持续加强业务培训,不断提升合规管理队伍的能力水平。

(1)管理人员:企业应根据业务规模、发展状况配备合规部门人员,签署合规管理承诺书、责任书,加强对管理人员的培训,促进管理人员切实提高合规意识和水平,认真履行合规管理职责。强化考核与监督问责机制,把合规经营管理情况纳入对各部门和所属企业负责人的年度综合考核,将所属单位管理人员合规职责履行情况的评价结果,作为其考核、干部任用、评先选优等工作的重要依据。

(2)重要风险岗位人员:企业应有针对性地开展专题培训,使重要风险岗位人员熟悉本岗位业务所涉及的各项规定,并通过签署合规管理承诺书、责任书等方式促进重要风险岗位人员,严格遵守业务涉及的各项规定,同时建立监督检查机制和举报渠道,加强监督检查和违规行为的追责力度。

(3)海外人员:企业应将合规培训作为海外人员任职、上岗的必备条件,确保其充分了解并遵守中国和所在国的法律法规等相关规定,熟悉本岗位所涉及的法律风险,提高合规意识和法律风险防范能力。同时,企业还应当重视海外人员的特殊合规问题,如海外人员劳动关系和海外聘用人员用工关系的合规性,以及境外机构人员的安全管理、应急处理等问题。

(4)其他人员:除上述重点人员以外,企业应当根据自身的情况和实际的需求,确定其他需要重点予以关注的人员。

## 六、合规管理难点

在现代商业模式下,企业紧密的商业合作关系在带来经济效益的同时,也因商业合作伙伴经营不合规给企业带来了更多的风险。从《合规管理办法》《企业境外经营合规管理指引》的规定及实践中来看,企业的合规管理应当以企业自身为中心向上、下游的商业伙伴延伸,将企业的合规意愿与原则传达给商业伙伴,并拒绝与存在合规问题或隐患的商业伙伴持续合作,以避免因为合作伙伴的不合规行为承担风险。在具体实践中,对商业伙伴的合规管理主要是通过对商业伙伴的合规尽职调查完成的,并辅以必要的合同条款进行约束。

### (一)商业合作伙伴的合规管理方式

在合作关系开展之前,业务职能部门应做好商业伙伴合规调查工作。企业可以具体采取以下几种方式开展对商业合作伙伴的合规管理工作。

1. 分类分组管理。企业的商业合作伙伴包括业务顾问、供应商、经销商、销售代理、承包商等,对于不同的商业合作伙伴,合规管理的侧重点也不尽相同,企业应当根据商业合作伙伴的性质和重要程度进行分类分组管理。例如:

负责提供咨询服务的业务顾问,可能是反腐败风险较高,服务形式难以监控且效果不易衡量。

负责供应产品的供应商,企业要对未通过正常招投标方式引入的或客户指定的供应商的合规风险予以重视。

负责销售产品服务的经销商,可能存在利益输送、商业贿赂等合规风险。

负责代理销售产品服务的销售代理,当销售协议中规定的佣金超乎市场正常水平或给予销售代理的价格决定权过大时,可能导致合规风险的发生。

提供整体项目服务的承包商,当与政府或企业关系密切时,可能降低承包业务经营的透明度,发生合规风险。

2. 合规尽职调查。合规调查应当对商业合作伙伴的合规管理体系,包括合规组织的建立、合规管理制度的建设、合规管理流程的设置、合规管理工作的执行、合规管理状况的监督、合规管理文化的培育等进行整体评价。对于重要的商业合作伙伴,企业应当适当增加合规调查的范围,进行更深入的调查,并且视情况建立定期调查或跟进制度,将企业调查常态化,或者引进专业的合规团队,作为独立调查员,以保证合规调查的有效性。

3. 合规协议及承诺函。在双方正式建立合作关系时,企业应当对于合规管理工作的各项要求作出说明,或者使用合同附件、说明书等方式对涉及双方合作中的合规管理工作进行明确规范。在此基础上,要求对方签订合规协议及出具合规承诺函,承诺将按照企业的各项合规要求和商业道德规范开展合作,以促进商业合作伙伴的合规管理。

(二)商业合作伙伴的合规管理重点领域

企业对于商业合作伙伴的合规管理工作,应当根据双方合作情况的变化进行完善,及时调整合规管理工作的重点,提高合规管理工作的效率。

1. 供应商的管理:对供应商的合规管理主要体现在对供应商的准入管理上,企业在引进新的供应商时,应当在正式建立合作关系前对其进行合规调查、评估和考核。没有通过合规考核的,企业应当拒绝与其进行合作;通过合规考核的,企业应当根据合规风险的大小,将其划分为不同的合规管理等级,对于具有较大合规风险的供应商,企业应当定期对其进行合规风险评估和考核。

2. 商业秘密保护:企业与商业合作伙伴的商业合作中,对涉及企业商业秘密的信息交换,在合规管理工作中应采取必要的措施,保护自身的商业秘密不受侵犯。

企业应当在双方正式建立合作关系前,对商业合作伙伴的信息保护意识和制度进行评估,以评价该合作伙伴是否值得信任。对于信息保护意识较差、缺乏必要的信息保护制度的商业合作伙伴,企业应当在合作中对自身的商业秘密采取必要的保密手段,避免向其透露与商业秘密有关的信息。

在双方正式建立合作关系时,企业应当在合同中增加相应的商业秘密保护条款,或者与对方签订商业秘密保护协议、要求对方出具保密承诺函等,明确商业合作伙伴的商业秘密保护义务及违约后果。

在双方合作期间,企业应当定期对其进行商业秘密保护的合规评价,并根据评价结果调整对商业合作伙伴开放信息的范围。

## 七、合规界别与融合

在企业组织结构中,企业合规管理部门与企业监察、审计、法律、内控、风险管理等部门共同构成企业的横向管理职能部门。《合规管理办法》第3条对合规管理的定义是“指企业以有效防控合规风险为目的,以提升依法合规经营管理水平为导向,以企业经营管理行为和员工履职行为为对象,开展的包括建立合规制度、完善运行机制、培育合规文化、强化监督问责等有组织、有计划的管理活动”,对“合规风险”的定义为“指企业及其员工在经营管理过程中因违规行为引发法律责任、造成经济或者声誉损失以及其他负面影响的可能性”;《合规管理办法》第15条要求中央企业纪检监察机构和审计、巡视巡察、监督追责等部门依据有关规定,在职权范围内对合规要求落实情况进行监督,对违规行为进行调查,按照规定开展责任追究;《合规管理办法》第26条要求“中央企业应当结合实际建立健全合规管理与法务管理、内部控制、风险管理等协同运作机制,加强统筹协调,避免交叉重复,提高管理效能”;《企业境外经营合规管理指引》第12条要求企业的合规管理部门与其他监督部门分工协作,建立明确和信息交流机制,加强协调配合,形成管理合力。因此,企业厘清合规管理与监察、审计、法律、内控、全面风险管理工作的界别,以及部门间的协调联动,是企业在建立和完善合规管理体系,尤其是在建立合规管理组织体系的过程中需要明确的问题。

(一)界别

1.监察与合规管理(见表1-2-9)

**表1-2-9 监察与合规管理区分**

| | 监察 | 合规管理 |
|---|---|---|
| 目标 | 对所有行使公权力的公职人员进行监督,深入开展反腐败工作,推进国家治理体系和治理能力现代化 | 防控不合规行为引发法律责任、受到相关处罚、造成经济或声誉损失以及其他负面影响的风险 |
| 性质 | 监察部门依据《监察法》针对特定的对象进行监察 | 合规管理促使企业遵守和执行合规规范,预防和管控合规风险,保障企业安全、健康、持续经营。合规管理部门与监察部门分工协作,相互配合,履行本部门职责范围内的职责 |

续表

| | 监察 | 合规管理 |
| --- | --- | --- |
| 适用规范 | 《监察法》《中国共产党纪律检查机关监督执纪工作规则》及其他相关法律、法规。不包括党内法规及有关国有企业管理人员职务违法与职务犯罪以外的合规规范 | 所有合规规范,包括外部合规规范与内部合规规范,不包括党内法规及监察的法律依据 |
| 管理机构 | 监察部门 | 合规管理部门 |
| 职责内容 | 对国有企业管理人员(不包括管理人员以外的普通员工)的职务违法行为和职务犯罪行为进行监察,包括受理违法、违规举报违法、违规线索分类处置,违法、违规调查,监察处置。不包括:(1)管理人员职务违法和职务犯罪以外的其他违法、违规行为;(2)管理人员以外普通员工的职务违法和职务犯罪行为;(3)党员干部和党员员工违反党纪的行为 | 合规管理部门负责合规管理的组织、协调、支持和监督,并指导下属企业的合规管理工作。对全体员工的违规行为进行管理。不包括:(1)党员违反党纪的行为;(2)管理人员的职务违法和职务犯罪行为 |

2. 审计与合规管理(见表1-2-10)

**表1-2-10　审计与合规管理区分**

| | 审计 | 合规管理 |
| --- | --- | --- |
| 目标 | 通过运用系统、规范的方法审查和评价组织的业务活动、内部控制和风险管理的适当性和有效性,以促进组织完善治理、增加价值和实现企业目标 | 防控不合规行为引发法律责任、受到相关处罚、造成经济或声誉损失以及其他负面影响的风险 |
| 性质 | 合规风险防控和重要防线,合规管理属于企业内部审计的主要对象之一,合规管理评估为内部审计提供重要的专业支持 | 合规管理促使企业遵守和执行合规规范,预防和管控合规风险,保障企业安全、健康、持续经营。合规管理部门与审计部门分工协作,相互配合,合规管理是合规审计的对象,审计规章制度是合规管理审查的对象 |

续表

| | 审计 | 合规管理 |
| --- | --- | --- |
| 适用规范 | 《中央企业内部审计管理暂行办法》《中国内部审计准则》《第 2201 号内部审计具体准则——内部控制审计》《第 2107 号内部审计具体准则——后续审计》 | 所有合规规范,包括外部合规规范与内部合规规范 |
| 管理机构 | 审计部门 | 合规管理部门 |
| 职责内容 | 对运营管理与内部控制的适当性、合法性、有效性进行审计。内部审计包括合规审计 | 合规管理部门负责合规管理的组织、协调、支持和监督,并指导下属企业的合规管理工作。合规管理有十三个构成要素,合规管理审查是合规管理的内部监督形式,内容和程序类似于合规审计 |

3. 法务与合规管理(见表 1-2-11)

**表 1-2-11 法务与合规管理区分**

| | 法务 | 合规管理 |
| --- | --- | --- |
| 目标 | 以有效防控法律风险和维护企业合法权益为目标 | 防控不合规行为引发法律责任、受到相关处罚、造成经济或声誉损失以及其他负面影响的风险 |
| 性质 | 法务更侧重于法律实务,更重视使用专业法律知识提供实务层面的法律服务 | 合规管理促使企业遵守和执行合规规范,预防和管控合规风险,保障企业安全、健康、持续经营。合规部门与法务部门分工协作,相互配合,合规实务和程序兼顾,更重于程序 |
| 适用规范 | 所有法律、法规、司法判例 | 所有合规规范,包括外部合规规范与内部合规规范 |
| 管理机构 | 法务部门 | 合规管理部门 |

续表

| | 法务 | 合规管理 |
|---|---|---|
| 职责内容 | 法律实务包括法律咨询、法律审查、企业治理法律事务、合同管理法律事务、知识产权法律事务、劳动人事法律事务、争议解决法律事务、法律培训、外部律师聘用与管理,并为合规管理提供法律专业支持 | 合规管理部门:负责合规管理的组织、协调、支持和监督,并指导下属企业的合规管理工作。合规管理主要构成要素:合规规范管理、合规组织及其职责、合规风险管理、合规管理制度与流程、合规审查、合规管理评估、合规考核评价、违规管理、合规培训、合规管理计划与合规报告、合规管理信息系统建设、合规文化建设 |

4. 内部控制与合规管理(见表 1-2-12)

**表 1-2-12　内部控制与合规管理区分**

| | 内部控制 | 合规管理 |
|---|---|---|
| 目标 | 合理保证企业经营管理合法合规、资产安全、财务报告及相关信息完整,提高经营效率和效果,促进企业实现发展战略 | 防控不合规行为引发法律责任、受到相关处罚、造成经济或声誉损失以及其他负面影响的风险 |
| 性质 | 强调为实现所确定的控制目标而实施的过程,是合规管理的一种措施,不仅可以运用于合规管理,还可以运用于其他经营管理中企业所设定的各类短期、中期、长期的管理和控制目标 | 合规管理促使企业遵守和执行合规规范,预防和管控合规风险,保障企业安全、健康、持续经营。企业合规管理把内部控制作为不可缺少的一项措施 |
| 适用规范 | 《独立审计具体准则第 9 号——内部控制与审计风险》《内部会计控制规范——基本规范(试行)》《企业内部控制基本规范》《企业内部控制配套指引》《中央企业全面风险管理指引》《企业内部控制应用指引》以及企业所有规章制度流程 | 所有合规规范,包括外部合规规范与内部合规规范。合规管理基本制度、合规管理具体制度、合规管理流程 |

续表

| | 内部控制 | 合规管理 |
| --- | --- | --- |
| 管理机构 | 内部控制部门 | 合规管理部门 |
| 职责内容 | 内控审查,内控管理评估,管理考核与评价,内控管理培训,法人治理机制,组织机构、职责分配与授权机制,制度和流程,会计管理,预算管理,风险管理,财产保护,内部审计,考核评价,内部报告,内控信息管理系统建设,企业文化等 | 合规管理部门:负责合规管理的组织、协调、支持和监督,并指导下属企业的合规管理工作。合规管理主要构成要素:合规规范管理、合规组织及其职责、合规风险管理、合规管理制度与流程、合规审查、合规管理评估、合规考核评价、违规管理、合规培训、合规管理计划与合规报告、合规管理信息系统建设、合规文化建设 |

5. 全面风险管理与合规管理(见表1-2-13)

**表1-2-13　全面风险管理与合规管理区分**

| | 全面风险管理 | 合规管理 |
| --- | --- | --- |
| 目标 | 管理“未来的不确定性对企业实现其经营目标的影响”的企业风险,包括但不限于战略风险、财务风险、市场风险和运营风险,也可分为纯粹风险、机会风险 | 防控不合规行为引发法律责任、受到相关处罚、造成经济或声誉损失以及其他负面影响的风险 |
| 性质 | 全面风险管理和合规管理都包含风险识别、分析评估和应对的管理措施,但两者对风险定义的外延不同,导致风险聚集的着眼点和审视角度不一样。在风险的识别和分析评估中所设定的标准也是不同的 | 合规管理以合规风险为基础,但不仅仅着眼于风险,更多的是从企业决策层确定的合规方针出发,通过包括合规风险管理在内的各种管理措施来确保合规方针以及阶段性合规管理目标的实现 |
| 适用规范 | 《中央企业全面风险管理指引》《保险公司风险管理指引(试行)》《商业银行合规风险管理指引》《风险管理术语》《企业法律风险管理指南》《风险管理风险评估计划》 | 所有合规规范,包括外部合规规范与内部合规规范 |
| 管理机构 | 风险管理部门 | 合规管理部门 |

续表

| | 全面风险管理 | 合规管理 |
|---|---|---|
| 职责内容 | 围绕风险管理的总体目标,在企业经营管理的各个环节和业务过程中执行风险管理的基本流程,制定风险管理战略,落实风险管理措施,培育良好的风险管理文化,建立健全风险管理的组织体系、信息系统和内部控制系统的过程和方法 | 合规管理部门负责合规管理的组织、协调、支持和监督,并指导下属企业的合规管理工作。合规管理主要构成要素:合规规范管理、合规组织及其职责、合规风险管理、合规管理制度与流程、合规审查、合规管理评估、合规考核评价、违规管理、合规培训、合规管理计划与合规报告、合规管理信息系统建设、合规文化建设 |

(二)融合

合规管理体系对于大多数企业而言属于全新的概念,很多企业尚未建立合规管理体系或正处于试点或初期阶段。但对于监察、审计、法务、内部控制、全面风险管理等,很多企业,特别是国有企业已经有了较为成熟的组织体系、制度和流程体系、专业的团队等。因此,企业在建立健全合规管理体系的过程中,应该结合企业的实际情况,厘清本企业合规管理与监察、审计、法律、内部控制、全面风险管理的内涵和外延,充分利用六者之间相互融合、关联的关系,利用现有资源,将企业的各部门职责既做到有所区分又能有效地融合,提升整体的合规管理效率,避免重复工作。

# 第三章　挑动中企“出海神经”的合规

2016 年 3 月，美国商务部工业与安全局（BIS）经调查认为中兴通讯违反《伊朗交易与制裁条例》与伊朗最大的电信公司 TCI 公司签署通讯网络业务协议，将一批混有包括微软、惠普、甲骨文、戴尔、思科等美国企业生产的禁运软件、硬件的产品出售给 TCI，美国商务部对中兴通讯实施出口限制措施，作出了为期 7 年的拒绝令，包括限制及禁止中兴通讯申请、使用任何许可证，或购买、出售美国出口的受美国出口管制条例约束的任何物品等事项，导致中兴通讯暂时停牌交易；在双方政府协调下，美国商务部给中兴通讯颁发临时许可证，保证其可以正常采购美国元器件和软件，上述拒绝令暂缓执行，直至 7 年暂缓期届满后予以解除。

2017 年 4 月，中兴通讯与美国财政部和司法部达成和解协议，承认美国的三项指控：串谋非法出口、妨碍司法调查和虚假陈述，除了向美国商务部和财政部支付了 4.6 亿美元行政罚款之外，还向美国司法部支付了 4.3 亿美元的刑事罚款和没收款项；承诺解雇 4 名高管，并对涉事的 35 名员工进行减少奖金或其他处分。

2018 年 3 月，美国商务部指称中兴通讯“没有全面执行”和解协议的一些处分措施，只解雇了 4 名高管，但其他需要减少奖金或加以处分的 35 名员工中，除了一名员工之外，所有相关员工都拿到了 2016 年的奖金，以及在 2017 年向美国政府提交的报告中存在“不准确之处”，因此认为中兴通讯再次进行欺骗之举，作出虚假陈述，重复违反了美国法律，最终签署了对中兴通讯激活拒绝令的文件，限制及禁止中兴通讯申请、使用任何许可证，或购买出售美国出口的受美国出口管制条例约束的任何物品。2018 年 6 月 8 日，BIS 与中兴通讯达成《替代和解协议》，以替代中兴通讯于 2017 年与 BIS 达成的《和解协议》。根据这份替代和解协议，中兴通讯将支付合计 14 亿美元的民事罚款，包括 BIS 签发替代命令后60日内一次性支付10亿美元,90日内支付4亿美元交由第三方保管。上述民事罚款支付后,BIS将终止其激活的拒绝令,并将中兴通讯从《禁止出口人员名单》中移除。替代协议还包括BIS将签发为期10年的监察期内暂缓执行的新拒绝令、更换上市公司全部董事会成员、涉事负有责任的管理层或高级职员解除合同、为管理层及雇员提供出口管制培训等。①

中兴通讯因美国以其违反出口管制条例为由而被制裁,公司为此付出了惨痛代价;在银行金融领域,一些中资银行频频因为涉嫌反贿赂、反洗钱等违规问题而遭到相关机构的调查和起诉,部分责任员工还被追究了刑事责任。随着全球合规监管趋严,中美贸易纠纷逐渐升级,特别是反腐败和出口管制的力度加强,“走出去”的中国企业也面临着更为复杂的合规挑战。除了遵守中国法律,建立和完善合规管理体系外,还要充分了解境外的法律制度和监管环境,熟悉境外监管机构的执法程序和工作风格,结合东道国、国际和区域性组织的相关法律和规定,有针对性地进行合规风险识别和评估,遇到问题时才能作出有效的应对和答辩,并将需要遵守的法律义务内化到企业合规制度中。

## 第一节 美国的长臂管辖

美国法院受理一项诉讼必须满足三个基本条件:对人管辖权、对事管辖权和适当审判地,②对事管辖权确定联邦法院是否具有审理某一类案件的资格,而对人管辖权则用于确定法院是否能够受理针对某一主体的案件。长臂管辖源于1945年国际鞋业华盛顿州案,该案判决确立了“最低限度联系”的跨州管辖原则,即只要被告以某种行为在法院所在州从事活动,且该行为与原告相关联,则法院有权管辖被告。之后其应用领域从美国国内扩展到国外,作为美国法院在处理民事案件过程中用来确立对非美国居民的外国被告拥有对人管辖权的一项

---

① 参见海外网:《中兴脱困》,载百度网2022年3月25日,https://mbd.baidu.com/newspage/data/landingsuper?rs=2349842142&ruk=k8ewjIPlG2X5orh7euoBlA&isBdboxFrom=1&pageType=1&urlext=%7B%22cuid%22%3A%22j8vguguqHtgRaHiMluHAi08JSig3u2iCgaBqigua2igI82fQl82ou_8lWOrdtSRY6PwmA%22%7D&context=%7B%22nid%22%3A%22news_9024310189529909418%22%7D。

② 参见[美]格兰农:《民事诉讼法》(注释本),中国方正出版社2004年版,第113~114页。转引自杜涛:《美国联邦法院司法管辖权的收缩及其启示》,载《国际法研究》2014年第2期。

原则，也被称为法院针对非美国居民的特殊管辖权，管辖原则也从“最低限度联系原则”发展为“效果原则”“公平公正原则”。美国不断扩充长臂管辖的范围，涵盖了民事侵权、金融投资、反垄断、出口管制、网络安全等众多领域，并在国际事务中要求其他国家的实体和个人必须服从美国国内法，否则随时可能遭到美国民事、刑事等制裁。①

在美国，相当多的法律都含有域外适用的内容，“出海”中国企业在以下情况下有可能受到美国法院的管辖：第一，中国企业与美国企业建立直接或间接的贸易、投资、知识产权或其他商务关联关系。这种商务关联关系不限于贸易、投资、知识产权的利益相关方，还包括根据美国法律的规定需要对国际商事判决提供协助的关联企业。例如，2018 年 9 月美国地方法院基于“耐克匡威商标侵权案”的胜诉判决和债权转移协议，对包括中国银行、工商银行在内的 6 家银行提出财产调查令的要求。第二，中国企业或个人的行为直接违反了美国对其他国家的禁令或条约权力。第三，中国企业与其他国家建立了某种商业关联，这种商业关联被认定为对美国的“利益侵犯”，这种“利益侵犯”在美国法律中既包括国家安全审查，也包括被纳入美国黑名单类型的各种行为，还包括这种商事行为对美国市场经济和公平交易理念带来的“损害”。例如，在中国加入 WTO 已满 15 年后，作为倾销商品价格认定标准的“非市场经济地位”概念为“市场扭曲”概念所替代，因此未来不排除美国对中国和其他国家之间的进出口贸易进行审查并作出“市场扭曲”的认定，从而纳入长臂管辖的范围。第四，中国企业或个人其他可能与美国产生“最低限度联系”的行为，包括使用经过美国服务器的邮件、以美元计价交易、使用含美国技术的产品等行为。②

长臂管辖共涉及五个管辖事由：反腐败，基于《反海外腐败法》（FCPA）对全球企业和个人的商业贿赂行为进行调查和诉讼；违反制裁规定，基于《出口管制条例》（EAR）、《出口管制改革法案》（ECRA）、《外国投资风险审查现代化法案》要求受制裁对象的第三方商业往来对象也要遵守美国制裁规定，限制第三方与

---

① 参见国务院新闻办公室：《关于中美经贸摩擦的事实与中方立场（2018 年 9 月）》，载国务院新闻办公室网 2018 年 9 月 24 日，http://www.scio.gov.cn/ztk/dtzt/37868/39004/39015/Document/1638348/1638348.htm。

② 参见钟燕慧、王一栋：《美国“长臂管辖”制度下中国企业面临的新型法律风险与应对措施》，载《国际贸易》2019 年第 3 期。

受制裁主体进行金融和贸易往来，否则将施加处罚或予以制裁；反垄断，基于《谢尔曼反托拉斯法》《联邦贸易委员会法》《克莱顿法》，美国法院获得管辖国内外垄断事务的权力；反洗钱，基于《爱国者法案》美国相关部门可核查在美国开立代理账户的银行账户明细，法院可向任何开立代理账户的外国银行发出传票，核查或冻结该账户境内外所有资金；上市公司财务合规，基于《萨班斯—奥克斯利法案》美国监管机构可管辖所有在美上市公司，包括在美国没有经营活动的上市公司。其中反腐败和违反制裁规定是最常用的长臂管辖事由，《反海外腐败法》中规定了典型的域外管辖条款。

## 一、美国域外涉华执法活动

近几年，美国司法部（DOJ）和证券监督交易委员会（SEC[①]）依据 FCPA 的涉华执法活动越发活跃。

（一）FCPA 在华执法案件

2016 年 46 个 FCPA 执法案件有 24 件与中国有关（在一些案件中 SEC 和 DOJ 进行了联合执法），其中包括：

1. 通用电缆案

通用电缆的子公司涉嫌向安哥拉、孟加拉国、中国、印度尼西亚和泰国的政府官员直接或通过第三方支付不恰当款项，从中获利约 5100 万美元。通电电缆同意支付约 5500 万美元，与 SEC 就其在 FCPA 项下的指控达成和解；同时，通电电缆同意支付约 2000 万美元，与 DOJ 达成不起诉协议。

2. 马哈穆德蒂亚姆案

几内亚矿业和地质部前部长马哈穆德蒂亚姆于 2016 年 12 月 12 日被捕。美国政府指控其涉嫌从隶属某中国集团的下属企业收受贿赂并在纽约对赃款进行洗钱，马哈穆德蒂亚姆凭其政府职权，为对方换取在几内亚的高价矿业权。

3. 吴某某和尹某某案

2015 年 9 月 20 日及 2016 年 10 月 6 日，美国政府分别指控中国澳门商人吴某某及其助手尹某某涉嫌向时任安提瓜和巴布达常驻联合国代表及联合国大会

---

① See U. S. Securities and Exchange Commission：*SEC Enforcement Actions*：*FCPA Cases*，载百度网 2022 年 6 月，https://www.sec.gov/spotlight/fcpa/fcpa-cases.shtml。

主席的约翰·阿什等行贿，以影响相关官方决定而获取利益，如支持在中国澳门兴建联合国会议中心。

4. 摩根大通案

摩根大通涉嫌设立客户内推项目，向客户包括一些国有企业官员的亲友提供待遇优厚的就业和实习机会，而大部分被聘用的人员不符合公司的职位要求或者是未通过正常渠道进行录用。摩根大通同意支付2.64亿美元，与SEC就其在FCPA项下受到的指控达成和解，并与DOJ达成不起诉协议。

5. 葛兰素史克案

葛兰素史克在华子公司为增加其产品销量，向公立医院的医生提供现金、礼品等有价物。葛兰素史克同意支付2000万美元，与SEC就其在FCPA项下受到的指控达成和解。

6. HMT案

HMT涉嫌向委内瑞拉和中国的政府人员行贿近50万美元，以影响政府采购决定，HMT从中获利近270万美元。HMT同意上缴全部相关获利，DOJ适用FCPA Pilot Program，于2016年9月29日对其作出不予起诉决定。

7. NCH案

NCH在华子公司涉嫌向中国政府人员提供约4.5万美元的现金、礼品、餐饮、招待等有价物以影响政府官员的采购决定，从中获利约33.5万美元。NCH同意上缴全部相关获利，DOJ适用FCPA Pilot Program，于2016年9月29日对其作出不予起诉决定。

8. 如新企业案

2013年，如新中国公司因涉嫌直销被中国执法部门调查，如新中国公司涉嫌向具有影响力的官员所指定的慈善机构支付人民币100万元的捐款。如新同意支付约76.5万美元，与SEC就其在FCPA项下受到的指控达成和解。

9. 张某某案

哈里斯公司在华子公司前董事会主席、执行总裁张某某（美国公民）涉嫌推动行贿计划，其领导的公司销售人员利用虚假票据报销获得现金，以采购礼品向公立医院的医生给予不恰当礼品。张某某同意支付4.6万美元的罚金，与SEC就其在FCPA项下受到的指控达成和解。张某某未能在哈里斯公司进行收购前的尽职调查中予以披露，并对哈里斯公司隐瞒该等行为。但哈里斯公司在收购后几个月内就发现了子公司的不当行为,并立即主动上报、彻底整治和全力配合SEC的调查。SEC决定不指控哈里斯公司。

10. 阿斯利康案

阿斯利康在华子公司涉嫌向公立医院的医生提供现金、礼品和其他物品,以激励其采购或使用阿斯利康产品,并且向政府官员支付现金以减轻或免除对公司的经济处罚。阿斯利康在俄子公司同样向当地政府官员支付了不恰当款项。阿斯利康同意支付约550万美元,与SEC就其在FCPA项下受到的指控达成和解。

11. 江森自控案

江森自控在华子公司涉嫌利用虚假供应商向中国国有船厂员工、船东和其他相关人员支付约490万美元的不恰当款项用于行贿或谋取私利。江森自控同意支付约1400万美元,与SEC就其在FCPA项下所受到的指控达成和解。DOJ适用FCPA Pilot Program,于2016年6月21日对其作出不予起诉决定。

12. 阿卡迈技术案

阿卡迈技术在华子公司涉嫌向中国政府人员提供不适当的礼品卡、餐饮和招待,从而促使相关政府机构购买其产品。阿卡迈技术同意支付67余万美元以获得SEC的不起诉协议。DOJ适用FCPA Pilot Program,于2016年6月6日对其作出不予起诉决定。

13. 诺泰克案

诺泰克在华子公司涉嫌向中国政府人员提供现金、礼品卡、餐饮、旅游、招待、娱乐等,从而获取海关关税、税务及其他政府费用方面的优待或监管上的放松。诺泰克同意支付32余万美元,与SEC达成不起诉协议。DOJ适用FCPA Pilot Program,作出不予起诉决定。这是DOJ自2016年4月启动FCPA Pilot Program后,第一例FCPA Pilot Program项下作出不予起诉决定的案件。

14. 拉斯维加斯金沙案

拉斯维加斯金沙公司涉嫌在未经记录或适当授权的情况下,向其顾问支付大笔金额以协助拉斯维加斯金沙公司在中国以及中国澳门地区的商业运作。由于拉斯维加斯金沙内控管理缺失,其礼品、招待、费用报销等方面也存在诸多问题。公司同意支付900万美元,与SEC就其在FCPA项下受到的指控达成和解。

15. 诺华制药案

诺华制药在华子公司涉嫌通过向医生给付金钱、礼品以及其他有价物,以增加其产品销量。诺华同意支付约2500万美元,与SEC就其在FCPA项下受到的指控达成和解。

16. 高通案

高通涉嫌雇用中国政府人员的亲属,并向国有电讯公司提供礼品、旅游和娱乐,以获取业务。高通同意支付750万美元,与SEC就其在FCPA项下受到的指控达成和解。

17. 美国参数技术案

PTC两家在华子公司涉嫌向政府人员提供与业务不相关的差旅和其他不当支付以获取或维持业务。PTC同意支付约1362万美元,与SEC就其在FCPA项下受到的指控达成和解。PTC两家在华子公司同意支付1454万美元的罚金,与DOJ达成不起诉协议。袁某某(中国公民)时任PTC中国销售副总裁,因其在SEC调查过程中十分配合,与SEC签订了延期起诉协议,这是SEC在FCPA案件中首次与个人达成延期起诉协议。

18. 赛生制药案

赛生制药子公司涉嫌通过向中国公立医院的医生给予现金、礼品及其他有价物以获得产品销量增长。赛生制药子公司同意支付1200余万美元,与SEC就其在FCPA项下受到的指控达成和解。

以上涉及公司均与SEC或DOJ达成和解或不起诉、暂缓起诉协议。

(二)(2017)FCPA在拉丁美洲的执法活动

2017年,FCPA的执法活动主要集中在拉丁美洲,而在2018年的16个FCPA执法案件中,有6家公司的贿赂行为与中国相关:

1. 瑞士信贷案

瑞士信贷银行雇用、晋升中国国有企业高管的亲属朋友以利用该高管影响力获得相关投行业务,处罚依据为FCPA反贿赂条款和会计条款(内控条款)。

2. 宝利通案

宝利通中国子公司向中国政府人员、国企客户中的关键人物提供好处以销售音视频会议系统,处罚依据为FCPA会计条款(DOJ不起诉Decliantion)。

3. 松下航空案

松下航空美国子公司向中国某国有航空公司某管理人员提供退休后年薪20万美元的咨询职位,以向国有航空公司销售其飞行娱乐和通信系统产品,处罚依据为FCPA反贿赂条款和会计条款。

4. 联合技术案

联合技术子公司向中国政府人员提供现金、礼品、旅游等好处以向国企销售其电梯设备,处罚依据为FCPA反贿赂条款和会计条款。

5. 史赛克案

史赛克中国子公司使用未经公司政策批准授权的分销商来销售公司产品,公司未实施有效的政策去发现和阻止这些未经授权的分销商,使得销售中支付不当利益的风险提高(和解文书中没有提到在中国有任何贿赂行为),处罚依据为FCPA会计条款。

6. 邓白氏案

邓白氏2家中国子公司向中国政府人员行贿以获得未公开的企业财务状况信息,通过第三方获取未公开的个人信息及获得特定业务,处罚依据为FCPA会计条款。

在中美贸易摩擦的背景下,美国更是发起中国行动计划,旨在利用FCPA打击中国企业。美国时任司法部部长于2018年11月提出"中国行动"计划,并任命司法部国家安全局局长领导和执行该计划。该计划旨在加强推行特朗普提出的国家安全总体战略,拟借助FCPA等美国法律,针对中国企业实施更广泛的"长臂管辖",目标之一是查明涉及与美国企业竞争的中国公司的FCPA案件。

(三)2019年FCPA执法案件

2019年的14个FCPA执法案件中,有8个案件与中国有关:

1. 费森尤斯医疗案

费森尤斯医疗公司通过第三方代理支付给包括中国在内的医生和护士"奖金",共支付罚金2.3亿美元。

2. 沃尔玛案

沃尔玛公司通过第三方支付贿赂款给包括中国在内的政人官员,共支付罚金2.82亿美元。

3. 德意志银行案

德意志银行通过亲属关系雇用中俄两国政府人员，其中银行亚太高管要求该银行在中国合资公司雇用被亚太合规和人事已经拒绝的“推荐”人员，共支付罚金 1600 万美元。

4. 瞻博网络案

瞻博网络公司通过伪造文件赠送奢侈品和支付贿赂款给中国政府人员，通过第三方支付贿赂款给俄国政府人员，共支付罚金 1170 万美元。

5. QG 案

Quad/Graphic 公司通过第三方支付贿赂款给中国和秘鲁政府人员，共支付罚金 1000 万美元。

6. 西港燃料案

西港燃料公司把其持有的中国合资公司的股份，转让给一家中国私募股权基金，通过确立中国政府人员为股权基金财务权益受益人的方式支付贿赂款，共支付罚金 410 万美元。

7. 爱立信案

爱立信公司通过第三方建立贿赂基金以付款给中国和其他四国的政府人员，共支付罚金 10.6 亿美元。

8. 巴克莱银行案

巴克莱银行亚太高管利用“非官方实习”项目以区别正常的实习招聘，雇用政府人员或企业客户的亲属和朋友，以赢得银行业务，共支付罚金 630 万美元。

（四）2020 年 FCPA 执法案件

2020 年的 FCPA 执法案件的数量较往年略有下降，对与中国有关的罚金金额创历史新高，但企业合规的激励作用也开始体现。2020 年中国在美国上市企业 500.COM 和拟在美国上市的新西兰 Reynolds Group（就其上海子公司业务）根据 FCPA 相关公司执法政策，主动对公司内部可能存在的不当行为展开反腐败内部自查，及时主动地进行了信息披露和内部审计，这些积极的自查措施均取得了良好的效果。2020 年典型案件有嘉德诺中国子公司、诺华制药前子公司爱尔康、康宝莱中国子公司涉嫌贿赂和利用伪造合同进行设备融资。

1. 嘉德诺案

嘉德诺中国子公司聘用的员工为促进化妆品销售，使用市场营销账户内的资金，向对采购决策有影响力的第三方进行不正当支付，具体形式包括现金、奢侈品、礼品卡和旅游活动，并取得利润分成，共计支付罚金 800 万美元。

2. 诺华制药案

诺华制药由于在中国的经营过程缺乏足够的内部会计控制，前子公司爱尔康利用伪造的合同进行设备融资，导致巨额亏损并致使诺华制药和爱尔康减记了超过 5000 万美元的坏账，包括诺华制药在全球其他国家违反 FCPA 的行为，共计支付罚金 1.12 亿美元，并就其采取的补救措施进行为期 3 年的自我报告。

3. 康宝莱案

康宝莱中国子公司向中国政府人员行贿，包括现金、礼品、旅游、酒、餐饮和娱乐，以获取直销牌照和扩展业务。康宝莱美国高层虽然收到过中国子公司高额旅行和招待费用的报告，但是并没有调查和阻止该等不当行为。针对其违反 FCPA 的指控，共计支付罚金 1.23 亿美元。

## 二、美国《反海外腐败法》

《反海外腐败法》由反贿赂条款和会计条款两部分组成。

### （一）反贿赂条款

反贿赂条款载于美国法典第 15 编 78dd－1、78dd－2、78dd－3，每一条都是基于不同的主体所作的类型化规定，反贿赂条款构成了《反海外腐败法》的主要内容，拥有十分广泛的适用效力。

1. 反贿赂条款所适用的三类主体

发行人（78dd－1）：发行人的范围参照美国《证券交易法》的规定，如果公司根据《证券交易法》第 12 条注册登记了证券，或者根据该法第 15 条（d）款被要求向 SEC 提交定期报告和其他报告，则该公司是“发行人”。[①] 这就意味着任何在美国证券交易所上市的公司，或在阑场外交易市场上申报了证券，并需要定期向 SEC 提交报告的公司都属于发行人的范围。

国内相关者（78dd－2）：包括任何作为美国公民、国民或居民的个人，以及

① *A Resource Guide to the U. S. Foreign Corrupt Practices Act*(2012)(*Jan*. 16,2015), https://www.justice.gov/sites/default/files/criminal-fraud/legacy/2015/01/16/guide.pdf, pp. 10－11.

根据美国法律成立或主要营业地在美国的企业。[①]

发行人或国内相关者之外的人(78dd－3):该条款可解释为对《反海外腐败法》属地管辖权的规定,它同时也是1998年修订中主要的新增内容,扩张了反贿赂条款的管辖范围;其中,代表上述公司和个人行事的董事、高级职员、员工、代理人和股东同样也可能因为违反《反海外腐败法》的行为被起诉。[②]

2.贿赂行为

贿赂行为是利用邮件或州际商业的任何工具或手段,提供、支付、承诺支付或授权支付金钱,或者提供、赠与、承诺给予或授权给予任何有价值的事物给外国官员的行为,并且没有规定作为追诉标准的行贿数额。

“州际商业”是指几个州之间、或任何外国与任何州之间、或任何州与州外任何地方或船舶之间的贸易、商业、运输或通讯,包括州际使用电话或其他州际通讯工具,以及任何其他州际手段。在《反海外腐败法》指南中,将该条款更宽泛地解释为“任何从美国发出的,或者向美国发送的,或者经过美国的电话、电子邮件、短信、传真”,“通过美国银行发送电汇、向美国银行汇款,或者以其他方式使用美国银行系统”,“跨国旅途中途经美国,从美国出发,或以美国为目的地”,都可以被纳入“州际商业”的范围。[③]

3.行贿动机和目的

腐败动机:行为人的贿赂行为是为了促使外国官员滥用职权以改变政府的决策或决定。“腐败性”是指不良的动机、意图对收取贿赂者施以不正当影响,只要具有“腐败性”动机,行为人的贿赂行为无须完整地实施,也不用产生预期的结果,行为人也无须知晓受贿者的身份,其贿赂行为就构成反贿赂条款的违法行为。[④]

商业目的:“获得或保留交易”的目的是认定向外国官员支付金钱或有价值的事物是否违反反贿赂条款的关键,“获得或保留交易”是指争取或巩固与政府之间的交易,但这样解释降低了反贿赂条款预期达到的效果,所以执法部门往往

---

① See 15U. S. C. § 78dd－2(h).

② See 15U. S. C. § 78dd－1(a),78dd－2(a),78dd－3(a).

③ See *A Resource Guide to the U. S. Foreign Corrupt Practices Act*(2012)(*Jan.* 16,2015),https://www. justice. gov/sites/default/files/criminal-fraud/legacy/2015/01/16/guide. pdf,pp. 10－11.

④ See U. S. Senate Report No. 95－114,https://www. justice. gov/sites/default/files/criminal-fraud/legacy/2010/04/11senaterpt－95－114. pdf.

扩大解释“获得或保留交易”所涵盖的范围,将减低罚款和关税等行为也视为具有“获得或保留交易”的目的。2012 年发布的《反海外腐败法》指南中列举了实际案件中认为属于“获得或保留交易”的情况,包括争取合同、影响采购程序、规避进口产品规则、取得非公开的招投标信息、逃避纳税或罚款、影响司法判决或执法活动、获得不受法规限制之豁免和避免合同终止等情况。[①]

4. 行贿对象

外国官员:包括外国政府或其任何政府部门、机构、类似职能组织中的任何官员或者雇员,国际公共组织中的任何官员,代表上述外国政府或其政府部门、机构、类似职能组织或者国际公共组织执行公务的任何人。[②] 执法部门认为只要由外国政府控制的组织所行使的功能属于该政府的职能,那么这个组织就属于“类似职能组织”,所以国有企业的雇员和公立医院的医生都被认定属于《反海外腐败法》所规定的外国官员。

第三人:只要行为人明知其所支付给第三人的金钱或有价值的部分或全部将被直接或间接地提供、支付、承诺支付给外国官员、外国政党或其官员以及外国政治职位候选人,行为人支付金钱或有价值的事物给第三人的行为即属非法行为。实践中企业时常雇用顾问或代理人辅助其在外国的经营活动,此规定禁止了企业利用第三人如掮客、顾问、中介或代理人等进行贿赂行为;若是行为人怀疑第三人的行为涉嫌贿赂,但行为人故意不采取任何行动来查明,可能会构成行为人“明知”第三人的贿赂行为。若外国当地顾问的行事习惯与《反海外腐败法》之精神相悖,公司就有可能因为顾问或是代理人的贿赂外国官员行为而承担责任,因此,公司在聘请当地顾问时需考虑相应的违规风险,不但要事前进行尽职调查,而且在雇用协议中要明确要求当地顾问遵守《反海外腐败法》;在怀疑顾问或代理人涉嫌贿赂外国官员时,公司应主动采取措施去查明并及时制止。

5. 例外条款和积极抗辩事由

例外条款:《反海外腐败法》例外地允许“疏通费”的存在,“为了加速或确保外国官员、政党或者政党官员履行其例行性政府行为而向外国官员、政党或者政党官员支付推动或加速费用”,不属于贿赂。“例行性政府行为”主要是指外国

---

① See *A Resource Guide to the U. S. Foreign Corrupt Practices Act* (2012) (*Jan.* 16, 2015), https://www.justice.gov/sites/default/files/criminal-fraud/legacy/2015/01/16/guide.pdf, pp. 10 – 11.

② See 15U. S. C. § 78dd – 1, 78dd – 2, 78dd – 3.

官员经常性从事的职务行为,如审核并发布证书、执照或其他相关文件,处理签证,出警,安排与货物边境运输相关的检查,提供公共服务等。该类行为往往有固定的标准和流程,不存在过多自由裁量的空间,所以反贿赂条款允许疏通费的存在,但实践中“例行性政府行为”的范围较为模糊,存在大量灰色地带,成功主张疏通费免责的案件较少。

积极抗辩事由:在面临《反海外腐败法》执法时,企业首先可以主张该外国官员所在国的成文法律法规中,自己实施的行为是合法的作为积极抗辩理由,即贿赂行为只有在同时违反外国的国内法时才是反贿赂条款禁止的行为。另外企业可以主张所支付、赠送、提供或者承诺提供的有价值的事物是一项合理且善意的开支(如为外国官员所出的差旅费用),并且与企业销售产品或者履行与政府间的合同等商业行为存在直接关联,但前提是这笔支出已如实记载于会计账簿中,并作了相应的披露。

(二)会计条款

会计条款,主要由两项规定构成,一是账簿和记录条款,二是内部控制条款。

1.适用主体

会计条款适用于两类主体:一是所有持有依美国《证券法》第 12 条规定登记的证券发行人;二是所有美国《证券法》第 15 条(d)款规定必须提交年度或定期报告的发行人。[①]《反海外腐败法》还规定若发行人拥有国内公司或外国公司百分之五十或者更少的投票权时,发行人应根据自身情况合理地善用其影响力,引导该国内公司或外国公司符合会计条款的规定;[②]也就是说,发行人应当要求其拥有百分之五十以上投票权的外国子公司以同样的标准适用会计条款,并对其违反规定的行为负责。

2.账簿和记录条款

账簿和记录条款要求发行人制作并保留完整、准确的账簿记录和账目,清楚地反映其交易过程及其对资产的处置,[③]这是为了避免发行人不记录不法交易、以合法名目隐瞒不法交易或作出数额正确但性质错误的记录。[④]

---

① See 15U. S. C. §78m(b)(2).

② See 15U. S. C. §78m(b)(6).

③ See 15U. S. C. §78m(b)(2)(A).

④ 参见卢建平、张旭辉主编:《美国反海外腐败法解读》,中国方正出版社 2007 年版,第 64 页。

3. 内部控制条款

该条款要求发行人设计并实施一套内部会计控制制度，具体包括所有交易都要在管理层的授权下进行；必要时对交易做记录，用于编制符合公认或者其他可使用的会计准则的财务报表，并用于维持资产会计核算；所有资产都要在管理层的授权下被使用或处置；

发行人应当每隔一段时间核对资产会计核算记录和现有资产，并对两者不一致之处采取恰当的措施。[①]

会计条款是《反海外腐败法》有效形成威慑和察觉贿赂行为的重要手段。账簿和记录条款要求对公司日常经营中的资产交易和处置做准确、清晰的记录，使贿赂支出难以被隐瞒，公司在事后发现异常情况时也可以及时采取措施予以补救，从而起到防止贿赂行为发生的作用；而内部控制制度确保发行人的每一个决定、每一项交易、每一笔资产流动都能获得事前的把控，预防贿赂行为的发生。会计条款构成发行人公开披露制度的基础，以便外部执法机构、公司股东和其他相关人士对其行为实施监督。迄今为止，所有与《反海外腐败法》相关的执法行动中，一半以上指控是违反了一项或两项会计规定，会计条款没有反贿赂条款的规定限制，在缺乏贿赂行为的具体证据时，也可以根据账簿记录作出起诉。

（三）《反海外腐败法》的域外性

反贿赂条款和会计条款，无论是对主体、行为还是对象的规定，都赋予了《反海外腐败法》广泛的域外适用的可能，并且伴随其历次修订和国际化行动，《反海外腐败法》逐渐获得了更宽泛的管辖范围，具体可以归纳为以下三种情况：

对于本国证券发行人和国内相关者，可以管辖其在美国领土外实施的行贿外国公职人员的商业贿赂行为；

对于外国证券发行人，可以管辖其通过美国邮件或其他州际商业手段或工具实施的行贿外国公职人员的商业贿赂行为；

对于发行人之外的外国公司或个人，可以管辖其在美国境内，通过邮件或其他州际商业手段或工具实施的商业贿赂行为。

---

① See 15U. S. C. § 78m(b)(2)(B).

（四）《反海外腐败法》的应对

2018年11月1日，美国司法部公布了所谓的“中国倡议”，该“倡议”所列出的十个目标之一就是“查明与美国企业存在竞争关系的中国企业涉嫌《反海外腐败法》违法的案件”，中国企业未来势必将遭受美国执法机构更严厉的《反海外腐败法》的审查。因此，对于可能被域外管辖的中国企业，应当了解以美国《反海外腐败法》为代表的全球反商业贿赂法律体系中相关域外法规的规定，明确其管辖范围及自己所处的风险地带，保持对《反海外腐败法》执法特点和趋势的关注；注意研究管辖连接点，避免因为在一国实施的一个行为因触及不同的管辖连接点而引发不同国家的反商业贿赂调查；在应对域外法律管辖时，可依据《国际刑事司法协助法》及相关司法协助协定的规定，寻求中国法律项下的支持；也可以从实体法、判例、法律原则、国内法、国际法等领域寻找援引，如“一国法院认为审理该案极不方便，而由外国法院审理更为恰当，而放弃管辖权”等限制管辖规则，争取更合法、合理的管辖。

同时，建立完善的企业内部控制制度，防止违法违规行为的产生，是避免受到域外法律管辖的最优途径。一是全球企业及其子公司应当建立统一标准的内部管理规范和员工培训制度，在遇到域外执法机构进行调查、决定是否提起诉讼以及法院判决时，都可以以此抗辩来减轻或免除对企业的处罚；二是企业应当遵守会计条款的规定，保留完整、准确的账簿和会计记录，一方面可以预防行贿行为的发生，另一方面可以在企业自查或受到调查时让行贿行为有迹可循；三是企业应当加强对员工的合规培训，根据员工的工作地点、内容和职责，来设计培训内容，并根据企业的经营策略、项目阶段、美国司法部和证券交易委员会对合规培训的要求等因素不断更新；四是《反海外腐败法》规定了“承继方责任”，即如果被收购方在并购前有违反《反海外腐败法》和其他相关法律的行为，那么相关的法律责任由收购方继受承担，防范此风险的唯一方式就是做好投资并购前的尽职调查；五是做好第三方代理人违反《反海外腐败法》的风险管控，这就要求企业一方面对其做好尽职调查，另一方面将第三方代理人也纳入合规计划和合规培训中。

## 三、美国出口管制和制裁

2018年8月，美国正式通过《出口管制改革法案》（ECRA），对美国的出口管制法体系进行了整体更新和调整,同时加强了对伊朗和委内瑞拉的经济制裁,并涵盖了更广的行业领域和实体。但总体而言,ECRA 并没有对美国现行以商务部《出口管理条例》(EAR)为基础的出口管理体系和管制措施作出实质性的改变,原先通过的一系列出口管理体系和管制措施将在新的法律下继续生效。2018 年 3 月开始,美国大幅度加强了对中国实体的出口管制和制裁执法力度,大批中国企业因各种原因被列入了美国各类管制清单,包括实体清单和未核实清单。如何有效防范出口管制与制裁的风险,最佳途径是了解出口管制下和制裁的法律风险,建立有效的出口管制和制裁的合规体系。

(一)出口管制下的法律风险

根据 EAR 第 734 节的规定,当同时满足以下条件时,当事人需遵守美国出口管制的相关要求:涉及物项为 EAR 下的受管制物项;对受美国管制物项进行了出口、再出口和境外转移等 EAR 下的受管制行为。

受管制物项指所有原产于美国的物项及利用美国技术或软件在外国制造的物项,受管制行为主要涉及以下美国物项的出口、再出口、境外转移(见表 1-3-1)。

表 1-3-1 受美国管制物项

| 出口 | 再出口 | 境外转移 |
|---|---|---|
| 将美国物项从美国境内转移到美国境外 | 将位于美国境外的物项转移到第三国 | 在外国境内对美国物项进行转移 |

在上述受管制行为的基础上,EAR 在第 736 节又设置了十种一般禁止性行为,为规范上述受管制物项、受管制行为及其中的一般性禁止行为的管理,美国出口管制体系下的管控模式可以分为清单管控、最终用户和最终用途管控以及禁运三种。

根据 ECRA 第 4819 节和 EAR 第 764 节的规定,目前违反出口管制可能面临的处罚可分为行政处罚和刑事处罚两种。行政处罚具体内容为单笔最高 300,000 美元的民事罚款、剥夺进出口权、限制从业资格,刑事处罚具体内容为单笔最高 1,000,000 美元的刑事罚款和最高 20 年的有期徒刑。

(二)出口制裁的法律风险

在美国的制裁法下,其主要规制的行为是与被制裁对象进行的交易以及对该等交易所提供的协助行为，此类交易和协助行为未经美国财政部海外资产控制办公室（OFAC）特别批准，不得进行。

目前美国制裁法根据受制裁交易中是否存在美国连接点而分为一级制裁和次级制裁两种形式。如果存在美国连接点，则美国可直接适用一级制裁予以相应处罚，常见的美国连接点包括当事人是美国实体，使用美元作为交易币种，利用美国银行、美国的分支机构或美国公民参与交易，货物的物流经过美国。一级制裁可分为行政处罚和刑事处罚两种，行政处罚具体内容为单笔最高300,000美元的民事罚款、扣押货物、禁止交易和限制入境，刑事处罚具体内容为单笔最高1,000,000美元的刑事罚款和最高20年的有期徒刑。如果不存在美国连接点，则适用次级制裁，包括冻结和没收在美国的资产、全面切断美元服务、颁布旅行禁令等。

（三）出口管制下和制裁的合规体系建设

根据《经济制裁执法指南》，拥有完善的出口管制下和制裁合规体系是减轻处罚重要考量因素。根据美国商务部（BIS）和美国财政部海外资产控制办公室（OFAC）所分别发布的合规指南，合规体系建设的具体要求如下：

1. 出口管制合规项目（ECP）

2017年2月8日，BIS在网站上公布了《出口合规指引》，[①]包括八个方面的内容，见表1-3-2。

**表1-3-2　《出口合规指引》主要内容**

| 要素 | 内容 |
|---|---|
| 要素一：管理层承诺 | 该要素从形式上要求企业需以《管理层承诺声明》形式向员工发布管理层承诺，表示企业愿意了解和遵守美国出口管制的相关规定。并要求企业做到以下几点：<br>管理层应积极参与和支持企业出口合规管理；<br>企业应提供足够必要的资源来保证合规机制的建立和有效运行；<br>向下属各级运营层逐级分解和设定各层级的出口合规责任 |

① 参见庄坚胜：《浅议美国出口管制下的合规管理建设》，载东方律师网2021年1月8日，https://www.lawyers.org.cn/info/f7819a1916f34aecaa255846816253c5。

续表

| 要素 | 内容 |
| --- | --- |
| 要素二：<br>风险评估 | 该要素旨在发现并消除企业经营中违反美国出口管理规定的风险点，主要是集中在出口物项、组织管理以及客户三个领域和环节，并且要求企业做到下述要求：<br>设立专门的风险评估岗位，建立完善的风险评估和审核标准程序，在预警或实际发生风险时及时预阻或中止交易，以及后续的应对机制 |
| 要素三：<br>出口授权 | 该要素要求企业建立出口许可的相关程序、流程以及决策表，协助员工作出一致有效的出口决定。出口授权的流程中需要考虑以下几个问题：出口产品的管辖；出口产品的分类；出口产品的许可。<br>相关制度应根据法规变化和合规实践及时更新，并及时告知更新结果 |
| 要素四：<br>记录保存 | 该要素要求企业应当建立与出口管制合规有关的全套档案管理体系。根据EAR 的相关规定，美国实体的出口记录应当保存 5 年，自从美国出口之日起计算。在保存年限对相关出口记录进行归档管理。归档记录的信息包括以下内容：全部交易凭证；与外国人和外国实体的通信记录；与美国政府的通信记录。这类记录有助于企业在需要的情况下进行正当性抗辩 |
| 要素五：<br>合规培训 | 该要素要求，企业应当建立有关出口管制相关的标准培训制度。相对于普通的企业内部培训，出口合规培训需要针对不同层级的培训对象，如高级管理人员、在职职工、新职工设置不同培训内容；外部协作伙伴包括供应商、服务商、承包商、分销商，甚至用户都应受到培训，并且对每个培训活动进行书面记录 |
| 要素六：<br>合规审计 | 该要素要求企业建立定期和专项的出口合规监督和审计程序，以确保企业按照 ECP 所建立的相关制度进行操作。定期的审计计划应当涵盖 ECP 中的所有要素，且包含以下内容：<br>选择独立且胜任出口合规核查的内部审计人员，必要时可使用外部独立审计机构；核验 ECP 运行的有效性，总结存在的合规风险或问题，提出强化或纠正措施；出具审计报告 |
| 要素七：<br>出口违规与整改措施 | 该要素要求企业根据日常经营中发生的或在审计过程中发现的违规问题和风险点作出应对措施，主要包括：<br>内部报告和处置机制，建立举报渠道及对举报的处置程序；<br>外部主动披露和应急处置机制，对已知悉的违规事件，若存在行政或刑事风险的可考虑主动向 BIS 披露，争取达成和解协议，减轻或免除处罚 |
| 要素八：<br>建立与维护 | 该要素要求企业应该建立书面合规手册，将上述七大要素的政策与流程以书面制度的形式固定下来，帮助员工认识到他们具体在出口合规职责，以及如何与企业的其他部门进行协作。书面合规手册建立起来后，应该在公司内部系统发布给全体员工进行参考、学习和掌握 |

2. 经济制裁合规承诺框架(SCP)

2019 年 5 月 2 日,OFAC 发布了《合规承诺框架》,[①]包括五个方面的内容,见表 1－3－3。

**表 1－3－3 《合规承诺框架》主要内容**

| 要素 | 内容 |
|---|---|
| 要素一:<br>管理层承诺 | 公司的高级管理层应承诺支持公司建立制裁合规项目,向所有员工强调其对于公司的合规文化建设至关重要,以保证公司获得足够的资源,并将合规措施完全融入公司日常经营。<br>管理层已经审阅并且批准了公司的制裁合规体系。<br>管理层确保公司的合规部门有充分的权力和自主权来落实合规政策与流程,以有效管控公司的被制裁风险。<br>管理层确保公司的合规部门拥有充足的资源,包括人力资源、IT 以及其他的资源。<br>管理层传递遏制与制裁相关的不当行为的信息并采取行动,员工有能力向管理层举报不当行为而不必担心遭到报复。<br>管理层表明会采取必要措施减少将来明显违规行为的发生 |
| 要素二:<br>风险评估 | 制裁合规的风险是指某些潜在的威胁或者交易,如果处理不当,则有可能会导致违反 OFAC 的规定,对公司的日常经营和声誉产生不好的影响。<br>公司在设计或者建立贸易合规体系时,应从风险控制的角度出发,在与新客户建立关系时,利用客户提供的信息或尽职调查情况,进行独立研究,对客户、客户群或客户关系制定制裁风险评级。<br>并且将风险评估设置为公司的一项常规制度,进行定期或专项评估,评估公司可能会出现制裁违规的风险 |
| 要素三:<br>内部控制 | 内部控制的主要目的在于减少通过风险评估流程发现的合规风险点。<br>公司可以通过制定内部政策与流程,发现、指导、报告可能受 OFAC 禁止的行为,并且做好相关的记录保存。<br>公司通过内部或外部机构审计政策与流程的执行,也是内部控制的部分。<br>公司已明确将政策与流程传达给所有相关人员,包括高风险领域运营的决策和业务部门,以及代表公司履行 SCP 职责的外部各方。<br>OFAC 的经济制裁项目经常不定期更新,公司的内控制度应该要注意保持制裁信息的有效性,包括最新的 SDNs List,对新的地区、外国公司、政府的制裁项目,以及新公布的通用许可证信息 |

① 参见 OFAC:《“OFAC 合规义务框架”》,载 OFAC 官网 2019 年 5 月 2 日,https://www.treasury.gov/resource-center/sanctions/Documents/framework_ofac_cc.pdf。

续表

| 要素 | 内容 |
| --- | --- |
| 要素四:测试与审计 | 制裁合规体系建设完成后,公司需要采用适当的测试或审计程序,对现有体系进行测试和评估,以确保现有体系的有效性,以及改善在控制合规风险方面的不足之处,包括相关软件、系统以及其他技术方面 |
| 要素五:培训 | 培训是制裁合规体系中一个非常重要的组成部分。<br>培训项目应定期向所有员工提供,以确保各员工基于自己的工作岗位职责了解相应的合规知识,清楚自己的合规职责,并且对于违反合规职责的员工进行相应的公司内部处分。<br>培训项目的范围应该与公司提供的产品与服务、客户与合作伙伴的类型、经营的地区进行匹配和相适应。培训项目的频率应该根据公司风险评估进行确定。<br>如果一旦发现本公司 SCP 的任何漏洞或者需要改进之处,则应立即对有关的工作人员进行培训。培训项目材料应向所有相关工作人员进行公布 |

ECP 和 SCP 均非强制实施的制度,相关企业可以自愿选择是否在企业内部建立 ECP 或 SCP,建立并有效运行 ECP 和 SCP 的企业,不仅可以预防相关合规风险的发生,而且在其遭遇行政处罚时,ECP 和 SCP 将会被视为重要的减轻、从轻情节,可减轻处罚或降低处罚幅度。

## 第二节 "一带一路"沿线反商业贿赂的应对策略

随着"一带一路"建设的深入推进,中国企业的海外合规风险,特别是反跨国商业贿赂执法风险也呈上升趋势。根据"透明国际"发布的腐败数据体系中的"腐败感知指数"(CPI),"一带一路"沿线国家平均得分为 35 分,比 CPI 数据所覆盖的所有国家平均分 43 分低了 18.6%,[①]可以说这些国家整体上缺乏健全的公平竞争市场和法治环境。"一带一路"建设以基础建设为主,而参与"一带一路"项目基础设施建设的中国企业,往往是中国能源、通信等大型企业,其中不乏在美国上市的企业或关联企业,这些企业在"一带一路"沿线国家进行商业活动时,一旦涉嫌海外商业贿赂,就会面临 FCPA 等域外法律的管辖。即使未在

① 参见陈梅:《"一带一路"背景下境外投资腐败风险的法律防范》,载《理论月刊》2018 年第 11 期。

美国上市,也会遭遇相关国家以"长臂管辖"或"密切联系"等理由主张管辖权,进而面对域外反跨国商业贿赂执法当局的调查。

## 一、"一带一路"沿线反商业贿赂的法律风险

### (一)沿线主要国家[①]反商业贿赂法律法规(见表1-3-4)

表1-3-4 沿线主要国家反商业贿赂法律法规

| 国家 | 法律法规名称 | 具体内容 |
| --- | --- | --- |
| 新加坡 | 《预防腐败法》 | 该法适用范围较广,覆盖公私部门的贿赂行为,对行贿和受贿行为均作出规定。其规定,只要通过给予好处使受贿方得到"满足"即构成贿赂犯罪,因而广泛覆盖金钱好处及其他好处,并且不存在例外或抗辩理由。《预防腐败法》具有一定的域外适用效力 |
| 俄罗斯 | 《反贪污贿赂法》 | 该法对国家公务员和地方自治公务员实施贪污贿赂行为作出了规定,增加了对俄罗斯公司和公民贿赂境外公职人员的处罚。该法还规定了公务员财产申报制度以及反商业贿赂的国际合作机制 |

① 根据中国一带一路网2022年3月23日的消息,目前已与中国签订共建"一带一路"合作文件的国家有:

(1)非洲:苏丹、南非、塞内加尔、塞拉利昂、科特迪瓦、索马里、喀麦隆、南苏丹、塞舌尔、几内亚、加纳、赞比亚、莫桑比克、加蓬、纳米比亚、毛里塔尼亚、安哥拉、吉布提、埃塞俄比亚、肯尼亚、尼日利亚、乍得、刚果布、津巴布韦、阿尔及利亚、坦桑尼亚、布隆迪、佛得角、乌干达、冈比亚、多哥、卢旺达、摩洛哥、马达加斯加、突尼斯、利比亚、埃及、赤道几内亚、利比里亚、莱索托、科摩罗、贝宁、马里、尼日尔、刚果(金)、博茨瓦纳、中非、几内亚比绍、厄立特里亚、布基纳法索、圣多美和普林西比、马拉维。

(2)亚洲:韩国、蒙古国、新加坡、东帝汶、马来西亚、缅甸、柬埔寨、越南、老挝、文莱、巴基斯坦、斯里兰卡、孟加拉国、尼泊尔、马尔代夫、阿联酋、科威特、土耳其、卡塔尔、阿曼、黎巴嫩、沙特阿拉伯、巴林、伊朗、伊拉克、阿富汗、阿塞拜疆、格鲁吉亚、亚美尼亚、哈萨克斯坦、吉尔吉斯斯坦、塔吉克斯坦、乌兹别克斯坦、泰国、印度尼西亚、菲律宾、也门、叙利亚。

(3)欧洲:塞浦路斯、俄罗斯、奥地利、希腊、波兰、塞尔维亚、捷克、保加利亚、斯洛伐克、阿尔巴尼亚、克罗地亚、波黑、黑山、爱沙尼亚、立陶宛、斯洛文尼亚、匈牙利、北马其顿、罗马尼亚、拉脱维亚、乌克兰、白俄罗斯、摩尔多瓦、马耳他、葡萄牙、意大利、卢森堡。

(4)大洋洲:新西兰、巴布亚新几内亚、萨摩亚、纽埃、斐济、密克罗尼西亚联邦、库克群岛、汤加、瓦努阿图、所罗门群岛、基里巴斯。

(5)南美洲:智利、圭亚那、玻利维亚、乌拉圭、委内瑞拉、苏里南、厄瓜多尔、秘鲁、阿根廷。

(6)北美洲:哥斯达黎加、巴拿马、萨尔瓦多、多米尼加、特立尼达和多巴哥、安提瓜和巴布达、多米尼克、格林纳达、巴巴多斯、古巴、牙买加、尼加拉瓜。

续表

| 国家 | 法律法规名称 | 具体内容 |
| --- | --- | --- |
| 沙特阿拉伯 | 《反贿赂法》 | 该法规定任何人向公职人员作出承诺或提供任何礼物,诱使其履行或停止履行或疏于履行其职责的任何行为,即使该行为合法,仍然适用禁止。《反贿赂法》未区分外国公职人员和本国公职人员,而且沙特政府将沙特公民行贿外国公职人员的行为入罪 |
| 阿联酋 | 《阿联酋刑法典》 | 根据该法相关规定,公职人员或私人的贿赂行为均可构成刑事犯罪。出于以下目的或基于以下情形,公职人员为自己或他人索取或收受任何形式的馈赠、好处、允诺或任何不正当利益即构成犯罪:以违背其职能和职责采取或不采取某种行动为回报,无论犯罪人的意图为何;或违背其职能和职责采取或不采取某种行动;可以在其职能范围外采取或不采取某种行动为回报 |

美国现行反商业贿赂主要法规有《反海外腐败法》《综合贸易和竞争法》《国际反贿赂与公平竞争法》《监察长法》《文官制度改革法》《政府道德法》,其中《反海外腐败法》是世界上首部兼具属人和属地管辖权的反商业贿赂法律。西亚地区国家受地缘政治和复杂外商投资环境影响,易受到美国的制裁,中国企业也因此受到较大影响。以伊朗为例,在"一带一路"项目中,目前有上百家中国企业活跃在伊朗的基础设施、能源、电力、化工、电信、汽车制造等领域,不少项目因涉及美国对伊朗的制裁因素而受到影响,如中石化伊朗的油气田合作开发项目、中石油携手道达尔及当地石油公司组成的财团开展南帕斯 11 区项目等。

(二)沿线区域性组织反商业贿赂规定

欧洲现行反商业贿赂公约主要有《打击涉及欧盟官员或成员国官员的腐败行为公约》《反腐败刑事公约》《反腐败民事公约》,[①]目前"一带一路"沿线 26 个欧洲国家全部签署了《反腐败刑事公约》和《反腐败民事公约》,除俄罗斯、乌克兰、白俄罗斯外,其他国家全部为《打击涉及欧盟官员或成员国官员的腐败行为公约》的缔约国。欧洲反商业贿赂犯罪具有一体化的特征,只要涉及对欧盟及

① 参见魏伏薇:《"一带一路"背景下中资企业海外腐败问题立法研究》,载《山西省政法管理干部学院学报》2019 年第 2 期。

其成员国官员的贿赂行为，无论是否涉及共同体利益的官员都构成犯罪；商业活动中贿赂政府职员、议员、法官、国际组织官员和国际法庭法官的行为，甚至私营企业之间的商业贿赂行为，一概视为犯罪；同时，赋予了受损失企业求偿权，明确其可在实际损失、预期利益损失和非财产损失等范围内求偿。

亚洲反商业贿赂机制主要是亚太经合组织反腐败执法合作网络，其成员为亚太经合组织各经济体的反腐败执法机构。“一带一路”沿线国家中属于经济合作与发展组织成员国的有文莱、印度尼西亚、韩国、菲律宾、新加坡、泰国、越南、马来西亚，合作网络旨在加强以追逃追赃为重点的个案合作、经验分享和能力建设。合作网络隶属经济合作与发展组织反腐败工作组，在工作组主席的领导下开展工作，致力于补充现有合作机制，并促进各经济体贯彻执行工作组决议和其他国际反腐败倡议；该机制旨在对腐败人员引渡、遣返和资产返还等国际合作方面加强合作，引导全球预防海外贿赂、打击贪官外逃和非法资金外流。

非洲现行反商业贿赂公约主要有《预防和打击腐败公约》，“一带一路”沿线的全部非洲国家都签署了这一公约。该公约通过建立专门的反贿赂机构，赋予跨国公司严格的内控义务、鼓励社会参与反腐败和积极开展国际司法合作，形成对商业贿赂犯罪全面打击的态势。该公约特别强调各缔约国必须采取措施，保证在其国开展业务的外国公司得到有效的管辖。

（三）沿线国际性组织反商业贿赂规定

1. 联合国反商业贿赂规则

“一带一路”沿线大部分国家加入的联合国反商业贿赂犯罪方面具有约束效力的主要文件有第 3514 号决议、《反对国际商事交易中的贪污贿赂行为宣言》、《关于国际商事交易中的贪污贿赂的宣言》、《关于国际合作打击国际商事交易中的贪污贿赂行为的决议》、《联合国反腐败公约》、《联合国打击跨国有组织犯罪公约》，其中制定水平最高、内容最全面、最具影响力、约束力和执行力最高的是《联合国反腐败公约》。首先，将“公务人员”[①]总结归纳为三类七个罪名：对本国公职人员行贿罪、本国公职人员受贿罪、对外国公职人员或者国际公共组织官员行贿罪、外国公职人员或者国际公共组织官员受贿罪、私营部门内的行贿罪、私营部门内的受贿罪；其次，建议成员国对商业贿赂的受贿方和行贿方全面

---

① 徐文文：《全球视野下商业贿赂刑法规制问题再探讨》，载《法学杂志》2016 年第 4 期。

打击;最后,引入了违法财产追回机制。

2.“一带一路”沿线国家规则

波兰、立陶宛、捷克、斯洛伐克、匈牙利、斯洛文尼亚、拉脱维亚、土耳其、希腊、以色列都是经济合作与发展组织的成员国。1997 年经济合作与发展组织通过了《关于反对在国际商务活动中贿赂外国公务人员行为的公约》,并在此基础上制定了配套规则《关于反对在国际商务活动中贿赂外国公务人员行为的公约的注释》,公约以 FCPA 为蓝本制定、吸收了美国在反商业贿赂条款和规范企业运行机制并重的成功经验,体现出较高的反商业贿赂的立法质量。由于经济合作与发展组织的全球性政府间经济组织的性质,公约在某些方面超越了 FCPA,如利用配套规则准确解释了“贿赂目的”应有的内涵,为认定是否成立商业贿赂犯罪提供了依据,广泛认同刑法中的共同犯罪理论,对因实施教唆、煽动和帮助等行为而构成商业贿赂犯罪共犯的人承担相应的责任。同时,公约不限于在国际合作方面所取得的成就,明文要求成员国在司法实践中广泛开展司法协助和减少引渡障碍,不断加强打击商业贿赂犯罪领域的国际合作。

3. 国际商会的反商业贿赂规则①

目前,国际商会反商业贿赂的规则主要有《打击国际商业交易中的勒索和贿赂的行为规则》《公司行为准则》《反击贿赂:公司实践指南》。国际商会建议世贸组织加快相关立法,督促经济合作与发展组织成员国履行《经合组织公约》义务,建议经济合作与发展组织与世贸组织在反商业贿赂领域开展合作,要求各成员国不断提升反商业贿赂立法水平和质量并加大执行力度。在《公司行为准则》中扩大了商业贿赂的表现形式,建议跨境投资企业规范会计账簿、审计体系和记录习惯,制定更加严格的内控制度,摒弃商业贿赂习惯,培养良好的企业经营文化。

## 二、“一带一路”中国企业跨国商业贿赂风险防控合规重点

### (一)深入研究相关规则及其案例,制定有效的合规政策

围绕“一带一路”沿线主要国家法律法规、区域性与国际性组织反商业贿赂规定,深入研究相关规则及其案例,找出东道国、相关组织反商业贿赂调查的法

---

① 参见王兆忠、孙晨:《“一带一路”倡议下我国涉外企业商业贿赂法律风险的识别与防控》,载《长江论坛》2019 年第 3 期。

律依据、重点领域和策略，据此建立防范反商业贿赂风险的合规体系，它是一个动态的过程，要随着业务范围和市场环境的变化作相应调整，但至少要包含以下内容：

禁止商业贿赂行为的原则性规定；对于与业务相关的礼品、招待、娱乐及差旅等规定；对与业务有关的供应商、服务提供商、经销商等第三方合规管控的规定；针对企业特定业务行为的指引，如营销、采购、捐赠等；对不合规行为的举报机制；对合规行为的惩戒机制。

（二）对第三方的合规管理

在跨国商业贿赂犯罪形式中，通过第三方（如中介机构）实施商业贿赂成为跨国公司或海外企业使用最普遍、最隐蔽的方式之一。这种方式也被称为“外包商业贿赂”，是指行贿方与受贿方之间不再进行任何形式的直接交易，而是通过第三方实施贿赂行为，以达到逃避法律追究的目的。① 因此，要加强对第三方的合规管理，主要包含以下几个方面：

1. 聘任前的预防，包括对第三方的尽职调查，聘任协议中相关反腐败条款的设置，第三方人员的反腐败培训；

2. 聘任期内的管理，包括对第三方参与的高风险交易进行审查，向第三方支付费用前审查费用的合法性，建立定期审计、举报、违规调查机制；

3. 反馈与纠正措施，包括奖励、惩戒、建立存在高风险的第三方黑名单。

（三）对商业伙伴的合规管理

对商业伙伴的反商业贿赂合规政策②的实施步骤包括：

1. 识别合规风险，根据业务所在国的腐败风险，商业伙伴的业务类型、诚信记录等确定商业伙伴的风险等级；

2. 尽职调查，可以通过现场调查、调查问卷或从世界银行黑名单、司法机关或行政机关文书披露系统中收集信息；

3. 检查与评估，建立商业伙伴管理档案，检查商业伙伴合规的有效性并进行

---

① 参见李小军、郭燕：《在华跨国公司外包商业贿赂行为机理及其治理》，载《广州大学学报（社会科学版）》2015 年第 9 期。

② 参见卢文超：《“一带一路”企业海外投资腐败风险防控研究》，载《人民论坛·学术前沿》2017 年第 20 期。

定期评估。[①]

（四）融入东道国商业文化和加强公共关系建设

"一带一路"建设中的中国企业应当了解东道国反腐败执法机构的执法程序，调整商业习惯，融入东道国商业文化，力求符合东道国反商业贿赂法律法规。中国企业在严格禁止其员工对公职人员任何支付和利益输送行为的同时，要更加强调遇事及时向国家和地区执法机构咨询，如新加坡的腐败行为调查局，具有预防腐败和教育功能，中国企业可以就经营管理体系中可能存在导致腐败问题的漏洞、缺陷向调查局咨询，并寻求预防和补救建议。同时，中国企业应当加强与东道国商业社会的公共关系建设，采取宣传、增加社区服务的方式，树立中国企业正面形象，并对有关中国企业投资中的不实报道及时予以澄清。[②]

"一带一路"目前是全球前景最好的国际服务平台，已成为中国参与全球开放合作的重要纽带，为中国企业提供了前所未有的发展机遇。"一带一路"建设中的中国企业在发展的同时，应当积极应对反跨国商业贿赂风险，了解、熟悉沿线反商业贿赂法律法规并全面遵守，尽快构建和健全跨国商业贿赂风险防控体系，积极开展反跨国商业贿赂的实践，让"一带一路"成为廉洁之路。

① 参见赵卿：《跨国商业贿赂犯罪问题研究》，中国政法大学出版社2018年版，第219～220页。
② 参见刘翔峰：《借鉴国际经验　加强"一带一路"腐败风险治理》，载《全球化》2018年第7期。

第二篇

# 刑事合规新视野

# 第一章　风暴后的解体与再造

## 第一节　谁杀死了安达信?

安达信会计师事务所(Arthur Andersen),成立于1913年,曾经是全球五大会计师事务所之一,在全球各地设有办事处,客户均为大型企业,总部位于伊利诺伊州的芝加哥,在美国有近3万名雇员,全球雇员总数超过8.5万人;安达信因教育培训新雇员的合规文化、标准和程序而出名,雇员称其为“安卓”。[①] 然而,2002年因“安然事件”被迫退出审计业务领域,安达信的退出,导致了曾经全球“五大”会计师事务所变成了“四大”会计师事务所,“巨人”的陨落令人唏嘘,但“巨人”为何陨落值得我们深思。

悲惨故事的开头还需从“安然事件”讲起。安达信造就了安然的辉煌,安然虚假的泡沫碎裂以后,安达信当然难辞其咎。安然公司在2001年宣告破产之前是一家拥有约2.1万名雇员的能源类公司,缔造了堪称辉煌的业绩:安然公司当时是世界上最大的电力、天然气以及电讯公司之一,位列《财富》杂志“美国500强”的第七名,“世界500强”的第十六名,其在2000年披露的营业额达1010亿美元之巨,公司连续6年被《财富》杂志评选为“美国最具创新精神公司”。然而,在这样的光环之下,安然欧洲分公司于2001年11月30日申请破产,美国本部于2日后同样申请破产保护,破产之举直接使得安然公司跌落神坛,围绕安然公司的系列财务造假丑闻也随之浮出水面,在这场惊天骗局中安达信扮演了怎样的角色呢?

安达信在20世纪90年代末亮点之一是为安然提供服务的团队(被称为安

---

① See U. S. v. Arthur Andersen, LLP, No. H-02-121 (S. D. Tx. May 13, 2002), Trial Transcript, pp. 1663-1665.

然团队)业绩良好,团队在大卫·邓肯领导下,约100名雇员专职处理安然事务,包括在该公司现场办公。他们的做法不同寻常,安达信不仅审计安然财务报表,还对安然提供“综合审计”服务,即对合规性和内部控制提出意见,他们希望这能成为为其他公司客户提供咨询服务时的样板。① 然而事与愿违,安然与安达信相继陨落。

2001年8月14日,安然首席执行官杰弗里·斯基林突然辞职,安然股票开始下跌,一位曾在安达信工作的安然会计师警告称,将会出现“会计丑闻风暴”,该会计师称公司财务报表存在严重问题。② 因安达信多年来一直在审核安然公司账目,也开始高度关注事态发展。

8月28日,《华尔街日报》报道安然可能存在不法行为,美国证券交易委员会随即开展非正式调查。③ 安然承认,通过与其实际控制的“特定目的公司”进行关联交易来虚增营业额和利润,而这些关联交易导致的经营亏损只在表外反映,不在财务报表中披露,使得实际收益比公开的数据少了10.2亿美元。这种做账手段从此以后被业界称为“安然经济”。

2001年10月,安然发布一份收益报表指出一些问题,同时说明其不具普遍性。邓肯以备忘录方式回应称,这是误导行为,安然应调整其报表;安达信研究决定不采纳邓肯的建议,安达信在芝加哥总部的律师南希·坦普尔写信建议一名外部律师调整邓肯备忘录用语,使其看起来安达信无追查义务,还要求从备忘录中删除她的名字和律师团咨询意见。④ 10月12日,坦普尔通过电子邮件提醒整个安然公司审计业务小组注意安达信的“文件管理和保存”政策,该政策明确规定每个项目应有一个中心文件,不必要的文件应被例行销毁;如果面临起诉,所有材料都应保留,证券交易委员会的调查可以延迟销毁文件。而在两天前的公司培训会议上,一位合伙人要求每个人都应当遵守这项政策,如果文件“被例行销毁,而第二天遭遇诉讼,那就太妙了”。

2001年10月16日,安然公司宣布了数十亿美元的会计错误,10月17日美

---

① See *Andersen Trial Transcript*, pp. 1683, 1688-1689.

② See Stephen Taub, *Anderson Fires Enron Auditor*, *CFO* (*Jan.* 16, 2002), https://www.cfo.com/accounting-tax/2002/01/andersen-fires-lead-enron-auditor/.

③ See *Andersen Trial Transcript*, p. 664.

④ See *Andersen Trial Transcript*, pp. 1800-1806, 2922-2923.

国证券交易委员会向安达信发出一份“调查信”，正式宣布调查安然公司；[①]同日大卫·邓肯召集由安达信管理层和合伙人参加的紧急会议，在接下来的两周中，大量与安然有关的文件被销毁，仅在10月25日，就有2380磅材料被粉碎，作为大型会计师事务所有大量机密文件要粉碎，但通常情况下每天只有70～90磅，[②]成千上万封邮件也被删除；安达信公司销毁文件工作一直持续到11月8日，直到证券交易委员会正式发出书面传票，要求安达信提供与安然有关的文件时才停止销毁文件。

12月，安然申请美国史上最大的破产程序；2002年1月，美国司法部证实联邦检察官已开始调查安达信，依据《美国联邦法典》第18篇包括如妨碍司法公正、扣留或销毁等诸多联邦法律方面的核心罪行规定，安达信因销毁文件行为被控妨碍司法公正；安达信拒绝签署暂缓起诉协议，决定接受审判。

6月15日，陪审团投票决定定罪，关键证据就是10月12日坦普尔发的电子邮件，定罪判决意味着安达信将面临最高5年缓刑和50万美元罚款；并且根据证券交易委员会的规定，一旦安达信被定罪，它就不能为上市公司提供会计服务。而安达信在判决前就已经受到严重损失，解雇了7000名员工，出售了许多在美国业务，失去了1/4的客户；安达信通知证券交易委员会，将在2002年8月31日之前停止上市公司审计业务，并在同日放弃执照。此案缓慢地上诉至美国最高法院，第五巡回上诉法院全体一致确认有罪；2005年5月，大法官一致同意推翻判决。然而，此时的安达信早已无力回天，只剩下一具空壳。

安达信走到这一步并非无可避免，事实上安达信有很多机会可以不被审判，尤其是与控方达成控辩交易、签署暂缓起诉协议，按照控方的要求配合不法行为的调查而不必认罪，之后根据具体情况建立达成有效的刑事合规程序，选任合规监督员监督执行。但是，安达信最终仍然选择不认罪并将案件置于了法庭。面对汹涌澎湃的刑事风暴，安达信式的解体并不是企业唯一的出路，企业有更好的选择，在风暴中重建的西门子就是例证。

---

① See *Andersen Trial Transcript*, pp. 667 – 668.

② See *Andersen Trial Transcript*, p. 6394.

## 第二节 涅槃重生的西门子

作为一家享誉全球的公司,西门子也曾在贿赂丑闻中栽过跟头。2002年至2007年,西门子公司(以及位于阿根廷、委内瑞拉和孟加拉国的3家子公司)向亚洲、非洲、欧洲、中东和南美65个国家的政府官员行贿14亿多美元,涉及各种大型公共工程项目。在伊拉克"联合国石油换食品计划"中支付的行贿金是美国的调查重点,西门子公司行贿170万美元,换取42份合同,收益8000万美元,利润超3800万美元。在西门子公司案中,行贿账户的问题不大。检察官发现,西门子公司各地办公室里放着"现金台"——装满现金的办公桌——员工可以在那里拿取巨款,并以"有用支出"名义销账,实际上就是行贿金。美国证券交易委员会称这起贿赂"在规模和空间上都是史无前例的",美国司法部则称之为"规模绝对惊人的腐败"。[①]

为应对美国联邦检察官的起诉,西门子董事会启动大规模的内部调查,为此耗资5亿多美元;西门子还聘请了一家纽约律师事务所的律师,支付了8亿美元律师费,律师们随后请来会计师审查4000万份银行资料和1.27亿份会计记录,仅在分析数据信息方面又多支出1亿美元。调查人员发现西门子向阿根廷官员行贿1亿美元,因此获得一份标的为10亿美元的制作国民身份证的合同;在孟加拉国行贿500万美元,获得多份手机合同;另外,还审查了发生在65个国家的交易,发现了超过10亿美元的行贿款。

与绝大多数大大小小的公司或自然人刑事被告人一样,西门子公司认罪。西门子公司在美国哥伦比亚特区地方法院达成控辩交易,向美国司法部支付4.5亿美元,向美国证券交易委员会支付3.5亿美元,向慕尼黑检察院支付8亿美元。

西门子为其行为支付了天价般的16亿美元,听起来不可思议,但实际上西门子公司获取了极大的好处。除了这16亿美元处于《美国量刑指南》里规定的

---

① 参见搜狐财经:《西门子"贿赂门":撕去德国历史上最大商业贿赂案遮羞布》,载搜狐网,https://business.sohu.com/20070705/n250919085.shtml。

13.5 亿美元至 27 亿美元的罚金数额的较低水平外,西门子只承认曾大范围违反《反海外腐败法》的会计账目条款,而不承认非法行贿,因为非法行贿是《反海外腐败法》所禁止的。若想避免被美国政府暂停或禁止签约,而对其长期发展产生巨大影响,控辩协议显然是不二之选。当然,在西门子公司还需要通过系列结构性改革来重塑自己,同意承担合规义务,主要包括专门用来发现和防止外国行贿和其他腐败行为的职业道德规划。此外,西门子还需承诺“不再犯罪”,并配合美国政府继续调查,特别是针对其雇员的调查。最重要的是,西门子同意接受一名合规监督员持续 4 年的审查,该监督员有权审查文件、与雇员交谈、监督合规,还能提出改进西门子公司治理和预防腐败的建议;德国财政部前部长西奥·怀格尔博士被选为监督员。他也是联邦检察机关任命的第一位非美国籍监督员,选择一名德国监督员来监督德国公司的合规性,代表了一种新型的跨国协作诉讼。西门子公司还聘请了一名独立的美国律师来协助监督遵守《反海外腐败法》。

西门子的结构性改革十分成功,“合规”甚至一度成为西门子的标签,西门子独特的合规文化、合规手册,已然成为行业的典范。[①]

可以说,虽然西门子付出了惨重的代价,但是避免了更为糟糕的结果发生,并使得企业在刑事风暴中得以重生;事实证明,西门子选择了控辩交易、承诺建立有效的企业合规体系后,确实走上了持续发展的康庄大道。

## 第三节　合规——企业的免死金牌?

仅仅是因为选择上的差异,安达信和西门子拥有了两种截然相反的命运。如果安达信当时选择了控辩交易并进行合规改革,或许企业现在仍然辉煌,但是,对已经发生的历史再进行假设毫无意义,我们只能从中吸取教训,避免重蹈覆辙。

对比安达信和西门子的异同,或许能给我们一些启发。

---

① 参见腾讯网:《8.5 亿美元重罚之下,西门子建立世界上最完善的合规体系》,载腾讯网,https://new.qq.com/rain/a/20210820A0AWMX00。

安达信和西门子同为数一数二的大型企业，前者因为销毁文件而被控妨碍司法公正，但是拒绝与控方达成控辩交易，最终因为被定罪而失去了为上市公司进行审计的资格，安达信帝国因而轰然倒塌；后者则是因为贿赂濒临刑事处罚，最终达成控辩交易而重获新生。由此可见，控辩交易是控方与大企业交锋的重要环节，而承诺合规以及建立有效的企业合规程序则是控辩交易中的重中之重。

回到西门子，西门子的新生离不开承诺合规，西门子到底在合规上下了什么功夫呢？

首先，西门子认罪态度诚恳，承认其行为违反了《反海外腐败法》中的内部控制及账簿记录的规定；最后与检察官达成控辩交易，西门子及其子公司支付相应的罚金，承诺合规并接受企业监管人的监督，继续积极配合美国证券交易委员会、美国国税局及美、德两国检察机关调查。

西门子为此更换了大部分高层领导，其中包括首席执行官、董事会主席、总法律顾问、首席合规官。新任首席执行官称，其到任的 2 年内，集团排名前 100 名的经理人中有一半被替换掉，[①]西门子在全球聘用了 500 多名全职合规员工，聘请了新的首席审计官，旗下有 450 多名审计人员。西门子相继出台合规规定、印发合规手册、开展合规培训，[②]还聘请普华永道会计师事务所为其打造“反腐组合拳”。在审查结束前，西门子暂停签订相关新业务的咨询合同，认罪协议规定了 4 年的考验期，检察官还要求西门子保留 2 名合规监督员。

在这里不得不提及西门子的合规监管人：首席监督员是著名的西奥·怀格尔博士，曾任德国财政部长，为美国联邦检察系统聘请的首位非美国籍监督员；另一位监督员是独立的美国律师，辅助怀格尔工作。[③]

怀格尔博士回忆，4 年里监督员的工作占用了他 2/3 的时间。他不仅需要审阅成千上万的文件，还走访了 20 个国家，有些国家甚至去了很多次，他的足迹几乎遍及全球各大洲；每年他还须前往美国数次，向检察官汇报工作，并总计与超过 1500 人谈话。尽管工作量巨大，怀格尔博士仍称其为“激动人心的经历”

---

① See Siemens, *Sustaining Business Integrity*, (2011), www. siemens. com/sustainability/pool/compliance/integrity_initiative/sustaining-business-integrity. pdf.

② See Sentencing Memo, 22.

③ See Siemens Plea Agreement, pp. 11 – 12.

和“人生的高光时刻”。接受这份工作后,他想让人们明白的第一件事情便是独立地位的重要性。在接受工作之前,他与西门子并无工作上的交集,他告诉西门子和检察官他将“绝对独立”,如果他觉得不能圆满地完成工作,他会“立即辞职”。接受工作后,怀格尔博士组建了新团队,项目团队中有西门子集团操作经验丰富的员工,有作为独立咨询顾问的美国律师,也有怀格尔博士自己律师事务所的员工。监督员必须花几周的时间熟悉西门子全球的业务范围和组织结构,必须有权浏览公司合规、财务控制及内部审计有关的所有文件,以了解公司的运行机制,从而制定相应改善措施。作为监督员,怀格尔博士并非异地完成他的所有工作,他回忆称他在西门子有“最好的办公室”,办公室“不在隐蔽位置”,而是在通往总部的主要通道之处,这清楚表明,监督员确实在公司“有重要地位”。

除了合规监督员发挥了极大的作用之外,西门子公司自上而下的结构性改革和领导阶层的重视也是促进其合规管理有效的重要因素。

新任首席执行官告诉员工“只有干净的生意才是西门子的生意”。比新制定的行为准则更为重要的是,如何确保规则能够在西门子错综复杂的全球机构中得以有效实施,包括持续改进,以及合规理念深植所有部门及其人员,反映出公司对腐败的“零容忍”,①且公司的商业行为和商业伙伴的行为均须严格遵守详细指南。针对赠礼与招待,西门子新设了尽职调查项目;同时为发现合规问题,新设了风险分析项目;②为了打击腐败,公司启用了新系统,还新增了所有重大交易均需登记和审批的要求。

西门子的合规工作主要集中在四大领域:一是反腐败,防止权钱交易行为;二是反垄断,防止违反公平竞争原则;三是数据保护,注重保护相关的隐私数据;四是反洗钱,注重防止西门子被用作洗钱和为恐怖主义融资的工具。

西门子的合规体系组成的第一部分是《商业行为准则》,该准则对西门子至关重要。它在西门子的企业价值观基础上,结合了法律和道德方面的基本要求,构成了西门子所有内部规章制度和西门子合规体系的基础,含有明确和全面的

---

① See Siemens, *Index According to the Reporting Guidance on the 10th Principle by the UN Global Compact and Transparency International*, (Apr. 2012), www.siemens.com/sustainability/pool/en/core_topics/compliance/siemens-acrg-index-2011-en.pdf.

② See Siemens, *Index According to the Reporting Guidance on the 10th Principle by the UN Global Compact and Transparency International*, (Apr. 2012), pp. 74 – 75, www.siemens.com/sustainability/pool/en/core_topics/compliance/siemens-acrg-index-2011-en.pdf.

反腐败原则和规则。西门子要求所有的员工熟悉并在全球范围内遵守这些原则和规则，并将确保贯彻执行《商业行为准则》，西门子管理者应以该准则作为首要职责，让其落到实处。

西门子的合规体系第二部分为三大制度保障，主要分为三个板块：防范、监察和应对。

——防范措施包括合规风险管理、合规政策与流程、提供给员工的全面培训和咨询、建议与支持、与人事流程相结合、联合行动六个部分，西门子公司出台了很多与合规相关的内部控制以及政策，这些政策通过各种培训宣传给每个相关员工，同时也加强了与员工在合规方面的沟通。

——监察体系由举报平台"Tell Us"和全球特派调查官、合规控制、监督与合规审查、合规审计、合规调查组成；合规举报平台"Tell Us"是西门子为其内部员工、外部客户、供应商以及其他西门子业务合作伙伴提供的一个全球性举报平台，可以每周 7 天、每天 24 小时地不间断工作，并且支持网络举报或多达 150 种语言的电话举报，该平台被视为全球特派调查官职能的延伸，收到的举报无论实名还是匿名，公司都会派相应调查人员跟踪调查，调查结果如果显示是流程上有漏洞，就整改流程，并对违规人员给予相关的处理。

——应对体系包括不当行为的后果、整改和全球案例追踪，西门子合规组织要集中记录所有违规案例，跟踪相关的处理情况，确保每个案例的处理都要依照法律法规和公司制度进行。

西门子以诚信经营的方式行事，要求自身所有的业务行为都符合公司的价值观和道德原则；选择外部合作伙伴进行业务合作时，必须遵循企业价值观中的"勇担责任"的观点、符合合规道德规范的原则。同时这些原则不仅要在西门子内部实行，还必须支持和鼓励其商业伙伴、供应商和其他利益相关者遵循同样高的道德标准。

实际上，域外一些国家在涉企刑事案件中，检察官早已收敛锋芒，审慎博弈权衡取舍，定罪量刑不再是对称式惩罚，而是以大量不起诉、暂缓起诉协议替代公诉，广泛适用罚金刑，引入刑事合规计划，督促企业洗心革面、脱胎换骨。涉企检察司法实践赋予了检察官全新角色，不仅要具有与违法犯罪开展较量的实力，还要具备检察参与企业后续治理的能力，检察官在办案中要发挥深度参与促进作用，倒逼企业重塑企业文化，引导企业进入合规经营轨道。除了西门子公司之外，还有许多大企业与检察官达成控辩交易、承诺进行合规建设后，被不起诉、暂缓起诉。实践中，合规已成为企业的“免死金牌”，不仅帮助企业抵御了刑事风暴，更让企业在风平浪静之后得以扬帆远航。

在我国优化法治化营商环境的时代背景下，在探索企业犯罪认罪认罚从宽制度的检察语境中，域外涉企办案检察经验与模式值得了解和借鉴；如何实现检察机关服务保障经济和企业发展与惩罚企业犯罪之间的动态平衡，以促进形成具有中国特色的企业犯罪治理模式，需要我们进行深入的研究思考。

# 第二章　合规春风吹入华

2015年,浙江省岱山县检察院办理了某公司伪造增值税专用发票、虚构抵押物案。该案中,涉案企业以合规整改和出具“自查及整改承诺书”,换得检察院的不起诉决定,该案被称为“合规不起诉第一案”。虽然中国并非合规的滥觞之地,也没有源远流长的合规历史,但是合规在当前的中国却进入了蓬勃发展的时期,对合规的探索正在一步步地走向深入,走向创新。

我国的合规可以分为刑事合规和其他领域的合规,二者并非绝对的泾渭分明,也存在交叉重合的部分,刑事合规的出现标志着我国的合规进入了一个新的阶段,在此之前的合规更类似于一种“指引”和“建议”,而之后的刑事合规试点改革则意味着合规改革具体成果的落地。“合规”不再只是写在公司规章制度或者是企业文化里的“花拳绣腿”,而是真真正正具备了刑事激励的价值,能够帮助企业获得检察机关的“厚爱”。

2018年之前,我国的合规主要集中在金融证券领域,相关的风险管理指引都仅要求银行或者是证券、保险公司强制适用。2018年国资委针对中央企业发布了《中央企业合规管理指引(试行)》,同年国家发展改革委等七部委发布了针对境外投资企业的合规管理指引。因此,2018年又被称为我国的“合规元年”(见表2-2-1)。

**表2-2-1　我国合规相关规定发展**

| 时间 | 主体 | 文件 |
| --- | --- | --- |
| 2006年 | 银监会 | 《商业银行合规风险管理指引》 |
| 2016年 | 保监会 | 《保险公司合规管理办法》(替代2007年《保险公司合规管理指引》) |

续表

| 时间 | 主体 | 文件 |
| --- | --- | --- |
| 2017 年 | 证监会 | 《证券公司和证券投资基金管理公司合规管理办法》(替代 2008 年《证券公司合规管理试行规定》) |
| | 国家质量监督检验检疫总局、国家标准化管理委员会 | 《合规管理体系指南》 |
| 2018 年 | 国资委 | 《中央企业合规管理指引(试行)》 |
| | 国家发展改革委等七部委 | 《企业境外经营合规管理指引》 |

在谈到刑事合规之前绕不开的话题是我国民营企业当前的处境。民营企业,尤其是中小型企业大多面临着融资难、贷款难的困境,因此非法吸收公众存款罪一直以来都位列民营企业家触犯频次最高的五大罪名之首;[①]当前我国也正处在转型发展阶段,一些企业粗放型的经营发展方式已然无法适应当前社会经济发展的要求;除此之外,由于新冠肺炎疫情,许多中小型企业经营举步维艰、发展深陷困境,如何激发民营企业活力、促进民营经济的发展确实是需要深思的问题。刑事合规就是检察机关从降低企业刑事风险角度给出的答案。如何为民营企业的发展保驾护航,最有效的办法莫过于免去民营企业身陷囹圄的后顾之忧。

所谓的刑事合规,是指检察机关在办理涉企犯罪案件时,对符合企业合规适用条件的,结合犯罪所暴露出的合规薄弱环节和突出问题,督促涉案企业作出合规承诺并积极整改落实,并依托第三方监督评估机制对涉案企业合规整改进行调查、评估、监督和考察,最终将考察结果作为依法处理案件,包括作出批准或不批准逮捕、起诉或者不起诉以及是否变更强制措施等决定,提出宽缓量刑建议或者检察建议、检察意见的重要参考。

我国的刑事合规发轫于 2020 年,最高人民检察院于 2020 年 3 月起在上海浦东、金山,江苏张家港,山东郯城,广东深圳南山、宝安 6 家基层检察院开展企业合规改革第一期试点工作,目前正处在企业合规改革第二期试点工作

① 参见陈卫东:《从实体到程序:刑事合规与企业"非罪化"治理》,载《中国刑事法杂志》2021 年第 2 期。

阶段，第二期试点工作相较于第一期试点工作而言扩大了改革的范围，涉及北京、辽宁、上海、江苏、浙江、福建、山东、湖北、湖南、广东 10 个省市。上述省级检察院可根据本地情况，自行确定 1 ~ 2 个设区的市级检察院及其所管辖的基层检察院作为试点单位。同时，第二期试点工作在第一期试点工作成果的基础上，进一步深化了对合规不起诉制度的实践，同时也对第三方监督评估机制作出了新的探索和尝试。截至 2022 年 3 月，数据显示，经过两期改革试点，10 个试点省份检察机关共办理涉企业合规案件 766 件，其中适用第三方监督评估机制案件 503 件；部分非试点省份检察机关主动根据本地情况在试点文件框架内探索推进相关工作，办理合规案件 223 件，其中适用第三方机制案件 98 件，案件类型不断丰富、拓展。

企业合规试点改革工作正在如火如荼地进行，江苏作为最高人民检察院批准的唯一可以全省试点的省份，2020 年以来共办理企业合规案件 93 件，其中 2021 年已办理企业合规案件 61 件，其中 2 件案件分别入选最高人民检察院企业合规指导性案例和典型案例；对落实整改承诺的企业，检察机关依法从宽处理，对 27 家企业、29 名责任人员作出相对不起诉决定。

合规如今已然屡见不鲜，[①]随着企业刑事合规试点改革的东风，合规管理风靡于各行各业，盛极一时。企业之外，各种合规培训宣传层出不穷；企业之内，合规文化为人们津津乐道。合规浪潮铺天盖地的席卷而来，无论是否自愿企业都已被时代的洪流裹挟着前进，与其被迫接受不如顺势而为，积极寻求适合企业自身的合规之路，以求得在万千企业中立足。

## 第一节　摸着石头过河

2021 年 6 月 3 日，最高人民检察院、司法部、财政部、生态环境部、国务院国有资产监督管理委员会、国家税务总局、国家市场监督管理总局、中华全国工商业联合会、中国国际贸易促进委员会研究制定并印发了《关于建立涉案企业合

① 参见裴昱：《十省市试点"涉案企业合规检察改革"多家企业整改达标被免予起诉》，载《中国经营报》2021 年 10 月 11 日，第 A04 版。

规第三方监督评估机制的指导意见(试行)》(以下简称《建立第三方监督评估机制的指导意见》),《建立第三方监督评估机制的指导意见》的出台,在依法推进企业合规改革试点工作中,对建立健全涉案企业合规第三方监督评估机制,有效惩治预防企业违法犯罪,服务保障经济社会高质量发展,助力推进国家治理体系和治理能力现代化等方面起到了重要的指导作用。这一探索已成为刑事合规路上的风向标,然而相关操作应该如何落地,还需要下大力气、花大功夫去研究思考。

## 一、第三方机制的启动

《建立第三方监督评估机制的指导意见》第3条和第4条分别对第三方机制的适用范围和条件作出了解释。第3条规定,"第三方机制适用于公司、企业等市场主体在生产经营活动中涉及的经济犯罪、职务犯罪等案件,既包括公司、企业等实施的单位犯罪案件,也包括公司、企业实际控制人、经营管理人员、关键技术人员等实施的与生产经营活动密切相关的犯罪案件"。这意味着,合规改革不仅适用于单位犯罪,也适用于自然人犯罪。但并非所有的自然人都能享受到改革的红利,只有作为企业的实际控制人、经营管理人员和关键技术人员等实施的与企业生产经营活动有关的犯罪行为的人才能乘上合规的东风。

就刑法规定而言,目前我国为激起民营经济的活力,支持中小型企业的发展,出台了一系列优惠政策,而在所有的举措中,能够真正让民营企业家放下顾虑、轻装上阵的,便是在涉企检察司法实践中开展的合规试点改革。在民营企业中,企业家和企业之间的关系往往更紧密、更复杂,不同于企业的普通员工,他们与企业同呼吸共命运,尤其是企业的实际控制人,他们决定了企业的前途命运,与企业的未来紧密相关,这部分人员一旦锒铛入狱,将会给企业带来灭顶之灾。因此,当合规改革从企业惠及相关自然人时,合规才能真正体现其强大的正向吸引力。

就刑法理论而言,相较于传统的自然人实施的犯罪,企业实际控制人、经营管理人员、关键技术人员实施的与企业生产经营活动有关的犯罪往往发生在经济领域,其行为所侵害的法益不同于生活领域的犯罪,其所具有的道德上的可谴责性自然也就低于侵害自然人人身和财产权利的犯罪。因此,将企业的实际控制人、经营管理人员和关键技术人员等实施的与企业生产经营活动有关的犯罪行为，纳入合规试点改革的范围确实有可取之处。

《建立第三方监督评估机制的指导意见》的第 4 条规定了企业合规改革的前提条件：认罪认罚、正常经营且承诺合规和自愿适用第三方机制。这当然只是规定了适用第三方机制的最基本的条件，看似简单，其实内有乾坤。此处需要讨论的就是规定的基本条件究竟是形式上的要件，还是启动第三方机制的实质要件。换言之，是否企业只需要形式上满足了基本条件就能适用第三方机制。

实际上，证明企业认罪认罚、正常经营且承诺合规和自愿适用第三方机制其实是非常容易的，就第一点而言，企业可以效仿自然人认罪认罚制度签订认罪认罚具结悔过书，来证明认罪认罚，但如果企业在确定的考察期内再犯新罪，这是否反面证明了企业当初并非真心认罪认罚；就第二点而言，企业承诺合规形式上也绝非难事，企业通过出具合规计划，承诺建立或者完善合规制度，都能从形式上证明企业承诺合规，但是，企业承诺的合规计划是否具有可行性，有无认真执行落实，实施效果如何，亦无从得知。所以，如何认定企业承诺合规，是从形式上视察企业相关文件是否齐备还是从实质考察企业的合规计划是否可行，值得研究。

如前所述，若是基于对民营企业的激励以及第三方机制出台目的的考量，可以将上述条件理解为形式上的要求，因为在扩大第三方机制适用范围的同时也不会必然形成惩罚漏洞，即便企业可能并非真诚地悔过，或者其合规只是粉饰"合规"，这些疑虑仍可以在第三方监督评估机制内解决，可以通过完善第三方机制来填补可能的疏漏，比如说确立建立合规计划有效性的评价标准，明确企业再犯新罪或者发现漏罪时的处理制度。总之，若要扩大第三方机制适用范围，可以明确以形式上的标准来判断企业是否符合基本条件。

检察院在审查是否对涉案企业开展合规建设时重点考量的因素见表 2-2-2。

**表 2-2-2 检察院在审查是否对涉案企业开展合规建设时重点考量的因素**

| | | |
|---|---|---|
| 公司、企业实际控制人、经营管理人员、关键技术人员 | 基础前提 | 是否认罪认罚/涉案企业申请开展合规意愿的真实性 |
| | 基本情况 | 有无犯罪前科/与企业之间依存关系的强弱/实施的犯罪是否与生产经营活动密切相关 |

续表

| | | |
|---|---|---|
| 企业自身 | 基础前提 | 是否认罪认罚/涉案企业申请开展合规意愿的真实性 |
| | 性质 | 重点引进的外资企业/政策所大力扶持的产业/具有前景的高科技企业/拥有较多知识产权或者专利的企业/规模较大(拥有员工数量较多) |
| | 经营状况 | 是否具备一定生产经营规模/是否为行业领军企业/占据市场份额的大小/解决当地就业问题的能力/纳税能力/是否处于特殊时期(正在或者准备上市) |
| | 社会贡献 | 在公益慈善项目中的投入/是否在新冠肺炎疫情或者困难时期捐赠物资 |
| | 社会综合评价 | 在当地的影响力程度/平时企业的信誉度 |
| | 发展前景 | 是否处于快速发展阶段 |
| | 犯罪前科 | 是否有既往的犯罪历史 |
| | 是否具备可改造性 | 接受相关处理后,能否维持正常生产经营/涉案企业是否因管理制度不健全、不完善、不落实的情形,存在违法犯罪隐患/涉案企业是否具备建立健全合法经营内部控制体系的基础条件 |
| | 可改造性强弱 | 能否通过系列措施增强企业法律意识、强化企业商业伦理、完善企业人员管理、弥补财务管理的漏洞等 |
| 涉嫌罪名 | 领域 | 财务税收/生产安全/环境保护/食品安全 |
| | 合规意愿 | 是否有强烈的合规意愿 |
| | 合规整改的必要性、可行性 | 必要性:需要通过不起诉给企业一次重生的机会,否则企业将受到毁灭性打击<br>可行性:能够通过合规杜绝犯罪行为的发生 |

## 二、第三方机制名录库范围

在讨论第三方机制专业人员名录库之前,需要区分两个概念,一是第三方机制管委会成员,二是第三方机制专业人员。前者根据《建立第三方监督评估机制的指导意见》第 6 条之规定,是由最高人民检察院、国务院国有资产监督管理委员会、财政部、全国工商联会同司法部、生态环境部、国家税务总局、国家市场监督管理总局、中国国际贸易促进委员会等部门组建的，而后者则是由前者选任的，可以参考图2－2－1理解二者之间的关系。

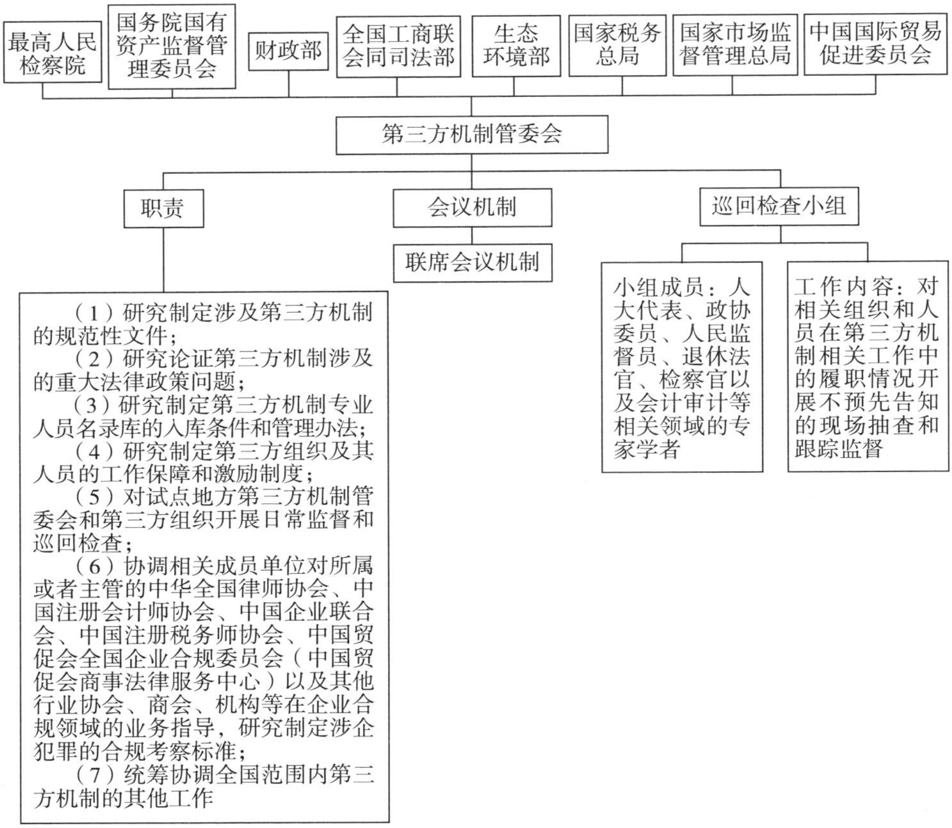


**图2－2－1　第三方机制委员会组成**

改革试点实践表明，第三方机制管委会是凝聚司法、执法、行业监管全力的有效平台，是落实第三方机制至关重要的基础性工作，实现最佳的司法办案效果。一般而言，改革试点各地区组建第三方机制管委会并建立联席会议机制后，才会着手推进第三方机制专业人员名录库的建设。第三方机制专业人员名录库不同于第三方机制管委会成员，因为他们直接与企业接触，因而需要具备相关的专业知识和技能。所以，第三方机制专业人员名录库应当海纳百川，既要做到全面又要兼顾专业。无论是律师、注册会计师还是税务师，不管是学者、行业领域的专家抑或是行业协会、商会、机构、社会团体的专业人员，都应当吸纳入库。以上人员为建立第三方机制专业人员名录库人员范围提供了参考,但并非只要从事相关职业或者是具备相关资格就能进入名录库,对于入库人员的选拔还应当遵循一定的标准,且该标准应当从实际出发、还要做到公正公开透明。

第三方机制专业人员选拔,可以借鉴美国的监督员引入制度。在美国为弥补检察官监管公司结构性合规改革所需的专业知识,都要引进一名专业人士担任合规监督员派驻公司,监督公司结构性合规改革全过程。其选任模式不尽相同,在统计的64起案件中,40起由检察官和公司共同参与选任(检察官有最终决定权),14起由检察官选任,5起由公司选任,4起由检察官和监管机构共同选任,1起由监管机构选任;选任的监督员身份也不尽相同,过半数是前检察官,其他有前政府官员、前法官、律师等,其选任标准将经验阅历放在首位,特别是对于大型企业,如西门子首席监督员是著名的德国财政部前部长西奥·怀格尔博士,辅助怀格尔的是一名美国律师;百时美合规监督员是退休的联邦地区法院法官弗雷德里克·B.兰奇。因此,我国在选任名录库人选时,专业能力固然是其考虑的重点因素,但是否具备丰富的相关合规的经验阅历,有无参与合规项目建设经历和次数,也应当作为重要衡量因素之一。

## 三、智慧平台的智慧建设

我国首批企业合规改革试点的检察机关对第三方监管组织机构智慧平台建设作出了积极探索,如张家港市检察院。[①] 张家港市检察院借助信息技术,通过分步骤实施,实现分类管理、随机抽取,探索出了第三方监管组织机构智慧平台,该平台在实现专业人员分类管理及专业人员随机匹配方面发挥了重要的作用,平台实现了规范随机抽取功能、公平公正保障功能、结果同步公示功能及统计分析决策功能,张家港市检察院研发出的智慧平台具有极强的可操作性和可复制性,为第三方监管组织人员的组成提供了借鉴的模板。

张家港市检察院的探索给我们展示了一个新的方向和思路。但其中的一些具体的细节,仍值得思考。[②] 首先,对于入库人员的选拔标准仍不明晰,就张家

---

① 参见钱丽、陈迪:《江苏张家港合规智能管理平台——合规监督评估第三方组织实现随机规范抽取》,载《检察日报》2021年10月9日,第003版。

② 参见丁继华:《应用平台思维与智能技术 提升合规监督评估效能》,载《检察日报》2021年10月9日,第003版;《推进合规重在落实第三方监督评估机制》,载《检察日报》2021年10月11日,第001版。

港市检察院的智慧平台而言,进入专业人员名录库的人选是以其前期组建的合规监管人员队伍为基础的,但是,前期合规监管人员队伍是如何选拔并组建的,无从得知。当然,对于专业队伍的组建,不同的试点检察院有不同的选拔标准,但如果要打造一个全国性的智慧平台,进入名录库的人员应当有一个通行的、统一的、普遍的适用标准,否则会造成入库人员混乱的局面。

其次,如何确立名录库中专业人员的分配规则,这是问题的核心所在。它仿佛第一张多米诺骨牌,推倒之后会接二连三地引发其他的合规之问。张家港市检察院在抽取规则上设立了如下两大参数,"一个是企业规模,根据合规调查评估阶段掌握的企业营业收入、从业人员、资产总额等录入数据,按照国家权威部门企业规模划分标准智能运算,自动获取企业规模等数据;另一个是合规风险领域,根据案件中暴露出的企业涉罪风险,结合企业合规承诺整改内容,确定安全生产、环境保护、税务管理、知识产权管理一个或多个领域合规整改方向。平台再根据企业规模和合规风险领域自动确定第三方监管组织人员结构,分类随机匹配专业人员"。如前所述,当平台推广至全国时,上述参数的设置就要结合地区差异另作调整。同时,为了实际操作过程的顺畅,在专家名录库中为企业抽取第三方监管人员时,是否应当根据企业实际经营地址来考虑优先抽取本地区的专家库人员?如此设置分配规则固然方便了企业及具体的监管人员,但是当企业在当地达到一定规模时,选取本地区的监管人难免会面对公正性方面的质疑;而如果选取本地区之外的专家库人员,随之而来的就是如何解决相关的费用问题,外地的专家往返的差旅费用是否应计入合规费用之中?考虑到成本的问题,企业是否愿意选择本地区以外的专业人员作为本企业的第三方监管人员?进一步需要回答的问题是,第三方监管人员的费用按何种标准收取?是制定全国统一的收费标准还是个地区根据自己实际情况分别制定?费用上的差异是否会使得全国性的平台形同虚设,地区上的隔阂仍然难以消除?由此引申出不同类型的专家费用是否应当统一?同一类型的专家费用是否也有高低之分?

不难看出,张家港市检察院的实践给第三方监管制度开了个好头,但也留下了一系列问题需要我们继续研究,并在此基础之上逐渐优化,形成一套科学的、行之有效的第三方监管体制。

对此,笔者认为应当选择以市场化和企业自愿为原则,检察院拥有最终决定权,以保证公平公正。

（一）为什么要以企业自愿为原则

根据《建立第三方监督评估机制的指导意见》第4条可知，企业需要认罪认罚，并承诺建立或者完善合规制度，这实质上就是需要企业自愿的要求。合规试点给涉嫌犯罪的企业提供了改过自新的机会，这种改过自新是建立在充分尊重企业自主意愿之上的，企业作为一个法律上的主体，不能因为其犯错就否认了其具有独立选择的意志，不能将合规改革制度强加给企业，否则就会让检察院的“厚爱”变质。究其本质，合规改革的最终目的是引导企业走向自治，实现自我监督、自我管理，从而实现司法资源的优化配置。在此意义上，尊重企业自主选择权最好的做法便是由企业自愿选择第三方监管人员，而全国性的智慧平台无疑是一个很好的尝试。

（二）如何平衡企业自愿与公平公正之间的关系

由企业自主选择第三方监管人员在保障企业自愿的同时也造成了一系列的问题。例如，在企业自愿选择的情况下如何保证公平？如果企业选择的第三方监管人和企业之间存在不被察觉的利益关系，那么完全由企业选任显然无法确保最终改革结果的公正。因此，可以借鉴我国目前的仲裁制度，由企业选任部分监督员，剩下的部分根据平台随机规范抽取的结果，由检察院确定最终人选。如此一来，可以避免陷入两难的困境。试举一例，当在本地区具有一定影响力的企业不愿意选择其他地区的专业人员参与合规监管时，在企业自身选任了监督员之后，为保证合规计划的公正性，平台可以在本地区以外的范围内按照算法抽取一定数量的合规监督员，由检察院确定最终名单。

## 四、第三方机制的费用支付

（一）事前合规的费用

首先应当明确的是，根据《建立第三方监督评估机制的指导意见》第10条之规定，只有当企业在涉嫌具体犯罪时，才可能启动第三方机制。而事前合规是企业涉嫌犯罪之前进行的，并不会涉及第三方机制的问题，事前合规成果可能作为企业涉嫌犯罪后具体的抗辩事由，但与第三方机制并无关联，因此，事前合规不涉及第三方机制的费用。

（二）事后合规收费模式的探索

事后合规也就是涉案企业进行的专项或者多项合规计划，原则上应当由企业承担所有费用,其中当然包括第三方监管机构的费用,尤其是选任第三方监督管理人员进行监管评估的费用。如前所述,如果建立了全国统一的智慧平台,那么其收费模式又应如何设置呢?全国统一的智慧平台一般应当统一收费标准,然而问题在于,相较于本地区专业人员而言,本地区以外其他地区的专业人员会多出一部分在交通和差旅费方面的成本,这部分费用若是由企业承担,那么在同样条件之下,企业必然会选择本地区的专业人员进行监管而非本地区以外的专业人员,如此一来建立全国性智慧平台的意义就大打折扣,如果对差价进行补贴,那么具体由谁来支付?另外,虽然同为专家名录库中的人员,但是专业能力、监督评估的效果是因人而异的,如果全都按照同一个标准规范价格,既有悖于经济学原理,又不利于提高专业人员的积极性。因此,允许差异化的价格存在,按照市场经济来确定价格或许是个选择,必要时可以由相关部门制定指导价格作为补充。

此外,因为企业的规模、性质、盈利能力各有不同,并非所有的企业都有能力支付合规改革的相关费用,如果企业因为支付能力不足而无法享受到应有的“厚爱”,那么该政策的公平性就会被质疑,刑事合规试点改革绝不是只是大企业的免责书,它应当平等地适用于所有企业,无论其是否有支付能力。因此,可以探索建立以财政部门或者工商联为主体的补充支付机制,设立合规专项经费。当企业确实无力支付全部或部分的合规费用时,可以申请合规专项经费;财政部门或者工商联可以根据企业性质(国有/民营)、企业规模(大/中/小)、企业经营范围、企业盈利状况等因素来综合判断,申请是否得到批准,以及补充支付的金额。

基于企业自费原则,还应考虑到企业既是付费方,又是第三方监管的对象这样一种双重身份的存在,需要提前防范可能存在的影响评估结果公平公正的风险。例如,企业是否会以延迟支付相关费来影响第三方监管机构的评估结果;第三方监督评估机构是否会以评估结果来要求企业增加支付费用等,因此,建立独立的第三方支付平台,是保证评估结果公平公正的有益探索。

## 五、“走出去”企业的事前合规

2009 年 9 月,中国中铁在欧盟成功中标波兰 A2 高速公路项目,该项目是中铁集团第一个大型国外项目,其意义和重要性程度不可谓不大。波兰 A2 高速公路项目是由波兰高速公路局与国道管理机构投资建设并具有波兰最高评级认证的公路项目，也是连接德国与波兰、波兰与欧洲中部及西部的交通枢纽。中铁的子公司中海外与中铁隧道和上海建工以及波兰的一家设计公司联合中标了此项目。中铁总公司是中海外的母公司，品牌号召力强大，经营机构和投资项目覆盖了全球多个国家和地区，美国工程新闻杂志曾对承包公司按照收入规模进行排名，从2019年的承包商排名看，中国中铁在250家机构中排名第18位。

2009年9月，中海外通过低价竞标，以竞争对手一半的价格中标波兰A2高速公路项目。但中标之后，中海外面临的困难重重。首先，中海外对欧洲市场没有任何了解。中海外没有事前研究波兰本土的法律制度、经济政策、交易习惯与风俗文化，可以说中海外对其中标对象了解程度几乎为零。这导致了无论是在合同签订还是在后期沟通的过程中，中海外都处处碰壁：一方面，中海外仍按照传统的国内思维解决问题；另一方面，中海外无法有效地识别风险并进行防范。其次，中外海中标前的准备不足。对于异国项目工程建设中的原材料、劳动成本、汇率等重要问题，中海外并未进行前期调查，这直接导致了中海外对该项目完成所需的成本没有足够了解，为后来项目建设的完工埋下隐患，尤其是波兰经济环境的变化致使后期项目的原材料价格猛涨，直接使得项目支出暴增。最后，由于是异国项目，一些补救方案也因为客观的原因无法顺利实施。例如，国内工人因为签证问题迟迟未能到达，到达的时候项目已经接近停工。①

由于中海外仓促进入波兰市场，国际化经验不足、合规意识淡薄，没有建立合规流程、合规体制，直接致使后期合规成本失控，项目整体成本飙升，项目进度延误。最终，波兰A2高速公路项目以违规终止合同结束。②

几年后，中国铝业收购南戈壁项目又引发了热议。中国铝业一直是我国金属制品的领军企业，形成了多元化的发展体系，涵盖了铝土和煤炭资源开发以及铝产品的加工制造等，在发电领域以及国贸和物流产业上也有不同程度的参与。南戈壁资源公司主业是在蒙古开发煤矿产业，同时对煤产品开展多元化加工，是蒙古能源和金融领域的重要支柱，公司位于蒙古和中国交界区域，该区域煤炭储

---

① 参见王寓：《中国企业国际工程承包项目风险防范与对策研究——以中国铁建沙特、中海外波兰项目为例学》，对外经济贸易大学2017年硕士学位论文。

② 参见梁婉怡：《“走出去”企业境外合规经营风险防范案例研究》，浙江大学2021年硕士学位论文。

备相当丰富,拥有储量丰盈的煤田。公司主要是开发当地区域的煤炭资源,同步供给中国使用。

本次并购是中国铝业积极开拓国际市场的重要一步。中国铝业于 2012 年 4 月向南戈壁公司的相关股东发出邀约,准备以 10 亿美金收购该公司 60% 的股权;4 月 17 日,蒙古矿产资源局以出于国家安全的考虑为由,宣布暂停由南戈壁的附属公司拥有的若干许可证的勘探及开采活动,中国铝业的收购计划因此受阻;7 月 3 日,中国铝业公告,该要约收购将延期 30 天;8 月 2 日,该要约收购再度延期至 9 月 4 日,后期限已至,收购毫无进展,中国铝业只能放弃。该收购失败主要源于蒙古政府的反对,但中国铝业在本次收购中仍有值得反思之处:中国铝业对该项目的风险分析不足。既然作为收购方,中国铝业就应当时刻关注被收购企业所在国的法律法规、经济政策的最新动向。中国铝业应当察觉到近年来蒙古政府对境内资源的控制日益加强,尤其是在 2012 年 5 月 17 日,蒙古国通过《关于外国投资战略领域协调法》,矿产资源被确定为战略性意义的领域,外国投资者及其利益相关方和第三方签订股份买卖或转让协议,需通过在蒙古注册企业向蒙古政府提出申请,外资参股超过 49% 需政府提交国家大呼拉尔讨论决定,应该说该法对中国铝业的收购影响重大。①

由于中铝在进入蒙古国时没有充分研究蒙古国可能存在的外部合规风险因素,在出现问题时合规管理体制没有发挥有效作用,最终该项目也以收购失败告终。②

上述案例只是近年来我国“走出去”企业的失败案例中的一部分,而在“一带一路”的背景下,“走出去”的企业将会越来越多,合规的重要性由此彰显。如果没有合规的保驾护航,那么等待企业的就是未知的黑暗。

（一）合规的理由

如今越来越多的中国本土企业开始从国内市场走向国际市场,这是本土企

---

① 参见一带一路金融投资工程:《中企海外矿业投资十大失败案例！警醒,以史为鉴!》,载微信公众号“投行资管业务”2018 年 6 月 7 日,https://mp. weixin. qq. com/s? src = 11&timestamp = 1660807777&ver = 3989&signature = NUwGbqSs3ddpTY2QuGRbMAni6aFijzEun2UUS2Qp1FeTf0VXvoZho-V1sj9TAbISZT7Z3B * LB * wqxMATGm * AAB5wBA4hXjyDRVHE4Pyo9vQ1C6FIBMdl3HCZFIIibMVb&new = 1。

② 参见梁婉怡:《“走出去”企业境外合规经营风险防范案例研究》,浙江大学 2021 年硕士学位论文。

业实力的彰显,也有赖于国内政策的大力扶持。然而,远航的过程并不是一帆风顺的,甚至可以说荆棘丛生、困难重重,无论是能源矿业还是通讯互联网行业,因违反所在国法律而受到制裁案例并非少数;因所在国法律不完善而导致投资失败、损失惨重的案例也大量存在。根据世界银行公开制裁名单,截至 2019 年 6 月,世界银行制裁的中国企业数量达 54 家,如果考虑制裁中 1 家企业直接或间接控制的多家企业会被合并计算为 1 家企业的因素,被制裁企业数量达到 914 家,另外世界银行还对 8 名个人进行了制裁;上述制裁名单中,有 18 家企业和 4 名个人受到其他国际开发银行和世界银行实施的交叉制裁,其中有 2 家企业被非洲开发银行制裁,15 家企业和 2 名个人受到亚洲开发银行制裁,1 家企业与 2 名个人受到美洲开发银行制裁。表 2－2－3 列举的是一些"走出去"企业投资失败的典型项目。

**表 2－2－3　"走出去"企业投资失败的典型项目**

| 时间 | 事件 | 结局 |
|---|---|---|
| 2008 年 | 中钢集团 13.6 亿元收购西澳 Weld Range 铁矿项目 | 项目暂停 |
| 2009 年 6 月 | 中铝集团收购力拓 | 交易失败,力拓单方面毁约 |
| 2009 年 9 月 | 中海外波兰 A2 高速公路项目 | 赔偿 2.7 亿美元,且在 3 年之内不能参与该国一切工程项目的投标 |
| 2010 年 | 中国麦加高铁 | 亏损 40 亿元 |
| 2011 年 7 月 | 中国水电承建缅甸蒙育瓦莱比塘铜矿项目 | 两次停工 |
| 2012 年 9 月 | 中国铝业收购南戈壁项目 | 收购失败,损失惨重 |

企业如何不再重蹈覆辙,如何走上发展的快车道,如何在"走出去"的路上行稳致远,是合规亟须解决的难题。我们应当认真审视本土企业在一次又一次"走出去"的旅程中积累的经验教训,以事前合规为切入点,在"走出去"的企业中逐步建立起完善的合规体系,为他们扬帆海外保驾护航。

企业在"走出去"的过程中,受到重创的原因不一而足,但共同的原因不外乎对所在国的法律法规、交易习惯、风俗等不熟悉以及自身合规管理能力仍需提高。正是由于对所在国的不熟悉,才会有无法预测所在国相关政策的变化、所在国交易习惯和我国存在巨大差异等情况的发生，也正是因为合规管理水平不高，所以对风险的预测、研判和评估环节都出现了差错，难以妥善地应对和解决问题，导致了事态逐渐恶化，最终产生了严重的不利后果。

(二)合规的建设

“走出去”企业的事前合规应当根据上述分析分两步走，一是建立健全外部的法律风险库，二是提高自身的合规能力和水平(见表2-2-4)。

**表2-2-4 “走出去”企业的事前合规步骤**

| | | |
|---|---|---|
| 建立外部风险库 | 1. 尽职调查 | 1. 在政治方面，了解贸易相对国局势是否稳定，有无动乱、战争，进一步了解相对国政策的稳定性，政府对待国际贸易的态度和履约意愿的强弱；<br>2. 在经济方面，了解贸易相对国的经济发展状况，对相对国企业的交易习惯、政府出台的经济政策等有一定的掌握；<br>3. 在文化方面，关注贸易相对国人民的宗教信仰、文化习俗，尤其是在习惯法部分，重点关注有无禁忌事项；<br>4. 在社会方面，对贸易相对国人民对本国的态度、人民普遍的文化素质；<br>全面掌握了解后，对主要贸易相对国的法律法规进行梳理，并对其法治环境进行系统全面的评估 |
| | 2. 风险等级评估 | 将上述尽职调查的内容按照政治风险、经济风险、文化风险、社会风险进行分析，综合风险发生的概率、风险造成后果的严重程度等因素制定风险判断标准，做好风险编号排序划分等级的准备 |
| | 3. 风险入库管理 | 根据上述风险等级制定相关的应急方案。对于入库风险实施严格管理，进行周期性的排查并及时调整和更新相关信息。如果风险不再存在，可以移除出库；如果风险异常应当予以关注并监视其动态；如果风险增加，应当及时启动紧急预案并将情况上报，以便在第一时间处理(详见表2-2-5的分类) |

续表

| | | |
|---|---|---|
| 提高自身合规能力 | 1. 对外畅通多元化沟通方式与渠道 | 1. 通过驻外使馆等平等交流的方式与其所在国政府做好充分的沟通,尤其是约定争议解决条款;<br>2. 通过约定国际贸易仲裁等条款,充分利用法律武器维护海外贸易权利 |
| | 2. 对内提高自身的合规管理能力 | 1. 制度框架建设:建立完善的合规体系——构建规范有序的合规管理组织体系,建立合规管理双线汇报制度、确立合规风险控制三道防线及内部合规管理联动机制;建立健全符合法律法规、监管规定、行业准则等合规要求的合规管理制度体系;建立健全合规管理工作机制,包括合规审查机制、合规管理定期评估机制等;事前做好充分论证评估,根据风险等级进行排序,并对项目的风险、预期收益有大致的把握,随时根据风险等级做调整和预判。<br>2. 突出重点领域:关注反不正当竞争和商业贿赂、知识产权、劳动争议等方面的合规建设。<br>3. 组建合规管理队伍:聘用一定数量的贸易相对国法律人员协助进行合规队伍的建设和管理。<br>4. 营造合规文化:建立并完善激励员工行为奖励约束机制,定期举行合规宣传教育培训,编印集团合规管理手册、员工合规行为准则、起草合规承诺书;对外打造良好的社会责任感、企业形象,重视媒体公关的作用 |

风险入库管理分类见表2-2-5。

**表2-2-5 风险入库管理分类**

| 序号 | 风险分类 | 数量 | 风险名称 | 风险编号 | 责任部门 |
|---|---|---|---|---|---|
| 1 | 政治制度类 | 3 | 战争风险 | ZZ-01 | |
| | | | 政策风险 | ZZ-02 | |
| | | | 制度风险 | ZZ-03 | |
| 2 | 经济贸易类 | 2 | 贸易环境稳定性 | JJ-01 | |
| | | | 经济政策的稳定性 | JJ-02 | |
| 3 | 文化环境类 | 2 | 宗教信仰禁忌 | WH-01 | |
| | | | 习惯法上的禁忌 | WH-02 | |
| 4 | 社会背景类 | 2 | 国民素质 | SH-01 | |
| | | | 守信程度 | SH-02 | |

## 六、合规的正当性依据

### （一）事前合规

一般而言，企业的合规又分为事前合规和事后合规。事前合规体系建立的意义在于防范风险，厘清责任，有效切割单位责任与个人责任。事前合规的理论基础在于，企业是一个有独立意志的实体，企业的独立意志通过企业组织架构、企业规章制度、企业文化等内容展现出来，事前合规计划的意义在于帮助企业构建起权责分明的组织体系，出台一系列严格的规章制度，封堵企业制度方面可能存在的漏洞以及把控企业管理上的风险。

如果企业有一套行之有效的合规制度，企业可以通过合规制度体现自己守法的意志，那么当企业员工或者高管自己实施了违法行为时，企业就可以通过“没有责任就没有刑罚”的责任主义原则进行抗辩，有效地隔离企业责任与个人责任，企业不会因为自然人实施了犯罪行为而受牵连，这能在最大限度上保障企业的合法权益。

简言之，事前合规计划是责任主义原则下的企业在尽到自身责任之后不用为自然人行为负责的事实依据。责任主义阐述的是自然人基于自由意志能够选择自己的行为，所以当自然人在有选择自由的情况下仍然实施了犯罪行为，那么该自然人就要对自由选择的行为承担责任。对于企业而言也有自己的自由意志，其意志集中体现在公司的章程中，相较于自然人而言，公司的自由意志受限制颇多，但限制并不是禁止，不能以此否认公司其实也具有一定程度的自由选择的权利。公司围绕经营范围展开日常的生产经营活动，以自己的独立财产承担责任，这无不体现着公司的意志，而当有多种方式来选择实现盈利最大化的目标时，企业选择了违法犯罪行为，毫无疑问，此时企业应当为自己的选择承担责任；但是，如果企业选择了合法行为，并且在日常生产经营活动中践行合法经营的理念，当违法犯罪行为的发生不可归咎于公司时，再让企业承担违法犯罪责任，似乎显得强人所难。

就此而言，需要在观念上进行改变，传统的以替代责任和无过错责任为基础搭建的单位责任理论，需要结合当前现状进行调整。在人们的潜意识中，企业似乎并不存在独立的意志，企业的意志总是与企业的高级管理人员或者说实际控制人联系在一起。以安达信为例，人们不会强烈要求处罚销毁文件的职员，而是一再要求追究其高级管理人员的责任。因为在人们看来,尤其是面对安达信这样的大型公司,其内部的职工不过是没有自我意志的单纯执行命令的机器,这一切的始作俑者当然是职工所任职的大型企业,尤其是当企业达到一定规模、拥有雄厚的财力和不可小觑的社会影响力时,内部职工不过是其违法犯罪的傀儡,而大型企业的背后还有实际的操纵者,他们为了实现自己的利益或者其他诉求,利用企业制定不合理甚至违法的规章制度,而职工只能被迫服从。这时企业的实际控制人和企业拥有同一个意志,这种错综复杂的关系的确难以厘清。由此可见,对于企业是否具有独立意志这个问题,人们的观点是矛盾的,矛盾的根源就在于,企业什么时候拥有自己独立的意志,什么时候企业的意志又依附于企业的高级管理人员或者说实际控制人而存在。

企业的自由意志是企业承担责任的理论依据,事前合规扮演的角色就是确认企业具有自由意志,将企业的意志与企业内部员工的意志相分离,将企业的意志与企业高级管理人员或者说企业的实际控制人相分离。这就是"雀巢——企业合规无罪抗辩第一案"背后体现出来的法理,也是对为什么有效的事前合规能够帮助企业免受刑事处罚的根源。事前合规计划就是搭建合规管理体系、制定合规管理制度、建立合规运行机制和合规保障机制、营造企业合规文化,通过其有效运行来帮助确认企业有自己的独立意志,在后续切割单位和自然人责任方面发挥重要作用。

建立"以单位出罪为原则,以单位入罪为例外"的单位犯罪二元责任追究制度面临着理论和实践中的双重困难,但并不意味着毫无头绪。单位若是做好了事前合规建设,完全有可能在可能涉及重罪的情况下仍然达到合规不起诉的要求。以雀巢案件为例,在该案中,单位责任和职工个人责任得到了有效的切割,而认定的关键就在于雀巢公司让员工签署了承诺书,进行了有效的合规制度建设,并做好了记录留痕工作,从而实现了单位与个人刑事责任的分离,这样的分离不仅在侵犯个人信息罪中有效,也可以将其推而广之适用于更多的领域。就理论角度而言,单位具有自己的独立意志,该独立意志可以通过单位的组织架构、单位的制度规范、单位的企业文化等反映出来,因此,如果单位能够证明其内部有一套行之有效的合规制度,那么即便是出现了违规行为,也可以据此实现单位与具体个人之间的责任分离。探讨重罪合规时的理论支撑其实和探讨合规不起诉的正当性依据是一致的;对于重罪合规而言,需要研究的也应当是如何证明企业有一套行之有效的合规制度，或者说有一套有效合规制度的评价标准，这才是讨论重罪合规的重点所在。

（二）事后合规

不同于事前合规计划，事后合规计划之所以能达到不起诉的效果，不再是基于责任主义原则，而需要从惩罚和预防两个方面出发寻找理论依据。

事后合规计划，按照其发挥的作用又可进一步细分为合规不起诉以及合规减轻处罚。合规不起诉是目前刑事合规试点改革的重点内容，企业可以在涉嫌犯罪之后自愿申请或者由检察院依职权开展合规工作，企业作出合规承诺，并自愿在第三方机制专业人员的监督评估之下，根据具体情况制订专项或者多项合规计划，由检察院对企业有效合规整改情况进行评估验收，如果最终通过，那么检察院可以不起诉。

为什么涉案企业通过了有效合规整改验收就能实现不起诉的结果呢？这是刑事合规必须直面的理论机理问题。笔者认为，惩罚和预防的必要性程度降低，或许可以作为企业合规不起诉的两个理由。[①]

1. 就惩罚必要性程度降低来说，单位犯罪与自然人犯罪在道德上的可谴责性是有高低之分的，之所以会出现这种差别，或许源于单位和自然人本质上的差异。在自然人所能实施的犯罪中，受到非议和责难最严重的犯罪当属直接侵害个人生命安全、身体健康权益的犯罪，尤其是故意杀人罪、故意伤害罪等，当行为人采取一些残忍的方式或手段实施时，直接挑战着整个社会的底线，刺激着文明社会的神经。因此，每当这类罪行发生时，大众会产生强烈的正义感，这种正义感不仅要求将罪犯绳之以法，更要求罪犯受到的惩罚与其恶劣行为程度相当，甚至受到更为严重的处罚，以此警示其他潜在的行为人。

就此意义而言，人们对犯罪行为在道德上的谴责性程度与罪行的严重性程度成正比。因此，当单位作为犯罪主体时，单位实施犯罪行为后并不会面对太多道德层面的非难，单位能够实施的犯罪罪名有限，单位实施犯罪的行为方式也有限，更为重要的是，无论何种单位有何犯罪行为，该行为最终皆是借具体自然人的手予以实施，因此，单位犯罪不会面临过多的道德层面的谴责。就单位能够实施的罪名来看，我国《刑法》规定“以处罚自然人为原则，以处罚单位为例外”。

---

① 参见张明楷：《责任刑与预防刑》，北京大学出版社2015年版。

我国《刑法》第30条规定，“公司、企业、事业单位、机关、团体实施的危害社会的行为，法律规定为单位犯罪的，应当负刑事责任”。因此，只有法律明确规定为单位犯罪的，才能追究单位的刑事责任。综观我国《刑法》规定，单位能够构成的犯罪主要散落在第三章“破坏社会主义市场经济秩序罪”中；当然，在其他诸如危害国家安全罪、危害公共安全罪、妨害社会管理秩序罪中也有部分犯罪的主体可以是单位。就其数量而言，《刑法》中对单位犯罪罪名的规定远少于自然人所能触犯的罪名；就其内容而言，单位犯罪更侧重于宏观的经济领域、经济管理秩序、社会管理秩序等与日常的生活相去甚远的层面，难以与我们的日常生活产生共鸣，这天然的差距缓解了单位犯罪时人们在道德上的非难情绪。

对此，可能有反驳意见认为，虽然单位能够实施的犯罪罪名有限，但从结果的角度观之，有的罪名也能产生和故意杀人罪或者故意伤害罪相等同的剥夺自然人生命或者严重损害自然人身体健康的后果，并且单位所触犯一些罪名背后保护的是双重法益。同样是造成自然人伤亡的结果，以自然人实施故意伤害或者故意杀人的行为相比，企业实施类似的犯罪往往会导致不确定的多数人面临生命健康的危险，虽然生命法益不能单纯地以数量来衡量，但单位犯罪在生命法益之外还侵犯了其他类型的法益，显然较之自然人犯罪更值得谴责。以重大责任事故罪为例，一个从事建筑工程的企业，违反相关的安全管理法规之规定，强令工人违章作业，最后造成了数名工人伤亡的严重后果。该企业的行为一方面侵害了工人的生命，另一方面威胁到了公共安全。单纯地从犯罪造成的后果来看，相较于自然人犯罪，单位犯罪造成的危害往往有过之而无不及的效果，犯罪行为造成法益侵害的结果虽为惩罚必要性考量的因素之一，但并非全部因素。因此，不能仅站在结果的角度对比单位和自然人惩罚必要性的大小。

因此，笔者认为，对于单位惩罚必要性的判断应该结合单位犯罪的特点展开分析。试举一例进行说明，当单位实施了诸如偷逃税款或者是虚开发票等违法犯罪行为时，人们会对涉案公司有不满的情绪以及进行否定性质的评价，但不满情绪和否定性评价的强烈程度远低于犯罪行为发生在生活领域时人们会有的反应。抛开不同领域的犯罪行为不谈，即使是同样的犯罪行为，人们对于单位和个人的谴责情绪也是有所差异的。近年来，影视娱乐明星、网红主播等高收入群体通过各种方式偷逃巨额税款的新闻屡见不鲜，其处以罚款的倍数也是履创新高，此类新闻一旦曝光，便会引发一众热议，铺天盖地的谴责不会迟到，行政处罚也不会缺席，尤其是对社会公众人物而言，此类新闻的曝光无疑敲响了他们职业生涯的丧钟。但是，与之相对应的是，当单位偷逃税款被曝光时，人们的反应明显不那么强烈。笔者猜测背后原因大概有二，其一，在人们普遍的观念里，单位多是一种空泛的、抽象的经济学上的概念，它不是一个血肉鲜活的实体，更像是由一些空洞的组织架构和制度堆砌而成的空壳，并且无论单位体积和规模如何巨大，其内部的运作规则如何精密复杂，所有规章制度的贯彻落实都离不开单位背后实实在在的人的决策和执行。因此，单位犯罪被曝光之后，针对单位的谴责往往不如自然人那么“强烈”，或许是这个经济实体大而空洞的原因，对单位的谴责就仿佛打在棉花上，除非大家在认知上达成一致，一起形成一股合力，自觉地展开抗议或者是抵制的活动，否则难以对单位造成真正的影响。其二，正如法益的重要性程度有高低之分一样，犯罪行为在道德上受谴责的程度也会因罪名而异。越是贴近日常生活的犯罪，就越容易激起人们情感上的共振，离日常生活越远，人们的反应相对就不那么激烈。这或许能够回答之前反驳意见中提出的问题，在某些情况下，单位实施的犯罪不仅使社会主义市场经济秩序遭到了破坏，也给国家管理制造了麻烦，甚至侵犯了自然人的身体健康和生命法益，这样双重损害的结果，不比自然人犯罪更值得刑法上的惩罚吗？其实不然，即便是侵害了双重法益，但如前所述，单位所触犯的罪名仍旧是《刑法》规定在第三章“破坏社会主义市场经济秩序罪”中的罪名，并非被规定在“侵犯公民人身权利、民主权利罪”一章中的罪名。这意味着，对于单位这类法定犯而言，国家所欲保护的重点仍落脚于宏观意义上的管理秩序或者与公共有关的权益，但这并不是对公民的生命权或者身体健康权的否定，只是体现了一种价值选择。在单位能够实施的犯罪罪名里，单位的行为在破坏管理秩序或者危害公共安全之余，可能会附带地造成其他伤害，但是这与自然人犯罪具有明显的差别。就主观目的而言，虽然单位可能意识到自己行为会造成自然人生命或者身体健康受损的结果，并对该结果的发生持无所谓的态度，但归根结底，单位并不是在故意伤害自然人，这一点是与自然人实施故意伤害行为时最大的不同。例如，一些企业在追求利益最大化的过程中可能会无视法律法规禁止性规定，突破道德底线和法律红线开展生产经营活动，这时企业就会因此受罚。但企业受罚的原因是其实施了违法行为，该违法行为导致了相应的后果，行为与结果之间必须具有因果关系，并不是只要存在自然人伤亡的结果，企业就应面临处罚。

当前我们身处重视风险管理的社会，尤其需要平衡好企业经营发展与法律风险之间的问题。以高科技企业为例，科技固然改变了生活，但科技改变生活的过程并不是一帆风顺的，正如电子产品有不断的更新迭代一样，新兴技术也需要经历从萌生到成熟的变化，这背后必然需要付出一定的代价。举例而言，在一些新兴技术产品问市之初，可能存在或大或小的疏漏，即便该产品上市前经历过成千上百次的实验，但百密仍有一疏。但当以一种长远的眼光审视，为了社会的发展进步，我们应当在能够承受的范围内忍受这种风险的发生，这无外乎也是一种利益冲突时的衡量与选择。

当前受新冠肺炎疫情的影响，民营经济的发展难言顺利，如何激发民营经济的活力，如何为中小型企业创造更好的经商环境值得思考。企业合规试点改革就是在这样的政策背景下出台的，这背后也体现了一种价值选择。对于民营经济而言，其经营面临最大的风险就是刑事风险，因此，如果能够免去企业的后顾之忧，让企业轻装上阵，将激活企业的无限潜能。如前所述，企业的内在驱动力是盈利，企业实施的违法犯罪行为也是围绕着利益最大化而采取的措施，其并不专门针对自然人的生命和身体健康等权利。对于发生在日常生活之外的犯罪行为，由于人们道德上的谴责感不强，并且该类法益并非破坏了就无法修复的法益，因此，当前的重点是如何划定发生在日常生活之外的犯罪行为的范围。[①]

在此，笔者以犯罪行为涉及的领域为横坐标，以犯罪侵害的法益为纵坐标（见图2－2－2），横坐标按照与日常生活紧密程度排序，离原点越远就表明与日常生活关联度越低；纵坐标按照被侵害的法益重要性程度排序，离原点越近就表明该法益相对而言更为重要。由于有些犯罪侵犯了不止一个法益，而同样的法益不止存在一个领域，因此，可以借助该正比例函数进行判断，首先确定该犯罪行为所处的范围，如犯罪行为越靠近原点则该行为在道德上受谴责的程度越高。这会许可以解释为什么当自然人和单位同样实施了偷逃税款的行为时，少见对单位进行责难。对于单位而言，偷逃税款属于生产经营领域的行为，该行为造成了国家税款的流失，侵害的是国家税收管理秩序，该行为与原点有一定的距离，因此，人们在道德上的谴责相对于自然人而言并不那么强烈。[②]

---

① 参见庄绪龙：《“法益恢复”刑法评价的模式比较》，载《环球法律评论》2021年第5期。

② 参见蔡道通：《特别法条优于普通法条适用——以金融诈骗罪行为类型的意义为分析视角》，载《中国检察官》2016年第1期。

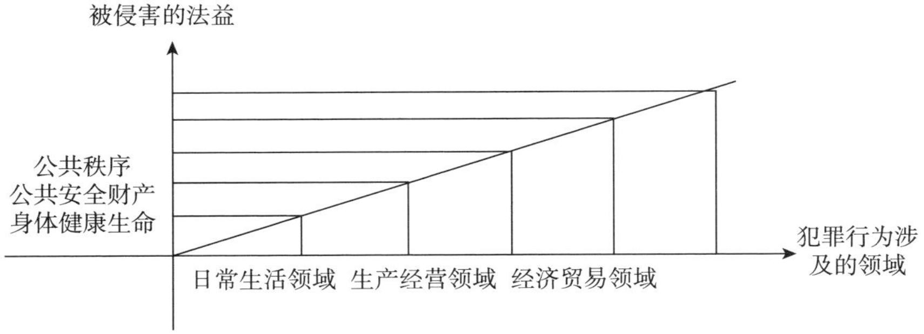


**图 2-2-2　犯罪涉及的领域与犯罪侵害的法益之间的关系**

就单位实施犯罪行为的方式来看,单位这个概念难以与犯罪手段极其残忍挂钩。因为“犯罪手段极其残忍”是传统自然犯观念中衍生出来的概念,作为加重处罚情节之一,“犯罪手段极其残忍”的背后淋漓尽致地展现了道德观念上强烈的否定评价,什么样的行为能够被评价为“极其残忍”,其实以社会一般人的标准进行判断就能得出结果,当行为人实施犯罪时使用的工具、实施犯罪行为的方式、犯罪行为的实施过程等已难为社会大众所接受,并受到了一众“残忍”的评价时,其犯罪手段已属极其残忍了。但是,怎么认定单位“犯罪手段极其残忍”,是个不小的挑战。一方面,虽然单位是法定犯,但是在单位中具体的犯罪行为都由自然人实施,“犯罪手段极其残忍”的评价应当归属于谁,换言之,该犯罪手段究竟是自然人的意志还是单位的意志,难以进行区分;另一方面,单位无法实施杀人放火等自然犯行为,而“犯罪手段极其残忍”又是脱胎于自然犯范畴中的概念,那么如何认定法定犯中的“极其残忍”,以何标准进行评价,或者说在法定犯中有无使用“犯罪手段极其残忍”的必要,都存在疑问。可见,“犯罪手段极其残忍”无法原封不动地适用于单位犯罪领域,甚至其存在的必要性都面临怀疑。这其实也说明了在道德领域,人们对待单位犯罪和自然人犯罪的不同态度,法定犯面临的道德非难确实不如自然人犯罪所面临的道德非难。

对此可能有反驳意见认为,“犯罪手段极其残忍”在单位中也有立足之地,只是单位的“残忍”需要重新加以解释。举例而言,销售小汽车的大型企业由于设计上的缺陷导致汽车刹车存在严重的安全隐患,但厂商在消费者向其反映该批次汽车刹车系统存在问题时仍无动于衷,不采取任何召回措施,甚至发布声明称该批次的汽车刹车系统不存在任何隐患,最终数名消费者因为该批次汽车的刹车问题不幸失去生命。在这个案例中，企业在知道其生产的汽车刹车系统可能存在问题之后，不仅没采取积极的召回措施，反而对消费者置之不理，甚至发布声明称其产品不存在任何安全隐患，这种对待生命漠视态度和逃避责任的处理方式不可谓不残忍，因为这一切本可以避免，只要厂商重视消费者的反映并及时采取召回措施，厂商自然应该为消费者伤亡的结果负责，但厂商的行为能够算作“残忍”吗？此时，应当结合法定犯的特点对单位“犯罪手段极其残忍”进行阐释。

单位实施犯罪行为的方式是受限的，但是如果存在一种单位意志或者单位文化，迫使单位员工除了实施犯罪以外再无其他选择，在精神上给职工造成了强烈的压制，这或许也能作为“犯罪手段极其残忍”的考量因素之一。此时，单位职工只是单位实施犯罪行为的工具，单位虽然没有直接实施侵犯法益的行为，但这种精神上的胁迫与教唆，其实质与间接正犯无异。

从另外一种角度来说，如果单位直接实施了侵犯法益的行为，那么可以从单位实施犯罪行为时的主观心态、实施犯罪行为的手段方式以及对结果加重的大小综合判断其性质能否被评价为“残忍”。这一点其实借鉴了自然犯领域对“残忍”的评价，就大众普遍的认知中，“残忍”的程度其实与被害人（或者被侵害的法益）遭受的伤害的严重程度成正比，尤其是行为人使用了本不必要的手段造成了法益遭受严重损害的后果时，行为人的行为就更值得被谴责。

综上，对于法定犯而言，犯罪手段极其残忍应当根据以下标准判断：首先，应当判断单位的犯罪行为属于直接还是间接的侵犯法益的行为；其次，如果是直接侵犯法益的行为，那么应当结合单位犯罪的主观心态（对侵害法益的后果有一定程度的明知，如通过消费者投诉或者反映知道产品存在危害消费者身体健康；或者明知生产食品、药品的原材料有较大的副作用，对人体健康构成了威胁等），单位实施罪行为的手段方式（应当根据不同领域的犯罪具体分析，以重大责任事故罪为例，如果企业有强令工人违章作业的行为，那么着重考虑的因素为企业采取强令的方式、强令的程度等）以及法益受侵害的严重程度（按照法益重要性程度进行排序，结合法益性质——可否修复等）进行认定；最后，如果是间接侵犯法益的行为，即单位将自己犯罪的意志通过制度或者文化强加于自然人，最终由自然人被迫实施具体的犯罪行为时，判断的标准应当是该种文化或者制度对员工精神上的压迫程度。

因此，“犯罪手段极其残忍”在单位犯罪中也可以有一席之地，只不过若想在道德上唤起人们在对单位实施犯罪行为的强烈谴责，应结合法定犯的特点从观念上改变对“犯罪手段极其残忍”的理解。不过，无论按照何种标准去评价“犯罪手段极其残忍”，相较于自然犯而言，单位犯都难以匹敌，其惩罚必要性也随之降低。

2. 就预防必要性程度降低来说，当检察院最终验收通过了企业的事后合规计划时，一定程度上反映了企业的再犯可能性降低，结合当前刑罚轻缓化的现状，如果能够通过有效的合规计划给企业一个改过自新的机会，那么没有必要动辄对企业祭出刑法的大棒。尽可能降低刑罚适用的频率，贯彻落实少捕慎捕的理念，对激活民营企业的活力至关重要。

第一，事后合规计划经检察院验收通过后客观上表明企业再犯可能性不大。首先，根据《建立第三方监督评估机制的指导意见》的相关规定可知，能够适用合规不起诉的前提是企业自愿以及企业承诺开展合规计划，这反映了企业主观方面已经意识到了自己的行为为法律所禁止，并且有强烈的悔罪情绪，合规计划在某种程度上重塑了企业对法律的敬畏感。其次，仅存在主观上的悔罪心态是远远不够的，再犯可能性不大还需要有客观上的保障，经检察院验收通过，才是证明再犯可能性降低的有力依据。因为事后的合规计划是企业在涉嫌违反犯罪之后，根据企业此前暴露出的在制度或者监管方面存在的问题而进行的补缺和改善，目的就是封堵已经存在或者潜在的漏洞，只有该合规计划经验收通过，才能证明合规计划有效，有效就意味着合规计划确实起到了防火墙的作用，否则，凭借纸面合规或者粉饰合规根本无法说明企业再犯可能性降低。因此，再犯可能性降低是在主观与客观的结合之中展现的，企业自愿和承诺合规是主观方面悔罪心态的表现，经验收合格则是从客观方面体现了企业再犯罪的可能性不高。

第二，刑罚轻缓化是当前的大趋势，尤其是对于单位这种法定犯而言，单位犯罪侵犯的法益往往和宏观层面的管理秩序等联系较为密切，该类法益受损害之后仍可以修复；并且受制于单位组织性质等原因，单位实施的罪名以及实施犯罪的行为方式都有限，如前所述，人们对于单位犯罪在道德上的谴责感也明显低于自然人犯罪。总而言之，除非单位犯罪造成了严重的危害，一般情况下应当尽可能地避免对单位犯罪苛以重刑。

第三，对于其他不涉案企业而言，合规建设的重要性得到了彰显。涉嫌犯罪的企业通过有效的合规计划获得不起诉的结果，不但是宣传合规重要性的最佳方式,而且能使企业不会存有侥幸心理想着反正犯罪之后还有合规不起诉的兜底,之前的犯罪行为不会予以追究。原因是,首先,合规不起诉也是有条件的,并非所有的企业都能无门槛的适用合规不起诉,并且要通过检察院严格的评估验收,否则检察机关为民营企业保驾护航的初衷就会变质,检察机关的"厚爱"并非"溺爱",合规不起诉是为了让企业免去刑事风险更好地发展,而不是为企业违法犯罪大开方便之门;其次,基于犯罪成本的考量,虽然有效的合规计划能够帮助企业免被起诉,但是事后合规计划所要花费的时间、经济成本远远高于企业进行事前的合规建设,更高于企业合法合规经营。因此,对于其他不涉案企业而言,最优的选择是做好事前的合规建设,而不是在事后花费更多的时间、经济成本去不断地完善整改。因此,这对于其他存有侥幸心理的企业来说,反而是一种警示,宣传了合法经营的重要性。

针对企业重罪来说,如何从轻罪平稳过渡到重罪的合规,值得思考,但这并不意味着不可行。可以先选择某些领域的罪名作为试点,逐步推进重罪领域的合规。以何标准选择,可以参考该罪名所处的领域、该罪名所侵害的法益等来进行选择,尽量选择一些离日常生活领域较远的、侵害的法益较为单一的、犯罪造成的后果不严重或者社会影响不恶劣的罪名。

(三)重罪合规

合规不起诉试点改革自 2020 年启动至今,已经积累了两年的经验,在这两年中最高人民检察院先后发布了两批合规不起诉的指导案例,全国范围内也办理了多起合规不诉的案件,各省、自治区、直辖市根据自己办案经验的积累总结形成了地方特色的试行制度和规范。可以预见,在不久的将来合规不起诉试点改革将更加完善和成熟。如今,合规已经蔚然成风,在法律之外,其他行业也都紧跟着合规的风向规范自己行业的发展。可以说,合规不起诉试点改革在初期取得了丰硕的成果,在探索中我们找到了具有中国特色的合规改革试点的方式。不过,在合规改革试点工作积极稳健推进的同时,还有一些问题需要我们的关注。比如,重罪合规工作应当如何推进?合规试点工作的成果有目共睹,关于合规理论上的讨论仍在如火如荼地进行,但是,在推进重罪合规的过程中我们仍免不了直面一些难题,首先需要回答的就是重罪合规这一步是否迈得过大,重罪合规背后的理论支撑是否足够坚实。

在回答这个问题之前,需要对重罪合规下个定义。所谓重罪合规,是指可能判处3年以上有期徒刑的涉企单位犯罪案件。重罪合规与正在进行的合规改革其实并无本质上的区别，其理论机理与普通的合规不起诉并无二致，但由于重罪合规涉及的是可能判处3年以上有期徒刑的案件，因此，在进行合规建设时需要慎之又慎。

就理论的角度而言，重罪合规与合规不起诉之间的关系其实就是特殊性与普遍性之间的关系。由于涉案企业的行为造成了更加严重的后果或者是触犯了加重情节，企业得到了刑法上更为严厉的否定性评价，这构成了重罪合规的特殊性；但重罪合规在性质上仍属于合规的一部分，其理论机理与合规不起诉一脉相承，合规应具备的要素重罪合规也一应俱全，合规适用的前提条件也同样适用于重罪合规。需要给予特别关注的是，重罪合规在合规的普遍性之外有自己更严格的要求，这既是应然层面上其自身特殊性的要求，又是实然层面上针对问题所必须作出的回应。

因此，积极稳妥地推进重罪合规必须尊重重罪合规的特殊性，在普通的合规不起诉基础之上设置更为严格的适用条件，这又体现在以下两个方面：

第一，相较于普通的合规不起诉而言，重罪合规有更多程序上的限制。如此方能回应在推进重罪合规的过程中人们对其公平性可能产生的质疑。这也是单独讨论重罪合规的原因——当涉及可能判处3年以上有期徒刑的单位犯罪案件时，人们的道德谴责感将会变得强烈，此时需要在合规不起诉的探索中把握好企业发展与社会舆论之间的平衡。妥善地处理重罪合规，既要符合法律的规定，又要直面舆论的质疑，解决的办法只能是搭建起沟通的桥梁，找到法律规定与社会认知二者之间的连接点，消除公众的疑虑。

具体来说，可以通过增加“征求相关方意见”这一程序，将相关方意见作为检察院决定是否对涉案企业开展合规不起诉的重要考量因素，保障重罪合规的公平性。“相关方”范围的确定因案件而异。具体而言，当案件造成了人员的伤亡，即涉案企业侵害了自然人的生命、身体健康等法益时，此时的相关方为受害者本人或者是受害者的亲属；当案件破坏了金融管理秩序或者是其他公共秩序时，此时的相关方为涉案企业所在地的行政机关；当案件导致了生态环境的破坏时，此时的相关方应为生态系统遭到破坏的当地的行政机关（环保局、自然资源保护局等），当然在这种情况下由于受到损害的不是关乎具体个人、特定群体的法益，而是关系到子孙后代利益的公共利益，无论如何审慎都不足为过，甚至可以在征求上述行政机关的意见之后再召开听证会听取社会公众的意见。

总而言之，对于重罪合规的案件，检察机关应该询问并充分考虑上述相关方对涉案企业开展合规工作的意见，并将其意见记录在案，以达到回应舆论质疑、保障公平公正的作用。

第二，相较于普通的合规不起诉而言，重罪合规在决定对企业不起诉的同时，需要严格追究自然人的责任。在检察院作出同意对涉案企业开展重罪合规建设的决定之后，需要将涉案企业与具体责任人分开，对于具体责任人应当依法追究其刑事责任，而不能对其适用不起诉。这是因为，合规不起诉一直以来针对的主体就是企业，但因为考虑到自然人的特殊身份，所以才会出现对自然人的例外适用。

首先，由于企业按照不同的标准可以分为不同类型，而在部分民营企业中，企业实际控制人、经营管理人员以及关键技术人员扮演着企业主心骨的角色，在企业中经营发展中具有举足轻重的地位，特别是在一些规模较小、人和性特征较为明显的企业里，企业能否更好地经营发展，往往是这类人员发挥着决定性作用。离开他们，企业将难以正常经营，如果这类人员身陷囹圄，那么企业将无法正常运转，这对企业的打击是毁灭性的。正是考虑到这一点，所以才有《建立第三方监督评估机制的指导意见》第3条①规定的出台，从目前全国各地的具体实践来看，也不乏对这类人员的不起诉案件。

其次，《建立第三方监督评估机制的指导意见》第3条只是针对这类具有特殊身份的人员可以申请适用第三方机制的条件的规定，这类人员最终能否获得不起诉的结果最终仍取决于企业合规计划能否通过验收。是否能够申请与能否获得不起诉的结果，是两个完全不同的问题。这也侧面印证了，合规不起诉改革的出发点与落脚点仍在于企业。因为合规计划有效，企业在执行完该合规计划之后对之前犯罪行为造成的损害进行了弥补，或者说封堵了潜在的犯罪漏洞，这才是自然人能够获得不起诉结果的决定性因素。换言之，这类人员能够获得不

---

① 《建立第三方监督评估机制的指导意见》第3条规定，对于公司、企业实际控制人，经营管理人员，关键技术人员，当他们实施了与生产经营活动密切相关的犯罪案件时，也可以适用第三方机制。当然，针对自然人的适用时，也要有明确的条件限制，除了这类人员实施的是与生产经营活动密切相关的犯罪外，还应考虑他们所在的企业的规模、类型，他们在企业中实际所处的地位及作用等因素，否则，例外规则将沦为这类人员为自己开脱的借口。

起诉的结果，与企业合规计划的完成情况密不可分。之所以能够获得这样的优待，得益于他们对企业的贡献，这种贡献应该是在帮助企业完成合规计划的过程中体现，合规计划由他们参与制定、指导并顺利执行。只有当他们属于企业开展合规建设中不可或缺的一部分时，他们才拥有了申请适用第三方机制的正当性，而最终决定他们能够获得不起诉的结果是企业的合规计划通过验收。由此观之，在正常合规不起诉的情况下，这类人员与涉案企业的命运紧密相连，融为一体。

但是，重罪合规中自然人恐怕不能获得这样的优待。在重罪合规中，当涉案企业的合规计划通过验收获得了不起诉的结果时，仍需要依法追究责任人的责任。就此而言，在重罪合规中将单位和自然人的责任分开的说法也能够保证逻辑上的自洽。在此需要重申责任主义原则，并排除自然人在合规不起诉中的例外适用。所谓责任主义原则即从组织体责任论的角度出发将企业视为有独立意志的个体，企业只对自己的行为负责，企业的责任本就应当与自然人的责任分开。排除自然人在合规不起诉中的例外适用，是指在重罪合规中只能够申请合规不起诉的主体只有企业，不再包括具有特殊身份的自然人。

如前所述，合规不起诉能够针对自然人适用本就是原则中的例外情形，在一些人和性特征较强的企业中，由于对人的高度依赖，使得这类特殊人员在涉案企业的合规建设中起到至关重要的作用，如果缺少了他们，企业的合规建设可能难以执行。所以，在秉持合规建设以企业为主原则的情况下，可以允许例外的存在。然而，例外只是用来证明原则，合规不起诉中的原则主体仍是仅针对企业。在重罪合规这种特殊的合规不起诉的情形下，既然要在程序上设置更为严格的条件，就应该排除例外的适用。

最后，回到重罪合规的问题上，谨慎地对待重罪合规要求在涉案企业开展合规建设时，需要更多程序上的限制以保证公平。这些限制体现在：对于涉案企业而言，在检察院作出同意开展合规建设的决定之前，需要增加听取相关方的意见这一必不可少的程序。对于责任人而言，重罪合规中没有例外原则的适用。重罪合规的情况下需要将企业责任和个人责任严格区分开，当企业满足合规不起诉的条件时，仍然可以对企业适用合规不起诉，而具体自然人需要被依法追究相应的责任。

当然，合规试点改革不仅包括合规不起诉，还包括合规不批捕以及合规从宽量刑。企业哪怕未能建立起事前的合规体系,或者企业未能获得合规不起诉的结果,但企业仍有在量刑层面获得从宽量刑的机会。

## 七、涉案企业合规的建设、评估和审查

在企业合规建设通过验收即可能获得检察机关不起诉的对待面前,如何在程序上加强“严管”,以避免合规不起诉被滥用或者变质的结果出现,成为横亘在检察机关和第三方监督评估组织面前的难题。《建立第三方监督评估机制的指导意见》出台后近 1 年的时间里,在凝结了众多合规不起诉案件的经验之上,中华全国工商业联合会、最高人民检察院、司法部、财政部、生态环境部、国务院国有资产监督管理委员会、国家税务总局、国家市场监督管理总局、中国国际贸易促进委员会九部委于 2022 年 4 月 19 日颁布了《涉案企业合规建设、评估和审查办法(试行)》(以下简称《合规建设、评估和审查办法》)。

《合规建设、评估和审查办法》共五章 23 条,分为总则、涉案企业合规建设、涉案企业合规评估、涉案企业合规审查、附则五个部分。主要从涉案企业合规建设、评估、审查三个环节进行规定,为实践中涉案企业合规建设、评价指明了方向;曾困扰着检察机关和第三方机制专业人员的关于“合规计划的可操作性”以及“合规计划有效性”的判断标准等诸如此类的问题,如今迎刃而解。下文将针对《合规建设、评估和审查办法》的有关内容展开具体的解读。

(一)总则

第一章总则部分,从涉案企业合规工作的界定和合规工作可能产生的结果两个方面展开了说明。

第 1 条规定,“涉案企业合规建设,是指涉案企业针对与涉嫌犯罪有密切联系的合规风险,制定专项合规整改计划,完善企业治理结构,健全内部规章制度,形成有效合规管理体系的活动。涉案企业合规评估,是指第三方监督评估组织(以下简称第三方组织)对涉案企业专项合规整改计划和相关合规管理体系有效性进行了解、评价、监督和考察的活动。涉案企业合规审查,是指负责办理案件的人民检察院对第三方组织的评估过程和结论进行审核。针对未启动第三方机制的小微企业合规,可以由人民检察院对其提交的合规计划和整改报告进行审查”。

该条传递了以下三个方面信息:第一,涉案企业的合规整改计划一定是专项

合规计划。即便《合规建设、评估和审查办法》第 21 条指出涉案企业应当“以全面合规为目标、专项合规为重点”,但是决定涉案企业合规计划主要内容和最终建设结果的仍是专项合规部分。因此,涉案企业在制定合规计划时切忌贪大贪全,一定要紧密结合企业具体涉嫌犯罪的情况有的放矢地拟订。

第二,涉案企业合规评估和合规审查属于两个不同的环节,二者在主体和对象方面均存在区别。涉案企业合规评估的主体是第三方监督评估组织,评估的对象是涉案企业的专项合规整改计划和相关合规管理体系的有效性;涉案企业合规审查的主体是检察院,审核的对象是第三方组织的评估过程和结论。这与此前颁布的《建立第三方监督评估机制的指导意见》的内容是相吻合的,《建立第三方监督评估机制的指导意见》第 14 条第 1 款提到,“人民检察院在办理涉企犯罪案件过程中,应当将第三方组织合规考察书面报告、涉案企业合规计划、定期书面报告等合规材料,作为依法作出批准或者不批准逮捕、起诉或者不起诉以及是否变更强制措施等决定,提出量刑建议或者检察建议、检察意见的重要参考”。不难看出,《合规建设、评估和审查办法》在《建立第三方监督评估机制的指导意见》的基础上,进一步地明确了检察机关将对第三方机制的评估过程和结果进行审核,以此确保参考评估结论依法作出的不批准逮捕、变更强制措施、不起诉的决定,以及提出的从宽处罚的量刑建议的客观性和公正性。

第三,未启动第三方机制的小微企业的合规计划直接由检察院审查,说明并非每一个企业都具备开展合规建设的规模和能力,所以就小微企业而言,不必引入第三方监督评估机制,而是可以通过直接制定合规计划并照此进行整改的方式,由人民检察院对其提交的合规计划和整改报告进行审查,如此一来可以避免给小微企业增加不必要的负担。

第 2 条规定,“对于涉案企业合规建设经评估符合有效性标准的,人民检察院可以参考评估结论依法作出不批准逮捕、变更强制措施、不起诉的决定,提出从宽处罚的量刑建议,或者向有关主管机关提出从宽处罚、处分的检察意见。对于涉案企业合规建设经评估未达到有效性标准或者采用弄虚作假手段骗取评估结论的,人民检察院可以依法作出批准逮捕、起诉的决定,提出从严处罚的量刑建议,或者向有关主管机关提出从严处罚、处分的检察意见”。

根据第三方机制对涉案企业的评估结果,检察机关可以视情况给予涉案企业刑法激励和行政监管激励,实质上表达了两层意思:第一,涉案企业合规建设有效性的审核权和是否起诉的决定权属于检察机关;第二,涉案企业进行合规建设达到有效性的标准之后,能够获得刑法或者是行政监管上的激励。前者包括不批准逮捕、变更强制措施、不起诉,以及从宽处罚的激励,后者包括向有关主管机关提出从宽处罚、处分的检察意见的激励。当然,获得激励的前提是涉案企业的合规建设经过了第三方机制的评估,并且该评估结论的作出不存在任何违法违规的情况,否则,对涉案企业的激励就违背了刑事合规试点改革的初衷。

(二)涉案企业合规建设

第二章涉案企业合规建设部分,贯穿了涉案企业合规建设准备、实施、完成的整个过程,涵盖了涉案企业合规建设的各个方面,为涉案企业合规建设的顺利开展夯实了基础。

第3条规定,“涉案企业应当全面停止涉罪违规违法行为,退缴违规违法所得,补缴税款和滞纳金并缴纳相关罚款,全力配合有关主管机关、公安机关、检察机关及第三方组织的相关工作”。由此可见,涉案企业在开展合规建设之前需要完成大量的工作,而这些行为恰好体现了涉案企业自愿认罪认罚的决心,构成了涉案企业开展合规建设的前提和基础,否则,涉案企业就不具备开展合规建设的条件。

第4条规定,“涉案企业一般应当成立合规建设领导小组,由其实际控制人、主要负责人和直接负责的主管人员等组成,必要时可以聘请外部专业机构或者专业人员参与或者协助。合规建设领导小组应当在全面分析研判企业合规风险的基础上,结合本行业合规建设指引,研究制定专项合规计划和内部规章制度”。涉案企业在具备了开展合规建设的条件后,要把握合规建设的大方向,将合规制度充分融入涉案企业的合规建设之中,让制度为合规建设赋能。在制度建设中应以组织制度为抓手,根据自身实际情况成立合规建设领导小组或者选任合规专员,在合规负责人的带领之下着手制定相应的合规计划,只有将任务和责任落实到具体个人,才能保证涉案企业合规建设工作的顺利推进。

第5条规定,“涉案企业制定的专项合规计划,应当能够有效防止再次发生相同或者类似的违法犯罪行为”。该条进一步绘制了合规专项计划的蓝图,专项合规计划的制定虽然应当依循有的放矢的原则,拒绝贪大求全,但这并不妨碍在具体的制定过程中兼具类型化的思维,以该具体的一罪为切入点,以达到预防一类犯罪的目的。

第6条规定，“涉案企业实际控制人、主要负责人应当在专项合规计划中作出合规承诺并明确宣示，合规是企业的优先价值，对违规违法行为采取零容忍的态度，确保合规融入企业的发展目标、发展战略和管理体系”。选取合规建设的负责人固然重要，更重要的是让合规理念深深根植于每一个人的内心，而这首先需要从最高领导层开始，只有确保合规理念在企业实际控制人、主要负责人心里开花结果，才能使企业的合规建设落到实处，避免流于形式。而将合规理念外化于心最好的方式莫过于作出合规承诺，实际控制人、主要负责人应作出对整个企业所需的共同行为和行为准则积极、可见、一致和持续的承诺，鼓励建立合规机制和支持合规行为，防止而不是容忍损害合规的行为，并确保建立合规政策和合规目标与企业的战略方向兼容，确保将合规管理系统要求集成到企业的业务流程中。换言之，让合规的价值深植脑海，需要长久的、潜移默化的努力——既要有坚守合规的态度，又要有对违规违法行为零容忍的制度。如此方能将合规融入企业的发展目标、发展战略和管理体系中。

第7条规定，“涉案企业应当设置与企业类型、规模、业务范围、行业特点等相适应的合规管理机构或者管理人员。合规管理机构或者管理人员可以专设或者兼理，合规管理的职责必须明确、具体、可考核”。此条是对合规管理人员的规定，合规管理人员的职责、规模、业务能力需要与企业类型、规模、业务范围、行业特点相适应，但更为重要的是，合规管理职责必须明确、具体、可考核。合规管理的职责内容应当综合企业犯罪行为发生的原因、企业业务经营模式、企业部门的具体职责、企业合规计划的具体措施等内容予以确定，这是“明确、具体”的应有之义；而“可考核”部分，则侧重于可以落地实施，举例而言，当合规管理人员在开展合规文化建设的培训时，可以将组织培训的次数、参与培训的人数等数据汇总并记录，量化合规管理职责的考核指标。

第8条规定，“涉案企业应当针对合规风险防控和合规管理机构履职的需要，通过制定合规管理规范、弥补监督管理漏洞等方式，建立健全合规管理的制度机制”。

“涉案企业的合规管理机构和各层级管理经营组织均应当根据其职能特点设立合规目标，细化合规措施。”

“合规管理制度机制应当确保合规管理机构或者管理人员独立履行职责，对于涉及重大合规风险的决策具有充分发表意见并参与决策的权利。”

该条第1款对合规管理制度机制的健全作出了要求，即从制定合规管理规范和弥补监督管理漏洞两个角度出发，前者涵盖的内容丰富，合规管理规范既有组织架构层面的规范，也包括了具体职责范围权限和操作等的规范，不仅如此，还有合规建设监督规范以及合规文化建设规范；后者侧重于监督管理漏洞的填补，填补漏洞首先要梳理漏洞，应当全面分析现有的监督管理制度的不足，并从拓宽监督渠道、畅通监督机制、落实监督责任出发，确保内部监督和外部监督相结合，建立长期有效的监督管理制度。

该条第2款要求合规管理机构和各层级管理经营组织，结合各自职能特点设立合规目标，并根据合规目标细化合规措施，使其更具有可操作性、有效性。

该条第3款是对合规管理机构或者管理人员地位的规定，即独立性的要求。合规管理机构或者管理人员必须具有独立性，这是合规管理机制生命力所在。这种独立性体现包括两个方面的内容：一是合规管理机构或者管理人员独立行使合规职责不受其他因素限制和干扰；二是在合规职能之外，合规管理机构或者管理人员可以参与到企业的重大合规风险的决策之中，并享有充分发表意见且参与决策的权利。

第9条规定，"涉案企业应当为合规管理制度机制的有效运行提供必要的人员、培训、宣传、场所、设备和经费等人力物力保障"。经济基础决定上层建筑，只有保证有稳定且充分的人力、财力、物力三个方面的资源可用，合规管理制度才能最终生根发芽，有效运行。

第10条规定，"涉案企业应当建立监测、举报、调查、处理机制，保证及时发现和监控合规风险，纠正和处理违规行为"。该条提到的"监测、举报、调查、处理机制"既包括对企业日常生产经营行为的监测、举报、调查和处理机制，也包括对行使合规管理职责行为的监测、举报、调查和处理机制。在违规风险发生后应当及时纠正和处理，把违规风险消灭在萌芽状态。

第11条规定，"涉案企业应当建立合规绩效评价机制，引入合规指标对企业主要负责人、经营管理人员、关键技术人员等进行考核"。通过引入合规绩效评价机制，对企业主要负责人、经营管理人员、关键技术人员进行考核，量化合规考核指标，以具体、硬性的考核制度促使具有特殊身份的企业重要人员脚踏实地、真抓实干地进行合规建设。

第12条规定，"涉案企业应当建立持续整改、定期报告等机制，保证合规管理制度机制根据企业经营发展实际不断调整和完善”。该条是合规管理制度常态化、长效化、及时化的要求，只有对实践中所暴露出的问题进行不断地修正更新、不断地巩固，才能充分发挥合规管理制度的优势，帮助企业从源头防范经营风险，规避法律责任。

（三）涉案企业合规评估

第三章涉案企业合规评估部分，主要针对第三方组织就合规工作方案评估标准的设置进行了具体细致的规定，这部分内容的出台有利于解决此前实践过程中困扰第三方组织的合规计划有效性的问题。

第 13 条规定，“第三方组织可以根据涉案企业情况和工作需要，制定具体细化、可操作的合规评估工作方案”。第三方组织在进行合规评估的时候，可根据企业规模、经营情况，以及涉案罪名、性质，灵活地制定评估方案，避免死搬硬套的、难以变通的工作方案给企业造成额外的负担。

第 14 条规定，“第三方组织对涉案企业专项合规整改计划和相关合规管理体系有效性的评估，重点包括以下内容：

（一）对涉案合规风险的有效识别、控制；

（二）对违规违法行为的及时处置；

（三）合规管理机构或者管理人员的合理配置；

（四）合规管理制度机制建立以及人力物力的充分保障；

（五）监测、举报、调查、处理机制及合规绩效评价机制的正常运行；

（六）持续整改机制和合规文化已经基本形成”。

第 14 条的规定和第二章第 8 条、第 9 条、第 10 条的规定在内容上有一定程度的重叠，这其实很好理解：如前所述，这部分内容是保障合规计划落地生根的重中之重，没有对违规行为的及时处置，就无法身体力行的贯彻合规理念；没有合规机构或者管理人员的配置，就无法将合规职责落到实处；没有人力和物力的保障就没有坚实的物质基础；没有完善的监测、举报、调查、处理机制、合规绩效评价机制以及持续整改机制，就无法及时修正制度的不足之处，制度就会失去其生命力；没有合规文化直接说明了企业的合规没有潜移默化地深植于每个人的心中，合规计划的有效性自然有待商榷。总而言之，在对专项合规整改计划和相关合规管理体系有效性进行评估时，应当将上述因素纳入考量范围。

第 15 条规定，“第三方组织应当以涉案合规风险整改防控为重点，结合特定行业合规评估指标,制定符合涉案企业实际的评估指标体系。评估指标的权重可以根据涉案企业类型、规模、业务范围、行业特点以及涉罪行为等因素设置,并适当提高合规管理的重点领域、薄弱环节和重要岗位等方面指标的权重”。在第15条的规定中,可以隐约窥见第二章第4条和第7条的影子,涉案企业合规计划的评估应当充分考虑涉案企业所处的行业和领域,并将能否有效防范该行业和领域常见的法律风险纳入评估的指标。此外,由于不同的企业有着不同的规模、业务范围和经营模式,因此,评估指标应当既有普遍性的内容,又有针对不同的企业的特殊性的内容,并可针对合规管理的重点领域、薄弱环节和重要岗位等方面指标的权重随时进行适当的调整,使评估指标真正发挥评价企业合规建设有效性的作用。

(四)涉案企业合规审查

第四章涉案企业合规审查部分,主要针对第三方机制管委会和人民检察院两个主体,从实体和程序上对涉案企业合规审查的内容和方式进行了规定,具有极强的可操作性。

第16条规定,“第三方机制管委会和人民检察院收到第三方组织报送的合规考察书面报告后,应当及时进行审查,重点审查以下内容:

(一)第三方组织制定和执行的评估方案是否适当;

(二)评估材料是否全面、客观、专业,足以支持考察报告的结论;

(三)第三方组织或其组成人员是否存在可能影响公正履职的不当行为或者涉嫌违法犯罪行为。

经第三方机制管委会和人民检察院审查,认为第三方组织已经完成监督评估工作的,由第三方机制管委会宣告第三方组织解散。对于审查中发现的疑点和重点问题,人民检察院可以要求第三方组织或其组成人员说明情况,也可以直接进行调查核实”。

《合规建设、评估和审查办法》第2条明确了涉案企业合规审查是以人民检察院为主体,对第三方组织的评估过程和结论进行审核。第16条在此基础之上,再次明确了第三方机制管委会和人民检察院为共同审查主体,并从实质上确定了在审查合规考察书面报告时应重点关注的内容,这部分内容构成了判断第三方组织评估是否通过审核的具体标准。

该条一是对评估方案可行性的评价,二是对据以作出结论的评估材料的实质性评价,三是对第三方组织及其组成人员的评价。需要关注的是,对第三方组织及其组成人员的评价应当限定在其履行职务的范畴之内,这部分评价的内容是在对涉案企业进行评估的过程中,第三方组织及其组成人员是否存在影响评估结论客观公正的行为,既包括不当行为也包括涉嫌违法犯罪的行为。

为全面了解评估过程细节以客观评价、评估结论,第 2 款还赋予了人民检察院要求第三方组织或其组成人员说明情况以及直接调查核实的权利,当人民检察院在审查中发现疑点和重点问题时,可以二者选其一,行使自己的权利。当人民检察院审查后认为三方组织已经完成监督评估工作的,此时由第三方机制管委会宣告第三方组织解散。

第 17 条规定,"人民检察院对小微企业提交合规计划和整改报告的审查,重点包括合规承诺的履行、合规计划的执行、合规整改的实效等内容"。第 17 条与第 2 条在理念上一脉相承,诚如前述,受制于规模和能力的影响,小微企业可以选择是否适用第三方监督评估机制。与此相对应的解决办法是,小微企业直接制定合规计划,并由人民检察院对小微企业提交合规计划以及整改报告进行审核。此时,由于没有第三方组织的参与,所以不能由第三方机制管委会对合规计划和整改报告进行审核,这也保持了逻辑上的一致。

第 18 条规定,"第三方机制管委会收到关于第三方组织或其组成人员存在行为不当或者涉嫌违法犯罪的反映、异议,或者人民检察院收到上述内容的申诉控告的,双方应当及时互相通报情况并会商提出处理建议"。

根据《建立第三方监督评估机制的指导意见》第 8 条之规定,"负责本地区第三方组织及其成员的日常选任、培训、考核工作,确保其依法依规履行职责"以及"对选任组成的第三方组织及其成员开展日常监督和巡回检查"属于第三方机制管委会的职责范围,《建立第三方监督评估机制的指导意见》第 18 条第 1 款也提到,"涉案企业或其人员在第三方机制运行期间,认为第三方组织或其组成人员存在行为不当或者涉嫌违法犯罪的,可以向负责选任第三方组织的第三方机制管委会反映或者提出异议,或者向负责办理案件的人民检察院提出申诉、控告"。《合规建设、评估和审查办法》第 18 条实际上是为《建立第三方监督评估机制的指导意见》相关规定作出了补充完善,避免了第三方机制管委会和人民检察院之间因为信息不对称而影响合规工作进一步地推进,加强了两个部门之间的联系,更好地促进了各部门之间的协调配合,无论是第三方机制管委会还是人民检察院中的哪一方收到了关于第三方组织或其组成人员存在行为不当或者涉嫌违法犯罪的信息,都应当及时互相通报情况并会商提出处理建议。

该办法第19条规定,“第三方机制管委会或者人民检察院经审查合规考察书面报告等材料发现,或者经对收到的反映、异议或者申诉、控告调查核实确认,第三方组织或其组成人员存在违反《指导意见》及其实施细则规定的禁止性行为,足以影响评估结论真实性、有效性的,第三方机制管委会应当重新组建第三方组织进行评估”。第19条指出当核实确认第三方组织或其组成人员存在禁止行为且该行为足以影响评估结论真实性、有效性的,此时第三方机制管委会应当重新组建第三方组织进行评估。所谓的禁止性行为既包括违反程序性规定的行为,也包括违反实体法规定的行为。举例而言,前者包括在第三方组织组成人员的选任方面,存在该人员系案件当事人或者当事人的近亲属;或者该人员系与涉案企业投资人、实控人、负责人、员工或者与涉案企业有其他利益关联的;或者该人员本人或者其近亲属与案件有利害关系;或者该人员担任过案件的证人、鉴定人、辩护人、诉讼代理人的以及该人员与涉案企业、人员有其他关系,可能影响公正处理的情况;后者包括第三方组织人员在评估过程中收受贿赂、徇私舞弊等可能涉及犯罪的情况。

(五)附则

第五章附则部分,就前文未尽之事宜进行了补充说明。

第20条规定,“本办法所称涉案企业,是指涉嫌单位犯罪的企业,或者实际控制人、经营管理人员、关键技术人员等涉嫌实施与生产经营活动密切相关犯罪的企业。对与涉案企业存在关联合规风险或者由类案暴露出合规风险的企业,负责办理案件的人民检察院可以对其提出合规整改的检察建议”。第20条对涉案企业进行了定义,并对检察院作出检察建议的情形作出了具体规定。

第21条规定,“涉案企业应当以全面合规为目标、专项合规为重点,并根据规模、业务范围、行业特点等因素变化,逐步增设必要的专项合规计划,推动实现全面合规”。全面合规是企业追求的最终目标,在全面合规建设的同时,应根据实际情况和企业需要增设重点领域的专项合规计划。

第22条规定,“大中小微企业的划分,根据国家相关标准执行”。如何判断企业规模,应当按照国家相关标准执行。

第23条规定,“本办法由国家层面第三方机制管委会负责解释。自印发之日起施行”。该条确定了《合规建设、评估和审查办法》的生效时间。

## 第二节　专项合规也有七寸

### 一、专项合规计划的基本要求

《建立第三方监督评估机制的指导意见》第 11 条规定,“第三方组织应当要求涉案企业提交专项或者多项合规计划,并明确合规计划的承诺完成时限。涉案企业提交的合规计划,主要围绕与企业涉嫌犯罪有密切联系的企业内部治理结构、规章制度、人员管理等方面存在的问题,制定可行的合规管理规范,构建有效的合规组织体系,健全合规风险防范报告机制,弥补企业制度建设和监督管理漏洞防止再次发生相同或者类似的违法犯罪”。因此,企业的合规计划应当是指企业针对所涉嫌罪名而特别制定的合规计划,并不是指网罗万千的合规。

(一)专项合规计划的内容范围

既然称之为专项合规计划,那么专项合规计划的范围就应当根据其具体所涉嫌的罪名来确定,虽然每个企业所涉嫌的罪名不一致,其违法行为的程度也有轻重之分,但是,万变不离其宗,大致的内容和流程应当是相差无几的。

第一,建立合规法律库。企业应当围绕所涉嫌的犯罪梳理出合规行为应遵循的标准,建立起相关的法律法规和政策规定的资料库。

第二,梳理企业违规行为。企业在内部进行全面的风险排查之后,应当对常见的违规风险行为进行汇总,列出企业自身常见的管理操作不当的行为。

第三,设立合规监督目标。针对上述违规风险行为制定合规监督的要点,将违规行为与监督目标一一对应,先从具体行为的整改开始,逐步辐射到企业内部的人员管理、治理结构和规章制度层面。

第四,深入排查违规原因。在梳理完合规监督要点之后,企业继续深入排查,出现违规行为究竟是因为员工的玩忽职守、故意为之还是因为企业自身管理的漏洞,纵容了管理不善的风险产生,更或者是企业在这方面本来规章制度就不健全完善,导致了在日常经营管理中员工无规可依、无章可循,这些构成了接下来合规计划的重点整改部分。

第五，规范人员管理。根据法律或者企业规章制度对涉事员工进行处罚，加强对公司员工的日常管理，尤其应加强对员工的合规培训和合规知识教育。定期组织员工学习相关法律知识、强化员工的专业技能，并将上述培训记录在案。以年度为单位对员工进行考核，将考核情况整理归档，对考核不及格人员视情况进行再培训。

第六，改善治理结构。企业应当根据自身的规模在公司内部设立合规专员，国有企业或者上市公司可以设立合规部门，保证合规部门的独立性；中小型企业可以设立一两名合规专员，把关企业在日常经营运作中可能面临的合规风险。

第七，完善规章制度。及时收集行业领域内最新的法律法规，完善更新企业法律法规库，对已经失效的法律法规进行及时的清理，根据法律法规和政策的要求及时调整企业内部的具体操作制度和管理规范。

（二）合规考察期期限的确定

合规考察期限不宜进行强制的、硬性的要求，首先，因为企业规模各有不同，对于中小企业而言，企业治理结构和治理体系相对简单，因而一般情况下无须耗费太多时间，但是对于大型企业而言，尤其是上市公司，企业往往治理结构复杂，职能部门众多，相对而言需要更多的时间执行合规计划，否则其合规最终就会沦为“纸面合规”，看似详细精妙，实则并无操作的可能性。

合规考察期限的确是值得深入研究的问题。在大洋彼岸的美国，与控方签订控辩交易的企业，其约定的合规期限平均为 2 年零 3 个月，只有两项协议持续了 3 年多。很少有协议被延期，只有在极少数的案件中，检察官说需要更多时间来继续审查公司表现。而即便是长达 2 年的合规考察期，检察官们仍面临着合规监督是否有效的质疑。人们认为哪怕是 2 年多的时间，但对于有效地监督一家大公司的改革而言，仍然有困难。回到国内，受制于程序法中的时间限制，企业合规不起诉考察期的上限已经明确了，如何在有限的时间内完成实质意义上的合规，我们面临的挑战更加复杂。

对此，有观点认为可以将时间点前移，即检察机关在侦查阶段就开始介入，在与企业沟通协调之后确定企业合规考察期限，以最大化开展合规计划所能拥有的时间。我国《刑事诉讼法》第 156 条[①]、第 157 条[②]、第 158 条[③]、第 159 条[④]、第 172 条[⑤]、第 175 条[⑥]分别对侦查阶段和审查起诉阶段的时间进行了限制,如果能够从侦查阶段就利用合规考察时间,那么合规考察期限势必也能满足大型企业在时间上的需求。

其次,企业涉及犯罪的罪名不同,企业犯罪行为的社会危害性程度不同,也会对合规考察期限产生影响。举例而言,如果一个企业涉嫌虚开增值税发票罪,那么他的专项合规计划就应当围绕如何完善本企业的发票管理体系进行构建,而这通常发生在企业内部,企业梳理自身发票管理行为的漏洞之后,加强对发票问题的管理,诸如确保“三流一致”、将电子发票有序整理归档等,这些合规计划能够完消解在企业内部。此外,虚开增值税专用发票罪所预防的是国家税款的流失,这应当属于宏观经济领域的问题,并不会涉及个人的身体健康。与之相对应的就是污染环境罪,若一个生产型化工企业由于违法排放污水而触犯了污染

---

① 第 156 条规定,对犯罪嫌疑人逮捕后的侦查羁押期限不得超过 2 个月。案情复杂、期限届满不能终结的案件,可以经上一级人民检察院批准延长 1 个月。

② 第 157 条规定,因为特殊原因,在较长时间内不宜交付审判的特别重大复杂的案件,由最高人民检察院报请全国人民代表大会常务委员会批准延期审理。

③ 第 158 条规定,下列案件在本法第 156 条规定的期限届满不能侦查终结的,经省、自治区、直辖市人民检察院批准或者决定,可以延长 2 个月:

(一)交通十分不便的边远地区的重大复杂案件;

(二)重大的犯罪集团案件;

(三)流窜作案的重大复杂案件;

(四)犯罪涉及面广,取证困难的重大复杂案件。

④ 第 159 条规定,对犯罪嫌疑人可能判处 10 年有期徒刑以上刑罚,依照本法第 158 条规定延长期限届满,仍不能侦查终结的,经省、自治区、直辖市人民检察院批准或者决定,可以再延长 2 个月。

⑤ 第 172 条规定,人民检察院对于监察机关、公安机关移送起诉的案件,应当在 1 个月以内作出决定,重大、复杂的案件,可以延长 15 日;犯罪嫌疑人认罪认罚,符合速裁程序适用条件的,应当在 10 日以内作出决定,对可能判处的有期徒刑超过 1 年的,可以延长至 15 日。

人民检察院审查起诉的案件,改变管辖的,从改变后的人民检察院收到案件之日起计算审查起诉期限。

⑥ 第 175 条规定,人民检察院审查案件,可以要求公安机关提供法庭审判所必需的证据材料;认为可能存在本法第 56 条规定的以非法方法收集证据情形的,可以要求其对证据收集的合法性作出说明。

人民检察院审查案件,对于需要补充侦查的,可以退回公安机关补充侦查,也可以自行侦查。

对于补充侦查的案件,应当在 1 个月以内补充侦查完毕。补充侦查以二次为限。补充侦查完毕移送人民检察院后,人民检察院重新计算审查起诉期限。

对于二次补充侦查的案件,人民检察院仍然认为证据不足,不符合起诉条件的,应当作出不起诉的决定。

环境罪,那么该企业合规计划的内容不仅应包括完善污水排放措施、加强监测,还应当有对被污染的环境进行修复的内容,这就无法简单地化解在企业内部,企业还应承担起因为破坏环境而产生的社会责任。并且,不同于宏观经济领域,环境受到污染直接影响着人们的身体健康,因此,企业围绕污染环境罪开展的专项合规计划较虚开增值税发票罪更为复杂,需要考虑的因素更多,因此完成合规计划所需要的时间理应更长。

综上,合规考察期限并没有一个确定的、唯一的、通行的标准,其确定应当根据企业不同的规模,企业涉及犯罪具体情况、企业合规计划的复杂程度等因素进行综合判定。

### (三)合规计划有效性的判断标准

合规计划的生命不在于理论上如何令人拍案叫绝,而在于能够真正落地实施,的的确确帮助企业填补制度漏洞、杜绝法律风险、建立合规体系、营造合规文化。因此,合规计划有效性的判断标准就极为重要。目前针对企业合规的讨论还止步于合规计划如何制定、合规计划怎样实施阶段,但我们确实需要认真思索——何为有效的合规计划?用什么标准去衡量企业合规计划有效?

建立完善制度,采取整改措施固然容易,按部就班地报道进度更无须花费企业更多的精力,但这就意味着企业合规计划完成了吗?有效性到底与什么直接挂钩,这才是我们思考的方向和重点。如何证明合规计划有效,最直接的莫过于企业之后不再有犯罪行为发生,但如何衡量“之后”的具体年限,谁去监督管理,都是问题。因此,需要从实际出发,选择一种行之有效且可操作性极强的检验方式,来实现对合规计划的监督。

“他山之石,可以攻玉”,借鉴审计的方法,从企业的内部控制入手判断合规计划的有效性,不失为一个好的选择。

## 二、专项合规计划的具体制定

专项合规计划的具体制定立足于企业的违规行为,通过设立监督目标,辅以具体的整改措施,达到合规的最终目的(见图2-2-3)。

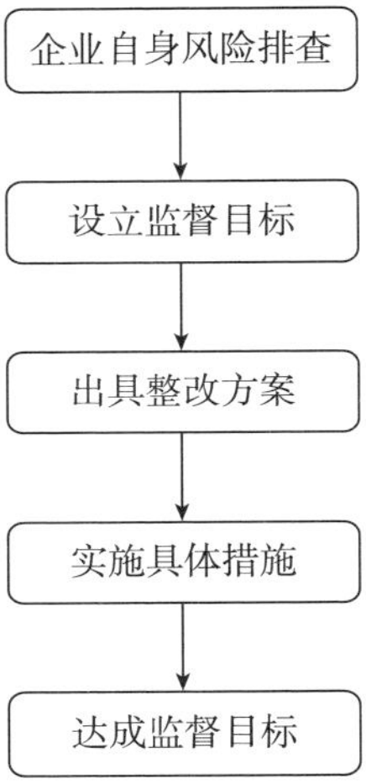


**图 2－2－3　专项合规计划**

(一)基本流程

1. 企业自身风险排查

企业涉及的领域不同,面临的风险千差万别,即便是同一类型的企业,因为经营理念、管理制度等方面的不同,其面临的风险也各有不同。然而,同一类型或者是同一领域内的企业,仍会面对一些共同的风险,此时可以将风险类型化,为企业风险排查提供思路。

举例而言,生产型化工企业所面临的类型化风险当属破坏环境,而常见的破坏环境的违法行为方式有违法排放污染物、超标排放污染物、未按照相关规定配备排污装置、未对排污装置进行检测等,这类企业可以从这些方面切入,严格排查自身是否存在此类行为,进而引发破坏环境的风险。食品生产企业面临的类型化的风险可能有未经许可从事食品生产经营活动、生产经营国家禁止生产或者是不符合标准的食品、未依法进行食品安全生产的管理等,因此,这类食品生产企业可以重点关注自身在食品生产方面的行为,以排查相关的风险。同为生产型的企业,药品生产企业面临的风险与食品生产企业又有细微的差别,药品生产企业还要防范自身销售过程中可能触犯的商业贿赂方面的风险,一些医药巨头公司还可能陷入垄断或者是不正当经营的困境,这都是药品生产企业在风险排查时应当注意的问题。除了细化类型化风险并开展排查之外,企业还可以从人员、物品和制度三个维度出发,全面系统地进行合规风险的排查,找出潜藏的隐患，并据此制定详细的可操作的措施。

企业从人员、物品和制度三个维度出发进行合规风险的排查，是继企业在类型化风险排查之后的又一得力工具。仍以上述三类企业为例展开讨论，其中以生产型化工企业最为典型。通常生产型化工企业的生产会涉及原材料采购的问题，而当其原材料涉及危险化学品时，该类企业则应当慎之又慎。就人员而言，对于该类从业人员是否具有相关资格（如安全员证），是否对其进行过管理、教育和培训；就物品而言，危险化学物品的运输方式是否符合法律规定，危险化学品是否被储存在了专用的仓库或者进行了单独的存放，危险化学品是否设立了警示的标志；就制度而言，企业是否建立危险化学品出入库核查、登记制度，是否有对从业人员的专门管理制度等，都值得企业加以重点关注。

食品生产企业在人员、物品和制度方面又应当将火力瞄向哪些方面呢？就人员而言，食品生产企业是否对直接从事食品生产的人员的身体健康状况进行过记录，有无定期对此类人员进行健康检查，有无安排患有相关疾病而不能从事接触直接入口食品的工作的人员从事接触直接入口食品的生产工作；就物品而言，生产食品的原料是否经过了检疫，生产的食品是否是国家明令禁止生产的，有无违法添加食品添加剂，食品有无过期、有无被污染、是否符合国家的标准；就制度而言，有无建立并遵守查验记录制度、出厂检验记录制度，有无建立并遵循食品召回制度等。这为食品生产企业的排查指明了方向。

药品生产企业也不例外，就人员而言，从事药品生产研发的人员是否具备相关资格，是否对从业人员进行管理教育和培训；就物品而言，企业生产的药品是否符合国家相关的标准，有无使用未经审评、审批的原料药生产药品，有无生产国家禁止生产的药品；就制度而言，是否建立了严格的许可证明管理制度，能否防范伪造、变造、出租、出借药品生产许可证、医疗机构制剂许可证或者药品批准证明文件等的行为。这是药品生产企业风险排查时的重心所在。

2. 设立监督目标

企业在排查完自身的风险之后，应当按照一定的逻辑顺序设立监督目标，并明确每个环节或者每个流程中的监督要点所在。举例而言，危险化学品生产企业可以按照生产经营的阶段设立相应目标，当然，危险化学品生产企业也可以按照“人员、物品和制度”的分类方式根据上一阶段排查出来的风险有的放矢地设立监督目标，表2－2－6为按照生产经营过程设立监督目标的示例。

表 2-2-6 按照生产经营过程设立监督目标的示例

| 序号 | 监督目标 | 监督要点 |
|---|---|---|
| 1 | 危险化学品原料购买合规 | 1. 是否向具有危险化学品经营许可证的企业购买原材料;2. 是否如实记录剧毒化学品、易制爆危险化学品购买单位的名称、地址、经办人的姓名、身份证号码以及所购买的剧毒化学品、易制爆危险化学品的品种、数量、用途,或者保存销售记录和相关材料 |
| 2 | 危险化学品的运输合规 | 1. 承运人是否拥有危险品运输资质;2. 运输手续是否齐全 |
| 3 | 危险化学品的储存合规 | 1. 是否有专门的储存仓库;2. 储存方式、方法或者储存数量是否符合国家标准或者国家有关规定;3. 是否设有危险化学品的警示标志;4. 是否对危险化学品专用仓库的安全设施、设备定期进行检测、检验 |
| 4 | 危险化学品的生产合规 | 1. 是否取得危险化学品安全生产许可证;2. 生产化学品的安全项目是否经过安全审查;3. 是否办理办理危险化学品登记;4. 从业人员是否具有相应资质 |

3. 出具整改方案

监督目标是灯,照亮专项合规划计划之路;整改方案是路,指引企业走向黎明。有了监督目标这盏指路明灯,整改方案的出台如鱼得水,这就是企业针对自身风险下的一剂猛药,虽不能做到立竿见影,但坚持服用达到药到病除还是指日可待的。仍以上述危险化学品生产企业为例,介绍整改方案的框架和内容。

首先,整改方案需要明确的是整改计划需要的时间分配。俗话说"一口吃不成个胖子",整改计划亦是如此,不能指望仅通过第一个阶段的整改就一劳永逸,第一个阶段的整改计划完成后,一定会留下一些值得企业反思和改进的地方,而这就是第二阶段整改的重点所在。其实不仅是整改时间的确定,从企业自身风险排查到监督目标的设立再到具体整改方案的出具,乃至后面的实施和目标达成阶段,都是一环扣一环、紧密联系的。所以,确定了大致的整改期限之后,需要再将时间细化,按照企业的实际情况将整改时间切割,至少应当划分出两个整改阶段,每个整改阶段的侧重点也应有所不同。

其次,"没有规矩,不成方圆"。整改方案需要有一个明确的、纲领性质的原则,无论是后面具体整改措施的制定还是实施,都应围绕着整改原则进行。原则指引方向,也确定了整改的基调,更为日后产生争议的解决提前埋下了伏笔。若是后续制定过程或者实施过程中出现规则自相矛盾或者是不明确的时候,可以回到原则中寻求统一。原则的确立则有赖于现有的生效的法律法规乃至于具体政策,因为法律存在位阶,所以根据法律位阶确定的原则也有适用上的差别,若出现原则上的冲突时,依据全国人民代表大会或者是全国人民代表大会常务委员会制定的法律而确立的原则,应当优先于其他法规规章适用。其效力高低的标准应与法律位阶保持内在的一致性。

再次,"天下难事必作于易,天下大事必作于细"。整改方案看似庞大复杂,但当把它拆分成一个又一个的环节时,整改方案便不再是大而化之的空壳,而是具有实在的肌理和灵魂。拆分的方法多种多样,最简单便捷的便是遵循与前述风险排查和监督目标设立时一致的逻辑顺序(从人员、物品和制度三个维度),企业也可以自行在此基础之上进行细微的调整,当然,不按照上述逻辑顺序,根据实际讨论的方案重新排列组合也并非不可以,只要保持内在的逻辑具有可操作性,便是一份上乘的方案。值得注意的是,具体整改措施应当根据整改阶段的不同进行实时的更新与调整,第二、三阶段整改内容的确定,是基于之前阶段的总体整改情况作出的,因而,整改措施应当是"变"与"不变"的结合。"不变"意味着当初于具体的阶段时,整改措施在该段时期内保持稳定性,"变"则指具体整改措施在不同的整改阶段具有不同的内容。"变"与"不变"的辩证统一,保证了整改措施的可操作性。

复次,"凡走过必留下痕迹"。做好整改方案每一步的"留痕"工作十分重要,其赋予了整个专项合规计划程序上的意义。书面详细的记录是对企业从风险排查到监督目标设立再到具体整改方案的过程的再现,为具体操作过程中出现模糊或者理解上的差异提供了"溯源"的途径;也是企业进行专项合规的有力证明,同时也是日后具体制度的制定或者改进、相关人员的奖励或者追责的依据。

最后,"实践出真知"。整改全过程其实也是一个螺旋式上升的过程,其与人类认识的规律相符,企业及企业员工的认识在一次又一次的整改中得到加强,这些具体的改革措施潜移默化地影响了企业员工在日常经营行为中对合法性、合规性的理解,并将内化为员工的行为准则,成为企业追求的价值所在。因此,将对企业有益的整改措施固定为企业管理制度的一部分,或者将其作为员工手册的组成内容,势必将使企业在合规的指引下获得长远的发展。

以下仍以危险化学品生产企业为例,介绍具体整改方案的设置(见表2-2-7)。

**表 2－2－7　危险化学品生产企业合规整改方案设置**

<table>
<tr><td rowspan="2">整改时间分配</td><td>第一阶段整改</td><td colspan="2"></td></tr>
<tr><td>第二阶段整改</td><td colspan="2"></td></tr>
<tr><td rowspan="5">第一阶段整改内容</td><td>确立合规整改原则</td><td colspan="2">依循的法律、法规、政策。例如,《刑法》《危险化学品安全管理条例》《安全生产许可证条例》</td></tr>
<tr><td rowspan="3">拟定具体整改措施</td><td>生产环节</td><td>1. 取得危险化学品安全生产许可证。<br>2. 项目经过安全审查。<br>3. 定期对安全生产条件进行安全评价。<br>4. 如实办理危险化学品登记及及时变更登记。<br>5. 如实记录剧毒化学品、易制爆危险化学品购买单位的名称、地址、经办人的姓名、身份证号码以及所购买的剧毒化学品、易制爆危险化学品的品种、数量、用途,保存销售记录和相关材料的时间不少于 1 年。<br>6. 如实记录生产剧毒化学品、易制爆危险化学品的数量、流向<br>……</td></tr>
<tr><td>销售环节</td><td>1. 确保经营的化学危险品具有化学品安全技术说明书和化学品安全标签。<br>2. 如实记录剧毒化学品、易制爆危险化学品购买单位的名称、地址、经办人的姓名、身份证号码以及所购买的剧毒化学品、易制爆危险化学品的品种、数量、用途,保存销售记录和相关材料的时间不少于 1 年。<br>3. 确保购买单位具有相关许可证件或者证明文件。<br>4. 及时将销售的危险化学品的品种、数量以及流向信息报所在地县级人民政府公安机关备案。<br>5. 按照剧毒化学品购买许可证载明的品种、数量销售剧毒化学品<br>……</td></tr>
<tr><td>运输环节</td><td>1. 选择符合法律规定的方式运输危险化学品。<br>2. 选择具有危险化学品承运资质的运输企业运输。<br>3. 托运时按照要求配备必要的应急处理器材、设备、防护用品,或者按照操作规程包装、装卸、运输危险货物<br>……</td></tr>
<tr><td>如实记录整改过程</td><td colspan="2">记录应当真实有效,并有相关人员的签字确认</td></tr>
</table>

续表

| | | |
|---|---|---|
| 第二阶段整改内容 | 总结上一阶段整改过程中存在的问题 | 当有的整改措施过于激进、脱离实际，无法与企业实际情况相适应时应当记录下来 |
| | 针对新问题列举新的完善措施 | 对于企业实际情况不相符合的整改措施及时进行调整 |
| | 全面总结整改内容并将其内化为企业制度 | 将第一、二阶段的改革措施固定下来，形成企业新的制度，用以规范和指引企业的发展 |

4. 实施具体措施

“纸上得来终觉浅，绝知此事要躬行”，若不一步一个脚印地将整改计划贯彻落实，企业的专项合规整改只会成为“水中月、镜中花”，难以发挥合规应有之效。如何实施具体措施？此问题看似简单，既然整改方案都已将各个环节的关键工作事无巨细地记录在案，那么按图索骥地加以实施，确实并非难事，然而理想和现实往往相去甚远，整改方案只是在理论上给企业勾勒出了前进的目标和方向，但是怎么去实现、如何更好地实现这些目标，则是现实中需要解决的重点和难点所在。这早已超出了整改方案所能涵盖的范围，是整改方案不能回答也无法回答的问题。所以，怎样实施具体的措施是另一个范畴的问题，回答这个问题其难度并不亚于如何出具整改方案。企业如何整合有限的人力、物力、财力资源并发挥其最大效用，如何确保每一个细节的问题不被遗漏，如何做到每一个环节都有人负责、环节与环节之间紧密相连，这都要回到现实生活中去寻找答案。

但是，回到现实生活中并不意味着一切需要从零开始摸索和探寻，我们可以立足于合规的基础知识，然后再结合具体实践开拓和创新。举例而言，因为整改方案贯穿企业生产经营的各个流程与环节，不可避免地，企业面临的第一个问题就是合规整改由谁监督。毫无疑问，合规应当由合规专员负责。

如果是一家大型企业，那么他们在组织架构上可能设有合规部门，并配备一定数量的合规专员，只要保证合规部门的独立性，那么由合规专员监督整改方案的执行，由具体业务人员负责执行整改方案，他们各自不存在利益冲突，保证两条线平行运行，合规整改的有效性自不待言。然而，在小企业中，在整个企业仅有几名合规专员，甚至于合规专员可能由法务人员兼任的情况下，如何保证监督的有效性而不流于形式，确实是值得思考的问题。这是因为企业的法务人员深度参与企业的运营，力求将企业的法律风险降到最低，尤其是在业务合同审查方面，发挥着至关重要的作用，而当法务人员摇身一变成为合规专员时，他们就从运动员变成了裁判者，且不谈合规地位独立，此种情形下合规专员们能否保持中立的立场，不无疑问。因此，在利益冲突无法缓和的情况下，如何确保合规监督的独立运行，是小型企业需要直面的难题。当然，单独配备几名合规专员不失为好的选择，但是专项合规计划往往内容复杂、流程众多，几名合规专员能否应对如此繁重的合规任务，留待思考。由此不难看出，仅有几名合规专员是远远不够的，既然无法设立独立的合规部门，那么让现有的职能部门之间形成权力抗衡之势，也算是一种解决办法。总而言之，具体实施措施并无想象中的简单，合规计划由谁监督执行，合规部门独立性如何保障，权力如何进行制约，都是实施过程中需要重点考虑的因素。

5. 达成监督目标

如果具体措施落地实施得当，那么企业实现监督目标应当是意料之中的结果。检验监督目标是否达成并不困难，根据之前列出的监督要点逐一进行审查，相关制度是否建立、相应的措施是否到位、执行情况如何，都可以通过记录查明。

（二）具体案例

以上基本流程以物流企业遇到的税务问题为例，系统地进行展示说明。如前所述，不同领域不同规模的企业面临的风险各不相同，但税务风险却是所有企业都躲不了、绕不开的问题，尤其是在江苏省办理的总计200余件不起诉的案例中，有90多件是虚开发票类的犯罪，税务犯罪确实是民营企业不可忽视的风险。

第一，物流企业自身风险排查（见表2-2-8）。

表 2-2-8 物流企业自身风险排查

| 环节 | 具体风险点 |
| --- | --- |
| 物流企业作为开票方 | 1. 应税服务项目选择错误，可能造成从低适用税率或征收率，以此少缴增值税。<br>2. 应税收入金额未进行分别核算，合并计算后从低适用税率或征收率，或是其销售收入金额未在多笔应税服务间作公允分配，致使部分销售额从低适用税率或征收率，以此少缴增值税。<br>3. 应税收入不入账，不开票，出于少缴税款的考虑，可能会与客户选择账外结算，以致出现“假账”“两本账”情况。<br>4. 业务凭证与发票备注信息不一致，可能导致受票方无法凭票抵扣进项税额。<br>5. 物流企业未提供服务而开具发票，或是开具与实际经营业务情况不符的发票，可能导致刑事风险 |
| 物流企业作为受票方 | 1. 物流企业将运输服务委托给货车司机，如果业务并非真实发生的，则可能构成虚开发票的情形。<br>2. 物流企业提供的无运输工具承运业务时，如使用成品油专用发票予以抵扣，成品油须是物流企业自行采购的，对于由实际运输户采购的，不得抵扣；成品油须是实际承运人用于完成的运输服务，对于赠送给其他单位或者个人使用的，不应予以抵扣。<br>3. 在用通行费发票进行抵扣时，需要注意通行费发票所显示的行车日期与行车轨迹应属于开展运输业务的合理线路范围之内。非因开展经营业务而发生的通行费发票，不能作为进项税额抵扣。<br>4. 物流企业购置机动车作为固定资产入账，其业务应当是真实发生的。如果机动车销售发票所对应的购置车辆未在物流企业使用且没有报废、处置的记录，则机动车发票不应予以抵扣，且物流企业可能构成虚开发票的情况。<br>5. 物流企业为其所有的车辆进行维修而支出费用，其所有的车辆进行维修应当是真实发生的。如果物流企业的车辆维修记录及车辆使用情况不相对应记录，则维修费发票不应予以抵扣，且物流企业可能构成虚开发票的情况。<br>6. 物流企业采购轮胎、零部件作为汽车耗材，其所取得的轮胎、零部件发票可作为进项予以抵扣。但物流企业采购轮胎、车用零部件应当是真实发生的。如果物流企业的采购记录、库存清单以及领用记录不相对应，则该发票不应予以抵扣，且物流企业可能构成虚开发票的情况 |
| 电子发票管理 | 未依法依规做好电子发票的整理、入账及归档工作，可能影响报销 |

第二,设立监督目标(见表2-2-9)。

**表2-2-9　物流企业合规监督目标**

| 序号 | 监督目标 | 监督要点 |
|---|---|---|
| 1 | 应税服务项目 | 1.是否与业务凭证一致;2.是否合理分类 |
| 2 | 应税收入金额 | 1.是否与业务凭证一致;2.是否分别核算 |
| 3 | 应税收入信息 | 检查业务凭证及银行流水信息,确认是否存在未入账的收入信息 |
| 4 | 发票备注信息 | 是否与业务凭证一致 |
| 5 | 运输费发票 | 是否与业务凭证一致 |
| 6 | 成品油专用发票 | 1.检查发票抬头信息;2.是否与当前正常业务消耗量一致 |
| 7 | 通行费发票 | 其显示的行车轨迹是否属于合理线路 |
| 8 | 机动车销售发票 | 是否与企业当前车辆保有数量及报废、处置情况一致 |
| 9 | 维修费发票 | 是否与车辆维修记录及使用情况一致 |
| 10 | 车用轮胎、零部件购置发 | 是否与企业现有库存及消耗领用单据一致 |

第三,出具具体整改方案(见表2-2-10)。

**表2-2-10　物流企业合规整改方案设置**

| | | |
|---|---|---|
| 整改时间分配 | 第一阶段整改 | |
| | 第二阶段整改 | |
| 第一阶段整改内容 | 确立合规整改原则 | 例如,依循的法律、法规、政策 |
| | 拟定具体整改措施 | 例如,1.会计信息真实有效,不存在“假账”“两本账”情况。<br>2.所有业务均开具符合国家标准的发票或凭证,并如实进行申报。<br>3.接收发票与实际经营业务情况相符。<br>4.开具发票与实际经营业务情况相符。<br>5.拒绝介绍他人开具与实际经营业务情况不相符的发票。<br>6.及时对发票进行认证,避免出现滞留发票、发票失控情况。<br>7.及时做好电子发票的验证、归档、整理工作 |
| | 如实记录整改过程 | 记录应当真实有效,并有相关人员的签字确认 |

续表

<table>
<tr><td rowspan="3">第二阶段整改内容</td><td>总结上一阶段整改过程中存在的问题</td><td>当有的整改措施过于激进、脱离实际，无法与企业实际情况相适应时应当记录下来</td></tr>
<tr><td>针对新问题列举新的完善措施</td><td>对于企业实际情况不相符合的整改措施及时进行调整</td></tr>
<tr><td>全面总结整改内容并将其内化为企业制度</td><td>将第一、二阶段的改革措施固定下来，形成企业新的制度，用以规范和指引企业的发展</td></tr>
</table>

第四，实施具体措施（见表2－2－11）。

**表2－2－11　合规整改具体实施**

<table>
<tr><td rowspan="5">第一阶段整改内容</td><td>整改时间</td><td colspan="2"></td></tr>
<tr><td rowspan="4">具体步骤</td><td>（一）确立整改依循的原则</td><td>《国务院关于修改〈中华人民共和国发票管理办法〉的决定》《增值税发票开具使用指南》《消费税暂行条例》《增值税暂行条例》《财税部、税务总局关于调整增值税税率的通知》《关于深化增值税改革有关政策的公告》</td></tr>
<tr><td>（二）公司高层参与并召开公司合规动员会议</td><td>确立会议主题并公布具体整改方案</td></tr>
<tr><td>（三）公司管理人员签署合规承诺书</td><td>签署合规承诺书</td></tr>
<tr><td>（四）在合规团队指引下成立合规部门，每个部门设立合规员，建立完善的合规组织体系，努力形成公司的合规文化</td><td>建立合规体系</td></tr>
</table>

续表

| | | | |
|---|---|---|---|
| 第一阶段整改内容 | 具体步骤 | (五)公司对财务管理制度进行审核和修订,并对重点税务问题进行了合规审查和整改 | 1. 公司组织综合部、财务部,项目部特别就管理制度、财务制度重新进行了审核和修订,明确了财务部、综合部和项目部各部门职责,形成相互配合监督机制;财务制度上就资金的预算管理、分类、审批、报销等流程进行了进一步明确,明确同1人不能同时拥有提出和批准付款的权利,付款审批至少要2人,做到票证相统一。<br>2. 通过完善各项规章制度,形成长期有效机制,为员工提供了行为指引。<br>3. 公司组织全体高管就新修订的公司管理制度、财务制度进行深入学习,提高自身遵纪守法的自觉性,树立按章办事的意识,做到有章必循,违章必究。<br>4. 公司组织2名财务人员对成立以来的财务档案资料进行系统排查,重点排查是否存在虚开发票、偷税漏税等行为 |
| | | (六)在合规团队的指引下成立了合规监控体系和应对体系 | 1. 经合规团队建议,该公司公开举报途径,设立举报和调查机制并确立公司法务、专员作为专职合规人员,负责处理收集员工的举报事项。<br>2. 向公司全体员工发出公告并在公司张贴栏公示举报途径及刑事合规部的联系方式。<br>3. 在公司内部设立举报平台(微信群号),该公告实际上也为员工在法律方面的疑惑提供了咨询平台。当然,员工可以通过该微信平台向公司专职合规人员进行举报,也可以直接向合规团队或专职合规人员进行举报。<br>通过设立该举报机制,可以对公司涉嫌违法违规的行为进行有效监督,也希望能够有利于该公司及时发现问题并对违法违规行为进行处理和应对 |
| | | (七)如实记录整改过程 | 记录应当真实有效,并有相关人员的签字确认 |

续表

<table>
<tr><td rowspan="4">第二阶段整改内容</td><td>整改时间</td><td colspan="2"></td></tr>
<tr><td rowspan="3">具体步骤</td><td>(一)总结上一阶段整改过程中存在的问题</td><td>当有的整改措施过于激进、脱离实际,无法与企业实际情况相适应时应当记录下来</td></tr>
<tr><td>(二)针对新问题列举新的完善措施</td><td>对于与企业实际情况不相符合的整改措施及时进行调整</td></tr>
<tr><td>(三)全面总结整改内容并将其内化为企业制度</td><td>1. 公司组织全体员工定期进行合规培训学习。特别是加强对公司董监高进行刑事合规教育培训,降低公司高级管理人员涉嫌职务侵占、行贿、商业贿赂的风险。<br>2. 加强对商业合作伙伴的合规管理,公司在与第三方合作前,尽量进行合规尽职调查,对无法提供增值税票据的个人要停止合作,以降低公司涉税经营风险。<br>3. 对财务涉税开票情况进行二次随机抽查,核查除大税种税以外的小税种及各种费用缴纳情况,做到合规不留死角。<br>4. 要求公司提供资料,核实有无享受国家税收优惠政策,有无相应合规法律风险。<br>5. 对公司涉诉、仲裁、行政处罚情况进行合规审查,降低公司的经营风险。<br>6. 加强员工教育,特别是对公司涉及贷款方面进行审查,以及对业涉及贷款方面的犯罪进行刑事合规教育和培训</td></tr>
</table>

对于企业而言,合规计划的内容各有差别,但具体的流程却相差无几。以上是以物流企业为例进行的合规计划全过程展示,可以为其他企业之后进行合规计划提供参考和借鉴。

## 第三节　合规有效是谁说了算?

对于企业来说,仅仅有一套纸面的合规制度是远远不够的,合规的生命在于行之有效,刑事合规中企业合规体系的有效性,更是合规建设中绕不开的话题。安达信倒闭后,四大会计事务所之一的毕马威被指控“采取开发、推广和实施未经登记的欺诈性避税手段,帮助美国高收入公民偷逃数十亿美元资本利得和收入需缴纳的个人所得税”,毕马威通过与联邦检察官签订暂缓起诉协议,承诺挽回损失、关闭全部对私税务业务、制定有效合规计划、重塑企业文化而被免于定罪;毕马威合规重建工作本身被要求审计,以衡量其有效性,时任联邦总检察长阿尔韦托·冈萨雷斯称这是该协议中“最重要的”部分,对“防止日后公司再犯罪”至关重要。而截至2012年,美国很少有协议(据统计只有22%,255份协议中的55份)要求公司评估其合规程序的有效性,以确定其是否真的有效;协议通常说明,合规程序必须“清晰地表达”“严格”和“有效”,但对这些术语没有定义;美国量刑指导原则指出,“如果不对公司定期评估,没有一个合规项目能称得上有效”,但联邦检察官一般又不会坚持要求公司这么做,只有依据《反海外腐败法》签订的协议中有些简单内容,规定公司必须进行某种定期的合规测试和合规审查。对此,2017年美国司法刑事局发布《企业合规体系评价指南》,用来帮助检察官在办案中更好地判断“在犯罪发生时,企业的合规管理是否有效”;2019年5月2日美国司法部发布《公司合规程序评价》,该文件并未对评估企业合规程序的政策进行重大修改,但是更好地协调了2017版《企业合规体系评价指南》和其他司法部指引及准则,以及为检察官在办案时和企业在更新其合规程序时提供了更多的参考①。

那么中国企业究竟要建立怎样的合规体系,才能有效预防、解决企业合规管理中存在的风险问题,以换取司法部门的宽大处理呢?笔者认为“他山之石,可以攻玉”,境外国家用以评价现有合规体系有效性的合规指南以及内部控制审计,都可以成为中国企业如何建立有效的合规体系和检察机关判断合规计划是否有效的借鉴经验。

## 一、公司合规程序评价

《公司合规程序评价》主要是协助检察官作出正确判断,以确定公司的合规程序在犯罪时是否有效、有效程度,进而确定起诉的适当形式,如罚金、公司在刑事诉讼中应履行的合规义务。由于不同的企业其规模、行业、性质都不尽相同,所以无法使用任何统一、严格的公式来评价公司合规程序的有效性,每一家公司的风险概况和降低其风险的解决方案都需要作个性化的具体评价,但大体会围

---

① 参见[美]布兰登·L.加勒特著,王亦泽、刘俊杰等译:《大到不能倒?——检察官办理涉企案件的启示》,法律出版社2020年版。

绕以下三个方面：

(一)公司的合规程序是否设计良好

"评价任何程序的关键因素是，该程序的设计是否足够有效，以最大限度地预防和发现员工的不当行为，以及公司管理层是否在执行该程序，或在暗中鼓励或迫使员工从事不当行为。"因此，检察官需要审查合规程序的充分性，以确保公司不仅明确表明了对不当行为的零容忍态度，而且制定了适当的政策和程序来确保合规程序完全融入公司的业务和传达给员工。涉案企业是否存在一个设计良好的合规程序，是检察官决定是否提起起诉的首要考虑因素。

1. 风险评估机制

检察官在评估一家公司的合规风险时，首先需要了解该公司的业务、公司如何定义和识别风险，以及该程序对风险进行了适当审查的程度、投入资源的数量；公司是否分析和解决了各类不同风险，包括"经营地点、经营范围、市场的竞争力构成、监管环境、潜在客户和业务合作伙伴，与外国政府事务，以及向外国官员、第三方支付礼物、旅行和娱乐费用、慈善及政治捐款所形成的各种风险"。其次，检察官还需要考虑风险评估的有效性，根据风险评估结论和经验教训，应该如何设定风险调整标准来修订公司合规程序，以及其标准是否要定期更新，并且可以在相信风险的合规程序质量和有效性的前提下，将适当的审查和资源用于高风险交易，即使它无法防止低风险地区的违规行为。在评估中，具体应考虑以下几个方面：

(1)风险管理过程：采用什么方法来识别、分析和处理公司所面临的特定风险，收集了哪些信息或制定了哪些衡量标准来帮助检测存在问题的不当行为类型。

(2)特定风险的资源配置：是否投入了大量的资源和时间用于监管低风险领域，而非高风险领域，如支付给第三方顾问的可疑款项、可疑交易活动或给经销商、分销商过多的折扣；是否对高风险交易，如对与高风险国家政府组织签订大额合同提出更严格的审查要求，而不是把重点放在日常的接待和娱乐活动方面。

(3)更新和修订：是否对风险评估程序进行定期审查和更新，这些合规程序更新是否对预防不当行为或发现其他风险产生了作用。

2. 科学的政策与程序

科学的政策与程序，既能符合道德规范的内容，也能降低公司在风险评估过程中确定的风险。检察官应该检查公司是否有一套行为准则，其中包括公司完全遵守相关法律，并将合规文化融入日常经营运作中的承诺，具体从以下几个方面展开：

(1)设计:公司设计和执行政策与程序的流程,设计时是否考虑了政策与程序的实时更新,参与政策与程序设计的主体,在推出公司业务部门新的流程前是否有前置的商讨程序。

(2)全面:政策与程序能够全面反映包括法律及监管环境变化在内的企业风险范围,并且能够对此提供解决途径;公司为全面执行政策与程序采取了哪些措施。

(3)可及:公司如何将自己的政策与程序传达给所有的员工和相关第三方,如果公司设有外国子公司,其外国员工理解该政策与程序时是否存在语言或其他障碍。

(4)运营整合责任:公司是负责整合政策与程序的主体,政策与程序在推广时是否能够确保全体员工的完全理解。

(5)把关:在公司控制程序中,向把关者(如有审核权限或认证职责的员工)提供了什么样的指引和培训;把关者是否知道要关注哪些不当行为,是否清楚需要重点关注的节点及方式。

3. 良好的培训与沟通机制

公司是否有恰当且符合公司自身情况的培训活动、是否在培训中向员工传达了合规程序、员工是否理解了该程序,都是检察官作出合规程序是否"真正有效"的判断标准。检察官应当审查公司采取了哪些措施,以确保政策与程序已融入组织,如为"董事、经理、相关员工以及其他需要培训的代理人和商业伙伴提供定期培训和认证",评估公司"是否以符合受众规模、水平或专业的方式传递了信息,并向员工提供了解决问题的建议或案例分析,指导员工如何在需要的时候根据具体情况获取信息和建议",以及"公司培训是否涵盖了过往的违规事件、公司是否有衡量培训课程有效性的方式"。评估具体涵盖以下几个方面内容:

(1)以风险为基础:相关业务部门的员工接受了什么样的培训,是否向高风险及起到控制作用的员工提供了恰当的培训,负责监管的管理者是否接受了相应培训或补充培训,如何确定接受培训的主体以及培训内容。

(2)培训的形式、内容、效果:培训的语言是否适合受众,培训形式是线上还是线下(或者两者兼有),公司选择某种培训形式的理由,培训内容是否包括从以前的违规事件中应吸取的经验教训,公司如何判断培训的有效性,员工接受培训后是否要接受考核,如何解决员工全部或部分考核不过的情况。

(3)关于不当行为的沟通:管理层采取了何种措施,让员工清楚公司对于不当行为的态度;当员工因未能遵守公司政策、程序被公司解雇或惩处时,公司内部是如何进行沟通的。

(4)指引的可用性:为员工提供关于合规政策的指引时,是否明确可获取哪些资源;公司员工是否知道何时寻求建议,以及他们是否愿意这样做。

4. 匿名报告和调查机制

一个精心设计的合规程序应当建立一个有效且可信的机密报告机制。通过这个机制,员工可以通过匿名或秘密报告的方式,向公司报告违反公司行为准则、公司政策的行为以及可疑或已经存在的不当行为。检察官应当评估公司在处理举报时是否积极主动地采取措施,来创造一个不惧报复的工作氛围,是否规定了提交报告的适当程序以及保护举报者的流程。检察官还应当评估公司的调查程序是否包括将举报材料转交给适当的部门、及时完成调查以及采取了适当的包括惩戒在内的后续行动。科学的匿名报告和调查机制能够在很大程度上保证公司有效预防及发现不当行为。评估具体从以下几个方面展开:

(1)匿名报告机制的有效性:公司是否设有匿名报告机制,员工是否了解这一报告机制,报告机制是否被使用过,如何处理报告机制收到的举报,合规职能部门是否能获悉关于报告和调查的全部信息。

(2)适格人员在合理范围内组织调查:如何决定哪些报告或信号是值得进一步调查的,如何保障调查在合理范围内进行,采取哪些措施来确保调查的独立性和客观性,且被恰当记录,公司如何决定谁来调查和作决定。

(3)调查响应:为确保响应能力是否设置了时间指标,是否设有专门程序来监控调查结果,并且确保对任何调查发现或建议作出的响应是积极负责的。

(4)资源和结果追踪:报告和调查机制是否有充分的资源支持,如何收集、跟踪、分析和使用报告机制中的信息,是否会根据报告及调查结果对不当行为或其他违规信息进行定期的类型分析。

5. 第三方管理机制

公司对第三方进行的尽职调查工作,是确定合规程序是否有能力发现“公司业务线中可能发生的不当行为”的保证,尽职调查的范围、程度会因公司或交易的规模及性质有所不同。检察官应当评估公司对第三方尽职调查的情况及其效果,内容包括公司是否对第三方合作伙伴的资质和关系有所了解,是否有经常被用作隐瞒不法行为的代理人、顾问或分销商,是否了解第三方合作伙伴的声誉,第三方与外国官员的关系以及在交易中需要第三方的商业理由(例如,公司与第三方签署的合同是否有具体描述第三方服务内容的条款,第三方是否确实在提供服务,第三方因此获得的报酬水平与该行业及该地理区域的工作报酬是否相符),是否对第三方进行培训、审计或年度合规认证,对第三方是否进行了持续监控。这种评估具体从以下几个方面展开:

(1)以风险为基础的整合程序:第三方合规管理程序如何与公司识别出的企业风险的性质及级别相对应,该对应程序如何与相应的采购程序及对供应商合规管理程序相结合。

(2)合适的控制:公司使用第三方是否有合适的商业理由;如果第三方曾参与了潜在的不当行为,决定继续使用第三方的商业理由;公司与第三方签订的合同条款,是否明确了第三方的具体服务事项,收费条款是否合适,第三方是否按照合同执行了服务内容,第三方收费与所提供的服务是否相称。

(3)关系管理:为了防止第三方引发合规风险,公司如何考虑第三方的薪酬及激励方式;如何监管第三方合作伙伴;公司对第三方的账簿和账户是否有审计的权利,如有,公司是否行使过这一权利;如何通过培训的方式,告知第三方相关的合规风险及管理程序;通过何种方式激励第三方的合规行为。

(4)实际行动和结果:是否对第三方尽职调查中识别到的合规风险信息进行追踪;对于未通过公司尽职调查或被终止合作的第三方,公司是否进行跟踪,公司是否采取措施来确保这些第三方不在日后被重新雇用;如果经调查第三方曾参与不当行为,在尽职调查中或雇用后被识别到合规风险信息,公司是如何处理的;是否有类似的第三方因违规问题被中止、终止合作或审计。

6. 并购合规管控

一个设计良好的合规程序在并购发生之前,应当对所有收购目标进行全面的尽职调查。并购前的尽职调查能够帮助收购方更准确地评估收购目标价值,并就伴随收购目标而带来的腐败或不当行为的成本进行评估。有缺陷或不完整的尽职调查会导致目标公司的不当行为持续发生,对并购公司的盈利能力及声誉造成损害,并有承担民事及刑事责任的风险。检察官应当评估,并购公司能否对其收购目标进行适当且详尽的尽职调查,以确定该公司合规程序的实施能够有效地加强内部控制,并对企业各层级的不当行为进行纠正。这种评估包括以下几个方面:

(1)尽职调查程序:尽职调查是否能够识别不当行为或不当行为的风险,对被收购、合并实体进行合规风险审查的主体是谁,并购尽职调查的程序一般包括哪些内容。

(2)并购整合:合规职能是如何融入合并、收购和整合程序中的。

(3)将尽职调查与实施相联系的程序:公司对尽职调查中被识别到的不当行为或不当行为的风险采取了何种追踪和纠正的程序,公司在新实体实施的合规政策和程序是什么。

(二)公司的合规程序是否得到有效实施

公司不仅需要一个设计良好的合规程序,还需要确保该程序得到严格执行和有效落实。检察官应当评估,合规程序究竟是“纸面工程”还是“以有效的方式进行了实施、审查和修订”,还需要判断“公司是否有充足的资源来对合规工作的结果进行审计、记录、分析和运用”“公司的员工是否充分了解合规程序并确信公司管理层作出的承诺”。

1. 中高级管理层的承诺

除了合规体系、政策和程序外,对公司而言很重要的是培育、塑造和遵守道德及法律的企业文化,有效的合规程序需要公司领导作出高层级承诺,自上而下地实施合规文化。检察官应当审查,公司董事会和高级管理层是否清楚地表达了公司的合规道德规范,明确传达、传播并通过实例表明公司严格遵守了这些规范;审查公司的中级管理层是如何落实、并鼓励员工遵守这些规范的。审查具体包括以下内容:

(1)高层行为:高层领导如何通过言语或行为来鼓励合规或纠正调查中涉及的不当行为;采取了何种具体行动来展示其在公司合规工作及补救措施中的领导力;如何为下属员工展现模范作用;在拓展新业务或追求更高收益时,管理人员是如何应对更大合规风险的;管理人员是否为了实现业务目标,鼓励员工实施不道德行为或者阻碍合规人员履行职责。

(2)共同承诺:为了证明对合规或合规人员的承诺,高层领导和中层管理人员(如业务及运营经理、财务、采购、法律、人事)采取了什么行动和补救措施;在面对竞争利益或业务目标时,这些人员是否坚持了他们的承诺。

(3)监督:董事会成员具备哪些合规专业知识;董事会及外部审计人员是否召开过具有合规与控制职能的高管会议或私人会议;在对不当行为所在的领域进行监督时,董事会及高级管理层审计了哪类信息。

2. 合规人员的自主权和资源

有效实施合规程序的标志在于“确保日常监督的人员具有足够的权威和地

位”来采取行动。检察官应当结合公司的规模、结构和风险状况，评估合规人员“在公司内是否有足够的级别，是否有充足的资源来有效执行必需的审计、记录和分析工作，是否能从管理层获取足够的自主权”“内部审计职能的实现是否由一个足以确保其独立性和准确性的层级来负责”。这一评估能够证明合规人员是否实际被授权并且在公司的定位是“有效发现和预防不当行为”“公司分配给合规工作足够的资源”“合规人员的素质和经验能够理解和识别构成潜在风险的交易及活动”以及“合规职能部门的权威性和独立性，董事可获得的合规专业知识”。评估包括以下几个方面：

(1)结构：公司的合规职能部门(如法律部门、业务部门或向首席执行官、董事会直接报告的独立部门)是什么；合规职能部门向谁报告；合规职能部门如果由指定的首席合规官或公司内部的另一名高管负责，该名负责人是否在公司内有其他角色；合规人员是只承担合规责任，还是要在公司内承担其他非合规责任；公司选择当前合规结构的理由。

(2)级别和地位：在地位、薪酬水平、层级、头衔、隶属关系、资源和与重要决策者接触等方面，公司的合规职能部门与其他业务职能部门相比有什么不同；合规和相关控制职能部门员工的更替率是多少；合规在公司的战略和运营决策上扮演了什么角色；是否有交易因合规问题被停止、修正或进一步审查。

(3)经验和资历：合规和控制职能部门的员工是否具备与他们的职责和责任相适应的经验和能力；谁来考核合规职能部门员工的绩效，以及考核流程是什么。

(4)资金和资源：是否有足够的合规人员来对合规工作的结果进行审计、记录、分析并采取行动；公司是否对合规工作投入了足够的资金；合规及控制职能部门在向公司要求资源时是否曾被拒绝，如果有，原因是什么。

(5)自主权：合规及相关的控制职能部门是否能够向董事会及其审计委员会直接报告，合规及相关的控制职能部门与董事开会的次数，高级管理层成员是否出席相关会议，公司如何确保合规及控制职能部门员工的独立性。

(6)外包合规职能：公司是否将全部或部分合规职能外包给外部机构，如果是，原因是什么；谁负责监督或联络外部机构；外部机构对公司信息的访问级别是多少；如何评估外部机构履行职能的有效性。

3. 合规奖励和惩戒机制

合规奖励和惩戒机制是有效实施合规程序一个标志，奖励和惩戒应在公司内部得到公正的执行。检察官应评估公司是否有明确的纪律程序，是否在公司内始终如一地执行这些程序，是否确保惩戒措施与不当行为相称，向员工传达的信息是否达到“不道德行为将不会得到容忍，并会迅速地让违规人员承担相应后果”的程度。检查包括以下几个方面：

（1）人力资源程序：谁参与对不当行为作出惩戒决定，包括决定涉案的不当行为的类型；是否对每一个不当行为都遵循相同的流程；员工被惩戒的实际原因是否传达给员工；是否存在限制信息传达的相关法律或调查原因。

（2）适用上的一致与平等：惩戒和奖励措施是否在公司内得到公平和一致的应用；是否有相似的不当行为得到不一样的对待，如果有，原因是什么。

（3）奖励制度：公司是否考虑过奖励制度对公司合规的影响；如何激励合规和道德行为；谁决定包括奖金在内的薪酬，以及与合规有关人员的惩戒和晋升。

（三）公司合规程序是否在实践中得以有效运行

检察官评估合规程序是否有效最大的困难是，该合规程序在不当行为发生时是否得到有效运行，特别是在不当行为没有立即被发现的情况下。事实上，公司不当行为的存在本身并不意味着不当行为发生时合规程序没有奏效或没有效果，“应当认识到，没有任何合规程序能够完全阻止公司员工的所有不当行为”。在公司发生不当行为后，检察官应考虑“公司是否发现不当行为、如何发现不当行为、在调查可疑的不当行为时有哪些合适的调查资源可以运用，以及公司补救措施的性质和彻底性”，在评估合规程序是否有效地起作用时，应当考虑“公司是否在公司合规程序和内部控制系统方面投入较大的投资和进行改善”“对合规程序和内部控制制度补救性的改善措施是否经过测试，能够证明这种改善措施将防止或发现在未来类似的不当行为的发生”。

1. 对合规程序的持续改进、定期测试和评审机制

有效合规程序的一个标志是公司对合规程序的改进和完善。随着时间的推移，公司的业务、经营环境、客户的性质、法律的相关规定以及适用的行业标准也会发生变化，因此，检察官需要考虑公司在审查合规程序的与时俱进方面是否作出了有效的努力，在评估合规程序是否在实践中切实有效时，需要考虑公司是否根据其违规事件的教训而“对合规计划进行修订”，关注公司是否采取了适当措施，以便“确保遵守组织的合规和道德程序，包括监控和审计，以发现犯罪行为”，以及是否“定期评估合规程序实施的有效性”。公司积极有效的努力不仅

可以在受到任何检控时得到回报，更重要的是，可以避免今后继续出现违规问题。评估内容包括：

(1)内部审计：确定内部审计方向和间隔时间的程序是什么；制定该程序的依据是什么；如何进行内部审计，才可以发现与不当行为相关的问题；是否进行了审计，结果如何；向管理层及审计委员会报告过哪些有关的审计结果及补救进度，董事会和管理层如何跟进；在高风险领域多久进行一次内部审计。①

(2)控制测试：公司是否对与不当行为相关的合规程序进行了审查，对控制、合规数据的收集和分析，以及对员工和第三方的访谈进行了哪些测试；如何报告结果和跟踪。

(3)不断更新：公司多久审查公司合规政策和程序，并对风险评估进行更新；是否对更新进行了分析，以确定是否在其政策、控制或培训中已充分关注特定的风险领域；采取了哪些措施来确定合规政策和程序在实践中是否适用于特定的业务部门或子公司。

(4)合规文化：对公司的合规文化是如何衡量的；公司是否征询过各级员工的意见，以确定他们是否理解高级和中级管理层对合规的承诺；公司在衡量合规文化方面采取了哪些措施。

2. 对不当行为的调查机制

在公司、员工或代理人受到指控或怀疑存在不当行为时，公司可以进行及时和彻底的调查。有效的调查机制应包括具备记录公司响应的既定手段，以及所采取的任何惩戒措施或补救措施，还应包括：

(1)由具有资质的人员在合适的范围内进行调查：公司如何确保调查的范围是适当的，独立、客观地开展，并进行了适当的记录。

(2)对调查的回应：公司的调查结论是否被用于分析确定系统漏洞和责任缺失的原因，包括对高级管理人员的调查；对调查结果作出回应的程序是什么；调查结果最高可以提交到公司哪个层级。

3. 分析和纠正任何潜在的不当行为机制

在实践中，合规程序运作良好的标志还有，公司在多大程度上对不当行为进行周密的原因分析，并及时采取适当的纠正措施，以消除再次发生此类不当行为的

---

① 参见杜杰：《风险管理智慧：企业风险管理实务》，机械工业出版社 2008 年版。

可能性。检察官应当审查“违法行为的程度和普遍性；涉案职工的人数、级别；违法行为的严重程度、持续时间、发生频率；公司采取的任何补救措施，包括对以前合规程序中发现的不当行为进行纪律处分，并根据吸取的教训对公司合规程序进行修订”。具体包括以下几个方面：

（1）根本原因分析：公司对不当行为的原因分析结果是什么，是否发现了系统性问题，公司里谁参与了分析。

（2）先前的弱点：是哪一步管控措施失效了；如果政策和程序本应能阻止不当行为，但未得到有效执行，是否对行使这些政策和程序所有权的职能人员进行追责。

（3）付款系统：不当行为是如何获得资金的（例如，采购订单、员工报销、折扣、零用现金）；哪些程序可以防止或检测到对这些资金的不当使用；这些程序是否得到了持续改进。

（4）供应商管理：如果供应商涉及不当行为，供应商选择的过程是什么。

（5）以前的迹象：是否有机会事先发现相关的不当行为，如识别确定相关控制失败的审计报告或已受到指控、投诉或调查；如有，公司错过这些机会的原因是什么。

（6）补救措施：公司做了哪些具体的改变来降低将来发生相同或类似风险的可能性；哪些具体的补救措施解决了错失的机会分析中确定的问题。

（7）问责制：公司针对不当行为采取了哪些惩戒措施，这些措施是否及时、适当；管理人员是否对在其监督下发生的不当行为负责；公司是否考虑过对因监管不力的人员采取纪律处分；公司对员工纪律处分记录（如纪律处分的数目及种类）与所涉及的行为类别有何关系；公司是否曾因员工行为不当而解雇或以其他方式对其进行处罚（如减少或取消奖金、发出警告信等）。

一家企业的合规程序是预防过错发生的第一道防线。如果每一步都执行的完美，可以帮助企业免遭执法部门的惩戒。《公司合规程序评价》所确立的美国联邦检察官在作出起诉时，评价公司合规程序是否有效的标准，不但为在美国经营企业提供了合规指南，而且为其他国家的司法机关审核企业合规体系的有效性提供了参考，也为企业建立或优化其合规程序提供了翔实的路线图，具有较强的借鉴意义。

## 二、内部控制审计

内部控制是为实现所确定的控制目标而实施的过程，是企业合规管理的一种措施,内部控制的目标是合理保证企业经营管理合法合规、资产安全、财务报告及相关信息完整,提高经营效率和效果,促进企业实现发展战略。内部控制是利用企业内部因各部门的职责不同而产生的相互制约、相互联系的关系,形成一系列具有控制职能的方法、措施、程序,并予以规范化、系统化,使之形成一个有效的控制机制。在实践中,公司合规程序是否有效运行,是检察机关针对涉案企业在作出是否起诉、减轻、从轻决定时所考虑的一个重要方面,而内部控制健全和得到严格执行是公司合规程序有效运行的一个重要标志。内部控制是一种动态的过程而不仅是静态的制度,体现了适时和全过程控制的观念,主要包括五个方面:内部环境、风险评估、控制活动、信息与沟通、监督。在实践中,检察机关可以通过内部控制审计结果来评价涉案企业内部控制是否健全、是否得到严格执行,进而将其作为考量企业建立的合规体系是否有效运行的一个重要因素。

(一)内部控制审计涉及的要素

1. 内部环境,是企业实施内部控制的基础,包括治理结构、机构设置及权责分配、内部审计、人力资源政策、企业文化等。

2. 风险评估,是企业及时识别、系统分析经营活动中与实现内部控制目标相关的风险,合理确定风险应对策略。

3. 控制活动,是企业根据风险评估结果,采用相应的控制措施,将风险控制在可承受度之内。

4. 信息与沟通,是企业及时、准确地收集、传递与内部控制相关的信息,确保信息在企业内部、企业与外部之间进行有效沟通。

5. 监督,是企业对内部控制建立与实施情况进行监督检查,评价内部控制的有效性,发现内部控制缺陷,及时加以改进。

(二)内部控制审计涉及的制度

1. 授权控制制度,是确定企业内部各部门、各环节、各层级及其人员职责的内部控制制度。主要是检查各部门和经办人员的职责是否经过企业内部程序恰当授权,各职能部门和经办人员是否分工明确、职责分明。

2. 牵制控制制度,是为了保证会计资料的真实性、正确性及保护资产安全而形成的制度。主要是检查不相容职务是否分离,会计事项的处理是否遵循必须经过两个以上的人员或部门来完成的规则,是否经过复核,以防止差错、舞弊的发生。

3. 会计控制制度，是企业为了保证会计数据的正确性和真实性而采取的各种措施和方法，包括各种凭证的记录和传递、资金的使用、债权债务反映、会计报表编制等各个环节的控制制度和程序。主要是通过账证、账账、账表之间的对应关系，检查会计数据的正确性；通过账实核对，检查账实是否相符，以保证会计数据的真实性；检查复核审批是否严格，以保证会计业务处理的合法性；通过定期编制试算平衡表，检查企业所有数据的正确性等。

4. 流程控制制度，是企业内部为实现经营目标而实现生产经营和管理所必须经过的环节和业务流程的控制制度，如采购与销售、收入与成本、资金与物资、投资与融资、财务审计与税收、账务处理与合并报表、研究与开发等方面的控制制度。主要是检查这些环节和流程的控制是否严密，反映企业是否能合法合规地开展经营活动。

5. 资产安全控制制度，是为了确保企业的资产安全和凭证、凭据编制准确而建立的控制制度，主要针对物资存货的保管、清点、验收、领用以及编制计划、合同、凭证、账簿等各个环节，检查是否都应实行专人管理及定期报告。

6. 内部稽核控制制度，是为了更充分发挥内部审计作用而建立的制度，将内部审计人员从会计、财务人员中分离出来，直接对董事会或下设的审计委员会负责，真正发挥内审人员的作用，使企业合法合规地发展。

（三）内部控制审计的程序

1. 了解企业的内部控制情况，并作出相应的记录。

内部控制审计的首要步骤，了解被审计企业已经建立的内部控制制度及执行的情况，并作出记录、描述。内部控制审计应考虑被审计企业经营规模及业务复杂程度、数据处理系统类型及复杂程度、审计重要性、相关内部控制类型、相关内部控制记录方式、固有风险的评估结果等因素，对内部控制中的控制环境、会计系统、控制程序采取有效的方法进行审计。同时，在审计计划中确定所需收集的信息，包括与企业相关的风险，相关法律法规和行业概况，企业组织结构、经营特点和资本结构等相关重要事项，企业内部控制最近发生变化情况，与企业沟通过的内部控制缺陷，重要性、风险等与确定内部控制重大缺陷相关的因素，对内部控制有效性的初步判断，以及可获取的、与内部控制有效性相关的其他信息。

了解企业的内部控制情况主要方法包括：

（1）查阅前期审计报告或审计工作底稿，了解以前审计时所发现的问题、产生的原因以及是否已得到纠正和改进；

(2)询问被审计企业的有关人员，查阅相关规章制度、合规方针及政策、组织机构系统图等文件；

(3)检查内部控制生成的文件和记录，形成对企业内部控制是否有效的初步判断；

(4)观察被审计企业的业务活动和内部控制的运行情况；

(5)选择若干具有代表性的交易和事项进行"穿行测试"，即追踪交易在财务报告信息系统中的处理过程，以便了解被审计企业的业务流程及其相关控制。

2. 初步评价内部控制的健全性、有效性。

在对控制环境、会计系统和控制程序进行调查了解后，确定内部控制风险和内部控制是否可信赖及可信赖程度，初步评价内部控制的健全性、有效性。初步评价实际上就是评价企业内部控制在预防、发现和纠正错弊方面是否有效的过程。例如，出现企业内部控制失效或难以对内部控制的有效性作出评价时，应将重要交易或账户类别的某些或全部认定的内部控制风险评价为高水平，不拟进行符合性测试；如果针对某项会计报表认定，出现相关内部控制可能预防、发现和纠正重大错弊情况时，则不应评价其内部控制风险处于高水平，拟进行符合性测试。

3. 实施符合性测试程序，确定有关内部控制的设计和执行的效果。

通过对内部控制进行初步评价，可基本掌握被审计企业内部控制的薄弱环节，确定是否进行符合性测试及测试的范围、方法。符合性测试是为了确定内部控制制度的设计和执行是否健全和有效而实施的审计程序，包括控制设计测试和控制执行测试，控制设计测试是测试被审计企业控制政策和程序设计是否健全、合理、适当，能否预防、发现和纠正特定会计报表认定的重大错报或漏报，以及经营管理活动中的重大违规行为；控制执行测试是测试被审计单位的控制政策和程序是否得到严格执行及实际发挥的作用。被审计单位的内部控制设计再好，还必须靠严格的执行来发挥作用。

内部控制符合性测试常用的方法主要有四种：

(1)询问法。审计人员为了了解被审计企业各项业务操作流程是否符合内部控制要求，而向有关人员询问某些内部控制和业务执行情况。例如，审计人员通过询问计算机管理人员，就可以知道未经授权的人员是否能接触到计算机文件。

(2)观察法。审计人员实地观察企业有关人员的实际工作情况，以确定既定控制措施是否得到严格执行。例如,审计人员实地观察材料验收和入库情况,就可知道材料是否严格验收并及时入库,库存材料是否有序摆放,是否安全存放。

(3)检查法。审计人员抽取一定数量的账表、凭证等书证和其他有关证据,检查企业是否认真执行相关控制制度,以判断内部控制是否得到有效贯彻执行。例如,检查货款的支付是否有相关负责人和经办人的批准和签字,来判断实际工作中是否执行了批准、授权控制程序。

(4)重新执行法。审计人员就某项内部控制制度来按照被审计企业的业务流程全部或部分重做一次,以验证既定的控制措施是否被贯彻执行。

4. 根据符合性测试反映的内部控制强弱程度,评价内部控制是否设计健全和得到严格执行,并将其作为合规程序有效性的考量因素。

通过以上步骤,内部控制审计能发现被审计企业内部控制制度是否建立、健全,哪些方面还存在薄弱环节,哪些内部控制制度得到了严格执行,哪些内部控制虽然建立但没有执行或执行不力,哪些内部控制是有效的,哪些内部控制是无效的。根据符合性测试结果,对内部控制作出综合评价,内部控制有效实施的,评价控制风险为低;内部控制设计和实施有缺陷的,应将发现的内部控制问题进行汇总、整理,分析问题产生的原因和可能带来的后果,提出有效的改进措施,向被审计企业管理层提出改进建议。同时,检察机关可以把内控评价结果作为合规程序有效性的考量因素。

(四)内部控制审计举例:收入控制流程(见表2-2-12)

**表2-2-12 收入控制流程**

| | |
|---|---|
| 范围 | 企业日常销售等相关活动;<br>按照权责发生制对销售收入及应收账款进行记录,并对应收账款的回收进行管理 |
| 控制目标 | 确定适当的销售政策和策略,明确各环节的职责和审批权限;<br>将所有与销售收入相关的会计分录及时、准确地记录在适当会计期间的财务报表中,对应收账款进行及时、准确的记录和估价 |
| 流程相关会计科目 | 银行存款/应收账款/坏账准备/应交税费/主营业务收入/应收票据/资产减值损失/预计负债 |
| 流程主要风险 | 收入确认截止时间错误,导致记录的收入不准确;<br>收入确认政策及做法可能不符合相关国家或地区公认会计原则;<br>销售过程存在舞弊行为,可能导致企业利益受损 |

续表

| | | |
|---|---|---|
| 流程描述 | 签订购销合同—编制生产计划—编制生产日报—确认、记录收入—应收账款的确认、催收—应收票据的管理—坏账准备的计提与冲销—收款 | |
| 签订购销合同 | 控制目标 | 与相对方订立销售合同(合同经适当审批后签订),明确双方权利和义务,作为经营活动的基本依据 |
| | 流程相关会计科目 | 预计负债 |
| | 流程主要风险 | 合同内容存在重大疏漏或欺诈,未经授权对外签订合同,导致企业合法权益受到损害;<br>合同价格、合同约定的期限违背企业相关政策,导致企业经济利益受到损害;<br>合同履行过程中引起法律诉讼的风险 |
| 编制生产计划 | 控制目标 | 生产计划按规定程序编制、审批 |
| | 流程相关会计科目 | 不适用 |
| | 流程主要风险 | 生产计划未按规定程序编制、审批,导致生产计划混乱,不能满足公司的需要 |
| 编制生产日报 | 控制目标 | 数据记录准确 |
| | 流程相关会计科目 | 不适用 |
| | 流程主要风险 | 记录的数据不准确 |
| 确认、记录收入 | 控制目标 | 每月初按照确认无误的金额对上月销售开具发票;<br>收入确认政策及做法符合相关国家或地区公认会计原则;<br>将正确的收入全额记到正确的总账科目 |
| | 流程相关会计科目 | 应收账款/主营业务收入/应交税费/营业税金及附加 |
| | 流程主要风险 | 收入确认截止时间错误;<br>收入确认政策及做法可能不符合相关国家或地区公认会计原则 |

续表

| | | |
|---|---|---|
| 应收账款确认、催收 | 控制目标 | 应收账款准确；<br>客户账单及往来记录的修改经过适当授权 |
| | 流程相关会计科目 | 应收账款/银行存款 |
| | 流程主要风险 | 应收账款数据不准确；<br>未经授权修改客户账单及往来记录，并不适当的记入账户系统；<br>没有定期与欠款客户确认欠款金额，也没有采取催收措施，因此不能对应收账款的可收回性作出正确判断 |
| 应收票据的管理 | 控制目标 | 加强票据管理，防止收款过程中的舞弊行为 |
| | 流程相关会计科目 | 应收票据/预计负债/银行存款 |
| | 流程主要风险 | 没有正确记录由于票据贴现带来的预计负债；<br>票据管理不善，账款回收不利，收入无法收回；<br>票据管理过程中存在舞弊，使企业经济利益受损 |
| 坏账准备计提、冲销 | 控制目标 | 制定恰当的坏账准备政策，并得到正确的执行；<br>足额计提坏账准备；<br>及时准确地冲销坏账 |
| | 流程相关会计科目 | 应收账款/资产减值损失/坏账准备 |
| | 流程主要风险 | 坏账准备政策尚未制定或未得到正确执行；<br>蓄意少提或多提坏账准备；<br>没有在正确期间冲销坏账；<br>蓄意不冲销或多冲销坏账 |
| 收款 | 控制目标 | 收入款及时、准确、安全地存入企业指定银行账户 |
| | 流程相关会计科目 | 银行存款/应收账款/内部往来 |
| | 流程主要风险 | 收款不及时；<br>收款未能及时存入企业指定账户 |

(五)内部控制审计案例解析

1. 帕玛拉特事件概述①

意大利帕玛拉特事件被称为欧洲版的“安然事件”,帕玛拉特是欧洲大陆国家典型的家族企业,成立于1960年,于1990年上市,创始人坦齐及其家族占有51%的股份,企业控制权集中于坦齐家族手中。自1970年开始,该企业地位快速提升,至2003年成为位居全球食品生产企业前10名的跨国公司。2003年11月中旬,帕玛拉特突然宣布无法偿还到期价值1.5亿欧元的债券,继而公司公司宣称无法清偿5亿欧元的共同基金,12月底向帕尔马地方破产法院申请破产保护并得到批准。经初步调查,帕玛拉特在过去长达15年的时间内,利用衍生金融工具和复杂的财务交易掩盖负债,通过花旗集团、美林证券等投资银行进行操作,将借款转化为投资,以“投资”形式掩盖负债,累计弥补高达162亿美元的负债漏洞;伪造银行资信文件,虚构银行存款,对外声称通过其开曼群岛的分公司B将价值49亿美元的资金(大约占帕玛拉特资产的38%)存放在美洲银行账户;通过伪造文件、关联交易来转移资产,先将资金注入虚列负债的债权人公司,再由其将资金转移到坦齐家族控制的海外公司或投资基金;通过虚构交易数额来虚增销售收入,帕玛拉特曾伪造交易合同称向哈瓦那一家公司出售了价值6亿美元、数量30万吨的奶粉,而真实价值不到80万美元。帕玛拉特财务欺诈丑闻金额之大、时间之长在欧洲历史上都是非常罕见的,帕玛拉特事件涉及方方面面,特别是暴露出众多内控审计问题。

2. 暴露的内部控制审计问题

(1)内部审计失效

帕玛拉特设有内部审计师,意大利法律允许公司章程所设定的拥有股本一定百分比(帕玛拉特规定为3%)的股东可以提名以及提议是否需要更换内部审计师,但满足一定股本百分比的股东只能提交和赞成通过一份候选人名单,候选人不能同时出现在多份候选人名单中,此机制使得内部审计师实际上就是由大股东决定。

(2)董事会下设的审计委员会缺乏独立性

该委员会由坦齐等内部董事控制,且有的内部董事同时在审计委员会和执

---

① 参见《帕玛拉特舞弊案的审计思考会计》,载豆丁网2021年11月24日,https://www.docin.com/p-2862665482.html。

行委员会任职，在选聘外部审计师时，无法真正独立地发挥监督制衡作用。意大利法律规定外部审计机构每3年指定一次，连续三次就必须更换，并限制审计人员为客户提供其他服务。1990年至1998年，均富一直为帕玛拉特提供审计服务，1999年，德勤担任帕玛拉特的外部审计师，均富则成为帕玛拉特全资子公司Bonlat的审计师，而Bonlat恰恰是后来制造一系列财务欺诈的中心环节。由于审计委员会的独立性不足，造成帕玛拉特虽然在形式上遵循了意大利法律，但偏离了法律的实质，使外部审计师强制轮换规定流于形式，审计缺乏独立性。

(3)舞弊造成内部控制程序失效

均富依靠帕玛拉特的邮寄系统发送关于帕玛拉特的审计询证函，均富的询证函基本没有到达想要发送的目的地，收到的确认函也都是在帕玛拉特高管授意下的伪造文件，高管串通舞弊使内控和审计监督完全失效。

3.加强内部控制审计，有效防范合规风险

(1)建立良好的控制环境

帕玛拉特是一个家族绝对控股并由创始人坦齐亲自掌管的企业，家族完全控制上市公司，可以任意从上市公司向家族公司转移资产、操纵财务报表，原因就是坦齐家族“一股独大”，这造成公司治理结构无法发挥制衡作用，内外部监督审计失效。因此，控制环境的好坏，直接影响到企业合规经营管理和持续生存发展；只有建立良好的控制环境，公司形成不被少数大股东控制的局面，才能使内部控制审计真正发挥作用，保证内部控制的严格实施，有效揭示、防范经营管理合规风险，防止帕玛拉特事件重演。

(2)把握内部审计定位

内部审计工作一般由管理层领导，揭示、防范经营管理风险并向管理层报告，但当管理层串通舞弊时，内部审计发现的问题往往会被管理层搁置隐瞒，帕玛拉特事件告诫世人应重新审视内部审计的定位。内部审计的最终目的是为公司风险管理服务，如果管理层谋取私利、串通舞弊，内部审计就会失去其应有的效果。因此，单纯地将内部审计定位为向管理层负责，可能会使内部审计不能有效发现并揭露管理层的舞弊行为，企业应当将内部控制定位为同时向管理层和董事会负责，发现的重大事项应同时向管理层和董事会报告；内部审计既是管理层加强合规经营管理的措施，又是董事会实施对管理层监督的手段。

(3)发挥审计委员会的职能

董事会下设的审计委员会是加强公司财务报告信息真实可靠的主要保障机构。审计委员会成员应符合独立性的要求,在形式和提名上都要独立于管理层;审计委员会成员应当具有相应的专业能力,具备较高的会计、财务、审计专业水准;应当明确审计委员会成员的责任和待遇,使其有压力和动力去履行其职责。同时,审计委员会日常工作会议应增加召开频率,扩大参与人员范围,重视问题细节;特别是在选聘外部审计机构时遵循公开和强制轮换制度,并加强与内部和外部审计师的交流,以及对企业的合规风险和CEO、CFO的工作给予更多的关注和审查。

(4)加强反舞弊风险管理

舞弊是指以故意的行为获得不公平的或者非法的收益,舞弊行为风险的类型主要有虚假财务报告、资产的不适当处置、不恰当的收入和支出、故意的不当关联方交易、税务欺诈、贪污以及收受贿赂和回扣。企业舞弊产生的原因由压力、机会和借口三要素组成,缺少任何一项要素都不可能真正形成企业舞弊行为:

压力要素是指企业舞弊者的行为动机,刺激个人为其自身利益而进行企业舞弊的压力包括经济压力、恶癖压力、与工作相关压力和其他压力;

机会要素是指可进行企业舞弊而又能掩盖起来不被发现或能逃避惩罚的时机,包括缺乏发现企业舞弊行为的内部控制、无法判断工作的质量、缺乏惩罚措施、信息不对称、审计人员能力不足和审计制度不健全六种情况;

借口要素也称自我合理化,是指企业舞弊者必须找到某个理由,使企业舞弊行为与其本人的道德观念、行为准则相吻合,无论这一解释本身是否真正合理,如企业舞弊者常用的理由有“这是公司欠我的,我只是暂时借用这笔资金、肯定会还的,我的目的是善意的,用途是正当的”。

从以往已经发生的舞弊案件来看,绝大多数是管理层舞弊,由于管理层所处的特殊地位,其所实施的舞弊手段和方式具有不可预见性,而且舞弊行为对企业的影响巨大,可能让企业健全、完善的内部控制制度和程序全部失效。所以,在内部控制审计中,如果有理由怀疑可能存在管理层舞弊,就应当保持警觉并采取恰当的应对措施,绝不可相信管理层的解释或借口,也不能因为被审计企业以前没有舞弊行为而掉以轻心,特别是对于那些急需获得融资及再融资资格、摘帽保牌、以良好业绩维持股价及获得更多经济和司法宽大处理利益的企业,要给予高度的怀疑和职业关注。

企业在反舞弊风险管理中应当建立职业道德准则、信访举报、内部审计和监察、调查与整改措施、风险评估等内部控制程序。

以风险管理中一个重要环节的舞弊风险评估为例,企业应当由审计委员会负责或专门设立舞弊风险评估部门(也可以与合规部门、审计部门合署办公)来识别和记录舞弊风险;确定舞弊风险的类型、发生的可能性、重要性水平标准和影响;评估防范舞弊风险相应的控制活动,如现有的控制活动不能控制舞弊风险,需提出改进性控制措施并形成风险评估报告,改进性控制措施包括重新修订制度、完善控制流程、增加控制环节等。审计委员会要特别评估企业现有控制的弱点以及管理层越权风险,就企业管理层舞弊风险评估程序与外部审计师进行沟通、交流,内容主要包括企业受虚假财务报告的影响,企业受资产的不适当处置及不恰当收入和支出的影响,董事会对舞弊风险和管理层凌驾于制度之上风险的看法,企业是否已经了解发生的疑似舞弊行为和在这些领域监管活动情况;审计委员会是否就舞弊风险评估与外部审计师的讨论交流记录于会议纪要中,并由双方签字确认。

## 第四节　合规之路道阻且长

### 一、第三方机制专业人员选定标准

如何确定第三方监管体制中专家库人员的人选,是首要难题,而确定的前提便是先存在一个具体的判断标准,由此才能展开选任工作。具体的标准一方面能够为智库人才的选拔提供指引,做到选拔有据可依,避免选拔中任人唯亲的情况发生,在形式上保证选拔过程的公平、公正、透明;另一方面,具体的标准出台可将一些不符合标准的人排除在外,提高了入库的门槛,通过形式上的要求保障了智库人员的质量,助力高水平第三方评估监管队伍的形成。

标准如何确立,对于不同类型的人应当有不同的要求。具体而言,对于律师、税务师、会计师而言,可以既对其所在的律师事务所、税务师事务所和会计师事务所设置一定要求,又对具体的律师、税务师、会计师设置一定要求,如此“双管齐下”,能够在形式上体现专家库人员的专业性。具体见表2-2-13。

表 2-2-13　第三方机制专业人员选定标准

| 主体 | 具体标准 |
| --- | --- |
| 律师事务所/会计师事务所/税务师税务所 | 1. 成立年限的限制；<br>2. 无失范行为的限制（在经营活动中没有因违法经营受到责令停产停业、吊销许可证或者执照、列入严重违法失信企业名单）；<br>3. 实质要求的限制（具有上市企业或大型国有企业或省属企业的合规管理项目业绩） |
| 律师/会计师/税务师 | 1. 执业年限的限制；<br>2. 专业领域的限制；<br>3. 实际能力的限制（是否拥有合规项目的相关经验） |
| 政府公职人员 | 1. 业务领域的限制（环保/税务/知识产权/安全生产）；<br>2. 业务能力的限制（一线经验丰富的执法人员/骨干人员/核心技术人员） |
| 学者 | 1. 研究领域的限制（合规领域）；<br>2. 学术成果的限制（有与合规有关的著作或者实际参与经验） |

业务领域并不会局限于前述环保、税务、知识产权及安全生产四个方面，随着刑事合规的推进，以后涉及的领域会逐渐增多。

## 二、第三方机制的监督评估

第三方智慧平台建立之后需要通过完善系列制度来确保第三方监督评估的客观中立，最大限度消除第三方监督评估机制可能产生的寻租空间。借助数据技术，可以采取以下措施：第一，保障企业回避的权利，对于检察官通过平台抽取选任的监督员，应当提前告知企业，并书面询问企业是否申请回避。第二，监督员的工作完成之后，企业可以匿名对其进行评价，就其工作任职部分填写相应的调查问卷。第三，平台上应当设立监督举报渠道，对于监督员可能有损企业利益的行为，确保企业可以第一时间用技术手段维护自身权利。

并非所有的第三方组织组成人员都是通过平台抽取产生，因此，在智慧平台之外，也应有相关的外部监督措施来保障第三方机制的中立性。这部分外部监督措施主要来自检察院：一是检察院自身主动审查第三方组织人员名单——检察机关收到报送备案的第三方组织组成人员名单后，应在 3 日内结合第三方机制管委会的公示情况、组成人员的承诺书等进行审查。当发现组成人员存在以下明显不适当情形时，应及时向第三方机制管委会提出意见建议：第一，系案件当事人或者当事人的近亲属；第二，系涉案企业投资人、实控人、负责人、员工或者与涉案企业有其他利益关联的;第三,本人或者其近亲属与案件有利害关系;第四,担任过案件的证人、鉴定人、辩护人、诉讼代理人的;第五,与涉案企业、人员有其他关系,可能影响公正处理的。

二是在检察机关在收到涉案企业、人员对第三方组织或者其组成人员检查、评估行为不当或者涉嫌违法犯罪的申诉、控告后,应及时调查核实情况,并答复有关人员。如此方能确保第三方机制的公平公正。

## 三、检察机关在合规考察中的角色

在企业合规建设完成后,需要由检察机关对该合规建设成果进行验收,企业通过合规验收意味着企业的合规之路暂告一段落,但是检察机关的工作却不仅止步于此。无论企业是否通过合规验收,检察机关仍有一系列繁杂的工作需要继续跟进。图2－2－4是对检察机关在作出决定之前以及作出决定之后工作内容的简单总结。

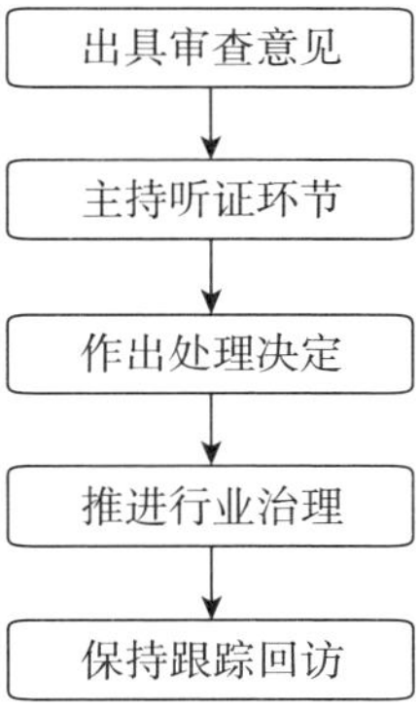


**图2－2－4　检察机关在合规考察中的角色**

(一)出具审查意见

合规计划、合规考察书面报告等合规材料,应当作为办案检察官依法作出批准或者不批准逮捕、起诉或者不起诉以及是否变更强制措施等决定,提出量刑建议或者检察建议、检察意见的重要参考。检察机关出具审查意见,在审查意见中应当专项列明合规过程、对合规考察书面报告的审查结果及建议。

(二)主持听证环节

在作出检察决定前,检察机关可以邀请人大代表、政协委员、人民监督员或者专家学者等，就涉案企业合规整改的效果以及案件处理进行听证。当然，检察机关也可召开听证会听取人民群众的意见。南京市雨花台区检察院就曾组织南京市的首场企业合规听证会，①广泛邀请社会各界人士参加，回应社会各界的热切关注并确保企业合规落到实处。

（三）作出处理决定

经历完上述流程之后，检察机关应综合考虑案件的事实、证据、犯罪情节以及企业合规情况，作出如图 2－2－5 所示的审查决定。

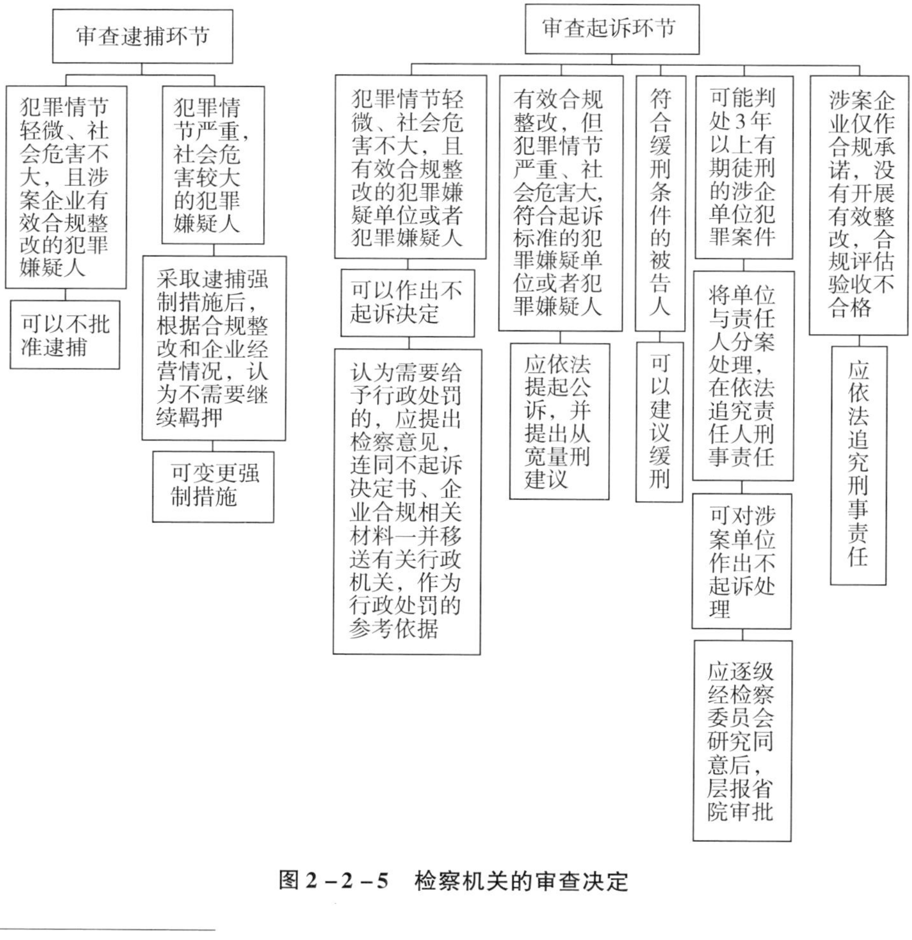


**图 2－2－5 检察机关的审查决定**

① 参见《南京雨花台检察院开展公开听证 督促涉案企业合规管理》，载新华网，http://www.js.xinhuanet.com/2021－06/27/c_1127601777.htm。

（四）行业治理

检察机关办理企业合规案件，对于涉案企业暴露出的行业共性问题或者具有行业特点的风险隐患，可以通过制发检察建议的方式，延伸检察职能，推动行业治理。例如，针对个人工作室或者教育培训行业频繁出现的偷税漏税现象以及虚开发票等的问题，检察机关可以将存在的风险隐患以制发检察建议的方式，推动此类行业的治理。

（五）跟踪回访

检察机关作出检察决定后，可以视企业风险、案件情况，通过调查访谈、实地走访等方式，在一定期限内对企业合规机制运行状况进行跟踪回访。如此既能动态掌握合规建设企业的具体情况，又能保证企业的合规建设不会流于形式。当然，在回访过程中若是发现了新的问题，检察机关可以就此向企业提出建议，真正将“严管厚爱”落到实处。

## 四、企业未通过合规考察的处理

根据当前合规不起诉改革试点的情况来看，虽然试点的大部分企业最终通过了检察院验收，但仍有存在一些企业进行纸面合规，最终被检察院依法提起公诉。在2021年12月27日江苏省检察院举行的检察机关服务保障民营经济高质量发展新闻发布会上，省检察院通报9起典型案例，其中案例2“侯某、宋某假冒注册商标案”便是针对合规整改敷衍塞责的企业依法提起公诉的典型案例。本案中，检察院经过考察发现，企业虽有部分整改，但合规计划的核心内容未得到有效落实，最终检察机关综合考量全案情况，依法对相关责任人员提起公诉。检察机关的做法与前文论述的企业预防必要性降低的观点形成了有力的呼应。“检察机关的‘厚爱’并非‘溺爱’，合规不起诉是为了让企业免去刑事风险更好地发展，而不是为企业违法犯罪大开方便之门。”就此而言，如果企业滥用检察机关的好心，妄图通过粉饰合规做做表面功夫糊弄敷衍检察机关，那么等待企业的只能是法律的制裁。

企业合规计划未通过，就意味着客观上企业存在制度或者管理上的漏洞并没有堵上，企业仍极有可能重蹈覆辙；这也体现了企业在主观上敷衍塞责的心态，反映了企业的自愿和承诺合规仅仅是出于形式上的需要，但企业并没有真正地悔过的意思,企业并未就此重塑对法律的敬畏感。因此,无论从何种方面来看,企业的再犯可能性并未就此降低,换言之,企业仍有预防的必要,所以应当按照法律的规定对企业以其涉嫌的罪名正常地提起公诉并由法院依法判决。

## 五、合规考察期限内有其他未被掌握的犯罪的处理

在企业提出合规计划之后,若是经检察机关发现或者企业主动供述自己还存在其他的犯罪行为时,对于新发现的犯罪应当如何处理呢?此时新的犯罪会对合规计划的开展的产生影响吗?如果有影响,又会影响企业的哪些方面呢?

其实在《建立第三方监督评估机制的指导意见》第 12 条中就有相关规定,“第三方组织发现涉案企业或其人员尚未被办案机关掌握的犯罪事实或者新实施的犯罪行为,应当中止第三方监督评估程序,并向负责办理案件的人民检察院报告”。该规定中使用的是“中止”而非“终止”,因此应当如何处理这个问题,笔者认为理论上极具研究的必要。一方面,该指导意见为此类问题指出了大致的思考方向,具体如何操作,可以在实践中进行完善;另一方面,还有一些为《建立第三方监督评估机制的指导意见》所谓提及的相关问题,可以乘此机会一并进行探讨。因此,既然是理论上的探讨,就不必局限于在合规考察期限内,在合规考察期限确定前或者是通过合规计划之后发现了企业的其他犯罪,如何处理?如果不是由第三方组织发现涉案企业或其人员尚未被办案机关掌握的犯罪事实或者新实施的犯罪行为,而是企业自己供述,如何处理?接下来笔者将分别进行探讨。

### (一)对未被掌握的犯罪进行时间上的界定

首先,需要对未被掌握的犯罪的性质属于漏罪还是新罪进行界定。区分漏罪和新罪最大的意义就在于在主观上判断企业是否有实质意义上的悔罪心态,也即企业的自愿是否属于真正的自愿,而非流于形式。试想,若是企业在承诺合规之后又故意犯罪,那么企业就是在用自己的行为否认之前的自愿,此时没有必要再“厚爱”企业,而应该对企业进行惩罚和预防其再犯罪。那么,如何区分漏罪和新罪,标准就是判断该犯罪行为发生的时间是在企业开展合规计划之前还是之后。根据《建立第三方监督评估机制的指导意见》的相关规定,企业合规考察期限的确立应遵守如下流程:第三方组织要求涉案企业提出合规计划—第三方组织对合规计划进行审查—第三方组织对合规计划提出意见建议—第三方组织确定合规考察期限。合规考察期限会有明确的起止时间,但是,第三方组织确

定的合规考察期限开始的时间与企业承诺开展和规划的时间会有一定的出入，二者并非完全一致。从《建立第三方监督评估机制的指导意见》的规定可以看出，企业承诺合规的时间早于合规考察期限开始的时间，既然重点要考察的是企业的自愿是否真实，即企业是不是认真悔罪，那么以企业承诺开展合规计划的时间而不是合规考察期开始的时间作为判断漏罪与新罪的标准就更合适。

因此，无论是经检察机关发现，还是企业主动供述自己还存在其他的犯罪行为，只要该犯罪行为发生的时间在企业承诺开展合规计划之前，那么该犯罪就属于漏罪的范畴。对于漏罪，无论是故意犯罪还是过失犯罪，都不影响对企业本来涉及的犯罪的第三方监督评估程序，换言之，第三方监督评估程序不用终止。对此，《建立第三方监督评估机制的指导意见》规定此时第三方组织应当及时报告并中止评估程序，此时的中止或许是为了暂停当下的工作，因为企业需要配合检察机关或者公安机关对该"漏罪"进行处理，企业精力毕竟是有限的，在配合处理的过程中显然无法全心全意地再进行合规计划地建设，如此若不中止程序，那么相当于变相缩短了企业合规考察期限，不利于企业的合规建设。基于上述考虑，中止程序具有合理性。但随之而来的问题是，中止之后何时恢复呢？按照一般的理解，应当是对于该漏罪的处理已经进行到了一个稳定的阶段，或许是进入侦查起诉环节或者是再由检察机关视情况判断是否需要一并进行合规建设，在收到检察机关的相关文书之日起，可以由企业自行申请恢复第三方监督评估程序，或者由检察机关决定恢复第三方监督评估程序。

（二）对未被掌握的犯罪进行性质上的界定

如果该未被掌握的犯罪是在合规考察期限内发生的犯罪，此时需要对该未被掌握的犯罪进行具体分析，判断其属于故意犯罪还是过失犯罪的范畴。为什么要进行这样的区分，其实背后的法理是一以贯之的：如果是故意犯罪，那么证明企业在承诺合规之后又用自己的行为否认之前的自愿，此时没有必要再"厚爱"企业，而应该对企业进行惩罚和预防其再犯罪。所以，如果该未被掌握的犯罪属于故意犯罪且发生在合规考察期限内，那么应该终止第三方监督评估程序，对于企业进行合规建设本来涉及的犯罪和该"新罪"一并处理，由检察机关审查起诉。但是，如果是过失犯罪，那就无关企业的主观心态；如果该犯罪是因为企业制度或者管理上的疏漏造成的，那么此时可以由检察机关判断是否可以就该罪名一并开展合规建设，企业也可以向检察机关提出申请，但是否通过、最终是否起诉,都由检察机关决定。如果该未被掌握的犯罪是在合规考察期限届满且检察机关最终作出不起诉决定之后发生的犯罪,此时需要分两步具体分析该未被掌握的犯罪的性质:第一步,判断该“新罪”属于故意犯罪还是过失犯罪;如果是故意犯罪,那么基于上述同样的理由,对于该企业不应该再有第三方监督评估机制的适用。第二步,如果是过失犯罪,判断该罪名是否与企业之前进行合规建设的罪名属于同类罪名;如果是同类罪名,那么证明即便企业的合规计划最终通过了验收,但是该计划客观上并未起到应有的作用和效果,企业仍存在预防必要性,此时,不应再对企业适用第三方监督评估机制;如果是不同类的罪名,那么可以由检察机关依职权判断是否可以再次适用第三方评估机制。

具体可参见图 2 -2 -6。

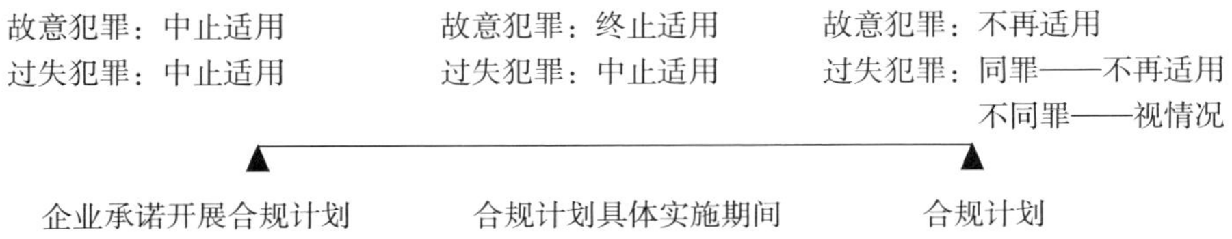


**图 2 -2 -6 对未被掌握的犯罪进行性质上的界定**

(三)视情况判断能否再次适用第三方机制

如前所述,如果存在发现漏罪和新罪的情形,检察机关在综合考虑之后决定对未掌握的犯罪和企业已经涉嫌的犯罪一起适用第三方监督评估机制,那么在重新恢复该程序之前,需要对企业的合规计划进行调整,包括合规监督管理员以及合规考察期限,都要进行新的调整。

既然选择对未被掌握的罪名也适用合规不起诉,那么从最节省资源与成本的角度考虑,最优的做法应当是在同一个第三方监督管理评估程序中通过不同的专项合规计划。由于涉嫌的罪名不同,所以当一份专项合规计划无法囊括全部内容时,可以考虑另行出具专项合规计划;但是在专项合规计划之外,合规建设的大部分内容是一致的,如合规制度的建设、合规文化的培育等,这时再分别予以规定便无必要,这其实也体现了企业合规试点中共性和个性的关系。因此,对于未被掌握的犯罪,最好根据罪名所涉及的领域在第三方组织机构中随机挑选适当数量的合规监督员,加入原来的合规监督员的队伍,一并进行监督考察。如果专项合规计划是分开的,那么新加入的合规监督员仅对于新的专项合规计划进行审查,审查完之后,整个第三方组织可以一起讨论重新确定合规整改期限。对于此种情形导致涉案企业无法在原定合规考察期限内完成合规计划的,检察机关也可以建议第三方组织视情延长合规考察期限。

企业最终通过了合规验收,获得了检察机关不起诉的结果当然是最好,如果最终没有通过合规验收,那么应当按照法律法规的相关规定审查起诉。如果企业通过合规验收之后又实施了新的犯罪行为,那么可以参照图2-2-6进行处理。

# 第五节 合规之果

随着企业刑事合规试点改革的深入,目前最高人民检察院已于2021年前后公布了两批典型案例,江苏省人民检察院也公布了9起典型案例,其中涉及企业合规的有3起,现摘录如下。

## 一、最高人民检察院公布的第一批四则典型案例

表2-2-14 最高人民检察院公布的第一批四则典型案例

| 案例 | 企业自身情况 | 企业整改措施 | 处理结果 |
| --- | --- | --- | --- |
| 1.张家港市L公司、张某甲等人污染环境案 | L公司系省级高科技民营企业,年均纳税400余万元、企业员工90余名、拥有专利20余件,部分产品突破国外垄断 | (1)L公司聘请律师对合规建设进行初评,全面排查企业合规风险,制定详细合规计划。<br>(2)每月向检察机关书面汇报合规计划实施情况 | 对涉案企业不起诉,由生态环境局作出行政处罚 |
| 2.上海市A公司、B公司、关某某虚开增值税专用发票案 | 涉案企业系我国某技术领域的领军企业、上海市高新技术企业,科技实力雄厚,对地方经济发展和增进就业有很大贡献。公司管理人员及员工学历普遍较高,对合规管理的接受度高、执行力强,企业合规具有可行性 | 逐步建立合规审计、内部调查、合规举报等有效合规制度,聘请专业人士进行税收筹划 | 对企业从宽处理;对关某某判三缓五 |

续表

| 案例 | 企业自身情况 | 企业整改措施 | 处理结果 |
| --- | --- | --- | --- |
| 3. 王某某、林某某、刘某乙对非国家工作人员行贿案 | Y公司属于深圳市南山区拟上市的重点企业，该公司在专业音响领域处于国内领先地位，已经在开展上市前辅导 | 对内部架构和人员进行了重整，着手制定企业内部反舞弊和防止商业贿赂指引等一系列规章制度，增加企业合规的专门人员 | 对林某某、刘某乙、王某某均不起诉 |
| 4. 新泰市J公司等建筑企业串通投标系列案件 | 6家企业案发时均受到涉黑组织骨干成员李某某的要挟，处于张某黑社会性质组织控制范围内，被迫出借建筑资质参与陪标，且没有获得任何非法利益 | 对公司监事会作出人事调整，完善公司重大法务风险防控机制 | 对涉案企业不起诉，由住建部门对涉案企业作出行政处罚 |

## 二、最高人民检察院公布的第二批六则典型案例

**表2-2-15　最高人民检察院公布的第二批六则典型案例**

| 案例 | 企业自身情况 | 企业整改措施 | 处理结果 |
| --- | --- | --- | --- |
| 1. 上海J公司、朱某某假冒注册商标案 | 上海市J智能电器有限公司（以下简称J公司）注册成立于2016年1月，住所地位于浙江省嘉兴市秀洲区，公司以生产智能家居电器为主，拥有专利数百件，有效注册商标3件，近年来先后被评定为浙江省科技型中小企业、国家高新技术企业。公司有员工2000余人，年纳税总额1亿余元，被不起诉人朱某某系该公司股东及实际控制人 | （1）J公司制定了包括制定合规章程、健全基层党组织、建立合规组织体系、制定知识产权专项合规政策体系、打造合规程序体系、提升企业合规意识等方面的递进式合规计划，并严格按照时间表扎实推进。<br>（2）J公司成立合规工作领导小组，修改公司章程，强化管理职责，先后制定知识产权管理、合同审批、保密管理、员工培训、风险控制等多项合规专项制度，设立合规专岗，实行管理、销售分离，建立合规举报途径，连续开展刑事合规、民事合规及知识产权保护专项培训，外聘合规专业团队定期对企业进行法律风险全面体检，并且每半个月提交一次阶段性书面报告 | 对涉案企业及个人作出不起诉决定 |

续表

| 案例 | 企业自身情况 | 企业整改措施 | 处理结果 |
| --- | --- | --- | --- |
| 2. 张家港S公司、睢某某销售假冒注册商标的商品案 | 张家港市S五交化贸易有限公司（以下简称S公司）2015年6月注册成立，注册资本200万元，在职员工3人，睢某某系该公司法定代表人、实际控制人 | S公司梳理企业风险点，制定《财务管理合规建设制度》《发票制发流程》《货物销售采购流程》等内部制度，并形成规范的公司合同模板。在税务方面，公司从以往直接与代账会计单线联系，转变为与会计所在单位签订合同，对财务人员应尽责任、单位管理职责进行书面约定。在知识产权方面，公司明确渠道商应提供品牌授权证明并备案，每笔发货都注明产品明细，做到采购来路明晰、底数清晰 | 公安机关根据检察建议及时作出撤案处理，并移送市场监督管理部门作行政处罚 |
| 3. 山东沂南县Y公司、姚某某等人串通投标案 | 山东省沂南县Y有限公司（以下简称Y公司）系专门从事家电销售及售后服务的有限责任公司，法定代表人姚某某。Y公司正处于快速发展阶段，在沂南县、沂水县空调销售市场占据较大份额，疫情期间带头捐款捐物 | 涉案企业及关联企业专门聘请法律顾问进行合规建设，同时建立每月述职谈合规、合规学习、员工管理、财务管理、举报制度等相关机制 | 对Y公司、姚某某等人依法作出相对不起诉决定 |
| 4. 随州市Z公司康某某等人重大责任事故案 | 湖北省随州市Z有限公司（以下简称Z公司）系当地重点引进的外资在华食品加工企业，康某某、周某某、朱某某分别系该公司行政总监、安环部责任人、行政部负责人 | 按照合规管理体系的标准格式制定、完善合规计划；建立以法定代表人为负责人、企业部门全覆盖的合规组织架构；健全企业经营管理需接受合规审查和评估的审查监督、风险预警机制；完善安全生产管理制度和定期检查排查机制，从制度上预防安全事故再发生，初步形成安全生产领域“合规模板”。Z公司在合规监管过程中积极整改并向第三方组织书面汇报合规计划实施情况 | 检察机关依法对康某某、周某某、朱某某作出不起诉决定 |

续表

| 案例 | 企业自身情况 | 企业整改措施 | 处理结果 |
| --- | --- | --- | --- |
| 5. 深圳 X 公司走私普通货物案 | X 股份有限公司(以下简称 X 公司)系国内水果行业的龙头企业。张某某为 T 公司总经理,负责在泰国采购榴梿并包装、报关运输至香港;曲某某为 X 公司副总裁,分管公司进口业务;李某、程某分别为 X 公司业务经理,负责具体对接榴梿进口报关、财务记账、货款支付等 | X 公司制定的合规计划主要针对与走私犯罪有密切联系的企业内部治理结构、规章制度、人员管理等方面存在的问题,制定可行的合规管理规范,构建有效的合规组织体系,完善相关业务管理流程,健全合规风险防范报告机制,弥补企业制度建设和监督管理漏洞,防止再次发生类似违法犯罪。经过前期合规整改,X 公司在集团层面设立了合规管理委员会,合规部、内控部与审计部形成合规风险管理的三道防线。加强代理报关公司合规管理,明确在合同履行时的责任划分。聘请进口合规领域的律师事务所、会计师事务所对重点法律风险及其防范措施提供专业意见,完善业务流程和内控制度。建立合规风险识别、合规培训、合规举报调查、合规绩效考核等合规体系运行机制,积极开展合规文化建设。X 公司还制定专项预算,为企业合规体系建设和维护提供持续的人力和资金保障 | 检察院对 X 公司及涉案人员作出相对不起诉处理 |
| 6. 海南文昌市 S 科技公司、翁某某掩饰、隐瞒犯罪所得案 | 海南省文昌市 S 科技开发有限公司(以下简称 S 科技公司)系当地高新技术民营企业,翁某某系该公司厂长 | S 科技公司已经按照要求进行合规整改,建立了较为完善的内控制度和管理机制,可以对类似的刑事合规风险进行识别并有效预防违法犯罪 | 文昌市法院采纳检察机关全部量刑建议,以掩饰、隐瞒犯罪所得罪分别判处被告单位 S 科技公司罚金 3 万元;被告人翁某某有期徒刑 1 年,缓刑 1 年 6 个月,并处罚金人民币 1 万元;退缴的赃款 125 万余元予以没收,上缴国库。判决已生效 |

## 三、最高人民检察院公布的第三批五则典型案例

**表 2-2-16　最高人民检察院公布的第三批五则典型案例**

| 案例 | 企业自身情况 | 企业整改措施 | 处理结果 |
| --- | --- | --- | --- |
| 1. 上海 Z 公司、陈某某等人非法获取计算机信息系统数据案 | 上海 Z 网络科技有限公司(以下简称 Z 公司)成立于 2016 年 1 月,系一家为本地商户提供数字化转型服务的互联网大数据公司。Z 公司现有员工 1000 余人,年纳税总额 1000 余万元,已帮助 2 万余家商户完成数字化转型,拥有计算机软件著作权 10 余件,2020 年被评定为高新技术企业。被不起诉人陈某某、汤某某、王某某等人分别系该公司首席技术官、核心技术人员 | Z 公司积极整改,并聘请法律顾问制定数据合规专项整改计划。(1)数据来源合规。Z 公司与 E 公司达成合规数据交互约定,彻底销毁相关爬虫程序及源代码,对非法获取的涉案数据进行无害化处理,并与 E 平台 API 数据接口直连,实现数据来源合法化。(2)数据安全合规。Z 公司设立数据安全官,专项负责数据安全及个人信息安全保护工作;构建数据安全管理体系,制定、落实《数据分类分级管理制度》《员工安全管理等级》;加入区级态势感知平台,提升安全威胁的识别、响应处置能力,分拆服务,提高云访问权限,数据及时脱敏、加密,增强网络攻击防护能力。(3)数据管理制度合规。Z 公司建立数据合规委员会,制定常态化合规管理制度,开展合规年度报告 | 依法对 Z 公司、陈某某等人分别作出不起诉决定 |

续表

| 案例 | 企业自身情况 | 企业整改措施 | 处理结果 |
| --- | --- | --- | --- |
| 2. 王某某泄露内幕信息、金某某内幕交易案 | 广东K电子科技股份有限公司(以下简称K电子公司)长期从事汽车电子产品研发制造，连续多年获国家火炬计划重点高新技术企业称号，创设国家级驰名商标，取得700余项专利及软件著作权，2018年开始打造占地30万平方米、可容纳300余家企业的产业园，已被认定为国家级科技企业孵化器。被告人王某某系K公司副总经理、董事会秘书 | K电子公司制定了涵盖组织体系、保密对象、制度重建、运行保障、意识文化以及主体延伸等多个层面的信息保密专项合规计划，并聘请专业合规团队辅导公司逐项完成，规范配置经营决策权，建立体系化信息保密管理和考核制度，新设合规管理责任部门，实现合规管理流程全覆盖，组织开展了辐射内部员工、关联公司以及产业园区企业的专项培训 | 北京市第二中级法院采纳市检二分院提出的量刑建议，以泄露内幕信息罪判处王某某有期徒刑2年，缓刑2年，并处罚金人民币10万元，以内幕交易罪判处金某某有期徒刑2年，缓刑2年，并处罚金人民币20万元 |
| 3. 江苏F公司、严某某、王某某提供虚假证明文件案 | 江苏F公司从业人员39人，曾获评市优秀估价机构、诚信单位，涉案导致公司参与的多项招投标业务停滞，经营面临困难。被告人严某某、王某某分别是江苏F公司的估价师和总经理 | 依据指导设立合规部门、修订员工手册、制定《评估业务合规管理制度》、委托研发线上审批的OA系统、组织开展业务技术规范培训和合规管理制度培训 | 依法对江苏F公司作出不起诉决定，依法对严某某、王某某以提供虚假证明文件罪提起公诉 |
| 4. 广西陆川县23家矿山企业非法采矿案 | 广西壮族自治区陆川县Y公司等23家涉案矿山企业系开采销售建筑用花岗岩、高岭土等持证矿山企业(全县当时有持证矿山企业36家)。23家涉案矿山企业共有员工2000余人，年度纳税总额6000多万元 | 根据排查出的非法占用林地、环保污染、超载、爆破、安全用电、高陡边坡、职业病防治等八大类38项风险点，为矿山企业量身制定了《矿山行业企业合规管理计划编制提纲》。建立完备的生产经营、安全防范、合规内控的管理体系，完成了回填、复绿等环境修复义务 | 陆川县检察院依法对2家涉案企业和6名犯罪嫌疑人作出不起诉决定，其余案件正在参照已结案件的模式有序办理中 |

续表

| 案例 | 企业自身情况 | 企业整改措施 | 处理结果 |
| --- | --- | --- | --- |
| 5.福建省三明市X公司(以下简称X公司)、杨某某、王某某串通投标案 | X公司系当地拥有高资质高技术的通信技术规模级设计、施工、集成企业。杨某某系X公司法定代表人、总经理;王某某系X公司副总经理,负责对外招投标、施工及结算等业务 | 企业修订、完善《企业合规整改方案》和《企业合规工作计划》,有针对性地督促企业健全内控机制及合规管理体系。<br>立足X公司自身问题,结合相关领域的合规标准,指导企业优化合规计划,对合规体系运行涉及的组织架构、事项流程、内控机制、风险整改、文化培塑等进行分解细化,从提升合规意识、规范投标业务操作到健全配套内部资金流向监管审计等层面,严格按照时间表监督落实,做到点面衔接,实现"合规入心" | 依法对X公司、杨某某、王某某作出不起诉决定 |

## 四、江苏省人民检察院发布的涉及合规的典型案例

**表2-2-17　江苏省人民检察院发布的涉及合规的典型案例**

| 案例 | 案例要旨 | 发布意义 | 处理结果 |
| --- | --- | --- | --- |
| 1.J公司串通投标不起诉案 | 对合规整改取得实效的企业依法从宽处理 | 该案检察机关在办理与经营相关的涉企经济犯罪等案件时,主动开展办案影响评估,客观审查案件是否符合企业合规试点条件,在征询涉案企业、个人意见后,及时启动合规办案机制,针对企业存在的违法经营风险点,积极引导企业进行合规整改,对合规整改取得实效的企业,依法作出从宽处理。本案中,检察机关在依法惩处涉案企业相关责任人的同时,通过多种方式监督企业全面落实合规计划,对有效执行合规计划、通过考察评估的,及时兑现刑罚激励政策,依法作出不起诉决定 | 依法作出不起诉决定 |

续表

| 案例 | 案例要旨 | 发布意义 | 处理结果 |
| --- | --- | --- | --- |
| 2. 侯某、宋某假冒注册商标案 | 重有效合规整改,严防纸面合规 | 检察机关在开展企业合规改革试点时,注重合规的实施与监督,对在考察期内有效执行合规计划、通过考察评估的企业,依法兑现从宽处理的刑罚激励政策,但对合规整改敷衍塞责的,综合案件事实和相关情节,依法作出处理决定。本案中,经过考察发现,企业虽有部分整改,但合规计划的核心内容并未得到有效落实,最终检察机关综合考量全案情况,依法对相关责任人员提起公诉 | 依法对相关责任人员提起公诉 |
| 3. 某行业多家企业制假售假系列案 | 针对地区行业共性风险引导开展整体合规建设 | 检察机关办理涉企案件时,应注重从类案或系列案件中发现共性问题,分析梳理所属行业、领域企业是否具有共性风险,引导相关行业开展整体合规建设。本案合规推进过程中,检察机关注重发挥行业商会牵头、自治作用,引导商会在内部成立专门的合规机构,建立统一的合规计划、合规标准,从而促进成员企业执行行业标准、完善自身制度,有效弥补企业独立开展合规建设能力不足问题,实现合规成本最小化 | — |

第三篇

# 合规创造价值

# 第一章　环境保护领域的合规管理

2019年3月21日，江苏省盐城市响水县陈家港镇化工园区内江苏天嘉宜化工有限公司化学储罐发生爆炸事故，波及周边16家企业。该事故共造成78人死亡、76人重伤，640人住院治疗，直接经济损失19.86亿元。事故起因是江苏天嘉宜化工有限公司旧固体废物库内长期违法贮存的硝化废料持续积热升温导致自燃，燃烧引发硝化废料爆炸。"绿水青山就是金山银山"，怎么保护好生态环境，守卫好子孙后代的利益，值得我们深思。响水爆炸案给我们留下了惨痛的教训，环境保护领域的合规重要性跃然纸上。本章将对环境保护领域的建设进行有益探索。

## 第一节　环境保护领域的风险识别

### 一、大气污染物排放常见违法行为与法律责任

（一）大气污染物排放常见违法行为

1. 未依法排放大气污染物：

（1）未按照排污许可证的规定排放大气污染物；

（2）超标排放大气污染物；

（3）超重点大气污染物排放总量指标排放大气污染物。

2. 以逃避监管的方式排放大气污染物。

3. 未规范设置大气污染物排放口。

4. 未依法开展排放监测：

（1）未对工业废气和有毒有害大气污染物进行监测并保存原始监测记录；

(2)重点排污单位未进行大气污染物排放监测：

《固定污染源烟气($SO_2$、$NO_x$、颗粒物)排放连续监测技术规范》(HJ 75—2017)；

(3)侵占、损毁或者擅自移动、改变排放监测设备。

5. 未采取相关污染防治措施。

(二)法律责任(见表 3－1－1)

**表 3－1－1 大气污染物排放常见违法行为与法律责任**

| 违法行为 | 责任方式 | 法律规定 |
| --- | --- | --- |
| 1. 未依法排放大气污染物；<br>2. 通过逃避监管的方式排放大气污染物； | 由县级以上人民政府生态环境主管部门责令改正或者限制生产、停产整治，并处十万元以上一百万元以下的罚款；情节严重的，报经有批准权的人民政府批准，责令停业、关闭。 | 《大气污染防治法》第 99 条 |
| 3. 未规范设置大气污染物排放口；<br>4. 未依法开展排放监测； | 由县级以上人民政府生态环境主管部门责令改正，处二万元以上二十万元以下的罚款；拒不改正的，责令停产整治。 | 《大气污染防治法》第 100 条 |
| 5. 未采取相关污染防治措施。 | 由县级以上人民政府生态环境主管部门责令改正，处二万元以上二十万元以下的罚款；拒不改正的，责令停产整治。 | 《大气污染防治法》第 108 条 |

## 二、水污染物排放常见违法行为与法律责任

(一)水污染物排放常见违法行为

1. 未依法排放水污染物：

(1)未按照排污许可证的规定排放水污染物；

(2)超标排放水污染物；

(3)超重点水污染物排放总量指标排放水污染物；

(4)向污水集中处理设施排放工业废水的，未依法进行预处理；

(5)向水体排放油类、酸液、碱液；

(6)向水体排放剧毒废液，或者将含有汞、镉、砷、铬、铅、氰化物、黄磷等的可溶性剧毒废渣向水体排放、倾倒或者直接填埋地下。

2. 以逃避监管的方式排放水污染物：

(1)利用渗井、渗坑、裂隙、溶洞排放水污染物；

(2)私设暗管排放水污染物；

(3)篡改、伪造监测数据；

(4)不正常运行水污染防治措施。

3. 未依法规范设置排污口：

(1)在饮用水水源保护区内设置排污口；

(2)未按照法律、行政法规和国务院环境保护主管部门的规定设置排污口；

(3)未经水行政主管部门或者流域管理机构同意，在江河、湖泊新建、改建、扩建排污口。

4. 未依法开展排放监测：

(1)未按规定对排放的水污染物自行监测，保存原始监测记录；

(2)重点排污单位未进行水污染物排放监测；

(3)未对有毒有害水污染物的排污口和周边环境进行监测，并公开有毒有害水污染物信息。

5. 在饮用水水源保护区建设违法项目：

(1)在饮用水水源一级保护区内新建、改建、扩建与供水设施和保护水源无关的建设项目；

(2)在饮用水水源二级保护区内新建、改建、扩建排放污染物的建设项目；

(3)在饮用水水源准保护区内新建、扩建对水体污染严重的建设项目；改建建设项目，增加排污量。

(二)法律责任(见表3-1-2)

**表3-1-2　水污染物排放常见违法行为与法律责任**

| 违法行为 | 责任方式 | 法律规定 |
|---|---|---|
| 1. 未依法排放水污染物；<br>2. 以逃避监管的方式排放水污染物； | 由县级以上人民政府环境保护主管部门责令改正或者责令限制生产、停产整治，并处十万元以上一百万元以下的罚款；情节严重的，报经有批准权的人民政府批准，责令停业、关闭。 | 《水污染防治法》第83条 |

续表

| 违法行为 | 责任方式 | 法律规定 |
| --- | --- | --- |
| 3. 未依法开展排放监测； | 由县级以上人民政府环境保护主管部门责令限期改正，处二万元以上二十万元以下的罚款；逾期不改正的，责令停产整治。 | 《水污染防治法》第 82 条 |
| 4. 向水体排放油类、酸液、碱液；<br>5. 向水体排放剧毒废液，或者将含有汞、镉、砷、铬、铅、氰化物、黄磷等的可溶性剧毒废渣向水体排放、倾倒或者直接填埋地下； | 由县级以上地方人民政府环境保护主管部门责令停止违法行为，限期采取治理措施，消除污染，处以罚款；逾期不采取治理措施的，环境保护主管部门可以指定有治理能力的单位代为治理，所需费用由违法者承担；处二万元以上二十万元以下的罚款。 | 《水污染防治法》第 85 条 |
| | 违反国家规定，排放、倾倒或者处置有放射性的废物、含传染病病原体的废物、有毒物质或者其他有害物质，严重污染环境的，处三年以下有期徒刑或者拘役，并处或者单处罚金；情节严重的，处三年以上七年以下有期徒刑，并处罚金；有下列情形之一的，处七年以上有期徒刑，并处罚金。 | 《刑法》第 338 条 |
| 6. 未依法设置排污口； | 在饮用水水源保护区内设置排污口的，由县级以上地方人民政府责令限期拆除，处十万元以上五十万元以下的罚款；逾期不拆除的，强制拆除，所需费用由违法者承担，处五十万元以上一百万元以下的罚款，并可以责令停产整顿。<br>除前款规定外，违反法律、行政法规和国务院环境保护主管部门的规定设置排污口的，由县级以上地方人民政府环境保护主管部门责令限期拆除，处二万元以上十万元以下的罚款；逾期不拆除的，强制拆除，所需费用由违法者承担，处十万元以上五十万元以下的罚款；情节严重的，可以责令停产整治。<br>未经水行政主管部门或者流域管理机构同意，在江河、湖泊新建、改建、扩建排污口的，由县级以上人民政府水行政主管部门或者流域管理机构依据职权，依照前款规定采取措施、给予处罚。 | 《水污染防治法》第 84 条 |

续表

| 违法行为 | 责任方式 | 法律规定 |
| --- | --- | --- |
| 7. 在饮用水水源保护区建设违法项目。 | 由县级以上地方人民政府环境保护主管部门责令停止违法行为,处十万元以上五十万元以下的罚款;并报经有批准权的人民政府批准,责令拆除或者关闭。 | 《水污染防治法》第91条 |

## 三、土壤污染物防治常见违法行为与法律责任

### (一)土壤污染物防治常见违法行为

1. 未依法开展土壤污染调查、评估:

(1)未实施土壤污染状况调查,编制报告;

(2)未进行土壤污染风险评估,编制报告;

(3)未建立土壤污染隐患排查制度;

(4)未将土壤污染状况调查报告报环保部门。

2. 未依法开展土壤污染风险管控、修复和后期管理:

(1)未采取土壤污染风险管控措施;

(2)未实施土壤污染修复;

(3)实施风险管控、修复活动时造成二次污染;

(4)未完成修复便开始建设;

(5)未委托第三方评估修复效果;

(6)未实施后期管理;

(7)未将修复方案、效果评估上报有关部门备案。

3. 未依法对土壤进行监测:

(1)未制定、实施自行监测方案,并报送监测数据;

(2)篡改、伪造土壤监测数据。

4. 未依法贮存、转运土壤:

(1)开发建设过程中剥离的表土未单独收集、存放;

(2)转运污染土壤,未将运输相关信息和土壤处置措施等提前上报。

5. 向土壤排放超标有毒有害物质。

6. 搬迁前未依法制定土壤污染防治工作方案、采取土壤污染防治措施。

(二)法律责任(见表3-1-3)

**表3-1-3　土壤污染物防治常见违法行为与法律责任**

| 违法行为 | 责任方式 | 法律规定 |
|---|---|---|
| 1. 未依法开展土壤污染调查、评估;<br>2. 未依法开展土壤污染风险管控、修复; | 由地方人民政府生态环境主管部门或者其他负有土壤污染防治监督管理职责的部门责令改正,处二万元以上二十万元以下的罚款;拒不改正的,处二十万元以上一百万元以下的罚款,并委托他人代为履行,所需费用由土壤污染责任人或者土地使用权人承担;对直接负责的主管人员和其他直接责任人员处五千元以上二万元以下的罚款。<br>土壤污染责任人或者土地使用权人有前款第三项(未按照规定采取风险管控措施的)、第四项(未按照规定实施修复的)规定行为之一,情节严重的,地方人民政府生态环境主管部门或者其他负有土壤污染防治监督管理职责的部门可以将案件移送公安机关,对直接负责的主管人员和其他直接责任人员处五日以上十五日以下的拘留。 | 《土壤污染防治法》第94条 |
| 3. 未依法开展土壤污染风险后期管理; | 由地方人民政府生态环境主管部门或者其他负有土壤污染防治监督管理职责的部门责令改正,处一万元以上五万元以下的罚款;情节严重的,处五万元以上五十万元以下的罚款。 | 《土壤污染防治法》第92条 |
| 4. 未依法对土壤进行监测; | 由地方人民政府生态环境主管部门或者其他负有土壤污染防治监督管理职责的部门责令改正,处以罚款;拒不改正的,责令停产整治。<br>有前款规定行为之一的,处二万元以上二十万元以下的罚款;有前款第二项(篡改、伪造土壤监测数据)、第四项(拆除设施、设备或者建筑物、构筑物,企业事业单位未采取相应的土壤污染防治措施或者土壤污染重点监管单位未制定、实施土壤污染防治工作方案的)、第五项(尾矿库运营、管理单位未按照规定采取措施防止土壤污染的)、第七项(建设和运行污水集中处理设施、固体废物处置设施,未依照法律法规和相关标准的要求采取措施防止土壤污染的)规定行为之一,造成严重后果的,处二十万元以上二百万元以下的罚款。 | 《土壤污染防治法》第86条 |

续表

| 违法行为 | 责任方式 | 法律规定 |
| --- | --- | --- |
| 5. 未依法贮存、转运土壤； | 由地方人民政府生态环境主管部门责令改正，处十万元以上五十万元以下的罚款；情节严重的，处五十万元以上一百万元以下的罚款；有违法所得的，没收违法所得；对直接负责的主管人员和其他直接责任人员处五千元以上二万元以下的罚款。 | 《土壤污染防治法》第91条 |
| 6. 向农用地排放重金属或者其他有毒有害物质含量超标的污水、污泥。 | 由地方人民政府生态环境主管部门责令改正，处十万元以上五十万元以下的罚款；情节严重的，处五十万元以上二百万元以下的罚款，并可以将案件移送公安机关，对直接负责的主管人员和其他直接责任人员处五日以上十五日以下的拘留；有违法所得的，没收违法所得。 | 《土壤污染防治法》第87条 |

## 四、噪声污染防治常见违法行为与法律责任

### （一）噪声污染防治常见违法行为

1. 超标排放噪声。
2. 未经环保部门批准擅自拆除或闲置环境噪声污染防治设施。
3. 生产、销售、进口国家规定的环境噪声污染严重的设备。
4. 未依法向环保部门申报企业拥有的造成环境噪声污染的设备、设施。
5. 拒绝环保部门等的现场检查，以及被检查时弄虚作假。

### （二）法律责任（见表3－1－4）

**表3－1－4　噪声污染防治常见违法行为与法律责任**

| 违法行为 | 责任方式 | 法律规定 |
| --- | --- | --- |
| 1. 超标排放噪声； | 1. 由公安机关给予警告，可以并处罚款。 | 《噪声污染防治法》第82条 |
| | 2. 由县级以上地方人民政府生态环境主管部门责令改正，可以并处罚款。 | 《噪声污染防治法》第81条 |
| | 3. 由公安机关责令改正，可以并处罚款。省级以上人民政府依法决定由县级以上地方人民政府生态环境主管部门行使前款规定的行政处罚权的，从其决定。 | 《噪声污染防治法》第81条 |

续表

| 违法行为 | 责任方式 | 法律规定 |
| --- | --- | --- |
| 2. 生产、销售、进口国家规定的环境噪声污染严重的设备; | 县级以上人民政府经济综合主管部门责令改正;情节严重的,由县级以上人民政府经济综合主管部门提出意见,报请同级人民政府按照国务院规定的权限责令停业、关闭。 | 《噪声污染防治法》第72条 |
| 3. 拒绝环保部门等的现场检查,以及被检查时弄虚作假。 | 生态环境主管部门或者其他依照本法规定行使环境噪声监督管理权的监督管理部门、机构可以根据不同情节,给予警告或者处以罚款。 | 《噪声污染防治法》第71条 |

## 五、工业固体废物管理常见违法行为与法律责任

(一)工业固体废物管理常见违法行为

1. 未依法申报登记工业固体废物。

2. 未依法收集、贮存工业固体废物:

(1)收集、贮存固体废物未采取防扬散、防流失、防渗漏等防止污染环境的措施;

(2)擅自转移固体废物出省、自治区、直辖市行政区域贮存;

(3)企业对暂时不利用或者不能利用的工业固体废物未建设贮存的设施、场所安全分类存放,未采取无害化处置措施;建设工业固体废物贮存、处置的设施、场所,不符合国家环境保护标准;

(4)擅自关闭、闲置或者拆除工业固体废物污染环境防治设施、场所;

(5)在自然保护区、风景名胜区、饮用水水源保护区、基本农田保护区和其他需要特别保护的区域内,建设工业固体废物集中贮存的设施、场所和生活垃圾填埋场。

3. 未依法运输、转移工业固体废物:

(1)运输固体废物未采取防扬散、防流失、防渗漏等防止污染环境的措施;

(2)在运输过程中沿途丢弃、遗撒工业固体废物。

（二）法律责任（见表3－1－5）

**表3－1－5 工业固体废物管理常见违法行为与法律责任**

| 违法行为 | 责任方式 | 法律规定 |
| --- | --- | --- |
| 1. 未依法申报登记工业固体废物；<br>2. 未依法收集、贮存工业固体废物；<br>3. 未依法运输、转移工业固体废物。 | 由县级以上人民政府环境保护行政主管部门责令停止违法行为，限期改正，处以罚款。 | 《固体废物污染环境防治法》第102条 |

## 六、危险废物管理常见违法行为与法律责任

（一）危险废物管理常见违法行为

1. 未依法申报登记危险废物：

（1）未依法向环保部门申报危险废物的种类、产生量、流向、贮存、处置等有关资料；

（2）未依法制定危险废物管理计划并向环保部门备案；

（3）在申报登记时弄虚作假。

2. 未依法收集、贮存危险废物：

（1）收集、贮存危险废物的单位和个人，未采取防扬散、防流失、防渗漏或者其他防止污染环境的措施；擅自倾倒、堆放、丢弃、遗撒危险废物；

（2）对危险废物的容器和包装物以及收集、贮存危险废物的设施、场所，没有设置危险废物识别标志；

（3）混合收集、贮存性质不相容而未经安全性处置的危险废物；

（4）处理收集、贮存危险废物的场所、设施、设备和容器、包装物及其他物品转作他用时，未经消除污染的处理；

（5）产生、收集、贮存危险废物的单位，未制定意外事故的防范措施和应急预案，未向所在地县级以上地方人民政府环境保护行政主管部门备案；

（6）危险废物经营单位终止从事收集、贮存危险废物经营活动的，未对经营设施、场所采取污染防治措施，对未处置的危险废物未作出妥善处理。

3. 未依法运输、转移危险废物：

（1）运输危险废物的单位和个人，未采取防扬散、防流失、防渗漏或者其他

防止污染环境的措施；

(2)运输危险废物的设施、场所未设置危险废物识别标志；

(3)未按照国家有关规定填写危险废物转移联单；

(4)跨省区市转移危险废物的，未向危险废物移出地省、自治区、直辖市环保部门申请；

(5)混合运输性质不相容而未经安全性处置的危险废物；

(6)未经消除污染的处理将运输危险废物的场所、设施、设备和容器、包装物及其他物品转作他用；

(7)运输危险废物的单位，未制定意外事故的防范措施和应急预案；

(8)运输危险废物的车辆、运输单位及人员不具有法定资质。

4.未依法处置危险废物：

(1)处置危险废物的单位和个人，未采取防扬散、防流失、防渗漏或者其他防止污染环境的措施；擅自倾倒、堆放、丢弃、遗撒危险废物；

(2)擅自关闭、闲置或者拆除危险废物集中处置设施、场所；

(3)危险废物的容器和包装物以及处置危险废物的设施、场所未设置危险废物识别标志；

(4)将危险废物提供或者委托给无经营许可证的单位从事经营活动；

(5)混合处置性质不相容而未经安全性处置的危险废物；

(6)未经消除污染的处理将处置危险废物的场所、设施、设备和容器、包装物及其他物品转作他用；

(7)处置危险废物的单位，未制定意外事故的防范措施和应急预案；

(8)危险废物经营单位终止从事处置危险废物经营活动的，未对经营设施、场所采取污染防治措施，对未处置的危险废物未作出妥善处理。

（二）法律责任（见表3－1－6）

**表3－1－6 危险废物管理常见违法行为与法律责任**

| 违法行为 | 责任方式 | 法律规定 |
|---|---|---|
| 1. 未依法申报登记危险废物；<br>2. 未依法收集、贮存危险废物；<br>3. 未依法运输、转移危险废物； | 由生态环境主管部门责令改正，处以罚款，没收违法所得；情节严重的，报经有批准权的人民政府批准，可以责令停业或者关闭。<br>有前款第一项（未按照规定设置危险废物识别标志的）、第二项（未按照国家有关规定制定危险废物管理计划或者申报危险废物有关资料的）、第五项（未按照国家有关规定填写、运行危险废物转移联单或者未经批准擅自转移危险废物的）、第六项（未按照国家环境保护标准贮存、利用、处置危险废物或者将危险废物混入非危险废物中贮存的）、第七项（未经安全性处置，混合收集、贮存、运输、处置具有不相容性质的危险废物的）、第八项（将危险废物与旅客在同一运输工具上载运的）、第九项（未经消除污染处理，将收集、贮存、运输、处置危险废物的场所、设施、设备和容器、包装物及其他物品转作他用的）、第十二项（未制定危险废物意外事故防范措施和应急预案的）、第十三项（未按照国家有关规定建立危险废物管理台账并如实记录的）行为之一，处十万元以上一百万元以下的罚款；有前款第三项（擅自倾倒、堆放危险废物的）、第四项（将危险废物提供或者委托给无许可证的单位或者其他生产经营者从事经营活动的）、第十项（未采取相应防范措施，造成危险废物扬散、流失、渗漏或者其他环境污染的）、第十一项（在运输过程中沿途丢失、遗撒危险废物的）行为之一，处所需处置费用三倍以上五倍以下的罚款，所需处置费用不足二十万元的，按二十万元计算。 | 《固体废物污染环境防治法》第112条 |
| 4. 未依法处置危险废物。 | 由县级以上地方人民政府环境保护主管部门责令限期改正；逾期不改正的，处5万元以上10万元以下的罚款；造成污染事故，构成犯罪的，依法追究刑事责任。 | 《危险废物经营许可证管理办法》第24条 |
| | 危险废物产生者未按照规定处置其产生的危险废物被责令改正后拒不改正的，由生态环境主管部门组织代为处置，处置费用由危险废物产生者承担；拒不承担代为处置费用的，处代为处置费用一倍以上三倍以下的罚款。 | 《固体废物污染环境防治法》第113条 |
| | 违反国家规定，排放、倾倒或者处置有放射性的废物、含传染病病原体的废物、有毒物质或者其他有害物质，严重污染环境的，处三年以下有期徒刑或者拘役，并处或者单处罚金；情节严重的，处三年以上七年以下有期徒刑，并处罚金；有下列情形之一的，处七年以上有期徒刑，并处罚金…… | 《刑法》第338条 |

# 第二节　环境保护领域合规典型案例

具体见表 3 - 1 - 7。

**表 3 - 1 - 7　环境保护领域合规典型案例**

| | | |
|---|---|---|
| 案例一 | 案号 | 庄检公诉刑不诉[2021]60 号 |
| | 检察机关 | 庄河市人民检察院 |
| | 涉嫌罪名 | 污染环境罪 |
| | 基本案情 | 宋某某在经营管理位于庄河市××镇××村的“大连××电子有限公司期间,违反国家规定将酸洗工艺产生的约 50 吨废水通过排水管网直接排放到外界,经大连市庄河(北黄海经济区)生态环境分局鉴定,大连××电子有限公司生产液槽内的酸废液属于危险废物 |
| | 不起诉考量因素 | 坦白、自愿认罪认罚 |
| | 合规形式 | 按照企业合规考察计划进行整改 |
| | 处理结果 | 不起诉 |
| 案例二 | 案号 | 张检四部刑不诉[2020]496 号 |
| | 检察机关 | 江苏省张家港市人民检察院 |
| | 涉嫌罪名 | 污染环境罪 |
| | 基本案情 | 2018 年下半年,张家港市××有限公司(以下简称××公司)在生产经营期间,在未取得环保部门环境评价的情况下,在公司内建设酸洗池并于 2019 年 2 月私设暗管,将含有镍、铬等重金属的酸洗废水排放至生活污水管,造成环境严重污染。2020 年 2 月 27 日,经张家港市环保局现场检测,××公司排放井内积存水样中总镍浓度为 29.4 mg/L、总铬浓度为 29.2 mg/L,分别超过《污水综合排放标准》(GB 8978—1996)表 1 标准的 29.4 倍和 19.5 倍 |
| | 不起诉考量因素 | 公司主动投案,后如实供述了上述犯罪事实,自愿认罪认罚 |
| | 合规形式 | 公司主动提供书面合规承诺,制定合规计划,进行合规建设,经评估合格 |
| | 处理结果 | 不起诉 |

续表

| | | |
|---|---|---|
| 案例三 | 案号 | 张检四部刑不诉[2020]495 号 |
| | 检察机关 | 江苏省张家港市人民检察院 |
| | 涉嫌罪名 | 污染环境罪 |
| | 基本案情 | 2018 年下半年,张家港市××有限公司(以下简称××公司)在生产经营期间,在未取得环保部门环境评价的情况下,在公司内建设酸洗池并于 2019 年 2 月私设暗管,将含有镍、铬等重金属的酸洗废水排放至生活污水管,造成环境严重污染。<br>2020 年 2 月 27 日,经张家港市环保局现场检测,××公司排放井内积存水样中总镍浓度为 29.4 mg/L、总铬浓度为 29.2 mg/L,分别超过《污水综合排放标准》(GB 8978—1996)表 1 标准的 29.4 倍和 19.5 倍。<br>2020 年 6 月 11 日,被不起诉单位××公司主动向张家港市公安局投案,后如实供述了上述犯罪事实,自愿认罪认罚 |
| | 不起诉考量因素 | 被不起诉人张某某主动向张家港市公安局投案,后如实供述了上述犯罪事实,自愿认罪认罚 |
| | 合规形式 | 案发后立即采取有效措施进行了整改,并主动申请开展企业刑事合规监督考察,经评估合格 |
| | 处理结果 | 不起诉 |
| 案例四 | 案号 | 张检四部刑不诉[2020]497 号 |
| | 检察机关 | 江苏省张家港市人民检察院 |
| | 涉嫌罪名 | 污染环境罪 |
| | 基本案情 | 2018 年下半年,张家港市××有限公司(以下简称××公司)在生产经营期间,在未取得环保部门环境评价的情况下,在公司内建设酸洗池并于 2019 年 2 月私设暗管,将含有镍、铬等重金属的酸洗废水排放至生活污水管,造成环境严重污染。2020 年 2 月 27 日,经张家港市环保局现场检测,××公司排放井内积存水样中总镍浓度为 29.4 mg/L、总铬浓度为 29.2 mg/L,分别超过《污水综合排放标准》(GB 8978—1996)表 1 标准的 29.4 倍和 19.5 倍 |
| | 不起诉考量因素 | 被不起诉人陆某某主动向张家港市公安局投案,后如实供述了上述犯罪事实,自愿认罪认罚 |
| | 合规形式 | 案发后立即采取有效措施进行了整改,并主动申请开展企业刑事合规监督考察,经评估合格 |
| | 处理结果 | 不起诉 |

## 第三节 环境保护领域的合规建设

在“五位一体”的发展格局和五大发展理念的引领之下,环境保护的重要性不言而喻。在新时代下,企业已经成为生态保护的主要责任主体,对企业而言,应当立足当下,着眼未来,构建环保基础合规制度及应急管理制度,有效防范环境保护方面的法律风险。

在环境保护重要性日益彰显的当下,企业承担的环境保护法律责任也逐渐加重,主要体现为企业承担责任的形式多,受到的处罚重,处罚的数额高。

“根据统计,企业环境违法责任形式多达22种,包括刑事责任、民事责任和行政责任。”根据最高人民检察院统计数据显示,全国污染环境犯罪案件查处数量总体呈上升趋势,2018年1月至2020年8月,全国检察机关共批捕污染环境犯罪案件5364件9517人,同比分别上升64.47%和80%;起诉7226件16,687人,同比分别上升47.44%和72.99%。在刑事责任中,由于目前我国单位犯罪采取的是双罚制,这对企业和企业主管人员都会造成不利影响。对于企业主管人员而言,其可能面临牢狱之灾;而主管人员身陷囹圄也会给企业的经营发展造成沉重的打击。对于企业自身而言,巨额罚金之下企业将很难再恢复元气。而就算是行政责任,连续处罚、查封扣押、限产停产、生态修复等措施也将使得企业步履维艰。例如,江苏泰州天价环境公益诉讼案,腾格里沙漠污染修复调解案等,涉事企业为此付出了巨大的代价,也给行业内的其他企业敲响了警钟。

在新形势下合规制度应运而生,环境合规制度的建立可以帮助企业从源头上把控风险、提前防范,该制度若能得到有效执行,那么就能在区分单位犯罪与个人犯罪,企业管理人员与普通职工犯罪犯罪中发挥重要作用,最大限度地保护企业和相关管理人员的利益。

由此可见,环境合规制度的构建有其重要性各有其必要性,企业环境保护合规制度应当从以下四个方面出发进行构建:第一,合规尽职调查;第二,建立企业环境风险库;第三,构建全面防控排查体系;第四,完善责任管理体系。

### 一、合规尽职调查

合规尽职调查的目的是对企业当前面临的环境风险因素以及相关的管理制

度体系进行全面的了解和分析，为后面制度的建构和风险评估奠定基础。合规尽职调查重在全面、系统、准确，需要协调各方共同参与。企业环境合规尽职调查的内容主要包括以下几个方面。

（一）企业环境污染风险分析

环境保护现状一方面包括企业所属行业（能源化工企业/危险物品生产、经营、储存、装卸等企业/金属冶炼企业/危险物品使用企业），企业经营范围以及企业生产使用的原料、能源、生产工艺等情况；另一方面包括企业排污情况，包括排放污染物的类型、污染防治设施设备的运行状况、污染可能产生的不利影响等。对于企业"产污排污"的现状，可以通过查阅操作人员操作记录、设备运行记录，询问公司相关负责人，现场查看污染防治设施设备的运行等方式进行全面的了解，并做好详细记录。同时需要关注相关设施设备运行状态，是否存在运行不正常的情形以及不正常的频率。此外，还需要对企业曾经的生产经营历史有所了解，如企业此前使用的生产技术、生产工艺，污染物的处置方式，以及企业所属行业目前先进的生产技术和最新的污染处置方式等。

（二）企业环保制度是否完善

当前环境保护领域存在涉及行业众多、覆盖面广、有关法律法规数量庞大的现状，企业应当立足于自身所属行业，结合本企业的经营范围，按照相关法律法规的要求，制定完善的环境保护制度。首先，企业应当对与本企业生产经营相关的法律法规及政策性文件进行全面的检索，建立外部的环境保护法律法规知识库。其次，根据企业自身的情况，需要了解企业内部是否确立了法律法规所要求的制度，如环境影响评价制度、排污许可制度、污染源监测制度、企业环境信息公开制度、突发环境事件应急管理制度等。在此基础上，还需进一步调查企业环境保护相关制度规定是否具有可操作性及其落实情况如何。

（三）企业环境违法情况

企业是否因环境违法行为受过处罚，受过何种形式的处罚，处罚的类型、原因、次数等都应予以全面的关注。

## 二、建立企业环境风险库

立足于合规尽职调查的结果，企业便可开展企业环境风险库的建设。企业环境风险库的建设最重要的一环就是风险识别。风险识别可以通过以下三种方式进行:第一,通过风险实证识别风险;第二,基于岗位权力识别风险;第三,基于流程权力识别风险。合规尽职调查是从第一个方面即风险实证角度出发,从企业内部着手,通过收集与本企业有关的制度建设和实施现状,尤其是环境违法情况,总结分析并推断出企业潜在的风险源以及相应的防范措施。风险实证还可以从企业外部切入,收集本行业内其他企业的违法案例、行政处罚案件等,总结他人经验,为本企业所用。对不同行业常见违法行为的总结,即风险识别预备工作的重心。将常见违法行为类型化,是帮助企业"排雷"之必需。

之后,企业可以综合风险发生的概率、风险造成后果的严重程度等因素制定风险判断标准,将调查过程中发现存在漏洞的地方按照风险大小进行排序,并制定相关的应急方案。对于入库风险应该严格管理,进行周期性的排查并及时调整和更新相关信息。如果风险不再存在,可以移除出库;如果风险异常应当予以关注并监视其动态;如果风险增加,应当及时启动紧急预案并将情况上报,以便在第一时间处理。

### 三、构建全面防控排查体系

防控体系的构建应当织紧织密,并且具有较强的可操作性。可操作性体现在其符合企业的实际,这就需要倚仗前面两项工作的完成。防控体系应当符合法律法规的规定,涵盖企业生产经营全过程,作用于原材料购入、生产、加工、排放等各环节,以达到每个环节都合法合规,每个环节都有专业的人员予以管控,具体环节之间环环相扣,环节之间的信息畅通、沟通高效等效果。防控体系应当贯穿于风险识别、风险评估、风险应对整个过程,还应当将非常态情况下的突发环境事件应急管理制度纳入其中。防控体系的建立要遵循系统、科学、合理的原则,更应当在法律法规的框架下,搭建起隐患排查治理制度、突发环境应急预案制度、环境信息公开制度等,确保企业环境风险防控密不透风。

有效的防控体系能够防患于未然,更能在风险发生之后在短时间内迅速回应作出处理。值得注意的是,防控体系的建成并不意味着一劳永逸,企业仍需要随着法律法规的修订、生产技术的革新对防控体系进行不断的优化调整,来完善和维护风险防控防火墙的有效运行。

## 四、完善责任管理体系

制度的生命力在于高效合理，更在于执行到位。无论企业环境保护合规制度构建如何精妙绝伦，若是无法落地实施，最终也只是纸上谈兵。所以，要完善责任管理体系，让环境保护责任落实到个人，根据不同人员的分工分配不同的责任，对危险源的管理者、主管人员定期开展专业教育、合规培训，层层把控人人把控，避免步入行业内其他公司的后尘，让每个过程每个环节都有人参与，让每个人都参到合规的各个环节，让责任落实到个人，才能保障和规制的有效实施。

# 第二章　安全生产领域的合规管理

2021 年 6 月 13 日，四川邑丰食品有限公司（以下简称邑丰公司）污水处理站生物接触氧化工序间（以下简称接触氧化间），在准备抽排污水作业时，发生一起有限空间中毒和窒息事故，造成 6 人死亡，直接经济损失 540 余万元。后经事故调查组认定，邑丰公司"6・13"事故是一起生产安全责任事故，事故类型为中毒和窒息事故，事故等级为较大事故。事故的直接原因为邑丰公司在接触氧化间准备抽排污水作业时，作业人员在未开启抽风机进行通风、未采取个体防护措施的情况下，进入硫化氢等有毒有害气体逸出积聚的相对密闭空间，吸入硫化氢等有毒有害气体导致中毒窒息，施救人员盲目施救导致事故扩大。企业的安全生产涉及方方面面，牵涉范围众多，因此防范安全事故的难度极大。并且，一旦安全事故发生，往往直接威胁作业人员的生命安全。因此，安全生产责任重于泰山，如何进行安全生产的合规极其重要。

## 第一节　安全生产领域的风险识别

### 一、矿山企业常见违法行为与法律责任

（一）常见违法行为方式

1. 未依法对相关从业人员进行管理、教育和培训：

（1）未按照规定设置安全生产管理机构或者配备安全生产管理人员；

（2）矿山单位的主要负责人和安全生产管理人员未按照规定经考核合格；

（3）未按照规定对从业人员、被派遣劳动者、实习学生进行安全生产教育和培训，或者未按照规定如实告知有关安全生产事项；

(4)未如实记录安全生产教育和培训情况；

(5)未将事故隐患排查治理情况如实记录或者未向从业人员通报；

(6)未按照规定制定生产安全事故应急救援预案或者未定期组织演练；

(7)特种作业人员未按照规定经过专门的安全作业培训并取得相应资格即上岗作业。

2. 未依法进行项目建设：

(1)未按照规定对矿山建设项目进行安全评价；

(2)矿山建设项目没有安全设施设计或者安全设施设计未按照规定报经有关部门审查同意；

(3)矿山建设项目未按照批准的安全设施设计施工；

(4)矿山建设项目竣工投入生产或者使用前,安全设施未经验收合格。

3. 未按规定设置安全警示标志。

4. 安全设备和劳动防护用品未达标准。

5. 使用不符合规定的特种设备、工艺。

6. 非煤矿矿山企业违反安全许可证管理规定：

(1)倒卖、出租、出借或者以其他形式非法转让安全生产许可证；

(2)暂扣安全生产许可证后未按期整改或者整改后仍不具备安全生产条件。

7. 非煤矿矿山企业未按照安全许可证的规定进行安全生产：

(1)未取得安全生产许可证,擅自进行生产；

(2)接受转让的安全生产许可证；

(3)冒用安全生产许可证；

(4)使用伪造的安全生产许可证；

(5)非煤矿矿山企业安全生产许可证有效期满未办理延期手续仍进行生产。

8. 非煤矿矿山企业未按照安全许可证规定进行转让,或者未交回、变更：

(1)非煤矿矿山企业转让安全生产许可证；

(2)非煤矿矿山企业在安全生产许可证有效期内出现采矿许可证有效期届满和采矿许可证被暂扣、撤销、吊销、注销的情况,未依照规定向安全生产许可证颁发管理机关报告并交回安全生产许可证；

(3)非煤矿矿山企业在安全生产许可证有效期内,出现需要变更安全生产许可证的情形,未按规定申请、办理变更手续。

(二)法律责任(见表3-2-1)

**表3-2-1 矿山企业常见违法行为与法律责任**

| 违法行为 | 责任方式 | 法律规定 |
| --- | --- | --- |
| 1.未依法对相关从业人员进行管理、教育和培训; | 责令限期改正,处十万元以下的罚款;逾期未改正的,责令停产停业整顿,并处十万元以上二十万元以下的罚款,对其直接负责的主管人员和其他直接责任人员处二万元以上五万元以下的罚款。 | 《安全生产法》第97条 |
| 2.未依法进行项目建设; | 责令停止建设或者停产停业整顿,限期改正,并处十万元以上五十万元以下的罚款,对其直接负责的主管人员和其他直接责任人员处二万元以上五万元以下的罚款;逾期未改正的,处五十万元以上一百万元以下的罚款,对其直接负责的主管人员和其他直接责任人员处五万元以上十万元以下的罚款;构成犯罪的,依照刑法有关规定追究刑事责任。 | 《安全生产法》第98条 |
| | 具有发生重大伤亡事故或者其他严重后果的现实危险的,处一年以下有期徒刑、拘役或者管制。 | 《刑法》第134条之一 |
| 3.未按规定设置安全警示标志;<br>4.安全设备和劳动防护用品未达标准;<br>5.使用不符合规定的特种设备、工艺; | 责令限期改正,处五万元以下的罚款;逾期未改正的,处五万元以上二十万元以下的罚款,对其直接负责的主管人员和其他直接责任人员处一万元以上二万元以下的罚款;情节严重的,责令停产停业整顿;构成犯罪的,依照刑法有关规定追究刑事责任。 | 《安全生产法》第99条 |
| | 对直接负责的主管人员和其他直接责任人员,处三年以下有期徒刑或者拘役;情节特别恶劣的,处三年以上七年以下有期徒刑。 | 《刑法》第135条 |
| 6.非煤矿矿山企业违反安全许可证管理规定; | 吊销其安全生产许可证。 | 《非煤矿矿山企业安全生产许可证实施办法》第41条 |

续表

| 违法行为 | 责任方式 | 法律规定 |
| --- | --- | --- |
| 7.非煤矿矿山企业未按照安全许可证的规定进行安全生产; | 责令停止生产,没收违法所得,并处10万元以上50万元以下的罚款。 | 《非煤矿矿山企业安全生产许可证实施办法》第42条 |
| | 责令停止生产,限期补办延期手续,没收违法所得,并处5万元以上10万元以下的罚款;逾期仍不办理延期手续,继续进行生产的,责令停止生产,没收违法所得,并处10万元以上50万元以下的罚款。 | 《非煤矿矿山企业安全生产许可证实施办法》第45条 |
| 8.非煤矿矿山企业未按照安全许可证规定进行转让,或者未交回、变更。 | 没收违法所得,并处10万元以上50万元以下的罚款。 | 《非煤矿矿山企业安全生产许可证实施办法》第46条 |
| | 处1万元以上3万元以下罚款。 | 《非煤矿矿山企业安全生产许可证实施办法》第43条 |
| | 责令限期办理变更手续,并处1万元以上3万元以下罚款。 | 《非煤矿矿山企业安全生产许可证实施办法》第44条 |

## 二、金属冶炼企业常见违法行为与法律责任

(一)常见违法行为方式

1.未依法对相关从业人员进行管理、教育和培训:

(1)未按照规定设置安全生产管理机构或者配备安全生产管理人员;

(2)金属冶炼单位的主要负责人和安全生产管理人员未经考核合格;

(3)未按照规定对从业人员、被派遣劳动者、实习学生进行安全生产教育和培训,或者未按照规定如实告知有关的安全生产事项;

(4)未如实记录安全生产教育和培训情况;

(5)未将事故隐患排查治理情况如实记录或者未向从业人员通报;

(6)未按照规定制定生产安全事故应急救援预案或者未定期组织演练;

(7)特种作业人员未经专门的安全作业培训并取得相应资格即上岗作业。

2. 未依法进行项目建设：

(1) 未按照规定对金属冶炼建设项目进行安全评价；

(2) 金属冶炼建设项目没有安全设施设计或者安全设施设计未按照规定报经有关部门审查同意；

(3) 金属冶炼建设项目未按照批准的安全设施设计施工；

(4) 金属冶炼建设项目竣工投入生产或者使用前，安全设施未经验收合格。

3. 未按规定设置安全警示标志：

生产、储存、使用煤气的企业未在可能发生煤气泄漏、聚集的场所，设置固定式煤气检测报警仪和安全警示标志。

4. 安全设备和劳动防护用品未达标准。

5. 使用不符合规定的特种设备、工艺。

6. 未依法设置相关的安全措施：

(1) 企业在进行高温熔融金属冶炼、保温、运输、吊运过程中，未采取防止泄漏、喷溅、爆炸伤人的安全措施；

(2) 企业对电炉、电解车间未采取防雨措施和有效的排水设施；

(3) 企业对涉及煤气、氧气、氢气等易燃易爆危险化学品生产、输送、使用、储存的设施以及油库、电缆隧道(沟)等重点防火部位，未采取有效、可靠的防火、防爆和防泄漏措施；

(4) 企业对反应槽、罐、池、釜和储液罐、酸洗槽未采取防腐蚀措施；

(5) 企业从事产生酸雾危害的电解作业时，未采取防止酸雾扩散及槽体、厂房防腐措施；

(6) 企业在使用酸、碱的作业场所，未采取防止人员灼伤的措施；

(7) 企业对生产过程中存在二氧化硫、氯气、砷化氢、氟化氢等有毒有害气体的工作场所，未采取防止人员中毒的措施。

(二)法律责任(见表3-2-2)

**表3-2-2　金属冶炼企业常见违法行为与法律责任**

| 违法行为 | 责任方式 | 法律规定 |
|---|---|---|
| 1.未依法对相关从业人员进行管理、教育和培训; | 责令限期改正,处十万元以下的罚款;逾期未改正的,责令停产停业整顿,并处十万元以上二十万元以下的罚款,对其直接负责的主管人员和其他直接责任人员处二万元以上五万元以下的罚款。 | 《安全生产法》第97条 |
| 2.未依法进行项目建设; | 责令停止建设或者停产停业整顿,限期改正;责令停止建设或者停产停业整顿,限期改正,并处十万元以上五十万元以下的罚款,对其直接负责的主管人员和其他直接责任人员处二万元以上五万元以下的罚款;逾期未改正的,处五十万元以上一百万元以下的罚款,对其直接负责的主管人员和其他直接责任人员处五万元以上十万元以下的罚款;构成犯罪的,依照刑法有关规定追究刑事责任。 | 《安全生产法》第98条 |
| | 具有发生重大伤亡事故或者其他严重后果的现实危险的,处一年以下有期徒刑、拘役或者管制。 | 《刑法》第134条之一 |
| 3.未按规定设置安全警示标志;<br>4.安全设备和劳动防护用品未达标准;<br>5.使用不符合规定的特种设备、工艺; | 责令立即消除或者限期消除事故隐患;企业拒不执行的,责令停产停业整顿,并处十万元以上五十万元以下的罚款,对其直接负责的主管人员和其他直接责任人员处二万元以上五万元以下的罚款。 | 《冶金企业和有色金属企业安全生产规定》第46条 |
| | 责令限期改正,处五万元以下的罚款;逾期未改正的,处五万元以上二十万元以下的罚款,对其直接负责的主管人员和其他直接责任人员处一万元以上二万元以下的罚款;情节严重的,责令停产停业整顿;构成犯罪的,依照刑法有关规定追究刑事责任。 | 《安全生产法》第99条 |
| | 对直接负责的主管人员和其他直接责任人员,处三年以下有期徒刑或者拘役;情节特别恶劣的,处三年以上七年以下有期徒刑。 | 《刑法》第135条 |
| 6.未依法设置相关的安全措施。 | 责令立即消除或者限期消除事故隐患;企业拒不执行的,责令停产停业整顿,并处十万元以上五十万元以下的罚款,对其直接负责的主管人员和其他直接责任人员处二万元以上五万元以下的罚款。 | 《冶金企业和有色金属企业安全生产规定》第46条 |

## 三、运输企业常见违法行为与法律责任

### (一)常见违法行为方式

1. 未依法对相关从业人员进行管理、教育和培训:

企业未对铁路专业技术岗位从业人员进行业务培训和安全培训。

2. 未依法进行承运:

(1)在非危险货物办理站办理危险货物承运手续;

(2)承运未接受安全检查的货物;

(3)承运不符合安全规定、可能危害铁路运输安全的货物;

(4)未按照操作规程包装、装卸、运输危险货物。

3. 未按照国家规定、行业标准进行设施配备:

(1)用于铁路运输的安全检测、监控、防护设施设备,集装箱和集装化用具等运输器具、专用装卸机械、索具、篷布、装载加固材料或者装置、运输包装、货物装载加固等,不符合国家标准、行业标准和技术规范;

(2)不按照国家有关规定和标准设置、维护铁路封闭设施、安全防护设施;

(3)运输危险货物不依照规定使用专用的设施设备;

(4)铁路运输托运人运输危险货物未配备必要的应急处理器材、设备、防护用品,或者未按照操作规程包装、装卸、运输危险货物。

4. 窃取、泄露旅客身份信息。

5. 未履行铁路、道路两用桥检查、维护职责。

### (二)法律责任(见表3-2-3)

**表3-2-3 运输企业常见违法行为与法律责任**

| 违法行为 | 责任方式 | 法律规定 |
|---|---|---|
| 1. 未依法对相关从业人员进行管理、教育和培训; | 责令限期改正,处十万元以下的罚款;逾期未改正的,责令停产停业整顿,并处十万元以上二十万元以下的罚款,对其直接负责的主管人员和其他直接责任人员处二万元以上五万元以下的罚款。 | 《安全生产法》第97条 |
| 2. 未依法进行承运; | 由铁路监管部门责令改正,处2万元以上10万元以下的罚款。 | 《铁路安全管理条例》第100条 |

续表

| 违法行为 | 责任方式 | 法律规定 |
| --- | --- | --- |
| 3. 未按照国家规定、行业标准进行设施配备; | 由铁路监督管理机构责令改正,处2万元以上10万元以下的罚款。 | 《铁路安全管理条例》第87条 |
| | 责令限期改正,处五万元以下的罚款;逾期未改正的,处五万元以上二十万元以下的罚款,对其直接负责的主管人员和其他直接责任人员处一万元以上二万元以下的罚款;情节严重的,责令停产停业整顿;构成犯罪的,依照刑法有关规定追究刑事责任。 | 《安全生产法》第99条 |
| 4. 工作人员窃取、泄露旅客身份信息; | 由公安机关依法处罚。 | 《铁路安全管理条例》第102条 |
| | 违反国家有关规定,向他人出售或者提供公民个人信息,情节严重的,处三年以下有期徒刑或者拘役,并处或者单处罚金;情节特别严重的,处三年以上七年以下有期徒刑,并处罚金。<br>违反国家有关规定,将在履行职责或者提供服务过程中获得的公民个人信息,出售或者提供给他人的,依照前款的规定从重处罚。<br>窃取或者以其他方法非法获取公民个人信息的,依照第一款的规定处罚。<br>单位犯前三款罪的,对单位判处罚金,并对其直接负责的主管人员和其他直接责任人员,依照各该款的规定处罚。 | 《刑法》第253条之一 |
| 5. 未履行铁路、道路两用桥检查、维护职责。 | 由铁路监督管理机构或者上级道路管理部门责令改正;拒不改正的,由铁路监督管理机构或者上级道路管理部门指定其他单位进行养护和维修,养护和维修费用由拒不履行义务的铁路运输企业、道路管理部门或者道路经营企业承担。 | 《铁路安全管理条例》第92条 |

## 四、建设施工企业常见违法行为与法律责任

(一)常见违法行为方式

1. 未依法对相关从业人员进行管理、安全教育和安全培训:

(1)未按照规定设置安全生产管理机构或者配备安全生产管理人员;

(2)建筑施工单位的主要负责人和安全生产管理人员未经考核合格;

(3)未按照规定对从业人员、被派遣劳动者、实习学生进行安全生产教育和培训,或者未按照规定如实告知有关的安全生产事项。

2. 未取得安全许可证从事建筑施工。

3. 申请安全许可证时造假或者以不正当的手段取得安全许可证。

4. 未按照安全许可证规定办理延期、转让手续:

(1)安全生产许可证有效期满未办理延期手续,继续从事建筑施工活动;

(2)建筑施工企业转让安全生产许可证。

5. 建设单位违反法律规定,实施危及工程安全的行为:

(1)未提供建设工程安全生产作业环境及安全施工措施所需费用;

(2)对勘察、设计、施工、工程监理等单位提出不符合安全生产法律、法规和强制性标准规定的要求;

(3)要求施工单位压缩合同约定的工期;

(4)将拆除工程发包给不具有相应资质等级的施工单位。

6. 勘察单位、设计单位违反法律规定,实施危及工程安全的行为:

(1)未按照法律、法规和工程建设强制性标准进行勘察、设计;

(2)采用新结构、新材料、新工艺的建设工程和特殊结构的建设工程,设计单位未在设计中提出保障施工作业人员安全和预防生产安全事故的措施建议。

7. 工程监理单位违反法律规定,实施危及工程安全的行为:

(1)未对施工组织设计中的安全技术措施或者专项施工方案进行审查;

(2)发现安全事故隐患未及时要求施工单位整改或者暂时停止施工;

(3)施工单位拒不整改或者不停止施工,未及时向有关主管部门报告;

(4)未依照法律、法规和工程建设强制性标准实施监理。

8. 施工单位未依法采取安全保障措施:

(1)未设立安全生产管理机构、配备专职安全生产管理人员或者分部分项工程施工时无专职安全生产管理人员现场监督;

(2)施工单位的主要负责人、项目负责人、专职安全生产管理人员、作业人员或者特种作业人员,未经安全教育培训或者经考核不合格即从事相关工作;

(3)未在施工现场的危险部位设置明显的安全警示标志,或者未按照国家有关规定在施工现场设置消防通道、消防水源、配备消防设施和灭火器材;

(4)未向作业人员提供安全防护用具和安全防护服装;

(5)未按照规定在施工起重机械和整体提升脚手架、模板等自升式架设设施验收合格后登记;

(6)使用国家明令淘汰、禁止使用的危及施工安全的工艺、设备、材料;

(7)施工前未对有关安全施工的技术要求作出详细说明;

(8)未根据不同施工阶段和周围环境及季节、气候的变化,在施工现场采取相应的安全施工措施,或者在城市市区内的建设工程的施工现场未实行封闭围挡;

(9)在尚未竣工的建筑物内设置员工集体宿舍;

(10)施工现场临时搭建的建筑物不符合安全使用要求;

(11)未对因建设工程施工可能造成损害的毗邻建筑物、构筑物和地下管线等采取专项防护措施;

(12)取得资质证书后,降低安全生产条件。

(二)法律责任(见表3-2-4)

**表3-2-4 建设施工企业常见违法行为与法律责任**

| 违法行为 | 责任方式 | 法律规定 |
| --- | --- | --- |
| 1.未依法对相关从业人员进行管理、教育和培训; | 责令限期改正,处十万元以下的罚款;逾期未改正的,责令停产停业整顿,并处十万元以上二十万元以下的罚款,对其直接负责的主管人员和其他直接责任人员处二万元以上五万元以下的罚款。 | 《安全生产法》第97条 |
| 2.未取得安全许可证从事建筑施工; | 责令其在建项目停止施工,没收违法所得,并处10万元以上50万元以下的罚款;造成重大安全事故或者其他严重后果,构成犯罪的,依法追究刑事责任。 | 《建筑施工企业安全生产许可证管理规定》第24条 |
| | 在生产、作业中违反有关安全管理的规定,因而发生重大伤亡事故或者造成其他严重后果的,处三年以下有期徒刑或者拘役;情节特别恶劣的,处三年以上七年以下有期徒刑。 | 《刑法》第134条 |
| 3.申请安全许可证时造假或者以不正当的手段取得安全许可证; | 违反本规定,建筑施工企业隐瞒有关情况或者提供虚假材料申请安全生产许可证的,不予受理或者不予颁发安全生产许可证,并给予警告,1年内不得申请安全生产许可证。建筑施工企业以欺骗、贿赂等不正当手段取得安全生产许可证的,撤销安全生产许可证,3年内不得再次申请安全生产许可证;构成犯罪的,依法追究刑事责任。 | 《建筑施工企业安全生产许可证管理规定》第27条 |

续表

| 违法行为 | 责任方式 | 法律规定 |
| --- | --- | --- |
| 4.未按照安全许可证规定办理延期、转让手续； | 责令其在建项目停止施工，限期补办延期手续，没收违法所得，并处5万元以上10万元以下的罚款；逾期仍不办理延期手续，继续从事建筑施工活动的，依照本规定第二十四条的规定处罚。 | 《建筑施工企业安全生产许可证管理规定》第25条 |
| | 违反本规定，建筑施工企业转让安全生产许可证的，没收违法所得，处10万元以上50万元以下的罚款，并吊销安全生产许可证；构成犯罪的，依法追究刑事责任；接受转让的，依照本规定第二十四条的规定处罚。 | 《建筑施工企业安全生产许可证管理规定》第26条 |
| 5.建设单位违反法律规定，实施危及工程安全的行为； | 责令限期改正；逾期未改正的，责令该建设工程停止施工。 | 《建设工程安全生产管理条例》第54条 |
| | 责令限期改正，处20万元以上50万元以下的罚款；造成重大安全事故，构成犯罪的，对直接责任人员，依照刑法有关规定追究刑事责任；造成损失的，依法承担赔偿责任。 | 《建设工程安全生产管理条例》第55条 |
| | 在生产、作业中违反有关安全管理的规定，因而发生重大伤亡事故或者造成其他严重后果的，处三年以下有期徒刑或者拘役；情节特别恶劣的，处三年以上七年以下有期徒刑。 | 《刑法》第134条 |
| 6.勘察单位、设计单位违反法律规定，实施危及工程安全的行为； | 责令限期改正，处10万元以上30万元以下的罚款；情节严重的，责令停业整顿，降低资质等级，直至吊销资质证书；造成重大安全事故，构成犯罪的，对直接责任人员，依照刑法有关规定追究刑事责任；造成损失的，依法承担赔偿责任。 | 《建设工程安全生产管理条例》第56条 |
| | 在生产、作业中违反有关安全管理的规定，因而发生重大伤亡事故或者造成其他严重后果的，处三年以下有期徒刑或者拘役；情节特别恶劣的，处三年以上七年以下有期徒刑。 | 《刑法》第134条 |

续表

| 违法行为 | 责任方式 | 法律规定 |
| --- | --- | --- |
| 7. 工程监理单位违反法律规定，实施危及工程安全的行为； | 责令限期改正；逾期未改正的，责令停业整顿，并处10万元以上30万元以下的罚款；情节严重的，降低资质等级，直至吊销资质证书；造成重大安全事故，构成犯罪的，对直接责任人员，依照刑法有关规定追究刑事责任；造成损失的，依法承担赔偿责任。 | 《建设工程安全生产管理条例》第57条 |
| | 在生产、作业中违反有关安全管理的规定，因而发生重大伤亡事故或者造成其他严重后果的，处三年以下有期徒刑或者拘役；情节特别恶劣的，处三年以上七年以下有期徒刑。 | 《刑法》第134条 |
| 8. 施工单位未依法采取安全保障措施。 | 责令限期改正；逾期未改正的，责令停业整顿，依照《中华人民共和国安全生产法》的有关规定处以罚款；造成重大安全事故，构成犯罪的，对直接责任人员，依照刑法有关规定追究刑事责任。 | 《建设工程安全生产管理条例》第62条 |
| | 责令限期改正；逾期未改正的，责令停业整顿，并处5万元以上10万元以下的罚款；造成重大安全事故，构成犯罪的，对直接责任人员，依照刑法有关规定追究刑事责任。 | 《建设工程安全生产管理条例》第64条 |
| | 责令限期改正；经整改仍未达到与其资质等级相适应的安全生产条件的，责令停业整顿，降低其资质等级直至吊销资质证书。 | 《建设工程安全生产管理条例》第67条 |
| | 在生产、作业中违反有关安全管理的规定，因而发生重大伤亡事故或者造成其他严重后果的，处三年以下有期徒刑或者拘役；情节特别恶劣的，处三年以上七年以下有期徒刑。 | 《刑法》第134条 |
| | 安全生产设施或者安全生产条件不符合国家规定，因而发生重大伤亡事故或者造成其他严重后果的，对直接负责的主管人员和其他直接责任人员，处三年以下有期徒刑或者拘役；情节特别恶劣的，处三年以上七年以下有期徒刑。 | 《刑法》第135条 |
| | 建设单位、设计单位、施工单位、工程监理单位违反国家规定，降低工程质量标准，造成重大安全事故的，对直接责任人员，处五年以下有期徒刑或者拘役，并处罚金；后果特别严重的，处五年以上十年以下有期徒刑，并处罚金。 | 《刑法》第137条 |

## 五、粉尘涉爆企业常见违法行为与法律责任

（一）常见违法行为方式

1. 未取得安全许可证从事民用爆炸物品生产。

2. 以欺骗、贿赂等不正当的手段取得安全许可证。

3. 未依法进行生产销售：

（1）超出生产许可的品种、产量进行生产、销售；

（2）违反安全技术规程生产作业；

（3）民用爆炸物品的质量不符合相关标准；

（4）民用爆炸物品的包装不符合法律、行政法规的规定以及相关标准；

（5）超出购买许可的品种、数量销售民用爆炸物品；

（6）向没有《民用爆炸物品生产许可证》《民用爆炸物品销售许可证》《民用爆炸物品购买许可证》的单位销售民用爆炸物品；

（7）民用爆炸物品生产企业销售本企业生产的民用爆炸物品未按照规定向民用爆炸物品行业主管部门备案；

（8）未经审批进出口民用爆炸物品。

4. 未依法规范经营行为：

（1）未按照规定对民用爆炸物品作出警示标识、登记标识；

（2）超出购买许可的品种、数量购买民用爆炸物品；

（3）使用现金或者实物进行民用爆炸物品交易；

（4）未按照规定保存购买单位的许可证、银行账户转账凭证、经办人的身份证明复印件；

（5）销售、购买、进出口民用爆炸物品，未按照规定向公安机关备案；

（6）未按照规定建立民用爆炸物品登记制度，如实将本单位生产、销售、购买、运输、储存、使用民用爆炸物品的品种、数量和流向信息输入计算机系统；

（7）未按照规定将《民用爆炸物品运输许可证》交回发证机关核销。

5. 未依法进行民用爆炸物的存储：

（1）未按照规定在专用仓库设置技术防范设施；

（2）未按照规定建立出入库检查、登记制度或者收存和发放民用爆炸物品，致使账物不符；

(3)超量储存、在非专用仓库储存或者违反储存标准和规范储存民用爆炸物品。

6. 未依法对民用爆炸物品进行安全管理:

(1)违反安全管理制度,致使民用爆炸物品丢失、被盗、被抢;

(2)民用爆炸物品丢失、被盗、被抢,未按照规定向当地公安机关报告或者故意隐瞒不报;

(3)转让、出借、转借、抵押、赠送民用爆炸物品。

(二)法律责任(见表3-2-5)

**表3-2-5　粉尘涉爆企业常见违法行为与法律责任**

| 违法行为 | 责任方式 | 法律规定 |
| --- | --- | --- |
| 1. 未取得安全许可证从事民用爆炸物品生产; | 由省级民爆行业主管部门责令停止生产,处10万元以上50万元以下的罚款,没收非法生产的民用爆炸物品及其违法所得;构成犯罪的,依法追究刑事责任。 | 《民用爆炸物品安全生产许可实施办法》第20条 |
| | 责令停止生产,没收违法所得,并处10万元以上50万元以下的罚款。 | 《烟花爆竹生产企业安全生产许可证实施办法》第46条 |
| | 违反国家规定,有下列非法经营行为之一,扰乱市场秩序,情节严重的,处五年以下有期徒刑或者拘役,并处或者单处违法所得一倍以上五倍以下罚金;情节特别严重的,处五年以上有期徒刑,并处违法所得一倍以上五倍以下罚金或者没收财产:<br>(一)未经许可经营法律、行政法规规定的专营、专卖物品或者其他限制买卖的物品的;<br>(二)买卖进出口许可证、进出口原产地证明以及其他法律、行政法规规定的经营许可证或者批准文件的;<br>(三)未经国家有关主管部门批准非法经营证券、期货、保险业务的,或者非法从事资金支付结算业务的;<br>(四)其他严重扰乱市场秩序的非法经营行为。 | 《刑法》第225条 |

续表

| 违法行为 | 责任方式 | 法律规定 |
| --- | --- | --- |
| 2. 以欺骗、贿赂等不正当的手段取得安全许可证; | 省级民爆行业主管部门撤销其《民用爆炸物品安全生产许可证》,3 年内不再受理其该项许可申请。 | 《民用爆炸物品安全生产许可实施办法》第 23 条 |
| | 对犯行贿罪的,处五年以下有期徒刑或者拘役,并处罚金;因行贿谋取不正当利益,情节严重的,或者使国家利益遭受重大损失的,处五年以上十年以下有期徒刑,并处罚金;情节特别严重的,或者使国家利益遭受特别重大损失的,处十年以上有期徒刑或者无期徒刑,并处罚金或者没收财产。 | 《刑法》第 390 条 |
| | 为谋取不正当利益,给予国家机关、国有公司、企业、事业单位、人民团体以财物的,或者在经济往来中,违反国家规定,给予各种名义的回扣、手续费的,处三年以下有期徒刑或者拘役,并处罚金。单位犯前款罪的,对单位判处罚金,并对其直接负责的主管人员和其他直接责任人员,依照前款的规定处罚。 | 《刑法》第 391 条 |
| | 单位为谋取不正当利益而行贿,或者违反国家规定,给予国家工作人员以回扣、手续费,情节严重的,对单位判处罚金,并对其直接负责的主管人员和其他直接责任人员,处五年以下有期徒刑或者拘役,并处罚金。因行贿取得的违法所得归个人所有的,依照本法第三百八十九条、第三百九十条的规定定罪处罚。 | 《刑法》第 393 条 |
| 3. 未依法进行生产销售; | 由民用爆炸物品行业主管部门责令限期改正,处 10 万元以上 50 万元以下的罚款;逾期不改正的,责令停产停业整顿;情节严重的,吊销《民用爆炸物品生产许可证》或者《民用爆炸物品销售许可证》。 | 《民用爆炸物品安全管理条例》第 45 条 |

续表

| 违法行为 | 责任方式 | 法律规定 |
| --- | --- | --- |
| 4. 未依法规范经营行为； | 由公安机关责令限期改正，处5万元以上20万元以下的罚款；逾期不改正的，责令停产停业整顿。 | 《民用爆炸物品安全管理条例》第46条 |
| | 责令限期改正，处五万元以下的罚款；逾期未改正的，处五万元以上二十万元以下的罚款，对其直接负责的主管人员和其他直接责任人员处一万元以上二万元以下的罚款；情节严重的，责令停产停业整顿；构成犯罪的，依照刑法有关规定追究刑事责任。 | 《安全生产法》第99条 |
| 5. 未依法进行民用爆炸物的存储； | 由民用爆炸物品行业主管部门、公安机关按照职责责令限期改正，可以并处5万元以上20万元以下的罚款；逾期不改正的，责令停产停业整顿；情节严重的，吊销许可证。 | 《民用爆炸物品安全管理条例》第49条 |
| 6. 未依法对民用爆炸物品进行安全管理。 | 由公安机关处2万元以上10万元以下的罚款；情节严重的，吊销其许可证；有违反治安管理行为的，依法给予治安管理处罚。 | 《民用爆炸物品安全管理条例》第50条 |

## 六、危险物品的生产、经营、储存企业常见违法行为与法律责任

（一）常见违法行为方式

1. 未依法生产危险化学品：

（1）生产国家禁止生产的危险化学品；

（2）未经安全条件审查，新建、改建、扩建生产危险化学品的建设项目；

（3）未依法取得危险化学品安全生产许可证从事危险化学品生产；

（4）未依照规定对其安全生产条件定期进行安全评价；

（5）单位未对其铺设的危险化学品管道设置明显的标志，或者未对危险化学品管道定期检查、检测；

（6）未提供化学品安全技术说明书，或者未在包装上粘贴、拴挂化学品安全标签；

（7）提供的化学品安全技术说明书与其生产的危险化学品不相符，或者在

包装粘贴、拴挂的化学品安全标签与包装内危险化学品不相符，或者化学品安全技术说明书、化学品安全标签所载明的内容不符合国家标准要求；

(8)发现其生产的危险化学品有新的危险特性不立即公告，或者不及时修订其化学品安全技术说明书和化学品安全标签；

(9)不办理危险化学品登记，或者发现其生产、进口的危险化学品有新的危险特性不办理危险化学品登记内容变更手续；

(10)生产企业不如实记录剧毒化学品、易制爆危险化学品购买单位的名称、地址、经办人的姓名、身份证号码以及所购买的剧毒化学品、易制爆危险化学品的品种、数量、用途，或者保存销售记录和相关材料的时间少于 1 年；

(11)生产剧毒化学品、易制爆危险化学品的单位不如实记录生产剧毒化学品、易制爆危险化学品的数量、流向；

(12)生产剧毒化学品、易制爆危险化学品的单位发现剧毒化学品、易制爆危险化学品丢失或者被盗，不立即向公安机关报告。

2. 未依法经营危险化学品：

(1)经营国家禁止经营的危险化学品；

(2)经营没有化学品安全技术说明书和化学品安全标签的危险化学品；

(3)经营企业不如实记录剧毒化学品、易制爆危险化学品购买单位的名称、地址、经办人的姓名、身份证号码以及所购买的剧毒化学品、易制爆危险化学品的品种、数量、用途，或者保存销售记录和相关材料的时间少于 1 年；

(4)未经许可违法从事危险化学品生产、经营活动的企业采购危险化学品；

(5)向不具有相关许可证件或者证明文件的单位销售剧毒化学品、易制爆危险化学品；

(6)销售未经检验或者经检验不合格的危险化学品包装物、容器；

(7)剧毒化学品、易制爆危险化学品的销售企业未在规定的时限内将所销售、购买的剧毒化学品、易制爆危险化学品的品种、数量以及流向信息报所在地县级人民政府公安机关备案；

(8)不按照剧毒化学品购买许可证载明的品种、数量销售剧毒化学品；

(9)向个人销售剧毒化学品、易制爆危险化学品。

3. 未依法存储危险化学品：

(1)未经安全条件审查，储存危险化学品的建设项目；

(2)未对其铺设的危险化学品管道设置明显的标志,或者未对危险化学品管道定期检查、检测;

(3)未在作业场所和安全设施、设备上设置明显的安全警示标志,或者未在作业场所设置通信、报警装置;

(4)未建立危险化学品出入库核查、登记制度;

(5)未根据储存的危险化学品的种类和危险特性,在作业场所设置相关安全设施、设备,或者未按照国家标准、行业标准或者国家有关规定对安全设施、设备进行经常性维护、保养;

(6)未将危险化学品储存在专用仓库内,或者未将剧毒化学品以及储存数量构成重大危险源的其他危险化学品在专用仓库内单独存放;

(7)储存方式、方法或者储存数量不符合国家标准或者国家有关规定;

(8)储存剧毒化学品、易制爆危险化学品的单位不如实记录储存的剧毒化学品、易制爆危险化学品的数量、流向;

(9)储存剧毒化学品、易制爆危险化学品的单位发现剧毒化学品、易制爆危险化学品丢失或者被盗,不立即向公安机关报告;

(10)储存剧毒化学品的单位未将剧毒化学品的储存数量、储存地点以及管理人员的情况报所在地县级人民政府公安机关备案。

4.未依法管理危险化学品:

(1)未依法对相关从业人员进行管理、教育和培训;

(2)进行可能危及危险化学品管道安全的施工作业,施工单位未按照规定书面通知管道所属单位,或者未与管道所属单位共同制定应急预案、采取相应的安全防护措施,或者管道所属单位未指派专门人员到现场进行管道安全保护指导;

(3)危险化学品专用仓库未设专人负责管理,或者对储存的剧毒化学品以及储存数量构成重大危险源的其他危险化学品未实行双人收发、双人保管制度;

(4)危险化学品专用仓库未设置明显标志;

(5)对重复使用的危险化学品包装物、容器,在重复使用前不进行检查;

(6)危险化学品专用仓库不符合国家标准、行业标准的要求;

(7)未对危险化学品专用仓库的安全设施、设备定期进行检测、检验;

(8)生产、储存剧毒化学品、易制爆危险化学品的单位未设置治安保卫机构、配备专职治安保卫人员。

5. 单位转产、停产、停业或者解散时，未妥善处置危险化学品或者未进行备案：

（1）生产、储存、使用危险化学品的单位转产、停产、停业或者解散，未采取有效措施及时、妥善处置其危险化学品生产装置、储存设施以及库存的危险化学品，或者丢弃危险化学品；

（2）生产、储存、使用危险化学品的单位转产、停产、停业或者解散，未依照本条例规定将其危险化学品生产装置、储存设施以及库存危险化学品的处置方案报有关部门备案。

（二）法律责任（见表3－2－6）

**表3－2－6 危险物品的生产、经营、储存企业常见违法行为与法律责任**

| 违法行为 | 责任方式 | 法律规定 |
| --- | --- | --- |
| 1. 未依法生产危险化学品； | 生产、经营、使用国家禁止生产、经营、使用的危险化学品的，由安全生产监督管理部门责令停止生产、经营、使用活动，处20万元以上50万元以下的罚款，有违法所得的，没收违法所得；构成犯罪的，依法追究刑事责任。 | 《危险化学品安全管理条例》第75条 |
| | 未经安全条件审查，新建、改建、扩建生产、储存危险化学品的建设项目的，由安全生产监督管理部门责令停止建设，限期改正；逾期不改正的，处50万元以上100万元以下的罚款；构成犯罪的，依法追究刑事责任。<br>违反本条例规定，化工企业未取得危险化学品安全使用许可证，使用危险化学品从事生产的，由安全生产监督管理部门责令限期改正，处10万元以上20万元以下的罚款；逾期不改正的，责令停产整顿。 | 《危险化学品安全管理条例》第76条、第77条 |
| | 违反本条例规定，未取得危险化学品经营许可证从事危险化学品经营的，由安全生产监督管理部门责令停止经营活动，没收违法经营的危险化学品以及违法所得，并处10万元以上20万元以下的罚款；构成犯罪的，依法追究刑事责任。 | 《危险化学品安全管理条例》第77条 |
| | 未取得安全生产许可证擅自进行生产的，责令停止生产，没收违法所得，并处10万元以上50万元以下的罚款；造成重大事故或者其他严重后果，构成犯罪的，依法追究刑事责任。 | 《安全生产许可证条例》第19条 |

续表

| 违法行为 | 责任方式 | 法律规定 |
| --- | --- | --- |
| 1. 未依法生产危险化学品； | 由安全生产监督管理部门责令改正,可以处5万元以下的罚款;拒不改正的,处5万元以上10万元以下的罚款;情节严重的,责令停产停业整顿。 | 《危险化学品安全管理条例》第78条 |
| | 由安全生产监督管理部门责令改正,处5万元以上10万元以下的罚款;拒不改正的,责令停产停业整顿直至由原发证机关吊销其相关许可证件,并由工商行政管理部门责令其办理经营范围变更登记或者吊销其营业执照;有关责任人员构成犯罪的,依法追究刑事责任。 | 《危险化学品安全管理条例》第80条 |
| | 由公安机关责令改正,可以处1万元以下的罚款;拒不改正的,处1万元以上5万元以下的罚款。 | 《危险化学品安全管理条例》第81条 |
| | 由安全生产监督管理部门责令改正,没收违法所得,并处10万元以上20万元以下的罚款;拒不改正的,责令停产停业整顿直至吊销其危险化学品安全生产许可证、危险化学品经营许可证,并由工商行政管理部门责令其办理经营范围变更登记或者吊销其营业执照。 | 《危险化学品安全管理条例》第84条 |
| | 违反国家规定,有下列非法经营行为之一,扰乱市场秩序,情节严重的,处五年以下有期徒刑或者拘役,并处或者单处违法所得一倍以上五倍以下罚金;情节特别严重的,处五年以上有期徒刑,并处违法所得一倍以上五倍以下罚金或者没收财产。<br>(一)未经许可经营法律、行政法规规定的专营、专卖物品或者其他限制买卖的物品的;<br>(二)买卖进出口许可证、进出口原产地证明以及其他法律、行政法规规定的经营许可证或者批准文件的;<br>(三)未经国家有关主管部门批准非法经营证券、期货、保险业务的,或者非法从事资金支付结算业务的;<br>(四)其他严重扰乱市场秩序的非法经营行为。 | 《刑法》第225条 |

续表

| 违法行为 | 责任方式 | 法律规定 |
| --- | --- | --- |
| 2. 未依法经营危险化学品; | 生产、经营、使用国家禁止生产、经营、使用的危险化学品的，由安全生产监督管理部门责令停止生产、经营、使用活动，处20万元以上50万元以下的罚款，有违法所得的，没收违法所得；构成犯罪的，依法追究刑事责任。 | 《危险化学品安全管理条例》第75条 |
| | 由安全生产监督管理部门责令改正，可以处5万元以下的罚款；拒不改正的，处5万元以上10万元以下的罚款；情节严重的，责令停产停业整顿。 | 《危险化学品安全管理条例》第78条 |
| | 危险化学品包装物、容器生产企业销售未经检验或者经检验不合格的危险化学品包装物、容器的，由质量监督检验检疫部门责令改正，处10万元以上20万元以下的罚款，有违法所得的，没收违法所得；拒不改正的，责令停产停业整顿；构成犯罪的，依法追究刑事责任。 | 《危险化学品安全管理条例》第79条 |
| | 生产不符合保障人身、财产安全的国家标准、行业标准的电器、压力容器、易燃易爆产品或者其他不符合保障人身、财产安全的国家标准、行业标准的产品，或者销售明知是以上不符合保障人身、财产安全的国家标准、行业标准的产品，造成严重后果的，处五年以下有期徒刑，并处销售金额百分之五十以上二倍以下罚金；后果特别严重的，处五年以上有期徒刑，并处销售金额百分之五十以上二倍以下罚金。 | 《刑法》第146条 |
| | 由公安机关责令改正，可以处1万元以下的罚款；拒不改正的，处1万元以上5万元以下的罚款。 | 《危险化学品安全管理条例》第81条 |
| | 危险化学品经营企业向未经许可违法从事危险化学品生产、经营活动的企业采购危险化学品的，由工商行政管理部门责令改正，处10万元以上20万元以下的罚款；拒不改正的，责令停业整顿直至由原发证机关吊销其危险化学品经营许可证，并由工商行政管理部门责令其办理经营范围变更登记或者吊销其营业执照。 | 《危险化学品安全管理条例》第83条 |

续表

| 违法行为 | 责任方式 | 法律规定 |
| --- | --- | --- |
| 2. 未依法经营危险化学品; | 由安全生产监督管理部门责令改正,没收违法所得,并处10万元以上20万元以下的罚款;拒不改正的,责令停产停业整顿直至吊销其危险化学品安全生产许可证、危险化学品经营许可证,并由工商行政管理部门责令其办理经营范围变更登记或者吊销其营业执照。 | 《危险化学品安全管理条例》第84条 |
| 3. 未依法存储危险化学品; | 未经安全条件审查,新建、改建、扩建生产、储存危险化学品的建设项目的,由安全生产监督管理部门责令停止建设,限期改正;逾期不改正的,处50万元以上100万元以下的罚款;构成犯罪的,依法追究刑事责任。 | 《危险化学品安全管理条例》第76条 |
| | 由安全生产监督管理部门责令改正,可以处5万元以下的罚款;拒不改正的,处5万元以上10万元以下的罚款;情节严重的,责令停产停业整顿。 | 《危险化学品安全管理条例》第78条 |
| | 由安全生产监督管理部门责令改正,处5万元以上10万元以下的罚款;拒不改正的,责令停产停业整顿直至由原发证机关吊销其相关许可证件,并由工商行政管理部门责令其办理经营范围变更登记或者吊销其营业执照;有关责任人员构成犯罪的,依法追究刑事责任。 | 《危险化学品安全管理条例》第80条 |
| | 由公安机关责令改正,可以处1万元以下的罚款;拒不改正的,处1万元以上5万元以下的罚款。 | 《危险化学品安全管理条例》第81条 |
| | 生产不符合保障人身、财产安全的国家标准、行业标准的电器、压力容器、易燃易爆产品或者其他不符合保障人身、财产安全的国家标准、行业标准的产品,或者销售明知是以上不符合保障人身、财产安全的国家标准、行业标准的产品,造成严重后果的,处五年以下有期徒刑,并处销售金额百分之五十以上二倍以下罚金;后果特别严重的,处五年以上有期徒刑,并处销售金额百分之五十以上二倍以下罚金。 | 《刑法》第146条 |

续表

| 违法行为 | 责任方式 | 法律规定 |
| --- | --- | --- |
| 4. 未依法管理危险化学品； | 由安全生产监督管理部门责令改正，可以处5万元以下的罚款；拒不改正的，处5万元以上10万元以下的罚款；情节严重的，责令停产停业整顿。 | 《危险化学品安全管理条例》第78条 |
| | 由安全生产监督管理部门责令改正，处5万元以上10万元以下的罚款；拒不改正的，责令停产停业整顿直至由原发证机关吊销其相关许可证件，并由工商行政管理部门责令其办理经营范围变更登记或者吊销其营业执照；有关责任人员构成犯罪的，依法追究刑事责任。 | 《危险化学品安全管理条例》第80条 |
| 5. 单位转产、停产、停业或者解散时，未妥善处置危险化学品或者未进行备案。 | 生产、储存、使用危险化学品的单位转产、停产、停业或者解散，未采取有效措施及时、妥善处置其危险化学品生产装置、储存设施以及库存的危险化学品，或者丢弃危险化学品的，由安全生产监督管理部门责令改正，处5万元以上10万元以下的罚款；构成犯罪的，依法追究刑事责任。 | 《危险化学品安全管理条例》第82条 |
| | 生产、储存、使用危险化学品的单位转产、停产、停业或者解散，未依照本条例规定将其危险化学品生产装置、储存设施以及库存危险化学品的处置方案报有关部门备案的，分别由有关部门责令改正，可以处1万元以下的罚款；拒不改正的，处1万元以上5万元以下的罚款。 | |
| | 违反爆炸性、易燃性、放射性、毒害性、腐蚀性物品的管理规定，在生产、储存、运输、使用中发生重大事故，造成严重后果的，处三年以下有期徒刑或者拘役；后果特别严重的，处三年以上七年以下有期徒刑。 | 《刑法》第136条 |

## 七、食品企业常见违法行为与法律责任

(一)常见违法行为方式

1. 未依法进行食品生产经营活动：

(1)未经许可从事食品生产经营活动；

(2)未经许可生产食品添加剂。

2. 生产经营国家禁止生产或者不符合标准的食品：

(1)用非食品原料生产食品或者在食品中添加食品添加剂以外的化学物质和其他可能危害人体健康的物质，或者用回收食品作为原料生产食品；

(2)生产经营致病性微生物、农药残留、兽药残留、重金属、污染物质以及其他危害人体健康的物质含量超过食品安全标准限量的食品;

(3)生产经营营养成分不符合食品安全标准的专供婴幼儿和其他特定人群的主辅食品;

(4)经营腐败变质、油脂酸败、霉变生虫、污秽不洁、混有异物、掺假掺杂或者感官性状异常的食品;

(5)经营病死、毒死或者死因不明的禽、畜、兽、水产动物肉类,或者生产经营病死、毒死或者死因不明的禽、畜、兽、水产动物肉类的制品;

(6)经营未经动物卫生监督机构检疫或者检疫不合格的肉类,或者生产经营未经检验或者检验不合格的肉类制品;

(7)经营超过保质期的食品;

(8)生产经营国家为防病等特殊需要明令禁止生产经营的食品;

(9)利用新的食品原料从事食品生产或者从事食品添加剂新品种、食品相关产品新品种生产,未经过安全性评估;

(10)食品生产经营者在有关主管部门责令其召回或者停止经营不符合食品安全标准的食品后,仍拒不召回或者停止经营;

(11)经营被包装材料、容器、运输工具等污染的食品;

(12)生产经营无标签的预包装食品、食品添加剂或者标签、说明书不符合本法规定的食品、食品添加剂;

(13)食品生产者采购、使用不符合食品安全标准的食品原料、食品添加剂、食品相关产品;

(14)食品生产经营者在食品中添加药品。

3. 未依法进行食品生产管理:

(1)未对采购的食品原料和生产的食品、食品添加剂、食品相关产品进行检验;

(2)未建立并遵守查验记录制度、出厂检验记录制度;

(3)制定食品安全企业标准未依照本法规定备案;

(4)未按规定要求贮存、销售食品或者清理库存食品;

(5)进货时未查验许可证和相关证明文件;

(6)生产的食品、食品添加剂的标签、说明书涉及疾病预防、治疗功能;

(7)违反规定安排患有关人员从事接触直接入口食品的工作;

(8)事故单位在发生食品安全事故后未进行处置、报告。

4.进出口食品违反国家规定:

(1)进口不符合我国食品安全国家标准的食品;

(2)进口尚无食品安全国家标准的食品,或者首次进口食品添加剂新品种、食品相关产品新品种,未经过安全性评估;

(3)出口商违法出口食品。

5.广告中对食品质量作虚假宣传。

6.未依法进行食品安全生产管理:

(1)未按照规定设置安全生产管理机构或者配备安全生产管理人员;

(2)未如实记录安全生产教育和培训情况;

(3)未将事故隐患排查治理情况如实记录或者未向从业人员通报。

(二)法律责任(见表3-2-7)

**表3-2-7 食品企业常见违法行为与法律责任**

| 违法行为 | 责任方式 | 法律规定 |
| --- | --- | --- |
| 1.未依法进行食品生产经营活动; | 由县级以上人民政府食品安全监督管理部门没收违法所得和违法生产经营的食品、食品添加剂以及用于违法生产经营的工具、设备、原料等物品;违法生产经营的食品、食品添加剂货值金额不足一万元的,并处五万元以上十万元以下罚款;货值金额一万元以上的,并处货值金额十倍以上二十倍以下罚款。 | 《食品安全法》第122条 |
| | 违反国家规定,有下列非法经营行为之一,扰乱市场秩序,情节严重的,处五年以下有期徒刑或者拘役,并处或者单处违法所得一倍以上五倍以下罚金;情节特别严重的,处五年以上有期徒刑,并处违法所得一倍以上五倍以下罚金或者没收财产:<br>(一)未经许可经营法律、行政法规规定的专营、专卖物品或者其他限制买卖的物品的;<br>(二)买卖进出口许可证、进出口原产地证明以及其他法律、行政法规规定的经营许可证或者批准文件的;<br>(三)未经国家有关主管部门批准非法经营证券、期货、保险业务的,或者非法从事资金支付结算业务的;<br>(四)其他严重扰乱市场秩序的非法经营行为。 | 《刑法》第225条 |

续表

| 违法行为 | 责任方式 | 法律规定 |
| --- | --- | --- |
| 2. 生产经营国家禁止生产或者不符合标准的食品； | 尚不构成犯罪的，由县级以上人民政府食品安全监督管理部门没收违法所得和违法生产经营的食品，并可以没收用于违法生产经营的工具、设备、原料等物品；违法生产经营的食品货值金额不足一万元的，并处十万元以上十五万元以下罚款；货值金额一万元以上的，并处货值金额十五倍以上三十倍以下罚款；情节严重的，吊销许可证，并可以由公安机关对其直接负责的主管人员和其他直接责任人员处五日以上十五日以下拘留。 | 《食品安全法》第123条 |
| | 由县级以上人民政府食品安全监督管理部门没收违法所得和违法生产经营的食品、食品添加剂，并可以没收用于违法生产经营的工具、设备、原料等物品；违法生产经营的食品、食品添加剂货值金额不足一万元的，并处五千元以上五万元以下罚款；货值金额一万元以上的，并处货值金额五倍以上十倍以下罚款；情节严重的，责令停产停业，直至吊销许可证。 | 《食品安全法》第125条 |
| | 生产、销售不符合食品安全标准的食品，足以造成严重食物中毒事故或者其他严重食源性疾病的，处三年以下有期徒刑或者拘役，并处罚金；对人体健康造成严重危害或者有其他严重情节的，处三年以上七年以下有期徒刑，并处罚金；后果特别严重的，处七年以上有期徒刑或者无期徒刑，并处罚金或者没收财产。 | 《刑法》第143条 |
| | 在生产、销售的食品中掺入有毒、有害的非食品原料的，或者销售明知掺有有毒、有害的非食品原料的食品的，处五年以下有期徒刑，并处罚金；对人体健康造成严重危害或者有其他严重情节的，处五年以上十年以下有期徒刑，并处罚金；致人死亡或者有其他特别严重情节的，依照本法第一百四十一条的规定处罚。 | 《刑法》第144条 |

续表

| 违法行为 | 责任方式 | 法律规定 |
|---|---|---|
| 3. 未依法进行食品生产管理； | 由县级以上人民政府食品安全监督管理部门责令改正，给予警告；拒不改正的，处五千元以上五万元以下罚款；情节严重的，责令停产停业，直至吊销许可证。 | 《食品安全法》第 126 条 |
| | 违反本法规定，事故单位在发生食品安全事故后未进行处置、报告的，由有关主管部门按照各自职责分工责令改正，给予警告；隐匿、伪造、毁灭有关证据的，责令停产停业，没收违法所得，并处十万元以上五十万元以下罚款；造成严重后果的，吊销许可证。 | 《食品安全法》第 128 条 |
| 4. 进出口食品违反国家规定； | 由出入境检验检疫机构依照本法第一百二十四条的规定给予处罚。 | 《食品安全法》第 129 条 |
| 5. 广告中对食品质量作虚假宣传； | 由市场监督管理部门责令停止发布广告，对广告主处二十万元以上一百万元以下的罚款，情节严重的，并可以吊销营业执照，由广告审查机关撤销广告审查批准文件、一年内不受理其广告审查申请；对广告经营者、广告发布者，由市场监督管理部门没收广告费用，处二十万元以上一百万元以下的罚款，情节严重的，并可以吊销营业执照。 | 《广告法》第 57 条 |
| | 广告主、广告经营者、广告发布者违反国家规定，利用广告对商品或者服务作虚假宣传，情节严重的，处二年以下有期徒刑或者拘役，并处或者单处罚金。 | 《刑法》第 222 条 |
| 6. 未依法进行食品安全生产管理。 | 责令限期改正，可以处以 5 万元以下的罚款；逾期未改正的，责令停产停业整顿，并处以 5 万元以上 10 万元以下的罚款，对其直接负责的主管人员和其他直接责任人员处以 1 万元以上 2 万元以下的罚款。 | 《食品生产企业安全生产监督管理暂行规定》第 26 条 |

## 八、医药企业常见违法行为与法律责任

### （一）常见违法行为方式

1. 未依法进行药品生产经营活动。

2. 生产销售假药。

3. 生产销售劣药。

4. 伪造、变造、出租、出借、非法买卖许可证或者药品批准证明文件。

5. 申请药品相关许可证时造假，或者以其他手段骗取有关许可证。

6. 违反规定生产销售药品：

(1)未取得药品批准证明文件生产、进口药品；

(2)使用采取欺骗手段取得的药品批准证明文件生产、进口药品；

(3)使用未经审评审批的原料药生产药品；

(4)应当检验而未经检验即销售药品；

(5)生产、销售国务院药品监督管理部门禁止使用的药品；

(6)编造生产、检验记录；

(7)未经批准在药品生产过程中进行重大变更。

(二)法律责任(见表3-2-8)

**表3-2-8　医药企业常见违法行为与法律责任**

| 违法行为 | 责任方式 | 法律规定 |
| --- | --- | --- |
| 1. 未依法进行药品生产经营活动； | 责令关闭，没收违法生产、销售的药品和违法所得，并处违法生产、销售的药品(包括已售出和未售出的药品，下同)货值金额十五倍以上三十倍以下的罚款；货值金额不足十万元的，按十万元计算。 | 《药品管理法》第115条 |
| | 违反国家规定，有下列非法经营行为之一，扰乱市场秩序，情节严重的，处五年以下有期徒刑或者拘役，并处或者单处违法所得一倍以上五倍以下罚金；情节特别严重的，处五年以上有期徒刑，并处违法所得一倍以上五倍以下罚金或者没收财产：<br>(一)未经许可经营法律、行政法规规定的专营、专卖物品或者其他限制买卖的物品的；<br>(二)买卖进出口许可证、进出口原产地证明以及其他法律、行政法规规定的经营许可证或者批准文件的；<br>(三)未经国家有关主管部门批准非法经营证券、期货、保险业务的，或者非法从事资金支付结算业务的；<br>(四)其他严重扰乱市场秩序的非法经营行为。 | 《刑法》第225条 |

续表

| 违法行为 | 责任方式 | 法律规定 |
| --- | --- | --- |
| 2.生产销售假药; | 没收违法生产、销售的药品和违法所得,责令停产停业整顿,吊销药品批准证明文件,并处违法生产、销售的药品货值金额十五倍以上三十倍以下的罚款;货值金额不足十万元的,按十万元计算;情节严重的,吊销药品生产许可证、药品经营许可证或者医疗机构制剂许可证,十年内不受理其相应申请;药品上市许可持有人为境外企业的,十年内禁止其药品进口。 | 《药品管理法》第116条 |
| | 生产、销售假药,或者生产、销售劣药且情节严重的,对法定代表人、主要负责人、直接负责的主管人员和其他责任人员,没收违法行为发生期间自本单位所获收入,并处所获收入百分之三十以上三倍以下的罚款,终身禁止从事药品生产经营活动,并可以由公安机关处五日以上十五日以下的拘留。 | 《药品管理法》第118条 |
| | 生产、销售假药的,处三年以下有期徒刑或者拘役,并处罚金;对人体健康造成严重危害或者有其他严重情节的,处三年以上十年以下有期徒刑,并处罚金;致人死亡或者有其他特别严重情节的,处十年以上有期徒刑、无期徒刑或者死刑,并处罚金或者没收财产。<br>药品使用单位的人员明知是假药而提供给他人使用的,依照前款的规定处罚。 | 《刑法》第141条 |
| 3.生产销售劣药; | 没收违法生产、销售的药品和违法所得,并处违法生产、销售的药品货值金额十倍以上二十倍以下的罚款;违法生产、批发的药品货值金额不足十万元的,按十万元计算,违法零售的药品货值金额不足一万元的,按一万元计算;情节严重的,责令停产停业整顿直至吊销药品批准证明文件、药品生产许可证、药品经营许可证或者医疗机构制剂许可证。 | 《药品管理法》第117条 |
| | 生产、销售假药,或者生产、销售劣药且情节严重的,对法定代表人、主要负责人、直接负责的主管人员和其他责任人员,没收违法行为发生期间自本单位所获收入,并处所获收入百分之三十以上三倍以下的罚款,终身禁止从事药品生产经营活动,并可以由公安机关处五日以上十五日以下的拘留。 | 《药品管理法》第118条 |
| | 生产、销售劣药,对人体健康造成严重危害或者有其他严重情节的,处三年以上十年以下有期徒刑,并处罚金;致人死亡或者有其他特别严重情节的,处十年以上有期徒刑或者无期徒刑,并处罚金或者没收财产。<br>药品使用单位的人员明知是劣药而提供给他人使用的,依照前款的规定处罚。 | 《刑法》第141条 |

续表

| 违法行为 | 责任方式 | 法律规定 |
|---|---|---|
| 4. 伪造、变造、出租、出借、非法买卖许可证或者药品批准证明文件； | 没收违法所得，并处违法所得一倍以上五倍以下的罚款；情节严重的，并处违法所得五倍以上十五倍以下的罚款，吊销药品生产许可证、药品经营许可证、医疗机构制剂许可证或者药品批准证明文件，对法定代表人、主要负责人、直接负责的主管人员和其他责任人员，处二万元以上二十万元以下的罚款，十年内禁止从事药品生产经营活动，并可以由公安机关处五日以上十五日以下的拘留；违法所得不足十万元的，按十万元计算。 | 《药品管理法》第122条 |
| 5. 申请药品相关许可证时造假，或者以其他手段骗取有关许可证； | 撤销相关许可，十年内不受理其相应申请，并处五十万元以上五百万元以下的罚款；情节严重的，对法定代表人、主要负责人、直接负责的主管人员和其他责任人员，处二万元以上二十万元以下的罚款，十年内禁止从事药品生产经营活动，并可以由公安机关处五日以上十五日以下的拘留。 | 《药品管理法》第123条 |
| 6. 违反规定生产销售药品。 | 没收违法生产、进口、销售的药品和违法所得以及专门用于违法生产的原料、辅料、包装材料和生产设备，责令停产停业整顿，并处违法生产、进口、销售的药品货值金额十五倍以上三十倍以下的罚款；货值金额不足十万元的，按十万元计算；情节严重的，吊销药品批准证明文件直至吊销药品生产许可证、药品经营许可证或者医疗机构制剂许可证，对法定代表人、主要负责人、直接负责的主管人员和其他责任人员，没收违法行为发生期间自本单位所获收入，并处所获收入百分之三十以上三倍以下的罚款，十年直至终身禁止从事药品生产经营活动，并可以由公安机关处五日以上十五日以下的拘留。 | 《药品管理法》第124条 |

## 第二节　安全生产领域的合规建设

对于企业而言，安全生产和企业经营要“两手抓，两手都要硬”。安全生产是企业需要把好的第一关，这是奠定企业未来发展的基础，常言道“基础不牢，地动山摇”，企业生产若没有安全作为保障，那么企业的未来就危在旦夕。

## 一、企业安全生产面临的新形势

2021 年 6 月 10 日，全国人大常委会表决通过了关于修改《安全生产法》的决定，修改后的《安全生产法》于 2021 年 9 月 1 日起施行。《安全生产法》的修改决定共 42 条，主要从以下几个方面进行了调整：第一，将“人民至上、生命至上”的思想观念贯彻到了法律条文中；第二，落实中央关于推进安全生产领域改革发展的部署，增加了系列重要制度；第三，完善了安全生产责任体系；第四，加强防范行业类型化风险的应对措施；第五，加大对违法行为的惩罚力度。

在 2021 年《安全生产法》施行之际，有必要从企业安全生产合规的角度分析企业在安全生产中将会面临的法律风险，并有的放矢地提出合规建议，以帮助企业从容地适应新形势，获得长足的发展。

无论是矿山企业、金属冶炼企业、建筑工程企业，抑或是食品、药品有关的企业，安全生产都是悬在企业头上的“达摩克利斯之剑”。安全生产责任重于泰山，企业应当时刻绷紧安全生产的“红线”，规范自身行为。

## 二、企业安全生产合规制度建立的意义

典型事故的发生对企业员工、对企业、对社会都会造成负面影响：一方面，一些严重的安全事故往往伴随着人员的伤亡，这是每一个家庭无法承受之重；另一方面，重大安全事故带来最直接的损害就是巨额财产损失，这是企业无法承受之重。另外，有的安全事故可能会带来连锁反应，其所造成的破坏并非短时间就能修复，如违规操作造成危险化学物品的泄漏可能对当地的生态环境，甚至对当地居民的生命健康造成严重影响，其后果不容小觑。分析发现，企业安全生产规章制度的混乱是 8 起典型事故的罪魁祸首，所谓安全生产规章制度混乱，包括相关操作细则不健全、从业人员的教育培训不到位、安全管理职责的模糊不清等，混乱的背后体现了企业安全生产意识的缺乏，对待安全生产的不重视态度。长此以往，除非局面得以扭转，否则悲剧仍将继续上演。

由此可见，在强调“人民至上、生命至上”的当下和今后很长一段时期，安全生产仍是企业关注的重点所在，如何阻止悲剧的上演，是企业应当省思的问题。在这样的背景之下，安全生产合规制度走进了企业的视野。通过建立安全生产合规制度，实现事前的风险预防、事中的风险管理、事后的责任划分；让企业员工

的生命安全得到切实保障,让企业的经营发展有制度的保驾护航,让企业主动承担起社会责任,最终营造风清气正的营商环境,促进我国经济的发展。

## 三、如何构建企业安全生产合规制度

从防范安全生产事故犯罪出发,建立有效的合规计划是企业的必然选择。企业建立安全生产合规计划需要分三步走:一是进行安全生产合规尽职调查;二是建立全面的企业安全生产合规管理体系;三是确保安全生产合规管理体系的常态化运行。

### (一)安全生产合规尽职调查

在制定安全生产合规制度之前,应对企业目前的安全生产情况进行详细排查,因为安全生产合规制度的制定要结合企业实际,具有可操作性。安全生产合规尽职调查也应依循"全面、系统、准确,协调各方共同参与"的原则,这是尽职调查结果科学合理的保障。安全生产合规尽职调查应当覆盖企业安全生产的各个环节,尤其应对安全生产的薄弱之处和监管盲点予以重视。安全生产合规尽职调查包括以下内容:

1. 企业目前的安全生产现状

不同企业的安全生产内容各有不同,但关于安全生产的管理制度和工作人员的安全知识教育、培训等应当是共通的。举例而言,企业是否设置了安全生产管理机构或者配备了专门的安全生产管理人员;相关工作人员是否经过了考核;是否定期举行了安全生产教育或培训、有无相关记录;是否组织了应急演练等应作为尽职调查的内容之一。具体到不同行业,还应根据企业的经营范围进行针对性调查,以危险品的生产、经营、储存企业为例,此类企业应当根据其生产使用或管理的危险物品的性质、特点制定专门的方案,在特定仓库放置危险化学品。所以,对该类企业安全生产现状的调查应包括企业生产、经营、使用、储存的化学危险品类型,企业的生产装置和储存设施的现状,对危险品的管理负责人员的基本情况等更是合规尽职调查的重点。可以通过查阅相关记录、查看设施设备运作情况、询问负责人等的方式,对企业危险品的管控现状有基本了解,关注其是否存在管理上的疏忽或漏洞,并对可能造成的风险进行评估记录。在了解这部分情况的同时,还需要对企业安全生产的历史有所了解,如企业曾经使用的生产技术、生产工艺,对危险物品的储存、处置方式,还有该行业当下先进的生产技术和常见的储存、处置方式也应有所涉猎。

2. 企业当前安全生产相关制度是否完善

在《安全生产法》之下,不同行业对于安全生产还有不同的要求。涉及企业安全生产,也存在涵盖行业众多、覆盖面广、有关法律法规数量庞杂的现状。所以,企业应当立足于自身所属行业,结合本企业的经营范围并按照本行业有关的法律法规要求,制定全面系统的安全生产制度。企业安全生产制度是否完善,首先,应当判断企业是否建立了外部的安全生产法律法规知识库,因为只有对安全生产的法律知识有所了解,才能依法规范生产经营活动。其次,需要了解企业内部是否确立了该行业法律法规所要求确立的制度,例如,食品生产企业是否建立并遵循了查验记录制度、出厂检验记录制度;危险化学品储存企业是否建立了危险化学品出入库核查、登记制度,是否按要求实行双人收发、双人保管制度等。在此基础上,还需进一步调查企业安全生产相关制度规定是否具有可操作性及其落实情况如何。

3. 企业安全生产违法情况

企业是否因具有安全生产违法行为受过处罚,受过何种形式的处罚,处罚的类型、原因、次数等都应予以全面的关注。

(二)建立全面的企业安全生产合规管理体系

企业安全生产合规管理体系又由以下两部分组成:一是对企业员工的管理,二是对企业生产经营物品的管理。企业安全生产合规关系到企业方方面面,但最重要的是从"人"开始,树立安全生产意识,学习安全生产知识,运用安全生产技能,强化安全生产责任。所以,企业安全生产合规管理体系中对企业人员的合规管理,应包括权责分明的组织体系、层级分明的责任人制度。前者是从宏观的角度而言,企业应当建立从治理层级到领导层级再到执行层级的层次分明的管理体系,以确保公司正常的生产经营;后者则是从安全生产的具体角度出发,目的是明确各个层级对于安全生产应当肩负的责任。例如,企业责任和具体人员的责任、主要负责人和安全管理人员的责任,就需要加以区分并落到实处。通过对不同层级不用人员各自的职责内容予以划分,才能明确不同层级人员的职责范围和考核标准,进而构建从上到下、横向到边、纵向到底的安全生产管理制度,确保安全管理体系行之有效,不会沦为一纸空文。

人员的管理制度同时应当与企业的安全生产文化建设进行融合,通过定期举办安全生产知识教育培训、安全生产知识讲座或者安全生产知识趣味竞赛,来培养员工的安全生产和风险意识,帮助员工将安全生产意识内化于心,外化于行;同时还要强化员工的法律意识,让"守法"和"安全"来指引和规范员工的行为。

对于企业生产经营物品的管理制度,则需要依照企业所处的具体行业进行搭建,如危险化学物品的生产经营企业,需要建立一整套从危险化学物品购入、运输、储存、经营乃至处置的制度,每一个环节都需要严格遵守《危险化学品安全管理条例》《危险废物转移管理办法》《固体废物污染环境防治法》等相关法律法规的规定,生产经营企业需要取得相关的许可证,危险化学品的运输也需要承运人具有相关运输资质,危险化学物品的存放也有特殊的要求。因此,生产经营危险化学物品的企业建立经营物品管理制度时应当以"危险化学物品"为中心,并以安全生产法律法规知识库为基础,进行相关的制度设计。

(三)确保安全生产合规管理体系的常态化运行

制度的生命力在于高效合理,更在于执行到位。只有企业安全生产合规制度真正落到实处,帮助企业防范了风险、化解了危机,才能证明其存在的意义和价值,而不会被误解为是理论上的"空中楼阁",实践中的"花拳绣腿"。

所以,在建立起全面的企业安全生产合规管理体系之后,最重要的一环就是确保安全生产合规管理体系的常态化运行,这需要企业从执行和监督的角度出发,构建系列行之有效的具体制度。

从执行的角度而言,企业可以利用信息技术做好"留痕"工作,对每一次的安全生产教育和培训做好考勤记录,对员工的考试记录进行录入并归档;利用电子数据的优势来记录实际操作记录,建立完善的内部数据信息库,确保关键环节时时有记录、事事有记录、人人有记录,同时保证记录的真实性和准确性。

从监督的角度而言,需要畅通企业内部的监督渠道,当企业内部员工有违法违规行为时,其他员工能够及时高效地向上级反映并报告,以此维护各项制度的有效运行,保护公司利益和其他员工的合法权益。

# 第三章　市场交易领域的合规管理

2021年被称为平台经济“反垄断”元年，多家互联网企业因“未依法申报违法实施经营者集中”的行为被处以巨额罚款，其中不乏互联网巨头阿里、腾讯、京东、百度、字节跳动等企业。同年10月9日，美团受到市场监督管理总局的行政处罚，责令美团停止违法行为，全额退还独家合作保证金12.89亿元，并处以其2020年中国境内销售额1147.48亿元3%的罚款，计34.42亿元。该新闻甫一出，便“一石激起千层浪”，行业巨头的垄断经营行为激起了人们的热议。其实早在2018年以来，美团就滥用在中国境内网络餐饮外卖平台服务市场的支配地位，以实施差别费率、拖延商家上线等方式，促使平台内商家与其签订独家合作协议，并通过收取独家合作保证金和数据、算法等技术手段，采取多种惩罚性措施，保障“二选一”行为实施，排除、限制了相关市场竞争。之所以惩罚垄断经营的行为，是因为一旦行业翘楚滥用市场支配地位，便会造成妨碍市场资源要素自由流动，削弱行业创新动力和发展活力，损害消费者的合法权益等后果，因此，有必要对这种行为进行处罚。本章讨论的就是市场经营领域的合规管理。

## 第一节　市场交易领域的风险识别

### 一、不正当竞争行为的认定与法律责任

（一）不正当竞争行为的认定

1.混淆行为：

（1）擅自使用与他人有一定影响的商品名称、包装、装潢等相同或者近似的标识；

(2)擅自使用他人有一定影响的企业名称、社会组织名称、姓名;

(3)擅自使用他人有一定影响的域名主体部分、网站名称、网页等。

2. 虚假宣传行为:

(1)对自己经营的商品的性能、功能、质量、销售状况、用户评价、曾获荣誉等作虚假或者引人误解的商业宣传,欺骗、误导消费者。

(2)通过组织虚假交易等方式,帮助其他经营者进行虚假或者引人误解的商业宣传。

3. 侵犯商业秘密的行为:

(1)以盗窃、贿赂、欺诈、胁迫、电子侵入或者其他不正当手段获取权利人的商业秘密;

(2)披露、使用或者允许他人使用以前项手段获取的权利人的商业秘密;

(3)违反保密义务或者违反权利人有关保守商业秘密的要求,披露、使用或者允许他人使用其所掌握的商业秘密;

(4)教唆、引诱、帮助他人违反保密义务或者违反权利人有关保守商业秘密的要求,获取、披露、使用或者允许他人使用权利人的商业秘密。

4. 未依法进行有奖销售的行为:

(1)所设奖的种类、兑奖条件、奖金金额或者奖品等有奖销售信息不明确;

(2)采用谎称有奖或者故意让内定人员中奖的欺骗方式进行有奖销售;

(3)抽奖式的有奖销售,最高奖的金额超过五万元。

5. 编造、传播虚假信息损害竞争对手声誉的行为。

6. 未依法利用网络从事生产经营活动的行为:

(1)未经其他经营者同意,在其合法提供的网络产品或者服务中,插入链接、强制进行目标跳转;

(2)误导、欺骗、强迫用户修改、关闭、卸载其他经营者合法提供的网络产品或者服务;

(3)恶意对其他经营者合法提供的网络产品或者服务实施不兼容。

（二）法律责任（见表3－3－1）

**表3－3－1 不正当竞争行为的认定与法律责任**

| 违法行为 | 责任方式 | 法律规定 |
| --- | --- | --- |
| 1. 混淆行为； | 由监督检查部门责令停止违法行为，没收违法商品。违法经营额五万元以上的，可以并处违法经营额五倍以下的罚款；没有违法经营额或者违法经营额不足五万元的，可以并处二十五万元以下的罚款。情节严重的，吊销营业执照。 | 《反不正当竞争法》第18条 |
| 2. 虚假宣传行为； | 由监督检查部门责令停止违法行为，处二十万元以上一百万元以下的罚款；情节严重的，处一百万元以上二百万元以下的罚款，可以吊销营业执照。 | 《反不正当竞争法》第20条 |
| | 发布虚假广告的，由市场监督管理部门责令停止发布广告，责令广告主在相应范围内消除影响，处广告费用三倍以上五倍以下的罚款，广告费用无法计算或者明显偏低的，处二十万元以上一百万元以下的罚款；两年内有三次以上违法行为或者有其他严重情节的，处广告费用五倍以上十倍以下的罚款，广告费用无法计算或者明显偏低的，处一百万元以上二百万元以下的罚款，可以吊销营业执照，并由广告审查机关撤销广告审查批准文件、一年内不受理其广告审查申请。 | 《广告法》第55条 |
| | 广告主、广告经营者、广告发布者违反国家规定，利用广告对商品或者服务作虚假宣传，情节严重的，处二年以下有期徒刑或者拘役，并处或者单处罚金。 | 《刑法》第222条 |
| 3. 侵犯商业秘密的行为； | 由监督检查部门责令停止违法行为，没收违法所得，处十万元以上一百万元以下的罚款；情节严重的，处五十万元以上五百万元以下的罚款。 | 《反不正当竞争法》第21条 |
| | 情节严重的，处三年以下有期徒刑，并处或者单处罚金；情节特别严重的，处三年以上十年以下有期徒刑，并处罚金。 | 《刑法》第219条 |
| 4. 未依法进行有奖销售的行为； | 由监督检查部门责令停止违法行为，处五万元以上五十万元以下的罚款。 | 《反不正当竞争法》第22条 |

续表

| 违法行为 | 责任方式 | 法律规定 |
| --- | --- | --- |
| 5. 编造、传播虚假信息损害竞争对手声誉的行为； | 由监督检查部门责令停止违法行为、消除影响，处十万元以上五十万元以下的罚款；情节严重的，处五十万元以上三百万元以下的罚款。 | 《反不正当竞争法》第 23 条 |
| | 捏造并散布虚伪事实，损害他人的商业信誉、商品声誉，给他人造成重大损失或者有其他严重情节的，处二年以下有期徒刑或者拘役，并处或者单处罚金。 | 《刑法》第 221 条 |
| 6. 未依法利用网络从事生产经营活动的行为。 | 由监督检查部门责令停止违法行为，处十万元以上五十万元以下的罚款；情节严重的，处五十万元以上三百万元以下的罚款。 | 《反不正当竞争法》第 24 条 |

## 二、垄断经营行为的认定与法律责任

### （一）垄断经营行为的认定

1. 违法达成垄断协议：

（1）与具有竞争关系的经营者达成垄断协议；

（2）与交易相对人达成下列垄断协议。

2. 滥用市场支配地位：

（1）以不公平的高价销售商品或者以不公平的低价购买商品；

（2）无正当理由以低于成本的价格销售商品；

（3）无正当理由拒绝与交易相对人进行交易；

（4）无正当理由限定交易相对人的交易对象；

（5）无正当理由搭售商品，或者在交易时附加其他不合理的交易条件；

（6）无正当理由对条件相同的交易相对人在交易价格等交易条件上实行差别待遇。

3. 未经申报实施经营者集中。

(二)法律责任(见表3-3-2)

**表3-3-2 垄断经营行为的认定与法律责任**

| 违法行为 | 责任方式 | 法律规定 |
|---|---|---|
| 1. 违法达成垄断协议; | 由反垄断执法机构责令停止违法行为,没收违法所得,并处上一年度销售额百分之一以上百分之十以下的罚款,上一年度没有销售额的,处五百万元以下的罚款;尚未实施所达成的垄断协议的,可以处三百万元以下的罚款。经营者的法定代表人、主要负责人和直接责任人员对达成垄断协议负有个人责任的,可以处一百万元以下的罚款。 | 《反垄断法》第56条 |
| 2. 滥用市场支配地位; | 由反垄断执法机构责令停止违法行为,没收违法所得,并处上一年度销售额百分之一以上百分之十以下的罚款。 | 《反垄断法》第57条 |
| 3. 未经申报实施经营者集中。 | 由国务院反垄断执法机构责令停止实施集中、限期处分股份或者资产、限期转让营业以及采取其他必要措施恢复到集中前的状态,处上一年度销售额百分之十以下的罚款;不具有排除、限制竞争效果的,处五百万元以下的罚款。 | 《反垄断法》第58条 |

## 三、商业贿赂行为的认定与法律责任

(一)商业贿赂行为的认定

经营者采用财物或者其他贿赂手段,谋取交易机会或者竞争优势:

(1)经营者采用财物或者其他手段贿赂交易相对方的工作人员;

(2)经营者采用财物或者其他手段贿赂受交易相对方委托办理相关事务的单位或者个人;

(3)经营者利用职权或者影响力影响交易的单位或者个人。

(二)法律责任(见表3-3-3)

**表3-3-3 商业贿赂行为的认定与法律责任**

| 违法行为 | 责任方式 | 法律规定 |
| --- | --- | --- |
| 1.经营者采用财物或者其他贿赂手段,谋取交易机会或者竞争优势。 | 由监督检查部门没收违法所得,处十万元以上三百万元以下的罚款。情节严重的,吊销营业执照。 | 《反不正当竞争法》第19条 |
| | 对犯行贿罪的,处五年以下有期徒刑或者拘役,并处罚金;因行贿谋取不正当利益,情节严重的,或者使国家利益遭受重大损失的,处五年以上十年以下有期徒刑,并处罚金;情节特别严重的,或者使国家利益遭受特别重大损失的,处十年以上有期徒刑或者无期徒刑,并处罚金或者没收财产。 | 《刑法》第390条 |
| | 为谋取不正当利益,给予国家机关、国有公司、企业、事业单位、人民团体以财物的,或者在经济往来中,违反国家规定,给予各种名义的回扣、手续费的,处三年以下有期徒刑或者拘役,并处罚金。<br>单位犯前款罪的,对单位判处罚金,并对其直接负责的主管人员和其他直接责任人员,依照前款的规定处罚。 | 《刑法》第391条 |
| | 单位为谋取不正当利益而行贿,或者违反国家规定,给予国家工作人员以回扣、手续费,情节严重的,对单位判处罚金,并对其直接负责的主管人员和其他直接责任人员,处五年以下有期徒刑或者拘役,并处罚金。因行贿取得的违法所得归个人所有的,依照本法第三百八十九条、第三百九十条的规定定罪处罚。 | 《刑法》第393条 |
| | 对所有行使公权力的公职人员涉嫌贪污贿赂、滥用职权、玩忽职守、权力寻租、利益输送、徇私舞弊及浪费国家资财的职务违法犯罪行为进行调查,可以采取谈话、讯问、询问、冻结、调取、查封、扣押、勘验、检查、鉴定、搜查、留置12项措施。留置取代"双规",期间律师不得介入,涉案行贿的非公职人员可一并留置;留置时间3~6个月,可以折抵刑期。 | 《监察法》第19条、第20条、第21条、第22条、第23条、第24条、第25条、第26条、第27条、第28条、第43条 |

# 第二节　市场交易领域的合规建设

## 一、美国《反海外腐败法》(FCPA)借鉴

此法中,在美国的中国公司、在中国的美国子公司、使用美国的通信或电缆实施商业贿赂行为中国公司及其相关个人均在其管辖范围内。

内容由反贿赂条款和会计条款组成:反贿赂条款的行贿对象是外国官员、国企雇员、公立医院医生等,包括利用中介、代理实施贿赂行为。

会计条款由账簿和记录条款、内部控制条款组成,前者要求对公司日常经营中的资产交易和处置做准确的记录,后者要求内控制度确保每一项交易、资产流动都能获得事前的授权把控。

## 二、中国香港《防止贿赂条例》借鉴

1. 商业贿赂的主体和受体只能是个人,包括订明人员(政府官员)只要收受贿赂即构成犯罪,公职人员(公共机构雇员)至少在公务往来中收受贿赂才构成犯罪,代理人(私营机构雇员)只有以渎职为目的且主事人无法容忍的情况下才构成犯罪。

2. 构成要件不以“为他人谋取利益”为前提。

3. 与权力交换的“利益”不仅包括金钱、有价证券和其他财产性利益,还包括如职位、合约、其他服务或优待(款待除外)等非财产性利益。

4. 对举报人制定具体的保障措施。

《廉政公署条例》规定:特别调查权,需有法院授权书;逮捕及合理使用武力,有廉政专员授权证无须手令;扣留和批准保释的权力,警署或廉署,廉署高级人员批准48小时以内;搜查及检取证物的权力,需有专员或法官手令;扣留旅行证件及财产处理的权力,需有法院授权;处理在调查过程中发现的非贪污罪行的权力,无须手令即可将嫌疑人逮捕。

## 三、中国内地执法数据分析[①]

(一)行政执法

江、浙、沪为重点地区,医药、建筑装修、仓储物流、工业制造、服务为重点行业,回扣返利、现金、购物卡、礼品为常见方式。

(二)刑事执法

广东、湖北、四川、安徽、河南为重点地区,公职人员占比为83%;打击受行贿并重,受贿类犯罪占比为64%,行贿类犯罪占比为35%,起刑点均为3万元,新增"对有影响力的人行贿罪""利用影响力受贿罪"。

(三)上市公司职务犯罪

1. 类型:商业贿赂——国资背景的高管,侵占——中层和员工,挪用——数量少但涉案资金超过前两项总和。

2. 主体:国资背景上市公司职务犯罪较多;职务犯罪在上市公司各层级普遍存在,中层不容忽视。

3. 监察机关办理情况:黑龙江、山西、山东、浙江、四川为重点地区,贪污贿赂罪、留置转逮捕比例均超80%。

## 四、应对措施

(一)发现员工实施了商业贿赂行为,企业如何处置

1. 反贿赂调查的底线

防范非法拘禁(时间、地点),非法获取个人信息、侵犯个人隐私(强迫员工上交电脑、手机,或让员工自己展示电脑、手机信息)的法律风险。

2. 反贿赂调查的策略

严控知密人员范围;先行固定书证、物证、电子数据、鉴定意见、审计报告等证据,再进行相关人员访谈;对参与人员分层处置,区别对待;对于涉及员工个人隐私的证据,如银行流水、通话和微信记录、私人邮件等信息,可寻求司法机关帮助。

---

① 参见吴巍:《企业营商风险与合规指引》,法律出版社2020年版,第9~32页。

（二）员工涉嫌职务犯罪时的劳动关系处理

员工被限制人身自由到被追究刑事责任之前，可依据《劳动合同法》第39条第2项或第3项与员工解除劳动合同。也可以依据劳动部关于印发《关于贯彻执行〈中华人民共和国劳动法〉若干问题的意见》的通知第28条规定，中止履行劳动合同，停发工资、奖金，暂停缴纳社保和考勤记录。

员工被追究刑事责任之后，可依据《劳动法》第25条第4项、《劳动合同法》第39条第6项与员工解除劳动合同，并在合理期限内将《解除劳动合同通知书》直接或公告送达。

（三）企业如何有效应对反贿赂调查程序及防范风险

1. 行政调查

《反不正当竞争法》市场监督管理部门的权限有检查、询问、查封或扣押财物、查询银行账户；行政调查中有权将发现的犯罪线索移送公安机关处理，行政调查中收集的证据材料可以在刑事诉讼中作为证据使用，而且认定结论和处罚结果对后续的刑事侦查有重要影响。

2. 刑事调查

《刑事诉讼法》公安机关的权限有查封、扣押、冻结、搜查及拘留、逮捕等强制措施，被调查单位和个人有义务交出有关证据材料，否则可能构成伪证罪或窝藏包庇罪。

3. 反贿赂调查应对

（1）成立专门小组，制定危机应对预案，自行摸查并从对企业有利的角度还原案件事实。

（2）明确调查中所处地位（证人、被害人、行政处罚相对人或犯罪嫌疑人），积极配合提供调查机关要求提交的经营数据、账册、银行流水等文件材料，对要求提供的涉案企业人员名单要先行排查，并主动提交合规管理制度，隔离企业风险。

（3）合理利用程序权利。积极配合调查，围绕商业贿赂案件性质的认定、违法所得的计算标准等问题，进行申辩、申请听证、行政复议和诉讼。

（4）提高企业合规管理水平。

# 第四章　知识产权领域的合规管理

2022年广东省高级人民法院发布了6起知识产权惩罚性赔偿的典型案例，其中一例为“小米科技公司诉深圳小米公司等侵害商标权及不正当竞争纠纷”案。在该案中，小米科技公司成立于2010年3月，在手提电话等商品上注册了商标，并对其商标、字号进行了大量宣传与广泛使用。深圳小米公司在后成立，其在天猫平台开设店铺，公开进行招商合作，并将他人生产的商品标注自己为制造商进行对外销售。深圳小米公司在该店铺中销售充电器、移动电源、风扇、按摩仪等182款被诉商品，商品销售页面均标注“小米数码专营店”，其中114款被诉商品的销售标题中标注“小米数码专营店”“小米专营店”“小米”，法院依职权向天猫公司调取了该店铺近3年的交易数据显示，以上182款被诉商品的销售金额共计1.54亿元。小米科技公司主张深圳小米公司的上述行为构成商标侵权及不正当竞争，请求判令深圳小米公司赔偿其经济损失及合理维权费用3000万元。深圳市中级人民法院生效判决认为：深圳小米公司在涉案114款被诉商品销售标题中标注“小米数码专营店”“小米专营店”“小米”的行为构成商标侵权，销售金额共计1.35亿元。法院根据小米科技公司的申请，作出书证提出命令裁定，责令深圳小米公司提交其进货交易凭证等证据，但深圳小米公司无正当理由拒不提供，故推定小米科技公司就该证据所涉证明事项的主张成立，并以同行业企业的利润率30.78%确定本案利润率。根据涉案商标的知名度、深圳小米公司的使用方式、经营方式等，酌情认定涉案商标对被告获利的贡献率为30%。深圳小米公司明知涉案商标仍故意侵权，侵权行为时间长、范围广、规模大、侵权获利巨大，且同时实施多种侵权行为，属于情节严重，故综合上述因素确定适用三倍惩罚性赔偿，据此计算商标侵权赔偿数额为3740万余元。在知识产权领域，除了行业翘楚，一些中小企业也面临着知识产权被侵犯的困境。对于企业而言，如何在生产经营的过程中不侵犯他人权利，如何维护自身合法利益，是亟须解决的问题。本章将讨论知识产权领域的合规建设。

# 第一节　知识产权领域的风险识别

## 一、商标权领域的违法行为认定与法律责任

### (一)商标权领域的违法行为认定

1. 未依法注册商标的行为:

(1)不以使用为目的恶意申请注册商标的行为;

(2)申请注册商标未遵循诚实信用原则;

(3)法律、行政法规规定必须使用注册商标的商品未经核准注册并在市场销售的行为;

(4)商标中含有不得作为商标注册的标志;

(5)以欺骗或者其他不正当的手段注册商标的行为;

(6)复制、摹仿或者翻译他人驰名商标且造成混淆的行为。

2. 未依法使用商标的行为:

(1)使用法律规定不能作为商标使用的标志;

(2)商标注册人在使用注册商标的过程中,自行改变注册商标、注册人名义、地址或者其他注册事项的行为;

(3)使用商标未遵循诚实信用原则;

(4)将未注册商标冒充注册商标使用的,或者使用未注册商标的行为;

(5)生产、经营者将"驰名商标"字样用于商品、商品包装或者容器上,或者用于广告宣传、展览以及其他商业活动中的行为。

3. 侵犯注册商标专用权的行为:

(1)未经商标注册人的许可,在同一种商品上使用与其注册商标相同商标的行为;

(2)未经商标注册人的许可,在同一种商品上使用与其注册商标近似的商标,或者在类似商品上使用与其注册商标相同或者近似的商标,导致混淆的行为;

(3)销售侵犯注册商标专用权的商品的行为;

(4)伪造、擅自制造他人注册商标标识或者销售伪造、擅自制造注册商标标识的行为;

(5)未经商标注册人同意,更换其注册商标并将该更换商标的商品又投入市场的行为;

(6)故意为侵犯他人商标专用权行为提供便利条件,帮助他人实施侵犯商标专用权行为。

4. 将他人注册商标、未注册的驰名商标作为企业名称中的字号使用,误导公众,构成不正当竞争行为的行为。

(二)法律责任(见表3-4-1)

**表3-4-1 商标权领域的违法行为认定与法律责任**

| 违法行为 | 责任方式 | 法律规定 |
|---|---|---|
| 1. 未依法注册商标的行为; | 已经注册的商标,违反本法第四条、第十条、第十一条、第十二条、第十九条第四款规定的,或者是以欺骗手段或者其他不正当手段取得注册的,由商标局宣告该注册商标无效;其他单位或者个人可以请求商标评审委员会宣告该注册商标无效。 | 《商标法》第44条 |
| | 已经注册的商标,违反本法第十三条第二款和第三款、第十五条、第十六条第一款、第三十条、第三十一条、第三十二条规定的,自商标注册之日起五年内,在先权利人或者利害关系人可以请求商标评审委员会宣告该注册商标无效。对恶意注册的,驰名商标所有人不受五年的时间限制。 | 《商标法》第45条 |
| | 伪造、擅自制造他人注册商标标识或者销售伪造、擅自制造的注册商标标识,情节严重的,处三年以下有期徒刑,并处或者单处罚金;情节特别严重的,处三年以上十年以下有期徒刑,并处罚金。 | 《刑法》第215条 |
| 2. 未依法使用商标的行为; | 商标注册人在使用注册商标的过程中,自行改变注册商标、注册人名义、地址或者其他注册事项的,由地方工商行政管理部门责令限期改正;期满不改正的,由商标局撤销其注册商标。 | 《商标法》第49条 |
| | 违反本法第六条规定的,由地方工商行政管理部门责令限期申请注册,违法经营额五万元以上的,可以处违法经营额百分之二十以下的罚款,没有违法经营额或者违法经营额不足五万元的,可以处一万元以下的罚款。 | 《商标法》第51条 |

续表

| 违法行为 | 责任方式 | 法律规定 |
| --- | --- | --- |
| 2. 未依法使用商标的行为； | 将未注册商标冒充注册商标使用的，或者使用未注册商标违反本法第十条规定的，由地方工商行政管理部门予以制止，限期改正，并可以予以通报，违法经营额五万元以上的，可以处违法经营额百分之二十以下的罚款，没有违法经营额或者违法经营额不足五万元的，可以处一万元以下的罚款。 | 《商标法》第52条 |
| | 违反本法第十四条第五款规定的，由地方工商行政管理部门责令改正，处十万元罚款。 | 《商标法》第53条 |
| 3. 侵犯注册商标专用权的行为； | 工商行政管理部门处理时，认定侵权行为成立的，责令立即停止侵权行为，没收、销毁侵权商品和主要用于制造侵权商品、伪造注册商标标识的工具，违法经营额五万元以上的，可以处违法经营额五倍以下的罚款，没有违法经营额或者违法经营额不足五万元的，可以处二十五万元以下的罚款。对五年内实施两次以上商标侵权行为或者有其他严重情节的，应当从重处罚。销售不知道是侵犯注册商标专用权的商品，能证明该商品是自己合法取得并说明提供者的，由工商行政管理部门责令停止销售。 | 《商标法》第60条 |
| | 未经注册商标所有人许可，在同一种商品、服务上使用与其注册商标相同的商标，情节严重的，处三年以下有期徒刑，并处或者单处罚金；情节特别严重的，处三年以上十年以下有期徒刑，并处罚金。 | 《刑法》第213条 |
| | 销售明知是假冒注册商标的商品，违法所得数额较大或者有其他严重情节的，处三年以下有期徒刑，并处或者单处罚金；违法所得数额巨大或者有其他特别严重情节的，处三年以上十年以下有期徒刑，并处罚金。 | 《刑法》第214条 |
| 4. 将他人注册商标、未注册的驰名商标作为企业名称中的字号使用，误导公众，构成不正当竞争行为的行为。 | 经营者违反本法第六条规定实施混淆行为的，由监督检查部门责令停止违法行为，没收违法商品。违法经营额五万元以上的，可以并处违法经营额五倍以下的罚款；没有违法经营额或者违法经营额不足五万元的，可以并处二十五万元以下的罚款。情节严重的，吊销营业执照。 | 《反不正当竞争法》第18条 |

## 二、专利权领域的违法行为认定与法律责任

(一)专利权领域的违法行为认定

1. 未经专利权人许可,为生产经营目的制造、使用、许诺销售、销售、进口其专利产品的行为。

2. 未经专利权人许可,为生产经营目的使用其专利方法制造、使用、许诺销售、销售、进口其专利产品的行为。

3. 未经专利权人许可,为生产经营目的使用、许诺销售、销售、进口依照该专利方法直接获得的产品的行为。

4. 未经专利权人许可,为生产经营目的制造、许诺销售、销售、进口其外观设计专利产品的行为。

(二)法律责任(见表3-4-2)

**表3-4-2　专利权领域的违法行为认定与法律责任**

| 违法行为 | 责任方式 | 法律规定 |
| --- | --- | --- |
| 1. 未经专利权人许可,为生产经营目的制造、使用、许诺销售、销售、进口其专利产品的行为;<br>2. 未经专利权人许可,为生产经营目的使用其专利方法制造、使用、许诺销售、销售、进口其专利产品的行为;<br>3. 未经专利权人许可,为生产经营目的使用、许诺销售、销售、进口依照该专利方法直接获得的产品的行为;<br>4. 未经专利权人许可,为生产经营目的制造、许诺销售、销售、进口其外观设计专利产品的行为。 | 未经专利权人许可,实施其专利,即侵犯其专利权,引起纠纷的,由当事人协商解决;不愿协商或者协商不成的,专利权人或者利害关系人可以向人民法院起诉,也可以请求管理专利工作的部门处理。管理专利工作的部门处理时,认定侵权行为成立的,可以责令侵权人立即停止侵权行为,当事人不服的,可以自收到处理通知之日起十五日内依照《中华人民共和国行政诉讼法》向人民法院起诉;侵权人期满不起诉又不停止侵权行为的,管理专利工作的部门可以申请人民法院强制执行。进行处理的管理专利工作的部门应当事人的请求,可以就侵犯专利权的赔偿数额进行调解;调解不成的,当事人可以依照《中华人民共和国民事诉讼法》向人民法院起诉。 | 《专利法》第65条 |
| | 由负责专利执法的部门责令改正并予公告,没收违法所得,可以处违法所得五倍以下的罚款;没有违法所得或者违法所得在五万元以下的,可以处二十五万元以下的罚款;构成犯罪的,依法追究刑事责任。 | 《专利法》第68条 |
| | 假冒他人专利,情节严重的,处三年以下有期徒刑或者拘役,并处或者单处罚金。 | 《刑法》第216条 |

## 三、著作权领域的违法行为认定与法律责任

### (一)著作权领域的违法行为认定

1. 未经著作权人许可实施的民事侵权行为:

(1)未经著作权人许可,发表其作品的行为;

(2)未经合作作者许可,将与他人合作创作的作品当作自己单独创作的作品发表的行为;

(3)没有参加创作,为谋取个人名利,在他人作品上署名的行为;

(4)歪曲、篡改他人作品的行为;

(5)剽窃他人作品的行为;

(6)未经著作权人许可,以展览、摄制视听作品的方法使用作品,或者以改编、翻译、注释等方式使用作品的;

(7)使用他人作品,应当支付报酬而未支付的行为;

(8)未经视听作品、计算机软件、录音录像制品的著作权人、表演者或者录音录像制作者许可,出租其作品或者录音录像制品的原件或者复制件的;

(9)未经出版者许可,使用其出版的图书、期刊的版式设计的行为;

(10)未经表演者许可,从现场直播或者公开传送其现场表演,或者录制其表演的行为。

2. 未经著作权人许可实施的可能构成犯罪的行为:

(1)未经著作权人许可,复制、发行、表演、放映、广播、汇编、通过信息网络向公众传播其作品的行为;

(2)出版他人享有专有出版权的图书的行为;

(3)未经表演者许可,复制、发行录有其表演的录音录像制品,或者通过信息网络向公众传播其表演的行为;

(4)未经录音录像制作者许可,复制、发行、通过信息网络向公众传播其制作的录音录像制品的行为;

(5)未经许可,播放、复制或者通过信息网络向公众传播广播、电视的行为;

(6)未经著作权人或者与著作权有关的权利人许可,故意避开或者破坏技术措施的,故意制造、进口或者向他人提供主要用于避开、破坏技术措施的装置或者部件的,或者故意为他人避开或者破坏技术措施提供技术服务的行为;

（7）未经著作权人或者与著作权有关的权利人许可，故意删除或者改变作品、版式设计、表演、录音录像制品或者广播、电视上的权利管理信息的行为，知道或者应当知道作品、版式设计、表演、录音录像制品或者广播、电视上的权利管理信息未经许可被删除或者改变，仍然向公众提供的行为；

（8）制作、出售假冒他人署名的作品的行为。

（二）法律责任（见表3－4－3）

**表3－4－3　著作权领域的违法行为认定与法律责任**

| 违法行为 | 责任方式 | 法律规定 |
| --- | --- | --- |
| 1. 未经著作权人许可实施的民事侵权行为； | 应当根据情况，承担停止侵害、消除影响、赔礼道歉、赔偿损失等民事责任。 | 《著作权法》第52条 |
| 2. 未经著作权人许可实施的可能构成犯罪的行为。 | 应当根据情况，承担本法第五十二条规定的民事责任；侵权行为同时损害公共利益的，由主管著作权的部门责令停止侵权行为，予以警告，没收违法所得，没收、无害化销毁处理侵权复制品以及主要用于制作侵权复制品的材料、工具、设备等，违法经营额五万元以上的，可以并处违法经营额一倍以上五倍以下的罚款；没有违法经营额、违法经营额难以计算或者不足五万元的，可以并处二十五万元以下的罚款；构成犯罪的，依法追究刑事责任。 | 《著作权法》第53条 |
| | 以营利为目的，有下列侵犯著作权或者与著作权有关的权利的情形之一，违法所得数额较大或者有其他严重情节的，处三年以下有期徒刑，并处或者单处罚金；违法所得数额巨大或者有其他特别严重情节的，处三年以上十年以下有期徒刑，并处罚金：<br>（一）未经著作权人许可，复制发行、通过信息网络向公众传播其文字作品、音乐、美术、视听作品、计算机软件及法律、行政法规规定的其他作品的；<br>（二）出版他人享有专有出版权的图书的；<br>（三）未经录音录像制作者许可，复制发行、通过信息网络向公众传播其制作的录音录像的；<br>（四）未经表演者许可，复制发行录有其表演的录音录像制品，或者通过信息网络向公众传播其表演的；<br>（五）制作、出售假冒他人署名的美术作品的；<br>（六）未经著作权人或者与著作权有关的权利人许可，故意避开或者破坏权利人为其作品、录音录像制品等采取的保护著作权或者与著作权有关的权利的技术措施的。 | 《刑法》第217条 |

续表

| 违法行为 | 责任方式 | 法律规定 |
| --- | --- | --- |
| 2. 未经著作权人许可实施的可能构成犯罪的行为。 | 以营利为目的,销售明知是本法第二百一十七条规定的侵权复制品,违法所得数额巨大或者有其他严重情节的,处五年以下有期徒刑,并处或者单处罚金。 | 《刑法》第218条 |

## 第二节　知识产权领域合规典型案例

**表3-4-4　知识产权领域合规典型案例**

| | | |
| --- | --- | --- |
| 案例一 | 案号 | 宜检刑不诉[2021]90号 |
| | 检察机关 | 宜兴市人民检察院 |
| | 涉嫌罪名 | 生产、销售伪劣产品罪 |
| | 基本案情 | 2016年11月,被不起诉人陆某某担任无锡××电缆有限公司副总经理,负责生产管理工作。为降低生产成本,被不起诉人陆某某安排工人以低于国家标准的要求,采用降低铜芯线径和辅材规格的方式生产ZC-YJV-4×240规格的电缆1000米,并将该批电缆销售给××公司物资公司,销售价格合计人民币301,170元。经鉴定,该批电缆导体直流电阻、绕包内衬层和附加包带垫层总厚度、金属铠装钢带厚度三项指标不符合国家标准 |
| | 不起诉考量因素 | 案发后,无锡××电缆有限公司已召回全部不合格电缆,组织重新生产交付,并已缴纳全部罚款 |
| | 合规形式 | 积极采纳检察机关提出的合规建议,建立和完善合规制度 |
| | 处理结果 | 不起诉 |

续表

| | | |
|---|---|---|
| 案例二 | 案号 | 宜检刑不诉[2021]91 号 |
| | 检察机关 | 宜兴市人民检察院 |
| | 涉嫌罪名 | 生产、销售伪劣产品罪 |
| | 基本案情 | 2016 年 11 月,被不起诉人陆某某担任无锡 × × 电缆有限公司副总经理,负责生产管理工作。为降低生产成本,被不起诉人陆某某安排工人以低于国家标准的要求,采用降低铜芯线径和辅材规格的方式生产 ZC – YJV – 4 × 240 规格的电缆 1000 米,并将该批电缆销售给 × × 公司物资公司,销售价格合计人民币 301,170 元。经鉴定,该批电缆导体直流电阻、绕包内衬层和附加包带垫层总厚度、金属铠装钢带厚度三项指标不符合国家标准 |
| | 不起诉考量因素 | 被不起诉人陆某某经公安机关电话通知到案,归案后如实供述了上述犯罪事实 |
| | 合规形式 | 积极采纳检察机关提出的合规建议,建立和完善合规制度 |
| | 处理结果 | 不起诉 |

## 第三节　知识产权领域的合规建设

### 一、做好平时的“留痕”工作

对企业经营中需要使用的图片、字体、软件等素材,登记素材的原始内容、获取来源(网址、公众号名称等)、获取时间等。此做法的好处在于:(1)为将来作合法来源、权利用尽、在先权利等法律抗辩做好准备;(2)具有知识库的作用,为审查和判断是否可能存在侵权风险提供数据基础。

在游戏行业,通常都存在借鉴其他游戏的情况(如地图场景、道具等),在没有素材来源记录的情况下,纠纷发生后通常需要花费更大的精力寻找相关的资料,费时费力。如有记录,在向法庭表达作品独创部分时也将更加精准。

### 二、建立素材库

在做“留痕”工作之后,需要对素材来源进行入库整理,以方便后面的管理工作。

## 三、进行“风险评估”并划分风险等级

在正常的业务流程之外，应当设置“风险评估”环节，确定风险大小的判断因素，由专人负责对一般性的风险以清单的方式作检查项，并对风险的等级作出区分，以便实现针对性管理。

## 四、强化人员培训

一切制度都需要依靠人来执行，让从业人员知晓一般性的风险及防范措施，以及最新的风险动态，这是确保制度得到执行的重要举措。

## 五、鼓励独创性

自主创作成本虽高，但能够从根本上防范侵权风险的发生，并能产生自主知识产权，从而有效保护竞争优势，此举从长远来看是非常值得的。因此，公司可以设置相关奖励制度提高员工积极性，激发员工自主创作的潜力。

## 六、利用存证技术保护自主创作

利用时间戳或其他的数字存证技术对创作过程和创作成果予以固定，这一做法成本不高，却能为以后的知识产权保护或风险防范保存证据，也是企业保护自己著作权的手段之一。

# 第五章　财务税收领域的合规管理

2021 年 12 月 20 日，税务部门发布通报，头部网络主播黄某偷逃税被罚共计 13.41 亿元。据调查显示，黄某在 2019 年至 2020 年，通过隐匿个人收入、虚构业务转换收入性质虚假申报等方式偷逃税款 6.43 亿元，其他少缴税款 0.6 亿元，依法对黄某作出税务行政处理处罚决定，追缴税款、加收滞纳金并处罚款，共计 13.41 亿元。网络直播已经成为当下新业态，直播带货更是人们在线下消费之外的新路径，但近两年来许多当红主播先后出现税务问题，他们通过各种方式偷逃税款，造成我国税收流失惨重。无论是企业还是个人，避免不了与税务机关打交道，如何规避税收风险，是每个企业都应正视的问题。本章将就税务合规的问题进行讨论。

## 第一节　财务税收领域的风险识别

### 一、财务税收领域常见的风险

**表 3－5－1　财务税收领域常见的风险**

| | |
|---|---|
| 财务报表层面的风险 | 1. 税负率明确低于同地区同行业水平；<br>2. 成本结构明显区别于同行业同类产品；<br>3. 成本结构与产品配方不符；<br>4. 成本结构发生明显变化；<br>5. 毛利率年起伏明显，又没有合理的解释；<br>6. 毛利率或纯利率远远高出同行，或者远远低于同行，都可能被重点检查；<br>7. 期间费用率偏高；<br>8. 制造费用存在异常；<br>9. 资产负债表结构异常；<br>10. 物流费用占的比重偏高，可能被发现隐瞒了收入； |

续表

| | |
|---|---|
| 财务报表层面的风险 | 11. 现金流呈负数,可能牵出“两本账”;<br>12. 存货账实差异大,账多存少(虚库),或者存货时间太长,一直没有动用;<br>13. 生产环节“在产品”账多实少,被视为多转了成本;<br>14. 产能分析出现异常,包括设备产能评估、人工产能评估、材耗产能评估、制造费用产能评估、期间费用产能评,这些产能如果明显低于同行水平,可能存在隐瞒收入;<br>15. 公司一直亏钱或微利,股东大量借钱给公司,可能被怀疑有销售收入直接进了股东的口袋;<br>16. 预收账款挂账时间太长,被强行要求确认收入履行纳税义务;<br>17. 频繁出现大额现金收支,以及大额现金长期挂在账上,可能存在账外收支。 |
| 账务层面的风险 | 1. 股东个人费用,在公司报销;<br>2. 用公司资金购买资产,资产所有人写成股东,资产的费用、折旧却在公司列支;<br>3. 不按标准计提折旧;<br>4. 制造企业结转完工产品成本、结转销售成本时,无相关附件,或者存在随意性,或者不能自圆其说;<br>5. 以现金支付工资时,无相关人员签字;<br>6. 工资名单与社保名单、合同名单不一致;<br>7. 生产用原材料暂估入账,把进项税额也暂估在内,虚增成本;<br>8. 过期发票、套号发票、连号发票、假发票等入账列支费用;<br>9. 货款收回后,挂在往来科目中,长期不确认收入;<br>10. 非正常损失材料、非经营性耗用材料,没有作进项转出;<br>11. 捐赠、发福利等视同销售行为,没有确认销售收入;<br>12. 福利性质旅游和奖励性质旅游混在一起,前者属于福利费,后者属于工资性收入;<br>13. 非本公司人员在本公司报销费用,如帮助客户、领导、外部专家报销机票、旅游开支等;<br>14. 产品移库处理不当,被要求确认为收入;<br>15. 总公司与子公司、分公司之间关联关系没有分清,存在价格转移,被税务要求按市场定价确认收入;<br>16. 打折销售、买一送一、销售返利等处理不当,导致增加税收;<br>17. 股东借支,长期不归还,被视为变相分红,要求缴个人所得税;<br>18. 对外投资协议不完善,被税务认定为借款,因此所得税的投资收益须再交一次所得税;<br>19. 财政补贴性资金,核算不当导致税务风险;<br>20. 关系法人之间无偿划转资产,包括设备以及无偿提房产等,均要视同销售或租赁,确认收入纳税;<br>21. 资本公积转增资本,如果涉及个人股东,须代扣代缴个人所得税,因此,不要直接转增资本,股东个人借款转资本也存在类似风险。 |

续表

| | | |
|---|---|---|
| 企业所得税层面的风险 | 收入类 | 1. 取得手续费收入,未计入收入总额。<br>2. 确实无法支付的款项,未计入收入总额。<br>3. 违约金收入未计入收入总额。如没收购货方预收款。<br>4. 取得补贴收入,不符合不征税收入条件的,长期挂往来款未计入收入总额。<br>5. 取得内部罚没款,长期挂往来款未计入收入总额。<br>6. 用于交际应酬的礼品赠送未按规定视同销售确认收入。<br>7. 外购水电气用于职工福利未按规定视同销售确认收入。<br>8. 租金收入未按收入与费用配比原则确认收入。<br>9. 政策性搬迁收入扣除固定资产重置、改良支出、技术改造支出和职工安置支出后的余额挂往来,未计入收入总额。 |
| | 扣除类 | 10. 下属企业收到总部返回的安全生产保证基金,未冲减相关费用;返回款形成资产的,其折旧和摊销在税前重复列支,未作纳税调整。<br>12. 计提但未实际支出的安全生产费,未调增应纳税所得额。<br>13. 计提但未实际支出的福利费和补充养老保险等,以及计提但未实际拨缴的工会经费,未作纳税调整。<br>14. 支付与取得收入无关的其他支出,未作纳税调增。如奥运会和世博会门票等。<br>15. 应由个人负担的费用作为企业发生费用列支,未作纳税调整。如个人车辆消费的油费、修车费、停车费、保险费以及其他个人家庭消费发票;已出售给职工个人的住房维修费;职工参加社会上学历教育以及个人为取得学位而参加在职教育所需费用。<br>16. 职工福利费超过税法规定扣除标准,未作纳税调整。如发生一些福利费性质的费用,防暑降温费、食堂费用等,未通过职工福利费科目核算,也未并入福利费总额计算纳税调整。<br>17. 补充养老保险费和补充医疗保险费超过税法规定扣除标准,未作纳税调整。政策依据:《财政部、国家税务总局关于补充养老保险费、补充医疗保险费有关企业所得税政策问题的通知》(财税〔2009〕27 号)。<br>18. 业务招待费用支出超过税法规定扣除标准,未作纳税调整。如部分企业技术开发、消防警卫、外宾接待、在建工程、特批费和奥运会专项经费中发生的业务招待费,未并入业务招待费总额计算纳税调整。<br>19. 为职工支付商业保险费税前扣除,未作纳税调整。如为职工支付人身意外险,为高管支付商业险。<br>20. 赞助性支出,未作纳税调整。如向武警支付的慰问金和补助。<br>21. 税收滞纳金和罚款支出,已在税前扣除,未作纳税调整。<br>22. 建造、购置固定资产发生的应予资本化的利息支出,作为财务费用税前列支,未作纳税调整。<br>23. 应予资本化的固定资产大修理支出,一次性列支,未作纳税调整。<br>24. 不符合规定的劳动保护支出,未作纳税调整。 |

续表

<table>
<tr><td>企业所得税层面的风险</td><td>资产类</td><td>25. 资产处置所得,未计入应纳税所得额。如固定资产、无形资产等财产的处置。<br>26. 资产损失是否有备查资料,未作纳税调整。<br>27. 无形资产摊销年限不符合税法规定,未作纳税调整。<br>28. 停止使用的固定资产继续计提折旧,未作纳税调整。<br>29. 将固定资产作为低值易耗品核算,一次性列支,未作纳税调整。<br>30. 不征税收入形成资产折旧在税前扣除,未作纳税调整;如企业取得来源于政府有关部门的港建费补贴,按不征税收入确认,但支出所形成的资产仍然计提折旧在税前重复扣除。</td></tr>
<tr><td>增值税层面税务风险</td><td colspan="2">1. 将购进货物无偿赠送其他单位或者个人未视同销售货物计算缴纳增值税。<br>2. 处置自己使用过的固定资产,未计算缴纳增值税。如处置旧汽车、旧设备等。<br>3. 出售废旧货物未计算缴纳增值税。<br>4. 销售购进的水、电未计算缴纳增值税。如加油站向施工方收取的水电费和租赁房屋单独收取的水电费。<br>5. 非增值税应税劳务取得的进项不得抵扣,未作进项转出。如接受技术服务、装卸、含油污泥处理和废催化剂处理等劳务,取得的增值税进项税额不得抵扣。<br>6. 购进货物用于集体福利或者个人消费,不得抵扣进项,未作进项转出。如职工食堂耗用的食用油和液化气等。<br>7. 购进农产品计算抵扣。<br>8. 适用税率错误。</td></tr>
<tr><td>税务征管层面的税务风险</td><td>1. 违反税务管理基本规定的行为。</td><td>纳税人有下列行为之一的,由税务机关责令限期改正,可以处二千元以下的罚款;情节严重的,处二千元以上一万元以下的罚款:<br>(1)未按照规定的期限申报办理税务登记、变更或者注销登记的;<br>(2)未按照规定设置、保管账簿或者保管记账凭证和有关资料的;<br>(3)未按照规定将财务、会计制度或者财务、会计处理办法和会计核算软件报送税务机关备查的;<br>(4)未按照规定将其全部银行账号向税务机关报告的;<br>(5)未按照规定安装、使用税控装置,或者损毁或者擅自改动税控装置的;<br>(6)纳税人不办理税务登记的,由税务机关责令限期改正,逾期不改正的,经税务机关提请,由工商行政管理机关吊销其营业执照。(《税收征收管理法》第60条)</td></tr>
</table>

续表

| | |
|---|---|
| 税务征管层面的税务风险 | 2. 扣缴义务人未按照规定设置、保管代扣代缴、代收代缴税款账簿或者保管代扣代缴、代收代缴税款记账凭证及有关资料的,由税务机关责令限期改正,可以处二千元以下的罚款;情节严重的,处二千元以上五千元以下的罚款。(《税收征收管理法》第61条) |
| | 3. 纳税人未按照规定的期限办理纳税申报和报送纳税资料的,或者扣缴义务人未按照规定的期限向税务机关报送代扣代缴、代收代缴税款报告表和有关资料的,由税务机关责令限期改正,可以处二千元以下的罚款;情节严重的,可以处二千元以上一万元以下的罚款。(《税收征收管理法》第62条) |
| | 4. 纳税人伪造、变造、隐匿、擅自销毁账簿、记账凭证,或者在账簿上多列支出或者不列、少列收入,或者经税务机关通知申报而拒不申报或者进行虚假的纳税申报,不缴或者少缴应纳税款的,是偷税。对纳税人偷税的,由税务机关追缴其不缴或者少缴的税款、滞纳金,并处不缴或者少缴的税款百分之五十以上五倍以下的罚款;构成犯罪的,依法追究刑事责任。<br>扣缴义务人采取前款所列手段,不缴或者少缴已扣、已收税款,由税务机关追缴其不缴或者少缴的税款、滞纳金,并处不缴或者少缴的税款百分之五十以上五倍以下的罚款;构成犯罪的,依法追究刑事责任。(《税收征收管理法》第63条) |
| | 5. 不申报或虚假申报。纳税人、扣缴义务人编造虚假计税依据的,由税务机关责令限期改正,并处五万元以下的罚款。纳税人不进行纳税申报,不缴或者少缴应纳税款的,由税务机关追缴其不缴或者少缴的税款、滞纳金,并处不缴或者少缴的税款百分之五十以上五倍以下的罚款。(《税收征收管理法》第64条) |
| | 6. 逃避追缴税款。纳税人欠缴应纳税款,采取转移或者隐匿财产的手段,妨碍税务机关追缴欠缴的税款的,由税务机关追缴欠缴的税款、滞纳金,并处欠缴税款百分之五十以上五倍以下的罚款;构成犯罪的,依法追究刑事责任。(《税收征收管理法》第65条) |
| | 7. 骗取出口退税。以假报出口或者其他欺骗手段,骗取国家出口退税款的,由税务机关追缴其骗取的退税款,并处骗取税款一倍以上五倍以下的罚款;构成犯罪的,依法追究刑事责任。对骗取国家出口退税款的,税务机关可以在规定期间内停止为其办理出口退税。(《税收征收管理法》第66条) |
| | 8. 抗税行为。以暴力、威胁方法拒不缴纳税款的,是抗税,除由税务机关追缴其拒缴的税款、滞纳金外,依法追究刑事责任。情节轻微,未构成犯罪的,由税务机关追缴其拒缴的税款、滞纳金,并处拒缴税款一倍以上五倍以下的罚款。(《税收征收管理法》第67条) |

续表

<table>
<tr><td rowspan="8">刑法层面的税务风险</td><td rowspan="5">流转税</td><td colspan="2">1. 以假报出口或者其他欺骗手段，骗取国家出口退税款的行为。</td></tr>
<tr><td colspan="2">2. 非法印制发票的行为。</td></tr>
<tr><td colspan="2">3. 扣缴义务人伪造、变造、隐匿、擅自销毁账簿、记账凭证，或者在账簿上多列支出或者不列、少列收入的行为。</td></tr>
<tr><td colspan="2">4. 未办理或未按期办理纳税申报，或者进行虚假的纳税申报的行为。</td></tr>
<tr><td>5. 虚开发票的行为。</td><td>(1)为他人开具与实际经营业务情况不符的发票；<br>(2)为自己开具与实际经营业务情况不符的发票；<br>(3)让他人为自己开局与实际经营业务情况不符的发票；<br>(4)介绍他人开具与实际经营业务情况不符的发票。</td></tr>
<tr><td rowspan="3">所得税</td><td>1. 扣缴义务人应扣未扣、应收而不收税款的行为。</td><td>(1)企业为投资者等相关人员承担与企业经营无关的各种支出而未代扣代缴个人所得税的行为。包括让企业为投资者承担旅游费用、生活费用、购置汽车的费用、购置房产的费用等。<br>(2)企业向个人投资者出借款项，法定期限内个人投资者未归还时，企业未代扣代缴个人所得税的行为。<br>(3)企业超过标准为员工购买社会保险，未代扣代缴个人所得税的行为。<br>(4)企业超过标准为员工购买企业年金、商业健康保险，未代扣代缴个人所得税的行为。<br>(5)企业超过规定标准为员工缴纳住房公积金，未代扣代缴个人所得税的行为。<br>(6)企业采取费用报销的方式向员工支付工资薪金所得，规避个人所得税的行为。</td></tr>
<tr><td colspan="2">2. 以暴力、威胁方法拒不缴纳税款的行为。</td></tr>
<tr><td colspan="2">3. 纳税人欠缴应纳税款，采取转移或者隐匿财产的手段，妨碍税务机关追缴欠缴的税款的行为。</td></tr>
</table>

## 二、法律责任

**表 3－5－2 财务税收领域法律责任**

| 罪名 | 具体规定 |
| --- | --- |
| 逃税罪<br>(《刑法》第 201 条) | 纳税人采取欺骗、隐瞒手段进行虚假纳税申报或者不申报,逃避缴纳税款数额较大并且占应纳税额百分之十以上的,处三年以下有期徒刑或者拘役,并处罚金;数额巨大并且占应纳税额百分之三十以上的,处三年以上七年以下有期徒刑,并处罚金。<br>扣缴义务人采取前款所列手段,不缴或者少缴已扣、已收税款,数额较大的,依照前款的规定处罚。<br>对多次实施前两款行为,未经处理的,按照累计数额计算。<br>有第一款行为,经税务机关依法下达追缴通知后,补缴应纳税款,缴纳滞纳金,已受行政处罚的,不予追究刑事责任;但是,五年内因逃避缴纳税款受过刑事处罚或者被税务机关给予二次以上行政处罚的除外。 |
| 抗税罪<br>(《刑法》第 202 条) | 以暴力、威胁方法拒不缴纳税款的,处三年以下有期徒刑或者拘役,并处拒缴税款一倍以上五倍以下罚金;情节严重的,处三年以上七年以下有期徒刑,并处拒缴税款一倍以上五倍以下罚金。 |
| 逃避追缴欠税罪<br>(《刑法》第 203 条) | 纳税人欠缴应纳税款,采取转移或者隐匿财产的手段,致使税务机关无法追缴欠缴的税款,数额在一万元以上不满十万元的,处三年以下有期徒刑或者拘役,并处或者单处欠缴税款一倍以上五倍以下罚金;数额在十万元以上的,处三年以上七年以下有期徒刑,并处欠缴税款一倍以上五倍以下罚金。 |
| 骗取出口退税罪、偷税罪<br>(《刑法》第 204 条) | 以假报出口或者其他欺骗手段,骗取国家出口退税款,数额较大的,处五年以下有期徒刑或者拘役,并处骗取税款一倍以上五倍以下罚金;数额巨大或者有其他严重情节的,处五年以上十年以下有期徒刑,并处骗取税款一倍以上五倍以下罚金;数额特别巨大或者有其他特别严重情节的,处十年以上有期徒刑或者无期徒刑,并处骗取税款一倍以上五倍以下罚金或者没收财产。<br>纳税人缴纳税款后,采取前款规定的欺骗方法,骗取所缴纳的税款的,依照本法第二百零一条的规定定罪处罚;骗取税款超过所缴纳的税款部分,依照前款的规定处罚。 |

续表

| 罪名 | 具体规定 |
|---|---|
| 虚开增值税专用发票、用于骗取出口退税、抵扣税款发票罪<br>(《刑法》第205条) | 虚开增值税专用发票或者虚开用于骗取出口退税、抵扣税款的其他发票的,处三年以下有期徒刑或者拘役,并处二万元以上二十万元以下罚金;虚开的税款数额较大或者有其他严重情节的,处三年以上十年以下有期徒刑,并处五万元以上五十万元以下罚金;虚开的税款数额巨大或者有其他特别严重情节的,处十年以上有期徒刑或者无期徒刑,并处五万元以上五十万元以下罚金或者没收财产。<br>单位犯本条规定之罪的,对单位判处罚金,并对其直接负责的主管人员和其他直接责任人员,处三年以下有期徒刑或者拘役;虚开的税款数额较大或者有其他严重情节的,处三年以上十年以下有期徒刑;虚开的税款数额巨大或者有其他特别严重情节的,处十年以上有期徒刑或者无期徒刑。<br>虚开增值税专用发票或者虚开用于骗取出口退税、抵扣税款的其他发票,是指有为他人虚开、为自己虚开、让他人为自己虚开、介绍他人虚开行为之一的。 |
| 虚开发票罪<br>(《刑法》第205条之一) | 虚开本法第二百零五条规定以外的其他发票,情节严重的,处二年以下有期徒刑、拘役或者管制,并处罚金;情节特别严重的,处二年以上七年以下有期徒刑,并处罚金。<br>单位犯前款罪的,对单位判处罚金,并对其直接负责的主管人员和其他直接责任人员,依照前款的规定处罚。 |
| 伪造、出售伪造的增值税专用发票罪<br>(《刑法》第206条) | 伪造或者出售伪造的增值税专用发票的,处三年以下有期徒刑、拘役或者管制,并处二万元以上二十万元以下罚金;数量较大或者有其他严重情节的,处三年以上十年以下有期徒刑,并处五万元以上五十万元以下罚金;数量巨大或者有其他特别严重情节的,处十年以上有期徒刑或者无期徒刑,并处五万元以上五十万元以下罚金或者没收财产。<br>单位犯本条规定之罪的,对单位判处罚金,并对其直接负责的主管人员和其他直接责任人员,处三年以下有期徒刑、拘役或者管制;数量较大或者有其他严重情节的,处三年以上十年以下有期徒刑;数量巨大或者有其他特别严重情节的,处十年以上有期徒刑或者无期徒刑。 |
| 非法出售增值税专用发票罪<br>(《刑法》第207条) | 非法出售增值税专用发票的,处三年以下有期徒刑、拘役或者管制,并处二万元以上二十万元以下罚金;数量较大的,处三年以上十年以下有期徒刑,并处五万元以上五十万元以下罚金;数量巨大的,处十年以上有期徒刑或者无期徒刑,并处五万元以上五十万元以下罚金或者没收财产。 |

续表

| 罪名 | 具体规定 |
| --- | --- |
| 非法购买增值税专用发票、购买伪造的增值税专用发票罪;虚开增值税专用发票罪、出售伪造的增值税专用发票罪、非法出售增值税专用发票罪<br>(《刑法》第208条) | 非法购买增值税专用发票或者购买伪造的增值税专用发票的,处五年以下有期徒刑或者拘役,并处或者单处二万元以上二十万元以下罚金。<br>非法购买增值税专用发票或者购买伪造的增值税专用发票又虚开或者出售的,分别依照本法第二百零五条、第二百零六条、第二百零七条的规定定罪处罚。 |
| 非法制造、出售非法制造的用于骗取出口退税、抵扣税款发票罪;非法制造、出售非法制造的发票罪;非法出售用于骗取出口退税、抵扣税款发票罪;非法出售发票罪<br>(《刑法》第209条) | 伪造、擅自制造或者出售伪造、擅自制造的可以用于骗取出口退税、抵扣税款的其他发票的,处三年以下有期徒刑、拘役或者管制,并处二万元以上二十万元以下罚金;数量巨大的,处三年以上七年以下有期徒刑,并处五万元以上五十万元以下罚金;数量特别巨大的,处七年以上有期徒刑,并处五万元以上五十万元以下罚金或者没收财产。<br>伪造、擅自制造或者出售伪造、擅自制造的前款规定以外的其他发票的,处二年以下有期徒刑、拘役或者管制,并处或者单处一万元以上五万元以下罚金;情节严重的,处二年以上七年以下有期徒刑,并处五万元以上五十万元以下罚金。<br>非法出售可以用于骗取出口退税、抵扣税款的其他发票的,依照第一款的规定处罚。<br>非法出售第三款规定以外的其他发票的,依照第二款的规定处罚。 |

## 第二节　财务税收领域合规典型案例

**表3-5-3　财务税收领域合规典型案例**

| | | |
| --- | --- | --- |
| 案例一 | 案号 | 慈检刑不诉[2021]550号 |
| | 检察机关 | 慈溪市人民检察院 |
| | 涉嫌罪名 | 虚开增值税专用发票罪 |
| | 基本案情 | 2015年1月至2016年7月,慈溪某某汽车零部件有限公司(另行不起诉)因进项抵扣发票不足,在无实际货物交易的情况下,被不起诉人岑某某作为公司实际经营人,联系程某某(已判刑),以支付票面金额8%左右开票费的方式,由程某某让宁波××金属材料有限公司为其公司开具增值税专用发票26份,用于慈溪某某汽车零部件有限公司税款抵扣,税款合计人民币37万余元 |

续表

| | | |
|---|---|---|
| 案例一 | 不起诉考量因素 | 1. 被不起诉人岑某某如实供述上述犯罪事实,慈溪某某汽车零部件有限公司已全额补缴了税款。2. 自愿认罪认罚 |
| | 合规形式 | 检察院合规考察的形式督促慈溪某某汽车零部件有限公司开展合规整改。同年 8 月 30 日,该公司完成合规整改并通过考察机关国家税务总局慈溪市税务局的考察验收 |
| | 处理结果 | 不起诉 |
| 案例二 | 案号 | 建检诉刑不诉[2021]1 号 |
| | 检察机关 | 江苏省建湖县人民检察院 |
| | 涉嫌罪名 | 虚开增值税专用发票罪 |
| | 基本案情 | 2018 年 10 月,江苏 × ×有限公司法定代表人赵某某、股东程某某共同计议决定,在无实际交易的情况下,从缪某某处虚开增值税专用发票用于抵扣 × ×公司的发票税款。2018 年 11 月至 12 月,江苏 × ×有限公司在无实际交易的情况下,以票面金额 5.6% 作为开票费,通过缪某某在铜陵 × ×有限公司 × ×分公司虚开增值税专用发票 40 张,金额为 34.72893 万元,税额 34.728938 万元,税款已经完全申报抵扣。2018 年 11 月至 2019 年 1 月,江苏 × ×有限公司通过其对公账户分 8 次共向铜陵 × ×有限责任公司 × ×分公司对公账户汇款 382.018327 万元,缪某某在扣除开票费用后,将剩余的 360.6039 万元打进程某某提供的陈某某、韩某某、宋某某、王某某、杨某某等账户,形成了资金回流 |
| | 不起诉考量因素 | 退出全部税款,认罪认罚,在本院督促下逐步完善企业刑事合规 |
| | 合规形式 | 逐步完善企业刑事合规 |
| | 处理结果 | 不起诉 |

续表

| | | |
|---|---|---|
| 案例三 | 案号 | 建检诉刑不诉[2021]5号 |
| | 检察机关 | 江苏省建湖县人民检察院 |
| | 涉嫌罪名 | 虚开增值税专用发票罪 |
| | 基本案情 | 2018年10月,江苏××有限公司法定代表人赵某某、股东程某某共同计议决定,在无实际交易的情况下,从缪某某处虚开增值税专用发票用于抵扣××公司的发票税款。2018年11月至12月,江苏××有限公司在无实际交易的情况下,以票面金额5.6%作为开票费,通过缪某某在铜陵××有限公司××分公司虚开增值税专用发票40张,金额为34.72893万元,税额34.728938万元,税款已经完全申报抵扣。2018年11月至2019年1月,江苏××有限公司通过其对公账户分8次共向铜陵××有限责任公司××分公司对公账户汇款382.018327万元,缪某某在扣除开票费用后,将剩余的360.6039万元打进程某某提供的陈某某、韩某某、宋某某、王某某、杨某某等账户,形成了资金回流 |
| | 不起诉考量因素 | 赵某某、程某某主动投案,如实供述,退出全部税款,认罪认罚,在本院督促下逐步完善企业刑事合规 |
| | 合规形式 | 逐步完善企业刑事合规 |
| | 处理结果 | 不起诉 |
| 案例四 | 案号 | 建检诉刑不诉[2021]4号 |
| | 检察机关 | 江苏省建湖县人民检察院 |
| | 涉嫌罪名 | 虚开增值税专用发票罪 |
| | 基本案情 | 2018年10月,江苏××有限公司法定代表人赵某某、股东程某某共同计议决定,在无实际交易的情况下,从缪某某处虚开增值税专用发票用于抵扣××公司的发票税款。2018年11月至12月,江苏××有限公司在无实际交易的情况下,以票面金额5.6%作为开票费,通过缪某某在铜陵××有限公司××分公司虚开增值税专用发票40张,金额为34.72893万元,税额34.728938万元,税款已经完全申报抵扣。2018年11月至2019年1月,江苏××有限公司通过其对公账户分8次共向铜陵××有限责任公司××分公司对公账户汇款382.018327万元,缪某某在扣除开票费用后,将剩余的360.6039万元打进程某某提供的陈某某、韩某某、宋某某、王某某、杨某某等账户,形成了资金回流 |
| | 不起诉考量因素 | 赵某某、程某某主动投案,如实供述,退出全部税款,认罪认罚,在本院督促下逐步完善企业刑事合规 |
| | 合规形式 | 逐步完善企业刑事合规 |
| | 处理结果 | 不起诉 |

续表

| | | |
|---|---|---|
| 案例五 | 案号 | 姑检刑不诉[2020]131号 |
| | 检察机关 | 江苏省苏州市姑苏区人民检察院 |
| | 涉嫌罪名 | 虚开增值税专用发票罪 |
| | 基本案情 | 2015年12月至2016年4月,被不起诉单位苏州××电子科技有限公司在没有真实购销业务的情况下,由公司实际经营人刘某乙以支付开票费的方式,经谷某某(已判决)等人介绍,从南京××商贸有限公司(已判决)为自己虚开增值税专用发票共计9份,价税合计金额达人民币831,925元,其中税款达人民币120,877.99元。上述税款已全部申报抵扣 |
| | 不起诉考量因素 | 被不起诉单位苏州××电子科技有限公司已向税务机关补缴了上述全部税款和企业所得税 |
| | 合规形式 | 案发后在限期内积极整改完善相关制度,建立了刑事合规程序体系,经第三方评估达到刑事合规标准 |
| | 处理结果 | 不起诉 |
| 案例六 | 案号 | 姑检刑不诉[2020]132号 |
| | 检察机关 | 江苏省苏州市姑苏区人民检察院 |
| | 涉嫌罪名 | 虚开增值税专用发票罪 |
| | 基本案情 | 2015年12月至2016年4月,被不起诉单位苏州××商贸有限公司在没有真实购销业务的情况下,由公司实际经营人刘某甲以支付开票费的方式,经谷某某(已判决)等人介绍,分别从南京××商贸有限公司、南京××电子科技有限公司(均已判决)虚开增值税专用发票共计14份,价税合计金额人民币1,419,000元,其中税款达人民币206,179.49元。上述税款已全部申报抵扣 |
| | 不起诉考量因素 | 苏州××商贸有限公司实际经营人刘某甲经公安机关电话通知,主动至公安机关投案,并如实供述全部犯罪事实 |
| | 合规形式 | 在限期内积极整改完善相关制度,建立了刑事合规程序体系,经第三方评估达到刑事合规标准 |
| | 处理结果 | 不起诉 |

续表

| | | |
|---|---|---|
| 案例七 | 案号 | 姑检刑不诉[2020]130 号 |
| | 检察机关 | 江苏省苏州市姑苏区人民检察院 |
| | 涉嫌罪名 | 虚开增值税专用发票罪 |
| | 基本案情 | 2015 年 12 月至 2016 年 4 月,苏州 × × 电子科技有限公司、苏州 × × 商贸有限公司的实际经营人被不起诉人刘某甲,在没有真实购销业务的情况下,以支付开票费的方式,经谷某某(已判决)等人介绍,从南京 × × 商贸有限公司、南京 × × 电子科技有限公司(均已判决)为上述二家单位虚开增值税专用发票共计 23 份,价税合计金额为人民币 2,250,925 元,税款达人民币 327,057.48 元。上述税款已全部申报抵扣 |
| | 不起诉考量因素 | 被不起诉人刘某甲在值班律师的见证下,自愿签署认罪认罚具结书,表示认罪认罚 |
| | 合规形式 | 案发后在限期内积极整改完善企业制度,建立企业刑事合规程序体系,经第三方评估达到刑事合规标准 |
| | 处理结果 | 不起诉 |

## 第三节　财务税收领域的合规建设

当前上线的“金税四期”属于“金税三期”的升级版,“金税三期”实现了国地税数据的合并统一,功能是对税务系统业务流程的全监控,而“金税四期”不仅在税务方面,还在“非税”业务方面实行监控,呈现出全方位、全智能、立体化、多维化特点,实现了从“以票管税”向“以数治税”分类精准监管转变。2019 年 6 月 26 日,中国人民银行、工业和信息化部、国家税务总局、国家市场监督管理总局四部门联合召开企业信息联网核查系统启动会,中国工商银行、交通银行、中信银行、中国民生银行、招商银行、广发银行、平安银行、上海浦东发展银行八大银行作为首批用户接入企业信息联网核查系统,其中最大的亮点就是企业信息联网核查系统搭建了各部委、人民银行以及银行等参与机构之间信息共享、核查的通道,实现企业相关人员手机号码、企业纳税状态、企业登记注册信息核查的三大功能。下一步,新的税收征收管理系统将充分运用大数据、人工智能等新一代信息技术,从而实现智慧税务和智慧监管。各个部门的数据共享,并以大数据为支撑,实现每个市场主体全业务全流程全国范围内的“数据画像”,未来每一家企业在税务部门面前都是透明的,而对于高净值人群来说,随着自然人纳税识别号的建立和新个人所得税法中首次引入反避税条款,个人的资产收支将更加透明化,同时也带动了社保缴纳日趋规范。

面对“金税四期”的上线,企业做账和纳税申报必须建立在真实业务的基础上,反映业务真实的商业本质,没有实际业务的虚开发票行为属于犯罪行为,以往被作为税收筹划主要方式的“税收洼地”被逐步取消,今后做好财务税收合规建设将是企业防范税务风险的唯一途径,也是最好的税务筹划。企业在抓好经营管理的同时,必须加强财税合规建设,否则之前的努力将付之东流。以下将从税务合规管理机制和税务合规管理专项两个方面,来阐述如何加强财税合规建设,规避不合规行为给企业带来的巨大风险。

## 一、税务合规管理机制

### (一)税务规划管理机制

税务规划是企业在税收法律许可的范围内,当存在多种纳税方案可供选择时,通过对经营、投资、理财、交易等事项进行科学、合理的事前选择和规划,以实现税收负担最低或税收利益最大化的一种财务管理活动;其范围包括对企业的设立、生产经营、对外投资、并购重组、经营模式的改变以及重要合同或协议的签订等业务活动进行事前安排和事中管理,税务规划应当贯穿于各单位每一项重大决策和交易过程中。

以对外投资和并购重组项目为例,企业税务管理部门参与的税务规划流程分为项目前期调研、目标企业尽职调查、项目方案可行性研究和决策、项目方案立项和签约、项目方案实施与后续管理阶段;针对税务规划目标,确定不同阶段的具体工作内容和相关文档、风险点识别和描述,以及实施中的风险控制措施、类型、频率和相关证据。

### (二)税务信息与沟通机制

1. 内部信息沟通

税务管理部门负责收集来自本企业内部与外部的税务数据、税务案例、税务法规等,对收集的信息进行汇总、分析、传递,并在本企业内部以及上下级单位间进行共享;建立与本企业管理层沟通的渠道,定期向管理层报告常规和非常规事项的税务信息,为管理层的经营决策提供支持;与相关业务部门之间应加强联系和沟通,将税务风险管理工作前置到业务环节,融入企业的整体运营过程,从而有效控制税务风险。

2. 外部信息沟通

集团(区域)企业税务管理部门与税务机关的沟通工作重点应为争取有关税收优惠政策,增加集团的税务利益,以及向税务机关咨询税法无明确规定的涉税事项,避免税务风险。基层企业与税务机关的沟通工作重点应为在规定期限内向主管税务机关进行纳税申报,积极争取相关的税收优惠政策以及针对税务日常工作中的疑点与税务机关进行咨询等。

(三)税务检查(稽查)管理机制

1. 税务检查(稽查)过程中的信息传递与管理

(1)在收到税务机关的检查(稽查)通知书后,税务管理部门需和税务机关进行事先沟通,明确检查(稽查)的目的、范围和内容,按要求准备相关资料,并在第一时间告知上级部门。

(2)在税务检查(稽查)开始后,税务管理部门应积极配合检查,对于不确定的问题,应在检查(稽查)过程中与上级部门保持适时的沟通,寻求处理问题的最佳方法;在税务检查(稽查)现场工作结束前,应充分了解税务检查或者稽查中发现的问题、不确定的事项以及税务机关可能的处理方案。

(3)在税务检查(稽查)现场工作结束后,应立即完成《税务检查(稽查)情况汇报》,内容包括税务机关发现的问题、涉及的税收法律法规、税务机关可能的处理方案等,报告经税务管理部门负责人签字确认后,上报上级部门;上级部门应以情况汇报为基础,结合税法分析税务机关发现的问题,在税务检查或稽查结果形成前,指导、协助相关部门与税务机关进行沟通,争取形成有利于企业的解决办法。

(4)在收到税务机关的检查(稽查)结果后,编写《税务检查(稽查)总结报告》,详细说明本次检查(稽查)事项、出现问题的原因、税务机关的最终处理意见、税务风险内部控制的薄弱环节、如何完善控制措施等内容,上报上级部门;上级部门应将汇总上报的报告分类汇总,及时总结经验,避免发生同样的税务风险。

2. 税务检查(稽查)管理流程

企业税务管理部门参与的税务检查(稽查)流程具体包括了解检查(稽查)事项、报告检查(稽查)事项、检查(稽查)前的准备工作、配合与应对实地检查(稽查)、了解初步处理意见、分析税务行政处罚告知书、陈述和申辩、申请听证、行政复议或诉讼、落实整改措施、后续管理和归档阶段;针对税务检查(稽查),确定不同阶段的具体工作内容和相关文档、风险点识别和描述,以及实施中的风险控制措施、类型、频率和相关证据。

(四)税务档案管理机制

税务档案由各单位统一管理,根据反映内容不同,主要分为六类:登记类、申报类、缴款书类、税费管理类、发票类和其他类。其中,账簿、记账凭证、报表、完税凭证、发票、出口凭证以及其他有关涉税资料应当保存10年,法律、行政法规另有规定的除外。

企业税务管理部门参与的税务档案管理流程包括归集和整理、立卷和归档、移交和借阅、定期检查、档案销毁阶段;针对税务档案管理,确定不同阶段的具体工作内容和相关文档、风险点识别和描述,以及实施中的风险控制措施、类型、频率和相关证据。

## 二、税务合规管理专项

(一)增值税发票管理

增值税发票是指在购销商品、提供或者接受服务以及从事其他经营活动中开具、收取的收付款凭证,包括增值税专用发票、增值税普通发票(电子普通发票)、机动车销售统一发票、海关进口增值税专用缴款书。增值税发票管理流程包括领购、开具、取得、进项税票管理、丢失等控制要点和相应措施。

以发票开具管理为例,向消费者个人销售服务、无形资产或者不动产,适用免征增值税规定的应税行为,纳税人销售旧货,一般纳税人销售自己使用过的、纳入营改增试点之日前取得的固定资产,小规模纳税人销售自己使用过的固定资产,不得开具增值税专用发票;价外向购买方收取的手续费、补贴、基金、集资费、返还利润、奖励费、违约金、滞纳金、延期付款利息、赔偿金、代收款项、代垫款项、包装费、包装物租金、储备费、优质费、运输装卸费以及其他各种性质的价外收费,并入销售额开具增值税专用发票。根据国家税务总局公告 2016 年第 87 号,取得增值税发票的单位和个人可登陆全国增值税发票查验平台(https://inv-veri.chinatax.gov.cn),对新系统开具的增值税专用发票、增值税普通发票、机动车销售统一发票和增值税电子普通发票的发票信息进行查验,增值税一般纳税人资格查询平台网址为:http://www.yibannashuiren.com/。

(二)关联交易税务管理

关联交易税务管理主要包括确认关联方,确认关联交易的范围、定价,市场公允价格证明材料的收集和整理,影响关联方定价的特殊因素的确定,合理解释关联方定价与市场公允价格存在差异的原因,关联交易定价相关资料的保管和使用,成本分摊协议的拟定等;企业税务管理部门参与的关联交易税务管理流程包括确定关联方关系、市场公允价格证明资料的收集和整理、定价公允性判断、同期资料的报送、相关资料的保管阶段;针对关联交易税务管理,确定不同阶段的具体工作内容和相关文档、风险点识别和描述,以及实施中的风险控制措施、类型、频率和相关证据。

(三)资产损失税务管理

资产是指企业拥有或者控制的、用于经营管理活动相关的资产,包括货币资产、非货币资产和投资资产。资产损失包括实际资产损失和法定资产损失,实际资产损失是企业在实际处置、转让上述资产过程中发生的合理损失,法定资产损失是企业虽未实际处置、转让上述资产,但符合税法规定条件计算确认的损失。

资产损失税务管理主要包括现金、银行存款、应收及预付账款等货币资产损失,存货、固定资产、无形资产、在建工程、未按期赎回抵押资产等非货币损失,债权性和股权性投资资产损失,其他资产损失。企业资产损失按其申报内容和要求的不同,分为清单申报和专项申报两种申报形式:属于清单申报的资产损失,企业可按会计核算科目进行归类、汇总,然后再将汇总清单报送税务机关,有关会计核算资料和纳税资料留存备查;属于专项申报的资产损失,企业应逐项(或逐笔)报送申请报告,同时附送会计核算资料及其他相关的纳税资料。

企业税务管理部门参与的资产损失税务管理流程包括资料准备、内部审核、报关资料、统计归纳阶段;针对资产损失税务管理,确定不同阶段的具体工作内容和相关文档、风险点识别和描述,以及实施中的风险控制措施、类型、频率和相关证据。

(四)重大投资和交易税务管理

在进行重大投资和交易,包括债务重组、股权收购、资产收购、合并、分立、清算、法律形式变更等决策之前,应对投资和交易安排的税务影响进行评估,对涉及企业所得税、增值税、契税、印花税、土地增值税的事项进行统筹考虑和正确筹划,可以达到有效控制税务风险,提高税务效益的目的。

针对重大决策和交易,税务风险控制的措施包括以下几个方面:

1. 重大决策前

(1)重大决策制定前进行税务影响分析和规划、税务尽职调查和相关税务合规性复核;

(2)税务管理部门全程参与重大决策的具体方案制定;

(3)税务管理部门应对重大安排的合同或协议草稿进行审阅,识别税务风险及潜在的税务筹划机会,并采取措施应对;

(4)必要时,咨询第三方专业税务顾问的意见和建议。

2. 实施过程中

(1)税务管理部门应和重大决策实施部门保持沟通,以完成实施过程中的相关税务合规工作;

(2)针对税务事项确定事发时的沟通机制和第一责任方(问责方);

(3)税务管理部门对实施过程中的税务管理进行定期检查。

3. 实施过程后

针对完成交易的实际税务影响进行总结,分析比对税务筹划前与筹划后的效果,评价重大交易中采取的税务管理措施在税务风险控制方面的作用。

# 第六章　数据安全领域的合规管理

2021 年 4 月，美国著名社交媒体平台脸书（Facebook）有 5.33 亿用户数据遭泄露，其中包括不少知名人士和公众人物。而这已经不是 Facebook 第一次数据泄露了。该新闻的出现引发了社会的担忧：在信息网络时代，我们如何保障自己的数据安全？本章将结合我国目前信息数据立法现状探讨数据安全领域的合规管理。

## 第一节　数据安全领域的风险识别

### 一、个人信息领域的违法行为认定与法律责任

#### （一）个人信息领域的违法行为认定

1. 非法收集使用他人个人信息的行为。
2. 未经个人同意处理个人信息的行为。
3. 过度收集个人信息的行为。
4. 将公共场所收集的信息另作他用的行为。
5. 未经个人单独同意处理个人敏感信息的行为。
6. 向他人出售或者提供公民个人信息的行为。

（二）法律责任（见表3-6-1）

**表3-6-1　个人信息领域的违法行为认定与法律责任**

| 违法行为 | 责任方式 | 法律规定 |
| --- | --- | --- |
| 1. 非法收集使用他人个人信息的行为；<br>2. 未经个人同意处理个人信息的行为；<br>3. 过度收集个人信息的行为；<br>4. 将公共场所收集的信息另作他用的行为；<br>5. 未经个人单独同意处理个人敏感信息的行为； | 由履行个人信息保护职责的部门责令改正，给予警告，没收违法所得，对违法处理个人信息的应用程序，责令暂停或者终止提供服务；拒不改正的，并处一百万元以下罚款；对直接负责的主管人员和其他直接责任人员处一万元以上十万元以下罚款。情节严重的，由省级以上履行个人信息保护职责的部门责令改正，没收违法所得，并处五千万元以下或者上一年度营业额百分之五以下罚款，并可以责令暂停相关业务或者停业整顿、通报有关主管部门吊销相关业务许可或者吊销营业执照；对直接负责的主管人员和其他直接责任人员处十万元以上一百万元以下罚款，并可以决定禁止其在一定期限内担任相关企业的董事、监事、高级管理人员和个人信息保护负责人。 | 《个人信息保护法》第66条 |
| | 处理个人信息侵害个人信息权益造成损害，个人信息处理者不能证明自己没有过错的，应当承担损害赔偿等侵权责任。<br>前款规定的损害赔偿责任按照个人因此受到的损失或者个人信息处理者因此获得的利益确定；个人因此受到的损失和个人信息处理者因此获得的利益难以确定的，根据实际情况确定赔偿数额。 | 《个人信息保护法》第69条 |
| | 个人信息处理者违反本法规定处理个人信息，侵害众多个人的权益的，人民检察院、法律规定的消费者组织和由国家网信部门确定的组织可以依法向人民法院提起诉讼。 | 《个人信息保护法》第70条 |
| 6. 向他人出售或者提供公民个人信息的行为。 | 违反国家有关规定，向他人出售或者提供公民个人信息，情节严重的，处三年以下有期徒刑或者拘役，并处或者单处罚金；情节特别严重的，处三年以上七年以下有期徒刑，并处罚金。<br>违反国家有关规定，将在履行职责或者提供服务过程中获得的公民个人信息，出售或者提供给他人的，依照前款的规定从重处罚。<br>窃取或者以其他方法非法获取公民个人信息的，依照第一款的规定处罚。<br>单位犯前三款罪的，对单位判处罚金，并对其直接负责的主管人员和其他直接责任人员，依照各该款的规定处罚。 | 《刑法》第253条之一 |

## 二、数据安全领域的违法行为认定与法律责任

### (一)数据安全领域的违法行为

1. 违反数据安全保护义务的行为:

(1)未依照法律、法规的规定开展数据处理活动的行为:

①未建立健全全流程数据安全管理制度,未组织开展数据安全教育培训,未采取相应的技术措施和其他必要措施,保障数据安全的行为;

②利用互联网等信息网络开展数据处理活动,未建立网络安全等级保护制度的行为。

(2)开展数据处理活动未加强风险监测,发现数据安全缺陷、漏洞等风险时,未立即采取补救措施;发生数据安全事件时,未立即采取处置措施,未按照规定及时告知用户并向有关主管部门报告。

(3)重要数据的处理者未按照规定对其数据处理活动定期开展风险评估,未向有关主管部门报送风险评估报告。

2. 违反国家核心数据管理制度的行为。

3. 违反相关规定向境外提供重要数据的行为。

4. 从事数据交易中介服务的机构违反审核义务的行为。

5. 不配合公安机关、国家安全机关调取数据的行为。

### (二)法律责任(见表3-6-2)

**表3-6-2 数据安全领域的违法行为认定与法律责任**

| 违法行为 | 责任方式 | 法律规定 |
|---|---|---|
| 1. 违反数据安全保护义务的行为; | 由有关主管部门责令改正,给予警告,可以并处五万元以上五十万元以下罚款,对直接负责的主管人员和其他直接责任人员可以处一万元以上十万元以下罚款;拒不改正或者造成大量数据泄露等严重后果的,处五十万元以上二百万元以下罚款,并可以责令暂停相关业务、停业整顿、吊销相关业务许可证或者吊销营业执照,对直接负责的主管人员和其他直接责任人员处五万元以上二十万元以下罚款。 | 《数据安全法》第45条 |

续表

| 违法行为 | 责任方式 | 法律规定 |
| --- | --- | --- |
| 2. 违反国家核心数据管理制度的行为; | 违反国家核心数据管理制度,危害国家主权、安全和发展利益的,由有关主管部门处二百万元以上一千万元以下罚款,并根据情况责令暂停相关业务、停业整顿、吊销相关业务许可证或者吊销营业执照;构成犯罪的,依法追究刑事责任。 | 《数据安全法》第45条 |
| 3. 违反相关规定向境外提供重要数据的行为; | 由有关主管部门责令改正,给予警告,可以并处十万元以上一百万元以下罚款,对直接负责的主管人员和其他直接责任人员可以处一万元以上十万元以下罚款;情节严重的,处一百万元以上一千万元以下罚款,并可以责令暂停相关业务、停业整顿、吊销相关业务许可证或者吊销营业执照,对直接负责的主管人员和其他直接责任人员处十万元以上一百万元以下罚款。 | 《数据安全法》第46条 |
| 4. 从事数据交易中介服务的机构违反审核义务的行为; | 由有关主管部门责令改正,没收违法所得,处违法所得一倍以上十倍以下罚款,没有违法所得或者违法所得不足十万元的,处十万元以上一百万元以下罚款,并可以责令暂停相关业务、停业整顿、吊销相关业务许可证或者吊销营业执照;对直接负责的主管人员和其他直接责任人员处一万元以上十万元以下罚款。 | 《数据安全法》第47条 |
| 5. 不配合公安机关、国家安全机关调取数据的行为。 | 由有关主管部门责令改正,给予警告,并处五万元以上五十万元以下罚款,对直接负责的主管人员和其他直接责任人员处一万元以上十万元以下罚款。 | 《数据安全法》第48条 |

## 三、网络安全领域的违法行为认定与法律责任

(一)网络安全领域的违法行为

1. 网络运营者网络未依法履行安全保护义务的行为。

2. 网络运营者提供服务时未要求用户提供真实身份信息的行为。

3. 网络运营者拒绝为公安机关、国家安全机关依法维护国家安全和侦查犯罪的活动提供技术支持和协助的行为。

4. 网络运营者未经收集者同意收集、使用个人信息的行为。

5. 网络运营者泄露、篡改、毁损其收集的个人信息;未经被收集者同意,向他人提供个人信息的行为。

6. 网络运营者未采取技术措施和其他必要措施,确保其收集的个人信息安全,防止信息泄露、毁损、丢失的行为。

7. 网络运营者未加强对其用户发布的信息的管理的行为。

8. 网络运营者未建立网络信息安全投诉、举报制度的行为。

9. 关键信息基础设施的运营者未依法履行安全保护义务的行为。

10. 关键信息基础设施的运营者违反规定在境外存储网络数据,或者向境外提供网络数据的行为。

11. 未按照规定开展活动或向社会发布网络安全信息的行为。

12. 实施非法侵入他人网络、干扰他人网络正常功能、窃取网络数据等危害网络安全的行为,或为他人实施危害网络安全的活动提供帮助的行为。

13. 窃取或者以其他非法方式获取、非法出售或者非法向他人提供个人信息的行为。

14. 设立用于违法犯罪活动的网站、通讯群组的行为。

15. 发送的电子信息、提供的应用软件,设置恶意程序,含有法律、行政法规禁止发布或者传输的信息的行为。

(二)法律责任(见表3-6-3)

**表3-6-3　网络安全领域的违法行为认定与法律责任**

| 违法行为 | 责任方式 | 法律规定 |
|---|---|---|
| 1. 网络运营者网络未依法履行安全保护义务的行为; | 由有关主管部门责令改正,给予警告;拒不改正或者导致危害网络安全等后果的,处一万元以上十万元以下罚款,对直接负责的主管人员处五千元以上五万元以下罚款。 | 《网络安全法》第59条 |
| | 网络服务提供者不履行法律、行政法规规定的信息网络安全管理义务,经监管部门责令采取改正措施而拒不改正,有下列情形之一的,处三年以下有期徒刑、拘役或者管制,并处或者单处罚金:<br>(一)致使违法信息大量传播的;<br>(二)致使用户信息泄露,造成严重后果的;<br>(三)致使刑事案件证据灭失,情节严重的;<br>(四)有其他严重情节的。<br>单位犯前款罪的,对单位判处罚金,并对其直接负责的主管人员和其他直接责任人员,依照前款的规定处罚。<br>有前两款行为,同时构成其他犯罪的,依照处罚较重的规定定罪处罚。 | 《刑法》第286条之一 |

续表

| 违法行为 | 责任方式 | 法律规定 |
|---|---|---|
| 2. 网络运营者提供服务时未要求用户提供真实身份信息的行为； | 由有关主管部门责令改正；拒不改正或者情节严重的，处五万元以上五十万元以下罚款，并可以由有关主管部门责令暂停相关业务、停业整顿、关闭网站、吊销相关业务许可证或者吊销营业执照，对直接负责的主管人员和其他直接责任人员处一万元以上十万元以下罚款。 | 《网络安全法》第61条 |
| 4. 网络运营者未经收集者同意收集、使用个人信息的行为；<br>5. 网络运营者泄露、篡改、毁损其收集的个人信息；未经被收集者同意，向他人提供个人信息的行为； | 由有关主管部门责令改正，可以根据情节单处或者并处警告、没收违法所得、处违法所得一倍以上十倍以下罚款，没有违法所得的，处一百万元以下罚款，对直接负责的主管人员和其他直接责任人员处一万元以上十万元以下罚款；情节严重的，并可以责令暂停相关业务、停业整顿、关闭网站、吊销相关业务许可证或者吊销营业执照。 | 《网络安全法》第64条 |
| 3. 网络运营者拒绝为公安机关、国家安全机关依法维护国家安全和侦查犯罪的活动提供技术支持和协助的行为；<br>6. 网络运营者未采取技术措施和其他必要措施，确保其收集的个人信息安全，防止信息泄露、毁损、丢失的行为； | 由有关主管部门责令改正；拒不改正或者情节严重的，处五万元以上五十万元以下罚款，对直接负责的主管人员和其他直接责任人员，处一万元以上十万元以下罚款。 | 《网络安全法》第69条 |

续表

| 违法行为 | 责任方式 | 法律规定 |
| --- | --- | --- |
| 7. 网络运营者未加强对其用户发布的信息的管理的行为; | 对法律、行政法规禁止发布或者传输的信息未停止传输、采取消除等处置措施、保存有关记录的,由有关主管部门责令改正,给予警告,没收违法所得;拒不改正或者情节严重的,处十万元以上五十万元以下罚款,并可以责令暂停相关业务、停业整顿、关闭网站、吊销相关业务许可证或者吊销营业执照,对直接负责的主管人员和其他直接责任人员处一万元以上十万元以下罚款。 | 《网络安全法》第68条 |
| 8. 网络运营者未建立网络信息安全投诉、举报制度的行为; | 对法律、行政法规禁止发布或者传输的信息未停止传输、采取消除等处置措施、保存有关记录的,由有关主管部门责令改正,给予警告,没收违法所得;拒不改正或者情节严重的,处十万元以上五十万元以下罚款,并可以责令暂停相关业务、停业整顿、关闭网站、吊销相关业务许可证或者吊销营业执照,对直接负责的主管人员和其他直接责任人员处一万元以上十万元以下罚款。 | 《网络安全法》第68条 |
| 9. 关键信息基础设施的运营者未依法履行安全保护义务的行为; | 由有关主管部门责令改正,给予警告;拒不改正或者导致危害网络安全等后果的,处十万元以上一百万元以下罚款,对直接负责的主管人员处一万元以上十万元以下罚款。 | 《网络安全法》第59条 |
| 10. 关键信息基础设施的运营者违反规定在境外存储网络数据,或者向境外提供网络数据的行为; | 由有关主管部门责令改正,给予警告,没收违法所得,处五万元以上五十万元以下罚款,并可以责令暂停相关业务、停业整顿、关闭网站、吊销相关业务许可证或者吊销营业执照;对直接负责的主管人员和其他直接责任人员处一万元以上十万元以下罚款。 | 《网络安全法》第66条 |
| 11. 未按照规定开展活动或向社会发布网络安全信息的行为; | 由有关主管部门责令改正,给予警告;拒不改正或者情节严重的,处一万元以上十万元以下罚款,并可以由有关主管部门责令暂停相关业务、停业整顿、关闭网站、吊销相关业务许可证或者吊销营业执照,对直接负责的主管人员和其他直接责任人员处五千元以上五万元以下罚款。 | 《网络安全法》第62条 |

续表

| 违法行为 | 责任方式 | 法律规定 |
|---|---|---|
| 12. 实施非法侵入他人网络、干扰他人网络正常功能、窃取网络数据等危害网络安全的行为,或为他人实施危害网络安全的活动提供帮助的行为; | 尚不构成犯罪的,由公安机关没收违法所得,处五日以下拘留,可以并处五万元以上五十万元以下罚款;情节较重的,处五日以上十五日以下拘留,可以并处十万元以上一百万元以下罚款。 | 《网络安全法》第62条 |
| | 违反国家规定,侵入国家事务、国防建设、尖端科学技术领域的计算机信息系统的,处三年以下有期徒刑或者拘役。<br>违反国家规定,侵入前款规定以外的计算机信息系统或者采用其他技术手段,获取该计算机信息系统中存储、处理或者传输的数据,或者对该计算机信息系统实施非法控制,情节严重的,处三年以下有期徒刑或者拘役,并处或者单处罚金;情节特别严重的,处三年以上七年以下有期徒刑,并处罚金。<br>提供专门用于侵入、非法控制计算机信息系统的程序、工具,或者明知他人实施侵入、非法控制计算机信息系统的违法犯罪行为而为其提供程序、工具,情节严重的,依照前款的规定处罚。<br>单位犯前三款罪的,对单位判处罚金,并对其直接负责的主管人员和其他直接责任人员,依照各该款的规定处罚。 | 《刑法》第285条 |
| | 明知他人利用信息网络实施犯罪,为其犯罪提供互联网接入、服务器托管、网络存储、通讯传输等技术支持,或者提供广告推广、支付结算等帮助,情节严重的,处三年以下有期徒刑或者拘役,并处或者单处罚金。<br>单位犯前款罪的,对单位判处罚金,并对其直接负责的主管人员和其他直接责任人员,依照第一款的规定处罚。<br>有前两款行为,同时构成其他犯罪的,依照处罚较重的规定定罪处罚。 | 《刑法》第287条之二 |

续表

| 违法行为 | 责任方式 | 法律规定 |
| --- | --- | --- |
| 13. 窃取或者以其他非法方式获取、非法出售或者非法向他人提供个人信息的行为; | 尚不构成犯罪的,由公安机关没收违法所得,并处违法所得一倍以上十倍以下罚款,没有违法所得的,处一百万元以下罚款。 | 《网络安全法》第64条 |
| | 违反国家有关规定,向他人出售或者提供公民个人信息,情节严重的,处三年以下有期徒刑或者拘役,并处或者单处罚金;情节特别严重的,处三年以上七年以下有期徒刑,并处罚金。<br>违反国家有关规定,将在履行职责或者提供服务过程中获得的公民个人信息,出售或者提供给他人的,依照前款的规定从重处罚。<br>窃取或者以其他方法非法获取公民个人信息的,依照第一款的规定处罚。<br>单位犯前三款罪的,对单位判处罚金,并对其直接负责的主管人员和其他直接责任人员,依照各该款的规定处罚。 | 《刑法》第253条之一 |
| 14. 设立用于违法犯罪活动的网站、通讯群组的行为; | 尚不构成犯罪的,由公安机关处五日以下拘留,可以并处一万元以上十万元以下罚款;情节较重的,处五日以上十五日以下拘留,可以并处五万元以上五十万元以下罚款。关闭用于实施违法犯罪活动的网站、通讯群组。<br>单位有前款行为的,由公安机关处十万元以上五十万元以下罚款,并对直接负责的主管人员和其他直接责任人员依照前款规定处罚。 | 《网络安全法》第67条 |
| | 利用信息网络实施下列行为之一,情节严重的,处三年以下有期徒刑或者拘役,并处或者单处罚金:<br>(一)设立用于实施诈骗、传授犯罪方法、制作或者销售违禁物品、管制物品等违法犯罪活动的网站、通讯群组的;<br>(二)发布有关制作或者销售毒品、枪支、淫秽物品等违禁物品、管制物品或者其他违法犯罪信息的;<br>(三)为实施诈骗等违法犯罪活动发布信息的。<br>单位犯前款罪的,对单位判处罚金,并对其直接负责的主管人员和其他直接责任人员,依照第一款的规定处罚。<br>有前两款行为,同时构成其他犯罪的,依照处罚较重的规定定罪处罚。 | 《刑法》第287条之一 |
| 15. 发送的电子信息、提供的应用软件,设置恶意程序,含有法律、行政法规禁止发布或者传输的信息的行为。 | 依照有关法律、行政法规的规定处罚。 | 《网络安全法》第70条 |

# 第二节 数据安全领域合规典型案例

表 3-6-4 数据安全领域合规典型案例

| | | |
|---|---|---|
| 案例一 | 案号 | 宁雨检诉刑不诉[2021]Z39号 |
| | 检察机关 | 南京市雨花台区人民检察院 |
| | 涉嫌罪名 | 侵犯公民个人信息罪 |
| | 基本案情 | 江苏××建设集团有限公司(以下简称江苏××建设公司)在生产经营中,先后注册成立了江苏×甲建筑劳务有限公司、江苏×乙建筑劳务有限公司,并以该两家公司名义向劳务人员发放劳务费。2019年下半年,被不起诉单位江苏××建设公司在召开管理会议时,有公司管理人员多次向公司董事长印某某(另案处理)反映,因公司的项目承包方未提供足够的劳务人员个人信息,导致江苏××建设公司在发放劳务费后需要支出较多税款。印某某在公司会议上决定,由其来解决劳务人员个人信息不足问题。2019年12月17日,印某某与××大学学生工作处职工陈某某(另案处理)联系,索要该校学生个人信息;后陈某某违反规定,从学校学生管理系统下载九千余名在校学生个人信息发送给印某某。当日,印某某将该信息名单转发给其公司财务人员,后由其公司财务人员陆续使用其中部分学生信息,冒充江苏×甲建筑劳务有限公司、江苏×乙建筑劳务有限公司员工,向税务机关进行虚假纳税申报 |
| | 不起诉考量因素 | 主动配合税务机关删除了被冒用个人信息的纳税申报记录,并已补缴了相关税款 |
| | 合规形式 | 依法依规开展企业合规工作 |
| | 处理结果 | 不起诉 |
| 案例二 | 案号 | 宁雨检诉刑不诉[2021]Z38号 |
| | 检察机关 | 南京市雨花台区人民检察院 |
| | 涉嫌罪名 | 侵犯公民个人信息罪 |

续表

| | | |
|---|---|---|
| 案例二 | 基本案情 | 江苏××建设集团有限公司(以下简称江苏××建设公司)在生产经营中,先后注册成立了江苏×甲建筑劳务有限公司、江苏×乙建筑劳务有限公司,并以该两家公司名义向劳务人员发放劳务费。2019年下半年,被不起诉单位江苏××建设公司在召开管理会议时,有公司管理人员多次向公司董事长印某某(另案处理)反映,因公司的项目承包方未提供足够的劳务人员个人信息,导致江苏××建设公司在发放劳务费后需要支出较多税款。印某某在公司会议上决定,由其来解决劳务人员个人信息不足问题。2019年12月18日,印某某与××大学学生工作处职工陈某某(另案处理)联系,索要该校学生个人信息;后陈某某违反规定,从学校学生管理系统下载九千余名在校学生个人信息发送给印某某。当日,印某某将该信息名单转发给其公司财务人员,后由其公司财务人员陆续使用其中部分学生信息,冒充江苏×甲建筑劳务有限公司、江苏×乙建筑劳务有限公司员工,向税务机关进行虚假纳税申报 |
| | 不起诉考量因素 | 被不起诉人印某甲主动至公安机关投案,归案后如实供述了上述主要犯罪事实 |
| | 合规形式 | 依法依规开展企业合规工作 |
| | 处理结果 | 不起诉 |

## 第三节　数据安全领域的合规建设

在信息网络时代,数据充斥着我们日常生活的每一个角落。数据在便利生活的同时,也给我们带来了烦恼,大数据信息一方面能够精准猜测我们的喜好,另一方面则令我们时时刻刻面临着信息泄露的风险。如何在保障数据安全的情况下最大化利用数据,一直以来都是难题。随着系列与数据和信息安全有关法律法规的出台,对于企业而言,做好数据合规的工作迫在眉睫。尤其是对于网络运营者来说,怎么回应数据时代的要求,怎么保障企业合法合规的发展等问题,都需要在具体的实践中摸索。结合《个人信息保护法》《数据安全法》《网络安全法》等法律法规的要求,相关的企业可以从以下方面进行数据合规建设:第一,合规尽职调查;第二,建立信息数据风险库;第三,构建全面防控排查体系;第四,完善责任管理体系。

## 一、合规尽职调查

合规尽职调查的目的是对企业当前面临的信息数据风险因素以及相关的管理制度体系进行全面的了解和分析,为后面制度的建构和风险评估奠定基础。合规尽职调查重在全面、系统、准确,需要协调各方共同参与。企业环境合规尽职调查的内容主要包括以下几个方面。

### (一)企业目前信息数据保护现状

要了解企业信息数据保护现状,首先需要确定企业的性质——企业是网络运营者还是关键信息基础设施的运营者抑或是网络信息服务提供者,这是因为法律对于不同性质的经营者应当履行的义务有着不同的规定。举例而言,相较于网络运营者,关键信息基础设施的运营者还有遵守相关规定将在本国境内运营中收集和产生的个人信息和重要数据在境内存储的义务。如果因为业务需要向境外提供,应当按照国家网信部门会同国务院有关部门制定的办法进行安全评估,否则就会面临暂停相关业务、停业整顿、关闭网站、吊销相关业务许可证或者吊销营业执照等的风险。其次,在确定了企业的性质之后,需要就企业对信息数据的收集管理状况进行深入了解,包括但不限于企业如何收集用户信息,企业收集用户信息的范围(是用户的关键敏感信息还是普通信息),企业在收集信息时如何确保用户的知情同意,企业对于已经收集到的信息数据如何进行管理和保存等。对于企业收集信息数据的现状,可以通过与企业的负责人、高级管理人员或者相关技术人员交谈,以及查阅有关的电子数据记录等方式进行全面了解。最后,还应当对企业所属行业通行的收集信息数据的方式有所了解。

### (二)企业当前信息数据相关制度是否完善

当前信息数据领域存在法规纷繁复杂、管理疏漏、个人信息保护不周等问题,企业应当立足于自身性质,按照相关法律法规的要求,制定完善的信息数据保护制度。首先,企业应当对与本企业信息数据相关的法律法规及政策性文件进行全面的检索,建立外部的信息数据法律法规知识库。其次,根据企业自身的情况,需要了解企业内部是否确立了法律法规所要求的制度,如网络安全等级保护制度、数据保护管理制度、网络运行安全管理制度、突发网络安全事件应急管理制度等。在此基础上,还需进一步调查企业信息数据相关制度规定是否具有可操作性及其落实情况如何。

(三)企业信息数据违法情况

企业是否因违反相关法律规定受过处罚,受过何种形式的处罚,处罚的类型、原因、次数等都应予以全面的关注。

## 二、建立企业信息数据风险库

立足于合规尽职调查的结果,企业便可开展信息数据风险库的建设。企业信息数据风险库的建设最重要的一环就是风险识别。风险识别可以通过以下三种方式进行:第一,通过风险实证识别风险;第二,基于岗位权力识别风险;第三,基于流程权力识别风险。合规尽职调查是从第一个方面即风险实证角度出发,从企业内部着手,通过收集与本企业有关的制度建设和实施现状,尤其是信息数据违法情况,总结分析并推断出企业潜在的风险源以及相应的防范措施。风险实证还可以从企业外部切入,收集本行业内其他企业的违法案例、行政处罚案件等,总结他人经验,为本企业所用。对不同行业常见违法行为的总结,即风险识别预备工作的重心。将常见违法行为类型化,是帮助企业"排雷"之必需。

之后,企业可以综合风险发生的概率、风险造成后果的严重程度等因素制定风险判断标准,将调查过程中发现存在漏洞的地方按照风险大小进行排序,并制定相关的应急方案。对入库风险应该严格管理,进行周期性的排查并及时调整和更新相关信息。如果风险不再存在,可以移除出库;如果风险异常应当予以关注并监视其动态;如果风险增加,应当及时启动紧急预案并将情况上报,以便在第一时间处理。

## 三、构建全面防控排查体系

防控体系的构建应当织紧织密,并且具有较强的可操作性。可操作性体现在其符合企业的实际,这就需要倚仗前面两项工作的完成。防控体系应当符合法律法规的规定,涵盖企业经营全过程,贯彻落实到每一个制度中,以达到每个环节都合法合规,每个环节都有专业的人员予以管控,具体环节之间环环相扣,环节之间的信息畅通、沟通高效等效果。防控体系应当贯穿于风险识别、风险评估、风险应对整个过程,还应当将非常态情况下的突发网络安全事件应急管理制度纳入其中。防控体系的建立要遵循系统、科学、合理的原则，更应当在法律法规的框架下，搭建起风险泄露管理制度、突发网络安全应急预案制度等，确保企业信息数据风险防控密不透风。

就信息数据保护角度而言，根据不同性质的企业类型构建不同的防控体系十分必要。对于网络服务提供者的企业而言，在法律上如何设置隐私声明文本，在技术上如何保障用户敏感信息不被泄露，在管理上如何避免员工违法出售信息数据的情况出现，是该类企业需要关注的重点。对于关键信息基础设施的运营者企业而言，在法律上如何界定何为确有需要向外国提供数据的情形，在技术上如何保障关键信息的安全，在管理上如何设置数据保护机构的权利义务，是该类企业需要关注的重点。

有效的防控体系能够防患于未然，更能在风险发生之后在短时间内迅速回应作出处理。值得注意的是，防控体系的建成并不意味着一劳永逸，企业仍需要随着法律法规的修订、生产技术的革新对防控体系进行不断的优化调整，来完善和维护风险防控防火墙的有效运行。

## 四、完善责任管理体系

制度的生命力在于高效合理，更在于执行到位。无论企业信息数据保护合规制度构建如何精妙绝伦，若是无法落地实施，最终也只是纸上谈兵。所以，要完善责任管理体系，让信息数据保护责任落实到个人，根据不同人员的分工分配不同的责任，对数据管理人员定期开展专业教育、合规培训，层层把控人人把控，避免步入行业内其他公司的后尘，让每个过程每个环节都有人参与，让每个人都参到合规的各个环节，让责任落实到个人，才能保障和规制的有效实施。

# 附 录

# 一、企业合规法律汇总

## （一）环境保护领域

| 序号 | 名称 | 发布机关 | 效力级别 |
|---|---|---|---|
| 1 | 《中华人民共和国环境保护法》 | 全国人民代表大会常务委员会 | 法律 |
| 2 | 《中华人民共和国环境保护税法》 | 全国人民代表大会常务委员会 | 法律 |
| 3 | 《中华人民共和国海洋环境保护法》 | 全国人民代表大会常务委员会 | 法律 |
| 4 | 《中华人民共和国环境保护税法实施条例》 | 国务院 | 行政法规 |
| 5 | 《气象设施和气象探测环境保护条例》 | 国务院 | 行政法规 |
| 6 | 《建设项目环境保护管理条例》 | 国务院 | 行政法规 |
| 7 | 《中华人民共和国海洋石油勘探开发环境保护管理条例》 | 国务院 | 行政法规 |
| 8 | 《国务院关于环境保护若干问题的决定》 | 国务院 | 规范性文件 |
| 9 | 《国务院关于进一步加强环境保护工作的决定》 | 国务院 | 规范性文件 |
| 10 | 《国务院关于落实科学发展观加强环境保护的决定》 | 国务院 | 规范性文件 |
| 11 | 《国务院办公厅关于生态环境保护综合行政执法有关事项的通知》 | 国务院办公厅 | 规范性文件 |
| 12 | 《国务院关于环境保护税收入归属问题的通知》 | 国务院 | 规范性文件 |
| 13 | 《国务院关于印发“十三五”生态环境保护规划的通知》 | 国务院 | 规范性文件 |
| 14 | 《国务院关于印发国家环境保护“十二五”规划的通知》 | 国务院 | 规范性文件 |

续表

| 序号 | 名称 | 发布机关 | 效力级别 |
| --- | --- | --- | --- |
| 15 | 《国务院关于印发国家环境保护“十一五”规划的通知》 | 国务院 | 规范性文件 |
| 16 | 《国务院关于国家环境保护“十五”计划的批复》 | 国务院 | 规范性文件 |
| 17 | 《国务院关于加强环境保护重点工作的意见》 | 国务院 | 规范性文件 |
| 18 | 《国务院批转国家环境保护局关于我国中、低水平放射性废物处置的环境政策的通知》 | 国务院 | 规范性文件 |
| 19 | 《国务院环境保护委员会关于三十二个重点城市防治烟尘污染的决定的通知》 | 国务院 | 规范性文件 |
| 20 | 《国务院办公厅关于印发近期土壤环境保护和综合治理工作安排的通知》 | 国务院办公厅 | 规范性文件 |
| 21 | 《国务院办公厅转发环境保护部等部门关于推进大气污染联防联控工作改善区域空气质量指导意见的通知》 | 国务院办公厅 | 规范性文件 |
| 22 | 《国务院办公厅关于转发环境保护部等部门重点流域水污染防治专项规划实施情况考核暂行办法的通知》 | 国务院办公厅 | 规范性文件 |
| 23 | 《国务院办公厅转发环境保护部等部门关于实行“以奖促治”加快解决突出的农村环境问题实施方案的通知》 | 国务院办公厅 | 规范性文件 |
| 24 | 《国务院办公厅转发环保总局等部门关于加强农村环境保护工作意见的通知》 | 国务院办公厅 | 规范性文件 |
| 25 | 《国务院办公厅转发环保总局等部门关于加强重点湖泊水环境保护工作意见的通知》 | 国务院办公厅 | 规范性文件 |
| 26 | 《国务院办公厅转发国务院环境保护委员会关于积极发展环境保护产业若干意见的通知》 | 国务院办公厅 | 规范性文件 |

续表

| 序号 | 名称 | 发布机关 | 效力级别 |
| --- | --- | --- | --- |
| 27 | 《国务院办公厅转发城乡建设环境保护部关于加强城市环境综合整治报告的通知》 | 国务院办公厅 | 规范性文件 |
| 28 | 《生态环境部关于印发〈生态环境部贯彻落实《全国人民代表大会常务委员会关于全面加强生态环境保护依法推动打好污染防治攻坚战的决议》实施方案〉的通知》 | 生态环境部 | 工作文件 |
| 29 | 《全国人民代表大会常务委员会关于全面加强生态环境保护依法推动打好污染防治攻坚战的决议》 | 全国人民代表大会常务委员会 | 工作文件 |
| 30 | 《最高人民法院关于深入学习贯彻习近平生态文明思想为新时代生态环境保护提供司法服务和保障的意见》 | 最高人民法院 | 司法指导性文件 |
| 31 | 《最高人民法院、民政部、环境保护部关于贯彻实施环境民事公益诉讼制度的通知》 | 最高人民法院、环境保护部、民政部 | 司法指导性文件 |
| 32 | 《国家环境保护局关于加强环境行政执法工作的若干意见》 | 最高人民法院 | 规范性文件 |

(二)安全生产领域

| 序号 | 名称 | 发布机关 | 效力等级 |
| --- | --- | --- | --- |
| 1 | 《安全生产法》 | 全国人民代表大会常务委员会 | 法律 |
| 2 | 《安全生产许可证条例》 | 国务院 | 行政法规 |
| 3 | 《国务院关于进一步加强安全生产工作的决定》 | 国务院 | 规范性文件 |
| 4 | 《建设工程安全生产管理条例》 | 国务院 | 行政法规 |
| 5 | 《民航专业工程安全生产费用管理办法(试行)》 | 中国民用航空局 | 规范性文件 |
| 6 | 《水利工程建设安全生产管理规定》 | 水利部 | 部门规章 |

续表

| 序号 | 名称 | 发布机关 | 效力等级 |
|---|---|---|---|
| 7 | 《冶金企业和有色金属企业安全生产规定》 | 国家安全生产监督管理总局 | 部门规章 |
| 8 | 《民用爆炸物品安全生产许可实施办法》 | 工业和信息化部 | 部门规章 |
| 9 | 《安全生产培训管理办法》 | 国家安全生产监督管理总局 | 部门规章 |
| 10 | 《食品生产企业安全生产监督管理暂行规定》 | 国家安全生产监督管理总局 | 部门规章 |
| 11 | 《安全生产检测检验机构管理规定》 | 国家安全生产监督管理总局 | 部门规章 |
| 12 | 《铁路安全生产违法行为公告办法》 | 国家铁路局 | 规范性文件 |
| 13 | 《安全生产违法行为行政处罚办法》 | 国家安全生产监督管理总局 | 部门规章 |
| 14 | 《电力安全生产监督管理办法》 | 国家发展和改革委员会 | 部门规章 |
| 15 | 《安全生产监管监察职责和行政执法责任追究的暂行规定》 | 国家安全生产监督管理总局 | 部门规章 |
| 16 | 《安全生产监管监察部门信息公开办法》 | 国家安全生产监督管理总局 | 部门规章 |
| 17 | 《烟花爆竹生产企业安全生产许可证实施办法》 | 国家安全生产监督管理总局 | 部门规章 |
| 18 | 《金属与非金属矿产资源地质勘探安全生产监督管理暂行规定》 | 国家安全生产监督管理总局 | 部门规章 |
| 19 | 《非煤矿矿山企业安全生产许可证实施办法》 | 国家安全生产监督管理总局 | 部门规章 |
| 20 | 《国家安全生产监督管理总局令》 | 国家安全生产监督管理总局 | 部门规章 |
| 21 | 《安全生产行业标准管理规定》 | 国家安全生产监督管理局、国家煤矿安全监察局 | 部门规章 |

续表

| 序号 | 名称 | 发布机关 | 效力等级 |
|---|---|---|---|
| 22 | 《安全生产监督罚款管理暂行办法》 | 国家安全生产监督管理局、国家煤矿安全监察局 | 部门规章 |
| 23 | 《建筑施工企业安全生产许可证管理规定》 | 住房和城乡建设部 | 部门规章 |
| 24 | 《冰片、皂素安全生产规定》 | 国家药品监督管理局（已变更） | 部门规章 |
| 25 | 《医药行业安全生产管理暂行办法》 | 国家药品监督管理局（已变更） | 部门规章 |
| 26 | 《物资部拆船安全生产与环境保护工作的规定》 | 物资部（已变更） | 部门规章 |
| 27 | 《城乡建设环镜保护部关于加强集体所有制建筑企业安全生产的暂行规定》 | 城乡建设环境保护部（已变更） | 规范性文件 |
| 28 | 《电子信息产业安全生产管理规定》 | 信息产业部（已撤销） | 规范性文件 |
| 29 | 《沈阳市安全生产条例》 | 沈阳市人大及其常委会 | 地方法规 |
| 30 | 《吉林省安全生产条例》 | 吉林省人大及常委会 | 地方法规 |
| 31 | 《贵州省安全生产条例》 | 贵州省人大及常委会 | 地方法规 |
| 32 | 《云南省安全生产条例》 | 云南省人大及常委会 | 地方法规 |
| 33 | 《安徽省安全生产条例》 | 安徽省人大及常委会 | 地方法规 |
| 34 | 《广东省安全生产条例》 | 广东省人大及常委会 | 地方法规 |
| 35 | 《湖北省安全生产条例》 | 湖北省人大及常委会 | 地方法规 |
| 36 | 《湖南省安全生产条例》 | 湖南省人大及常委会 | 地方法规 |
| 37 | 《江西省安全生产条例》 | 江西省人大及常委会 | 地方法规 |
| 38 | 《内蒙古自治区安全生产条例》 | 内蒙古自治区人大及常委会 | 地方法规 |
| 39 | 《新疆维吾尔自治区安全生产条例》 | 新疆维吾尔自治区人大及常委会 | 地方法规 |
| 40 | 《广西壮族自治区安全生产条例》 | 广西壮族自治区人大及常委会 | 地方法规 |
| 41 | 《山东省安全生产条例》 | 山东省人大及常委会 | 地方法规 |

续表

| 序号 | 名称 | 发布机关 | 效力等级 |
|---|---|---|---|
| 42 | 《山西省安全生产条例》 | 山西省人大及常委会 | 地方法规 |
| 43 | 《福建省安全生产条例》 | 福建省人大及常委会 | 地方法规 |
| 44 | 《辽宁省安全生产条例》 | 辽宁省人大及常委会 | 地方法规 |
| 45 | 《河北省安全生产条例》 | 河北省人大及常委会 | 地方法规 |
| 46 | 《河南省安全生产条例》 | 河南省人大及常委会 | 地方法规 |
| 47 | 《海南经济特区安全生产条例》 | 海南省人大及常委会 | 地方法规 |
| 48 | 《江苏省安全生产条例》 | 江苏省人大及常委会 | 地方法规 |
| 49 | 《浙江省安全生产条例》 | 浙江省人大及常委会 | 地方法规 |
| 50 | 《甘肃省安全生产条例》 | 甘肃省人大及常委会 | 地方法规 |
| 51 | 《四川省安全生产条例》 | 四川省人大及常委会 | 地方法规 |
| 52 | 《重庆市安全生产条例》 | 重庆市人大及其常委会 | 地方法规 |
| 53 | 《上海市安全生产条例》 | 上海市人大及其常委会 | 地方法规 |
| 54 | 《北京市安全生产条例》 | 北京市人大及其常委会 | 地方法规 |
| 55 | 《宁夏回族自治区安全生产条例》 | 宁夏回族自治区人大及常委会 | 地方法规 |
| 56 | 《黑龙江省安全生产条例》 | 黑龙江省人大及常委会 | 地方法规 |
| 57 | 《山西省大同市建筑安全生产监督管理条例》 | 大同市人大及其常委会 | 地方法规 |
| 58 | 《陕西省建设工程质量和安全生产管理条例》 | 陕西省人大及常委会 | 地方法规 |
| 59 | 《山西省建筑工程质量和建筑安全生产管理条例》 | 山西省人大及常委会 | 地方法规 |
| 60 | 《甘肃省建设工程质量和建设工程安全生产管理条例》 | 甘肃省人大及常委会 | 地方法规 |

续表

| 序号 | 名称 | 发布机关 | 效力等级 |
| --- | --- | --- | --- |
| 61 | 《湖南省建设工程质量和安全生产管理条例》 | 湖南省人大及常委会 | 地方法规 |
| 62 | 《浙江省交通建设工程质量和安全生产管理条例》 | 浙江省人大及常委会 | 地方法规 |
| 63 | 《江西省交通建设工程质量与安全生产监督管理条例》 | 江西省人大及常委会 | 地方法规 |
| 64 | 《湖南省交通建设工程质量与安全生产条例》 | 湖南省人大及常委会 | 地方法规 |
| 65 | 《吉林省公路水运工程质量和安全生产条例》 | 吉林省人大及常委会 | 地方法规 |
| 66 | 《辽宁省煤矿安全生产监督管理条例》 | 辽宁省人大及常委会 | 地方法规 |

（三）财务税收领域

| 序号 | 名称 | 发布机关 | 效力级别 |
| --- | --- | --- | --- |
| 1 | 《中华人民共和国税收征收管理法》 | 全国人民代表大会常务委员会 | 法律 |
| 2 | 《中华人民共和国个人所得税法》 | 全国人民代表大会常务委员会 | 法律 |
| 3 | 《中华人民共和国企业所得税法》 | 全国人民代表大会常务委员会 | 法律 |
| 4 | 《中华人民共和国车船税法》 | 全国人民代表大会常务委员会 | 法律 |
| 5 | 《中华人民共和国环境保护税法》 | 全国人民代表大会常务委员会 | 法律 |
| 6 | 《中华人民共和国烟叶税法》 | 全国人民代表大会常务委员会 | 法律 |
| 7 | 《中华人民共和国船舶吨税法》 | 全国人民代表大会常务委员会 | 法律 |

续表

| 序号 | 名称 | 发布机关 | 效力级别 |
|---|---|---|---|
| 8 | 《中华人民共和国车辆购置税法》 | 全国人民代表大会常务委员会 | 法律 |
| 9 | 《中华人民共和国耕地占用税法》 | 全国人民代表大会常务委员会 | 法律 |
| 10 | 《中华人民共和国资源税法》 | 全国人民代表大会常务委员会 | 法律 |
| 11 | 《中华人民共和国城市维护建设税法》 | 全国人民代表大会常务委员会 | 法律 |
| 12 | 《中华人民共和国契税法》 | 全国人民代表大会常务委员会 | 法律 |
| 13 | 《中华人民共和国印花税法》 | 全国人民代表大会常务委员会 | 法律 |
| 14 | 《中华人民共和国海关法》 | 全国人民代表大会常务委员会 | 法律 |
| 15 | 《中华人民共和国对外贸易法》 | 全国人民代表大会常务委员会 | 法律 |
| 16 | 《中华人民共和国电子商务法》 | 全国人民代表大会常务委员会 | 法律 |
| 17 | 《中华人民共和国进出口商品检验法》 | 全国人民代表大会常务委员会 | 法律 |
| 18 | 《中华人民共和国个人所得税法实施条例》 | 国务院 | 行政法规 |
| 19 | 《中华人民共和国企业所得税法实施条例》 | 国务院 | 行政法规 |
| 20 | 《中华人民共和国车船税法实施条例》 | 国务院 | 行政法规 |
| 21 | 《中华人民共和国环境保护税法实施条例》 | 国务院 | 行政法规 |
| 22 | 《中华人民共和国增值税暂行条例》 | 国务院 | 行政法规 |

续表

| 序号 | 名称 | 发布机关 | 效力级别 |
|---|---|---|---|
| 23 | 《中华人民共和国消费税暂行条例》 | 国务院 | 行政法规 |
| 24 | 《中华人民共和国城镇土地使用税暂行条例》 | 国务院 | 行政法规 |
| 25 | 《中华人民共和国土地增值税暂行条例》 | 国务院 | 行政法规 |
| 26 | 《中华人民共和国进出口关税条例》 | 国务院 | 行政法规 |
| 27 | 《中华人民共和国房产税暂行条例》 | 国务院 | 行政法规 |
| 28 | 《征收教育费附加的暂行规定》 | 国务院 | 行政法规 |

（四）信息数据领域

| 序号 | 名称 | 发布机关 | 效力级别 |
|---|---|---|---|
| 1 | 《中华人民共和国数据安全法》 | 全国人民代表大会常务委员会 | 法律 |
| 2 | 《中华人民共和国个人信息保护法》 | 全国人民代表大会常务委员会 | 法律 |
| 3 | 《中华人民共和国网络安全法》 | 全国人民代表大会常务委员会 | 法律 |
| 4 | 《最高人民法院关于审理利用信息网络侵害人身权益民事纠纷案件适用法律若干问题的规定》 | 全国人民代表大会常务委员会 | 司法解释 |
| 5 | 《最高人民法院、最高人民检察院关于办理侵犯公民个人信息刑事案件适用法律若干问题的解释》 | 最高人民法院、最高人民检察院 | 司法解释 |
| 6 | 《最高人民法院、最高人民检察院、公安部关于办理电信网络诈骗等刑事案件适用法律若干问题的意见》 | 最高人民法院、最高人民检察院、公安部 | 司法解释 |
| 7 | 《电信和互联网用户个人信息保护规定》 | 工业和信息化部 | 部门规章 |
| 8 | 《儿童个人信息网络保护规定》 | 国家互联网信息办公室 | 部门规章 |
| 9 | 《区块链信息服务管理规定》 | 国家互联网信息办公室 | 部门规章 |

续表

| 序号 | 名称 | 发布机关 | 效力级别 |
|---|---|---|---|
| 10 | 《金融信息服务管理规定》 | 国家互联网信息办公室 | 规范性文件 |
| 11 | 《微博客信息服务管理规定》 | 国家互联网信息办公室 | 规范性文件 |
| 12 | 《云计算服务安全评估办法》 | 国家互联网信息办公室 | 规范性文件 |
| 13 | 《互联网新闻信息服务新技术新应用安全评估管理规定》 | 国家互联网信息办公室 | 规范性文件 |
| 14 | 《互联网新闻信息服务单位内容管理从业人员管理办法》 | 国家互联网信息办公室 | 规范性文件 |
| 15 | 《互联网群组信息服务管理规定》 | 国家互联网信息办公室 | 规范性文件 |
| 16 | 《互联网用户公众账号信息服务管理规定》 | 国家互联网信息办公室 | 规范性文件 |
| 17 | 《互联网跟帖评论服务管理规定》 | 国家互联网信息办公室 | 规范性文件 |
| 18 | 《互联网论坛社区服务管理规定》 | 国家互联网信息办公室 | 规范性文件 |
| 19 | 《互联网信息内容管理行政执法程序规定》 | 国家互联网信息办公室 | 部门规章 |
| 20 | 《互联网新闻信息服务管理规定》 | 国家互联网信息办公室 | 部门规章 |
| 21 | 《互联网新闻信息服务许可管理实施细则》 | 国家互联网信息办公室 | 规范性文件 |
| 22 | 《网络产品和服务安全审查办法(试行)》 | 国家互联网信息办公室 | 规范性文件 |
| 23 | 《国家网络安全事件应急预案》 | 中央网络安全和信息化领导小组办公室(已变更) | 工作文件 |
| 24 | 《国家网络安全检查操作指南》 | 国家互联网信息办公室 | 政策文件 |
| 25 | 《公安机关互联网安全监督检查规定》 | 公安部 | 部门规章 |
| 26 | 《网络安全等级保护测评机构管理办法》 | 公安部 | 规范性文件 |
| 27 | 《公共互联网网络安全威胁监测与处置办法》 | 工业和信息化部 | 规范性文件 |

续表

| 序号 | 名称 | 发布机关 | 效力级别 |
| --- | --- | --- | --- |
| 28 | 《公共互联网网络安全突发事件应急预案》 | 工业和信息化部 | 规范性文件 |
| 29 | 《工业控制系统信息安全事件应急管理工作指南》 | 工业和信息化部 | 工作文件 |
| 30 | 《关于发布网络关键设备和网络安全专用产品安全认证实施规则的公告》 | 国家认证认可监督管理委员会 | 规范性文件 |
| 31 | 《互联网个人信息安全保护指南》 | 公安部 | 规范性文件 |
| 32 | 《关于开展App违法违规收集使用个人信息专项治理的公告》及《App违法违规收集使用个人信息自评估指南》 | 国家互联网信息办公室、公安部、工业和信息化部及市场监督管理总局、App专项治理工作组 | 工作文件 |
| 33 | 《关于开展App安全认证工作的公告》及《移动互联网应用程序(App)安全认证实施规则》 | 国家互联网信息办公室、市场监督管理总局、国家认证认可监督管理委员会 | 工作文件 |
| 34 | 《具有舆论属性或社会动员能力的互联网信息服务安全评估规定》 | 国家互联网信息办公室、公安部 | 规范性文件 |
| 35 | 《关于网络关键设备和网络安全专用产品安全认证实施要求的公告》 | 国家互联网信息办公室、国家认证认可监督管理委员会 | 工作文件 |
| 36 | 《关于发布承担网络关键设备和网络安全专用产品安全认证和安全检测任务机构名录(第一批)的公告》 | 国家互联网信息办公室、公安部、工业和信息化部、国家认证认可监督管理委员会 | 工作文件 |
| 37 | 《关于加强网络直播服务管理工作的通知》 | 全国“扫黄打非”工作小组办公室、工业和信息化部、公安部 | 工作文件 |
| 38 | 《关于发布〈网络关键设备和网络安全专用产品目录(第一批)〉的公告》 | 国家互联网信息办公室、公安部、工业和信息化部、国家认证认可监督管理委员会 | 政策文件 |

## 二、企业合规具体操作流程

### (一)涉案企业合规试点的启动程序

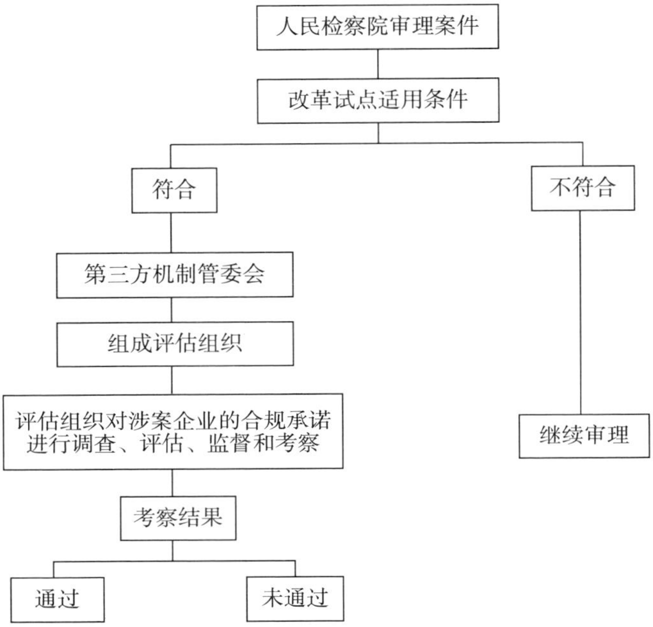

（二）第三方机制的启动及人员的确定

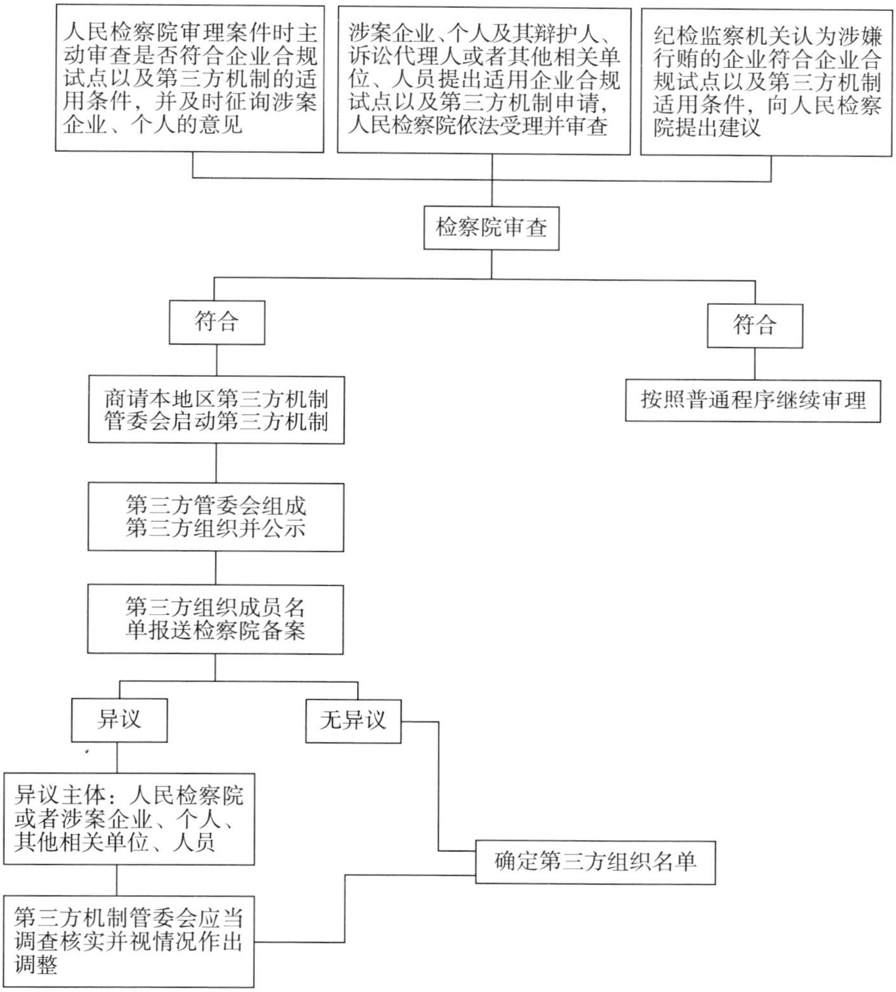

(三)合规考察全流程

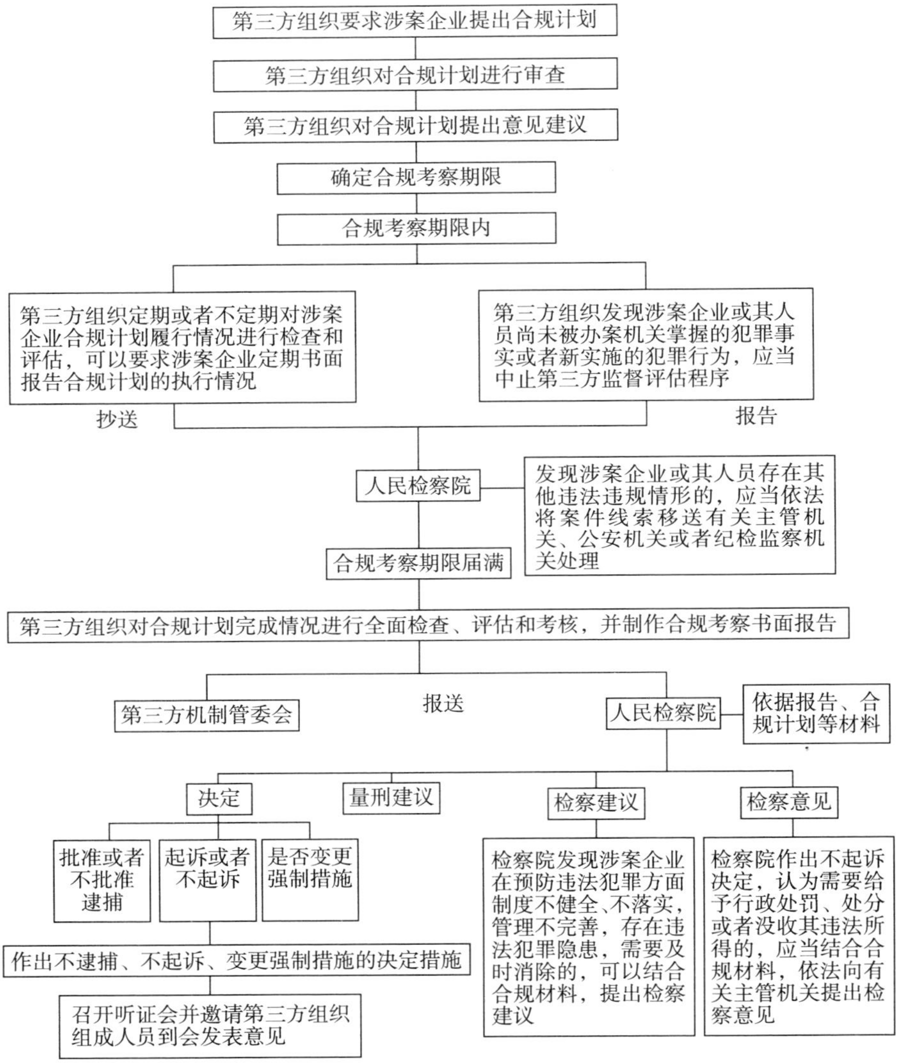
第三方组织要求涉案企业提出合规计划
第三方组织对合规计划进行审查
第三方组织对合规计划提出意见建议
确定合规考察期限
合规考察期限内
第三方组织定期或者不定期对涉案企业合规计划履行情况进行检查和评估，可以要求涉案企业定期书面报告合规计划的执行情况
第三方组织发现涉案企业或其人员尚未被办案机关掌握的犯罪事实或者新实施的犯罪行为，应当中止第三方监督评估程序
抄送
报告
人民检察院
发现涉案企业或其人员存在其他违法违规情形的，应当依法将案件线索移送有关主管机关、公安机关或者纪检监察机关处理
合规考察期限届满
第三方组织对合规计划完成情况进行全面检查、评估和考核，并制作合规考察书面报告
报送
第三方机制管委会
人民检察院
依据报告、合规计划等材料
决定
量刑建议
检察建议
检察意见
批准或者不批准逮捕
起诉或者不起诉
是否变更强制措施
作出不逮捕、不起诉、变更强制措施的决定措施
召开听证会并邀请第三方组织组成人员到会发表意见
检察院发现涉案企业在预防违法犯罪方面制度不健全、不落实，管理不完善，存在违法犯罪隐患，需要及时消除的，可以结合合规材料，提出检察建议
检察院作出不起诉决定，认为需要给予行政处罚、处分或者没收其违法所得的，应当结合合规材料，依法向有关主管机关提出检察意见

## 三、企业合规具体操作文书模板

### (一)合规监管初步文件清单

| 合规监管初步文件清单 | | | | | |
|---|---|---|---|---|---|
| 编号 | 所需提供文件或信息 | 已提供 | 待提供 | 不适用 | 备注 |
| Part1:公司资信情况 | | | | | |
| 1. 公司基本情况 | | | | | |
| 1.1 | 公司基本情况介绍(包括名称、设立日期、法定代表人、注册地等) | | | | |
| 1.2 | 公司及分公司(若有)设立、历次变更及运营情况的说明 | | | | |
| 1.3 | 公司设立至今的章程、股东会决议,董事会决议及其相关文件 | | | | |
| 1.4 | 公司股权架构图(追溯至实际控制人);公司组织架构图(应包含公司的部门设置、部门职责、部门人员规模;尤其是与本次合作相关的部分,请重点说明) | | | | |
| 1.5 | 股东之间合资合同以及其附属文件、关联文件 | | | | |
| 1.6 | 股东所持股权用于质押、其他形式担保、第三者权利或权属争议的相关资料 | | | | |
| 1.7 | 股东出资资产明细及设有质押、抵押或其他第三者权利的相关资料 | | | | |
| 1.8 | 董事、监事及高级管理人员(特别是)的名单、简历、背景资料及职位描述 | | | | |
| 1.9 | 公司对外投资总额、明细清单和有关文件 | | | | |
| 1.10 | 关于公司的经营模式和经营情况的简要说明,尤其是本次合作的经营模式、经营情况(包括经营历史、服务客户等) | | | | |
| 1.11 | 中国人民银行信用报告 | | | | |

续表

| 合规监管初步文件清单 | | | | | |
|---|---|---|---|---|---|
| 编号 | 所需提供文件或信息 | 已提供 | 待提供 | 不适用 | 备注 |
| 2. 公司证照情况 | | | | | |
| 2.1 | 公司的营业执照(曾使用以及当前使用的证照正,副本) | | | | |
| 2.2 | 公司(特别是与本次合作相关的)已取得的目前从事的经营事项和业务种类所需要的全部政府登记、许可、备案文件,如ICP备案、互联网药品信息服务资格证书等(与本次合作相关证书请做备注);公司计划取得的以上资料或其目前进展情况说明 | | | | |
| 3. 公司内部规则/管理 | | | | | |
| 3.1 | 关于合规的内部控制制度,包括但不限于:<br>(1)反腐败政策<br>(2)反商业贿赂规定<br>(3)与医药学专业人士、医疗机构往来政策<br>(4)数据合规政策<br>(5)个人信息保护政策<br>(6)保密政策 | | | | |
| 3.2 | 业务相关内部规则,包括但不限于:<br>(1)业务流程<br>(2)推广行为<br>(3)会议操作<br>(4)推广资料审核<br>(5)业务文书模板<br>(6)竞品利益冲突<br>(7)推送信息等方面的文档信息管理 | | | | |
| 3.3 | 人事相关内部规则,请提供本次合作相关的包括但不限于以下的人事规则:<br>(1)就业规则<br>(2)招聘规则<br>(3)资格资质管理规则<br>(4)培训规则<br>(5)考核规则<br>(6)员工利益冲突回避规则 | | | | |

续表

| 合规监管初步文件清单 | | | | | |
|---|---|---|---|---|---|
| 编号 | 所需提供文件或信息 | 已提供 | 待提供 | 不适用 | 备注 |
| 3.4 | 贵企业是否通过签订书面劳动合同的方式雇用零售终端推广人员？该等人员中是否存在非全职员工或兼职员工、劳务工、计时工、实习生等？ | | | | |
| 3.5 | 零售终端推广人员的业务分担是如何决定的？对于同一名推广人员负责的业务范围是否有限制性的规定？ | | | | |
| 3.6 | 推广业务开展过程中，除零售终端推广人员工资以外，贵企业还会有哪些支出（尤其是直接或间接最终用于医疗机构和药剂师等医药学专业人士的支出）？通过什么方式管理该支出？ | | | | |
| 3.6 | 财务相关内部规则，请提供与推广人员相关的包括但不限于以下的财务规则：<br>(1)费用报销规则<br>(2)费用标准规则 | | | | |
| 4. 分包状况 | | | | | |
| 4.1 | 公司与线下药店和电商等分包商的说明分包情况、合作内容和双方权利义务 | | | | |
| 4.2 | 公司关于分包商管理的内部规则或文件，包括但不限于：<br>(1)分包商合规/廉洁承诺函<br>(2)分包商使用标准<br>(3)分包商管理流程<br>(4)分包商尽调清单<br>(5)分包商合规培训情况 | | | | |
| 4.3 | 关于分销业务与任何包括但不限于以下类型供应商之间的合作合同：<br>(1)信息技术（提供技术支持）<br>(2)咨询（提供咨询服务）<br>(3)其他（如有） | | | | |

续表

| 合规监管初步文件清单 | | | | | |
|---|---|---|---|---|---|
| 编号 | 所需提供文件或信息 | 已提供 | 待提供 | 不适用 | 备注 |
| 5. 知识产权情况 | | | | | |
| 5.1 | 公司的知识产权(含非专利技术)明细及登记/备案文件/质押情况,包括但不限于商标、专利、著作权(版权)、计算机软件著作权、域名、专有技术等 | | | | |
| 5.2 | 公司使用的知识产权的明细及登记/备案文件,包括但不限于发明、实用新型、外观设计、商标、域名、计算机软件著作权等 | | | | |
| 5.3 | 公司使用的知识产权与其他第三方签署的许可协议、品牌或专有技术使用协议等 | | | | |
| 6. 公司税务及债务情况 | | | | | |
| 6.1 | 公司最近3年的审计报告 | | | | |
| 6.2 | 公司最近3年接受税务稽查(核查)情况相关资料及案件说明 | | | | |
| 6.3 | 公司债务明细清单及情况说明 | | | | |
| 7. 对外担保情况 | | | | | |
| 7.1 | 公司提供担保总额、明细清单和有关文件 | | | | |
| 8. 公司与本次合作有关部门的劳动人事情况 | | | | | |
| 8.1 | 与本次合作有关部门员工表、组织结构图及其基本情况,主要包括员工人数及变化情况,人员专业结构、员工受教育程度、雇用形态、职位、工作年数、业务内容 | | | | |
| 8.2 | 公司(与本次合作有关的部门)与其现任高级管理人员、一般雇员间签订的现行有效的标准劳动合同、保密协议、竞业限制协议等样本 | | | | |
| 8.3 | 与本次合作有关部门签订的劳务派遣合同 | | | | |
| 8.4 | 员工离职、裁员等相关记录资料 | | | | |

续表

| 合规监管初步文件清单 | | | | | |
|---|---|---|---|---|---|
| 编号 | 所需提供文件或信息 | 已提供 | 待提供 | 不适用 | 备注 |
| 8.5 | 公司成立以来涉及公司和公司的任何高级管理人员的已提起、正在进行或将要发生的任何劳动争议仲裁或诉讼的一切相关资料和文件,包括仲裁或诉讼的相关文件、相关仲裁裁决或诉讼判决书及执行和履行之当前状况 | | | | |
| 9. 重要合同情况 | | | | | |
| 9.1 | 公司客户清单及公司已履行完毕或正在履行的合同清单及副本,包括但不限于各业务合同、代理合同、互联网/自媒体运营合同等重要合同 | | | | |
| 9.2 | 办公场所租赁合同 | | | | |
| 9.3 | 关联交易合同 | | | | |
| 10. 纠纷、诉讼、仲裁和行政处罚 | | | | | |
| 10.1 | 投诉:<br>任何来自医疗机构、医药学专业人士的,与本合作相关的投诉,以及对于该等投诉的调查处理情况,以及任何来自贵企业客户的与本合作相关的投诉,以及对于该等投诉的调查处理情况 | | | | |
| 10.2 | 行政调查/处罚:<br>任何与公司有关的(包括因公司行为导致公司客户涉及行政程序的情形)行政程序(包括行政申请、行政处罚、行政裁决等)以及与其相关的调查、执行等程序,包括但不限于:<br>(1)市场监督管理局的行政处罚<br>(2)原食品药品监督管理局的行政处罚<br>(3)其他行政部门发出的调查通知、警告书、处罚书、稽查通知等 | | | | |
| 10.3 | 解约:<br>任何贵企业客户在合同期内主动要求解除或终止与本合作相类似的合同的事件描述(包括解除原因、后续处理结果等) | | | | |

续表

| 合规监管初步文件清单 | | | | | |
| --- | --- | --- | --- | --- | --- |
| 编号 | 所需提供文件或信息 | 已提供 | 待提供 | 不适用 | 备注 |
| 10.4 | 公司目前在中国境内外正在进行中或潜在的诉讼、仲裁、纠纷、行政调查情况 | | | | |
| 10.5 | 公司所有有管辖权的行政机关、司法机关涉及贵企业的查封、冻结及其他法院指令、强制执行的措施或程序 | | | | |
| 10.6 | 所有涉及公司的目前尚未达成一致意见的协商或调解的详细情况及有关证明文件 | | | | |
| 11. 其他需要说明的有关问题 | | | | | |
| 11.1 | 公司在经营中存在的各种风险,包括但不限于法律风险、政策风险、市场风险、技术风险、贷款及担保的风险等,以及上述风险的依据或来源 | | | | |
| 11.2 | 未来12个月内可能产生重大影响的事件,包括公司目前预测对公司可能产生重大影响的有利于或者不利于公司的事件 | | | | |
| Part2:合作模式合规性 | | | | | |
| 1 | 合作模式的运作模式说明(包括但不限于业务运营方式、收入来源、涉及文书示例、说明、服务客户、发展历史等) | | | | |
| 2 | 与贵企业有类似合作的企业名称及合作情况概述 | | | | |
| 3 | 任何关于业务模式的可行性研究报告或法律意见书或商务提案书,无论该等文件为公司自行制作还是委托第三方制作,也无论该等文件是供内部参考还是向外部机构提交 | | | | |
| 4 | 合作模式业务团队说明(包括但不限于业务人员情况、规模等) | | | | |

续表

| 合规监管初步文件清单 | | | | | |
|---|---|---|---|---|---|
| 编号 | 所需提供文件或信息 | 已提供 | 待提供 | 不适用 | 备注 |
| 5 | 合作模式业务涉及开拓医院/医生/药店/药剂师/其他药品销售人员的主要渠道与方式说明 | | | | |
| 6 | 合作模式业务涉及医生/药剂师/其他药品销售人员个人信息的收集、管理方式(包括存储、出境等)说明 | | | | |
| 7 | 合作模式业务涉及所有支出的说明(包括但不限于明细、金额、方式等) | | | | |
| 8 | 贵企业是否就合作模式向主管部门做过任何形式的报告或咨询?报告和咨询结果的说明 | | | | |
| 9 | 关于合作模式与医药代表关系的看法的说明 | | | | |
| 10 | 贵企业近两年来本合作相关业务的增长情况如何 | | | | |
| 11 | 报价合理性的说明 | | | | |

备注:
本文件清单是为了协助律师参与对贵公司进行合规监管而草拟的;
由于目前对贵公司的情况了解有限,本文件清单仅是作为辅助律师了解贵公司资信情况及业务模式的初步信息,随着资料查阅、进场调查、关键人员面谈等合规监管工作的深入,律师可能需进一步补充文件清单内容;
请公司提供相关资料的完整、清晰、齐全的复印件或以书面形式进行答复;
提供资料中过程,如涉及公开信息,请注意与公开信息保持一致;如涉及数据方面,请注意与财务口径一致各类资料请尽量在纸质基础上附加提供电子版。

（二）合规考察事项及权利义务告知书

## 合规考察事项及权利义务告知书

________________：

你（单位）涉嫌________________________________一案，已由________________________________移送我院审查________，根据《中华人民共和国刑事诉讼法》《人民检察院刑事诉讼规则》等相关规定，现向你告知合规考察相关事项以及相应诉讼阶段依法享有的诉讼权利和承担的诉讼义务。

年　月　日

本人已收到《合规考察相关事项及权利义务告知书》，已阅读并理解相关事项、诉讼权利及义务。

被告知人（签名）：

年　月　日

# 合规考察事项及权利义务告知书

一、认罪认罚并进行有效合规整改,可以依法从宽处理。

二、本院将聘请合规监督员参与合规考察,相关费用由本院承担。你单位也有权推荐合规监督员。

三、有下列情形之一的,人民检察院有权更换合规监督员:

(一)合规监督员违背中立义务,参与企业生产经营活动的。

(二)合规监督员怠于履行职责,无合规监控成效的。

(三)因客观条件无法履行职责的。

(四)其他需要更换合规监督员的情形。

四、企业进行刑事合规,应当遵守下列规定:

(一)遵守法律法规,服从检察机关、合规监督员的监督。

(二)根据人民检察院要求,如实、全面披露并提供涉及刑事合规事项的信息。

(三)配合合规监督员进行刑事合规调查及合规建设。

(四)制定有效的合规计划并认真执行。

(五)定期报告合规考察整改情况。

(六)及时报告及制止企业、员工可能存在的违法犯罪行为。

(六)支持合规监督员履行职责,并采取措施切实保障合规监督员不因履行职责遭受不公正、不合理的对待。

犯罪嫌疑人应协助企业遵守以上规定。

五、企业提出的书面合规整改方案应征得人民检察院的同意。合规整改方案应包括以下方面:

(一)构建有效的合规考察体系,包括但不限于合规组织架构、合规管理规章制度、合规审查监督体系、合规风险预警及应对机制、合规审查评估机制、违规行为上报机制、合规奖惩机制、纪律处分程序、合规文化培养体系等。

(二)其他有益于刑事企业合规的内容。

六、企业应向刑事合规员披露涉案的真实过程、情节及人员,向刑事合规员提供尽可能详尽的涉案相关资料。

七、人民检察院可根据实际情况,对合规整改方案的履行附加以下一项或几项条件:

(一)向社会提供公益服务。

(二)进行相关业务及法律培训。

(三)禁止从事特定活动。

(四)其他有益于刑事企业合规的条件。

八、企业、犯罪嫌疑人对刑事合规程序提出异议的,人民检察院应及时审查。

九、企业、犯罪嫌疑人认为监管部门、检察机关、合规监督员有侵犯其诉讼权利和人身侮辱的行为,有权提出申诉或者控告。

十、人民检察院可根据企业进行合规整改的情况,决定是否对企业、犯罪嫌疑人不起诉或建议缓刑。

（三）合企业合规承诺书

## 合规整改承诺书

1. 涉案人员与及企业认罪认罚。

2. 遵守规定，服从合规监督员考察与检察机关监督，按照专项合规整改方案切实推荐合规整改，确保合规整改获得监管部门验收。

3. 配合合规监督员出具书面阶段性的合规整改报告，分析合规整改的进度及在该阶段尚存在的问题与原因，并对下一阶段合规整改作出具体安排。

4. 合规考察整改期满两个月前，配合合规监督员出具总结性的书面合规整改报告，确保合规整改获得监管部门的验收。

以上告知书本人已阅读并理解合规考察的相关事项、诉讼权利及义务，________（同意/不同意）参与合规整改以及承担相应法律责任。

被告知人（签名）：

年 月 日

（四）企业合规整改方案

# 合规整改方案

××××年××月××日至××××年××月××日，××单位开始专项合规整改。

1. ××单位配合合规监管工作，将向合规监督员提供不限于提供真实、完整、专业的单位经营信息及内部资料（检察官/合规监督员需要保密——提供当然要提供，提供后要保密）。管理层应当支持合规监督员履行职责，并采取措施切实保障合规监督员不因履行职责遭受不公正、不合理的对待。

2. ××单位同意在合规监督员的监督下建立完善合规体系。

3. ××单位除应持续有效合规经营，不存在恶意转移资产、拖欠薪酬、挪用资金的情形。

4. ××单位最迟于××××年××月××日前退赔退赃完毕。

5. ××单位同意对涉案专项风险因素进行合规审查。有条件的话，对针对内部控制、财务制度、合规文化、税务支付、信贷制度、数据保护、出口管制等方面，进行全面合规审查，并作出整改（附上详细整改方案）。

6. 合规整改期内，若××单位未遵守本整改方案，检察机关有权终止合规整改并依法起诉；若××单位因特殊情况而未能合规整改，应提前书面说明，由检察机关评估是否需要变更整改方案并灵活处理。

7. ××单位将定期举行合规培训，完善合规考核制度，在合规整改前确立行之有效的合规文化。

8. ××单位不得发表或变相发表与合规整改有关的声明。

9. ××单位在合规整改结束前40天内出具汇总式的合规整改报告，并在听证会上接受质询。

签字/盖章

年　月　日

（五）合规整改计划主要交付物清单

| 序号 | 内容 |
| --- | --- |
| 1 | 企业治理结构调整情况 |
| 2 | 合规风险识别报告 |
| 3 | 违法犯罪风险清单 |
| 4 | 合规指引 |
| 5 | 违规违法举报机制 |
| 6 | 合规管理实施办法 |
| 7 | 员工合规手册 |
| 8 | 合规宣传培训机制 |
| 9 | 合规整改考察报告 |

## 李 华

盈科律师事务所创始合伙人、盈科全国业务指导委员会主任。

李华律师作为盈科全国业务指导委员会主任，负责盈科体系内的专业化建设，带领盈科律师，构建出完整的专业化法律服务体系，包括研究院、专业委员会及综合性法律中心，推动盈科律师专业化的法律服务，以适应法律服务市场不断细分的需要。在此基础上，通过集成各专业委员会纵深化的法律服务能力为客户提供综合性的法律服务。

曾荣获全国律师行业优秀党员律师、北京市优秀律师、朝阳区优秀律师、朝阳区首届优秀女律师、朝阳区优秀党员的荣誉称号。

## 陈　斌

1991年毕业于南京大学法学院，具有律师、注册会计师、税务师资格。曾任南京市税务局复议应诉负责人，雨花台区财政局副局长，南京市国资委董事监事处处长、审计处处长、人事处处长；现为盈科南京管委会主任，同时担任全国律协财税法专业委员会副主任，江苏省律协财税法律专业委员会主任，江苏省检察院企业合规试点工作智库成员，江苏省司法厅及南京市检察院、玄武区检察院、鼓楼区检察院、建邺区检察院涉案企业合规第三方监督评估机制专业人员，南京市国资委外部董事，江苏省南京市人民政府、江苏省工商联合会（总商会）法律顾问，南京市仲裁委仲裁员，南京市金融消费纠纷调解委员会调解员。律师执业的主要领域为财税、刑事合规、证券投资等。